kohlhammer edition eisenbahn
herausgegeben von Wolfgang Fiegenbaum

1 Am 21. 10. 1967 war 10 001 mit E 687 Bebra–Rheine im herbstlichen Münsterland nahe Sprakel unterwegs.

Jürgen Ebel

Die Neubau-Dampflokomotiven der Deutschen Bundesbahn

Band 1
Technik und Geschichte
der Schlepptenderloks
BR 23 und 10

Unter Mitarbeit von
Rüdiger Gänsfuß und
Werner Schimmeyer

Verlag W. Kohlhammer
Stuttgart Berlin Köln Mainz

Inhalt

Vorwort ... 5
Vorgeschichte ... 6
   Erster Neubeginn ... 6
   Die Währungsreform und ihre Folgen ... 6
   Der lange Weg zu den »Neuen Baugrundsätzen« ... 6
   Der neue »Fachausschuß Lokomotiven« ... 8
   Ein Neubauprogramm entsteht ... 10

Die BR 23 und die »Neuen Baugrundsätze« ... 13
   Planungsbeginn zu Reichsbahnzeiten ... 13
   Die Pläne entstehen ... 16
   Die Projekte im Vergleich ... 17

Technische Beschreibung der BR 23 ... 22
   Vorbemerkung ... 22
   Allgemeines ... 22
   Der Kessel ... 25
   Die Kesselausrüstung ... 28
   Der Rahmen ... 31
   Das Laufwerk ... 32
   Die Zylinder ... 34
   Das Triebwerk ... 34
   Die Steuerung ... 36
   Die Bremse ... 38
   Die Dampfheizung ... 39
   Die Schmierung ... 39
   Die Beleuchtungsanlage ... 39
   Das Führerhaus ... 39
   Der Tender ... 41
   Schlußbemerkungen ... 43

Die BR 23 im Betrieb – Erprobung und Bewährung ... 45
   Allererste Erfahrungen ... 45
   23015 in Minden ... 46
   Vorserie in der Alltagserprobung ... 47
   Die Domlochschäden ... 53
   Der Serienbau beginnt ... 54
   23024 und 025 – der technische Durchbruch? ... 56
   Die Kylchap-Saugzuganlage ... 57
   Die Neuigkeit »Wälzlager« ... 58
   Enttäuschung mit dem Henschel-Mischvorwärmer ... 61
   Der »Sozialführerstand« auf 23024 und 025 ... 65
   Der Heinl-Mischvorwärmer soll es sein ... 65
   Die »Entfeinerung« beginnt ... 68
   Naßdampfregler für die 23 ... 70
   Eine »wesentliche Erleichterung« ... 73
   BR 23 auch im Wendezugeinsatz ... 74
   Die Bauartänderungen bei der BR 23 ... 75
   Zusammenfassung und Wertung ... 78

BR 23 – Beheimatungen und Einsätze ... 80
   Unterhaltung ... 81
   BD Hamburg ... 82
   BD Hannover ... 82
   BD Münster ... 85
   BD Essen ... 90
   BD Wuppertal ... 92
   BD Köln ... 99
   BD Frankfurt ... 102
   BD Mainz ... 103
   BD Trier ... 116
   BD Saarbrücken ... 116
   BD Karlsruhe ... 122
   BD Stuttgart ... 122
   BD Augsburg ... 131
   Erhaltene 23 ... 132

BR 10 – die letzte Schnellzuglok entsteht ... 134
   Die ersten Projekte ... 134
   Zweiter Anlauf 1952 ... 138
   Doch keine Verbundlok ... 144
   Eine blaue Dampflokomotive? ... 148

Technische Beschreibung der BR 10 ... 152
   Vorbemerkung ... 152
   Allgemeines ... 152
   Der Kessel ... 152
   Die Kesselausrüstung ... 156
   Der Rahmen ... 159
   Das Laufwerk ... 161
   Die Zylinder ... 162
   Das Triebwerk ... 163
   Die Steuerung ... 164
   Die Bremse ... 164
   Die Verkleidung ... 164
   Zentrale Druckschmiereinrichtungen ... 165
   Die Beleuchtungsanlage ... 165
   Das Führerhaus ... 165
   Die Heizung ... 166
   Der Tender ... 166

BR 10 – Bewährung und Bauartänderungen ... 169
   Erste Erprobung ... 169
   Ölfeuerung für die BR 10 ... 174
   Zusammenfassung und Wertung ... 179
   Die Bauartänderungen bei der BR 10 ... 180

BR 10 – Beheimatungen und Einsätze ... 186
   Unterhaltung ... 186
   BD Kassel ... 187

Bildnachweis ... 192
Die abgebildeten Maschinen ... 192
Lokomotiv-Lebensläufe BR 10 und 23   siehe Band 2, S. 158 ff.

Titelbild: Die Bestwiger 23 waren unter anderem auf der Strecke Bestwig–Winterberg eingesetzt. Zu ihrem Programm gehörten auch Wintersport-Sonderzüge. 23026 im Bahnhof Bigge, sieben Kilometer hinter Bestwig (Dezember 1968).

Vorderer Vorsatz: 23001 im Lieferzustand
Hinterer Vorsatz: 10001 im Lieferzustand

Alle Rechte vorbehalten
© 1984 Verlag W. Kohlhammer GmbH
Stuttgart Berlin Köln Mainz
Verlagsort: Stuttgart
Umschlagentwurf: hace
Gesamtherstellung:
W. Kohlhammer Druckerei GmbH + Co., Stuttgart
Printed in Germany

CIP-Kurztitelaufnahme der Deutschen Bibliothek

Ebel, Jürgen:
Die Neubau-Dampflokomotiven der Deutschen Bundesbahn / Jürgen Ebel. –
Stuttgart; Berlin; Köln; Mainz: Kohlhammer
(Kohlhammer-Edition Eisenbahn)

Bd. 1. Ebel, Jürgen: Technik und Geschichte der Schlepptenderloks BR 23 und 10. – 1984

Ebel, Jürgen:
Technik und Geschichte der Schlepptenderloks BR 23 und 10 / Jürgen Ebel.
Unter Mitarb. von Rüdiger Gänsfuss u. Werner Schimmeyer. –
Stuttgart, Berlin; Köln; Mainz: Kohlhammer, 1984.
(Die Neubau-Dampflokomotiven der Deutschen Bundesbahn / Jürgen Ebel; Bd. 1)
(Kohlhammer-Edition Eisenbahn)
ISBN 3-17-007357-5

Vorwort

Im Spätsommer des Jahres 1950 nahm die Deutsche Bundesbahn die erste nach einem neuen Typenprogramm entworfene Lokomotive in Betrieb. Wenig mehr als zwei Jahre nach der Währungsreform sollte der Bauauftrag an die Industrie nicht nur der Modernisierung des immer noch von Kriegsschäden gezeichneten Eisenbahnbetriebes dienen, sondern auch Zeichen setzen für einen wirtschaftlichen Aufbruch.

Der Ablauf der fünfziger Jahre markierte dann nicht nur den rasanten wirtschaftlichen Aufstieg der Bundesrepublik, sondern ein ebenso rasches Umdenken im gesamten Verkehrsbereich.

War die Anfangsphase noch gekennzeichnet vom bloßen Willen, Transportleistungen sicherzustellen, möglichst sparsam mit den raren Rohstoffen umgehend, einfache, aber wirtschaftliche Dampflokomotiven zu schaffen, so stellte innerhalb von drei Jahren die Konkurrenz der Straße die Deutsche Bundesbahn vor ganz neue Aufgaben: Sie mußte in Geschwindigkeit, Bequemlichkeit und Sauberkeit Schritt halten mit dem sprunghaft ansteigenden privaten Straßenverkehr.

Sicherlich hat die Bundesbahn – bis 1949 noch die »Deutsche Reichsbahn« – mit der Schaffung eines modernen Dampflokomotiv-Typenprogramms die Erstarrung der dreißiger Jahre durchbrochen, auch vergleichsweise wirtschaftliche Typen auf die Schienen gestellt, doch konnte sie mit der 23 oder der 10, der 82, 65 oder 66 die Abwanderung von der Schiene sicherlich nicht aufhalten. Spätestens seit Aufhebung der Einfuhrzölle auf Ölprodukte veränderte sich das Preisgefüge Kohle/Öl rasch soweit, daß die Dampfloks im wahrsten Sinne hoffnungslos unwirtschaftlich wurden. Was noch Anfang der fünfziger Jahre für willkommene Arbeitsplätze angesichts der hohen Arbeitslosigkeit gesorgt hatte – die Besetzung mit Lokführer und Heizer –, setzte wenige Jahre später, als die Löhne ein wichtiger Kostenfaktor geworden waren, die Wirtschaftlichkeit noch weiter herab.

Aus diesen Erkenntnissen zog die Bundesbahn 1956 die Konsequenz: Die Dampflokbeschaffung wurde eingestellt.

Im folgenden wird die kurze Scheinblüte der Dampflok nach dem Zweiten Weltkrieg deutlich, die Phase des langsamen Niedergangs und der von vielen Eisenbahnern begrüßte Abschied, den die technisch hochentwickelten Loks vielen Personalen durch häufige Schäden vergällten.

Was bleibt, ist die Erinnerung an leistungsfähige, sicherlich auch äußerlich wohlgelungene Maschinen, die aber objektiv überflüssig waren.

Ziel der Fotoauswahl dieses Bandes war vor allem auch die Wiedergabe eines Stimmungsbildes des DB-Dampfbetriebes in seinen letzten drei Jahrzehnten. Bilden zunächst noch Ruinen den Hintergrund für den wiederauflebenden Reisezugverkehr, entstehen in den dunklen Hallen der Lokomotivfabriken noch in schneller Folge neue Maschinen, so wird in den Fotos aus den folgenden Jahren der langsame Niedergang deutlich. Nummernorientiertes Vollständigkeitsstreben konnte deshalb nicht erwünscht sein. So bietet auch die Fotodokumentation ein eindrucksvolles Spektrum der Dampfeisenbahn seit 1950.

Die Veröffentlichung der beiden vorliegenden Bände in der erreichten Form war nicht allein durch die Auswertung von Quellen möglich. Gerade auch das Überprüfen von amtlichen »Stellungnahmen« anhand von Schriftverkehr zwischen den Dienststellen und die Auswertung von Betriebsbüchern, die Durchsicht von AW-Listen, aber auch Gespräche mit Lokführern und Technikern brachten vielfach Unbekanntes zutage oder stellten auch manches richtig, was bisher in der Literatur einseitig geschildert war.

Diese Arbeit wäre deshalb nicht zustande gekommen ohne die Mithilfe von Eisenbahnern und Eisenbahnfreunden, die weit hinaus über das übliche Maß mit unveröffentlichten Unterlagen behilflich waren. Stellvertretend seien hier diejenigen genannt, deren Hilfe zum Gelingen der Bände in besonderer Weise beigetragen hat:

Umfangreiche Zusammenstellungen von Fabrikbildern überließen Krauss-Maffei, Mario Brutschin aus Basel und Dietrich Adolf Braitmaier aus Stuttgart.

Ihre Archive öffneten besonders weit Helmut Bürger aus Recklinghausen, Manfred von Kampen aus Witten und Hans Weizenhöfer aus Stuttgart.

Das Verkehrsarchiv im Verkehrsmuseum Nürnberg stellte einen erheblichen Teil der Betriebsbücher von Neubauloks zur Einsicht zur Verfügung.

Der Deutschen Gesellschaft für Eisenbahngeschichte ist zu danken für die Unterstützung, die die Mitglieder des Archivs Herbede gewährt haben.

Uwe Breitmeier aus Darmstadt trug nicht nur eigene Erinnerungen bei, sondern rundete das Bild der Baureihen 65 und 66 durch umfangreiche Befragungen von Lok-Männern ab.

So manchen wichtigen Kontakt knüpfte Helmut Ifflänger aus Stuttgart, der auch eine Überprüfung unsicherer Angaben übernahm.

Zu danken ist schließlich dem Herausgeber, Dr. Wolfgang Fiegenbaum, sowie Rüdiger Gänsfuß aus Münster und Werner Schimmeyer aus Stein, die beide wichtige Teile im Buch mit erarbeitet haben.

Viele Fotografen stellten, teilweise längerfristig, historische Aufnahmen zur Verfügung. Auch ihnen gilt mein besonderer Dank.

Münster, im Mai 1984   *Jürgen Ebel*

Vorgeschichte

Erster Neubeginn

Mit dem Ende des nationalsozialistischen Reiches am 8. 5. 1945 hörte die Deutsche Reichsbahn als einheitliches Verkehrsunternehmen zu bestehen auf. Das Reich und damit auch die Bahn wurden in die während der Konferenz von Jalta 1945 festgelegten Besatzungszonen aufgeteilt. Die polnische Westgrenze rückte weiter nach Süden, das Saarland kam unter französische Verwaltung, Österreich wurde wiederhergestellt.
Der Eisenbahnverkehr wurde ganz auf die Bedürfnisse der Sieger eingestellt, ein »privater« Reiseverkehr diente höchstens der Fahrt zum Arbeitsplatz und zu »Hamsterfahrten« in die ländliche Umgebung der Großstädte.
Auch Streckenunterbrechungen, fehlende Brücken, die auf 80 km/h heruntergesetzte Geschwindigkeit und ein allgemeines Reiseverbot zwischen den Zonen ließen 1945/46 keinen umfangreichen Eisenbahnverkehr aufkommen.
Allein im Gebiet der amerikanischen und britischen Zone waren am Kriegsende zerstört: 3500 km Gleise, 13000 Weichen, 1500 Stellwerke, 6800 km Fernmeldekabel, 111000 km Freileitungen, 30 Tunnels, 2472 Eisenbahnbrücken.
Ein erster Anfang in der »Bi-Zone« (britisch und amerikanisch, die »französischen Teile« der Reichsbahn wurden erst 1951 wieder voll eingegliedert) zum Neuaufbau der Reichsbahn wurde mit der Neugründung der Eisenbahnhauptverwaltung in Offenbach (bei der HV Verkehr) und der Gründung eines neuen Eisenbahnzentralamtes in Göttingen gemacht. Dort fanden sich die Männer des alten Versuchsamtes Berlin-Grunewald wieder zusammen.
Zur Sicherung des Nachschubes stufte die Militärregierung Ende 1945 eine Reihe von wichtigen Firmen als »Eisenbahn-Spezialfirmen« ein, die so vor Demontagen geschützt sein sollten und ein Anrecht auf bevorzugte Belieferung mit Rohstoffen hatten. Trotzdem machte die Beschaffung vieler Rohstoffe und Werkzeuge größte Schwierigkeiten. So waren die Spezial-Wasserstandsgläser bislang von der nicht mehr erreichbaren schlesischen Glasindustrie geliefert worden.
Die Lokomotivfabriken Esslingen, Jung, Henschel und Krauss-Maffei waren über den Zusammenbruch lieferfähig geblieben. Sie erhielten bereits 1945 das »Permit«, die Erlaubnis zu weiterer Arbeit. Aber auch nach der Wiederherstellung von Krupp 1947 wurden Lokomotivneubauten von der Militärregierung nur fallweise und in Einzelexemplaren genehmigt.
Die Zulieferer der Lokomotivfabriken waren teilweise von Demontageplänen der Besatzung betroffen. Sogar 40 als für die Eisenbahn lebenswichtig eingestufte Betriebe sollten abgebaut werden. Nachdem sich Reichsbahn und Industrie bis 1947 zäh gegen die auch gesamtwirtschaftlich katastrophalen Abbaupläne gewehrt hatten, kam noch 1947 der große Umschwung. Sehr direkt profitierte die Reichsbahn von den zunehmenden Ost-West-Gegensätzen. Denn nun sollte ein aufgebautes Westdeutschland ein starkes Bollwerk gegen den Kommunismus darstellen. Deshalb schlossen die westlichen Siegermächte 1947 einseitige Friedensverträge, und während der »European Recreation Conference« im Februar 1947 in Paris wurden Westdeutschland massive Aufbauhilfen nach dem »Marshall-Plan« (ERP-Plan) zugesagt. Diese Hilfen sollten auch anderen (nichtwestlichen) Staaten zuteil werden, was wiederum die Sowjetunion als Einflußnahme verurteilte. Zielsetzung des Marshall-Plans war, daß die deutsche Wirtschaft bis 1953 von fremder Hilfe unabhängig werden sollte.
Da eine leistungsfähige Eisenbahn Vorbedingung für eine funktionierende Wirtschaft war, profitierte die Reichsbahn sofort von einem »warmen Geldregen«. Intensive Bautätigkeit setzte ein, für die Eisenbahn-Industrie (Zulieferindustrie, Bergwerke, Stahlwerke) wurden 1948 weitgehende Produktionserleichterungen erlassen, und ein Reparaturprogramm für Loks und Wagen begann.
Am 9. 2. 1948 wurden mit der Einsetzung des »Verwaltungsrates für das Vereinigte Wirtschaftsgebiet« (dem auch die französische Zone angehörte) die administrative Voraussetzung für einen westdeutschen Separatstaat geschaffen.

Nur 6700 der bei Kriegsende vorhandenen 17700 Dampfloks waren 1945 überhaupt betriebsfähig. Auch sie befanden sich in kaum betriebstauglichem Zustand; trotzdem mußten sie schon sehr kilometerintensiv eingesetzt werden, um überhaupt ein Minimum an Zügen zu befördern. So stieg die durchschnittliche Kilometerleistung pro Tag von 129 km im Jahr 1946 schon im Jahre 1948 auf den Vorkriegswert von 170 km.
Angesichts dieser hohen Beanspruchung kam es darauf an, möglichst schnell wieder einen qualitativ hochwertigen Lokomotivpark zu erhalten. Denn die hohe Kilometerleistung war mit einer fast unerträglichen Überforderung der Personale, einem astronomischen Kohlenverbrauch (durchschnittlich 28,8 t/1000 km im Winter 1946/47) und noch wachsenden Schadlokbeständen erkauft.

Noch waren Neubauten verhindert. So kam es auf mehrerlei zur gleichen Zeit an:
– Bis 1951 sollte der gesamte Park, auch durch Einbeziehung der privaten Lokomotivindustrie, gründlich aufgearbeitet werden.
– Konstruktive Verbesserungen sollten einen wirtschaftlichen Einsatz ermöglichen.
– Splittergattungen und überalterte Maschinen sollten sofort ausgeschieden werden.

Die Währungsreform und ihre Folgen

Nachdem die Ausbesserung kriegsbeschädigter Anlagen zügig vorangeschritten war, veränderte die Währungsreform am 23. 6. 1948 die Verhältnisse völlig. Vorher hatte die Reichsbahn durch die reichlich vorhandene Reichsmark dauernd investieren können und auch inflationäre Preissprünge abgefangen. Plötzlich hatte die Bahn kein Geld mehr, gleichzeitig entfielen alle Wiederaufbauzuschüsse, die bisher die Verwaltung des Vereinigten Wirtschaftsgebietes (VWG) gewährt hatte. Gleichzeitig mit der Stornierung der Bahnaufträge verschärfte ein Ausbleiben von Ausbesserungsaufträgen der Großindustrie die wirtschaftliche Lage in der Metallindustrie. Für etliche Arbeitnehmer begann das spätere »Wirtschaftswunder« mit der Arbeitslosigkeit.
Die Auseinandersetzung über die freigegebenen Preise, die Schaffung von Arbeitsplätzen und Mitbestimmung der Arbeitnehmer erreichte ihren Höhepunkt mit dem Generalstreik vom 12. 11. 1948.
Vor diesem Hintergrund gewährten die Länderregierungen der Bahn dann weitere Zuschüsse für die Ausbesserung von Fahrzeugen. Trotz einer darauf eingetretenen Entspannung der Arbeitsplatzlage verlangten die Vertreter der Lokomotivindustrie Ende 1948 einen möglichst schnellen Bau von neuen Lokomotiven: Das Auslaufen des Reparaturprogramms war abzusehen, und Exportchancen waren noch nicht in Sicht.
Mit Bildung der ersten Bundesregierung unter Konrad Adenauer nach den Wahlen vom 20. 9. 1949 gingen die »Bundesbahnangelegenheiten« (der Name »Bundesbahn« war im September 1949 eingeführt worden) auf das Bundesverkehrsministerium über. Der Haushalt für das laufende Jahr 1949 enthielt erstmals wieder einen Posten »Beschaffung neuer Dampflokomotiv-Baureihen«.

Der lange Weg zu den »Neuen Baugrundsätzen«

Schon Ende der 30er Jahre hatte man bei der Deutschen Reichsbahn eingesehen, daß die Entwicklung der herkömmlichen Dampflokomotie in einer Sackgasse angekommen war.

Bis dahin war die Entwicklung der großen Einheitslokomotiven von Konstruktionsmerkmalen geprägt gewesen, die einzeln zwar in die richtige Richtung wiesen, in ihrer Summe und einer Übersteigerung bei den großen Maschinen aber für viele Schäden und einen unwirtschaftlichen Betrieb sorgten. Man wollte die Heizenergie der Rauchgase möglichst wirtschaftlich ausnutzen und installierte deshalb Kessel mit langen Rohren, in denen die Rauchgase weit herunter kühlen konnten.

Um zu einer annehmbaren Verdampfungsleistung zu kommen, mußten Feuerbüchse und Rostfläche recht groß ausgeführt werden, was zu hohen Stillstandsverlusten führte und dem Heizer nur wenig Möglichkeiten ließ, durch starkes Zufeuern die Verdampfungsleistung hochzutreiben.

Sonderbauarten der Feuerbüchse, z. B. mit einer Verbrennungskammer, wollte man nicht, da man bei den noch genieteten Übergängen Undichtigkeiten befürchtete. Eine weitere Leistungsgrenze setzte dem Kessel die ziemlich weit ausgeführte Blasrohranlage, die zwar den Gegendruck in den Zylindern gering halten konnte, aber nur für eine unzureichende Feueranfachung sorgte. Zusätzlich waren bei fast allen Loks die Luftklappen am Aschkasten durchweg zu klein, so daß auch zu wenig Verbrennungsluft an den Rost geführt wurde.

Diese später so genannten »Langrohrkessel« waren kaum überlastbar. Wurde »koste was es wolle« die Leistung hochgetrieben, rächte sich das durch Materialschäden speziell an der überlasteten Feuerbüchsrohrwand. Die Reichsbahn zog die Konsequenzen aus den immer wieder auftretenden Schäden und legte für alle Einheitskessel die höchste Belastung mit einer Verdampfungsleistung von 57 kg Dampf pro m^2 Verdampfungsheizfläche und Stunde fest. Obwohl Fachleute immer wieder auf den Wert einer großen, direkt vom Feuer berührten Feuerbüchsheizfläche hinwiesen, die bei wesentlich kleinerer Gesamtheizfläche die gleiche Verdampfungsleistung erzielte, blieb die Reichsbahn dem einmal gewählten Langkesselkonzept treu und entwickelte unter der Federführung des Bauartdezernenten R. P. Wagner bis zum Ende der 30er Jahre Kessel, die dieses Prinzip bis fast zur Unbrauchbarkeit übersteigerten. Diese Starrsinnigkeit ist um so unverständlicher, als bei den Länderbahnen früher durchweg Kessel mit einem großen Anteil hochwertiger Feuerbüchsheizfläche gebaut worden waren (lediglich die Hammel-Konstruktionen der Bayerischen Staatsbahn huldigten der breiten – aber verdampfungsfreudigen – Amerikanerbauart der Feuerbüchse).

Erst mit einer »Entmachtung« des verantwortlichen Bauartdezernenten Ende der 30er Jahre kamen neue Ideen zum Zuge, die nun plötzlich den großen Entwicklungsvorsprung aufholen sollten, die Diesel- und elektrische Traktion in den Jahren vorher genommen hatten.

Die eben begonnene Entwicklung (Schweißung, Verbrennungskammer, Einzelachsantrieb) brach allerdings ab, als die nationalsozialistischen Machthaber die Produktion fast völlig auf einfache Güterzuglokomotiven für die Kriegführung umstellten.

Hatte die Reichsbahn in den 30er Jahren schon eine große Zahl von Fahrzeugen in Betrieb genommen, die völlig geschweiß waren (Dieseltriebwagen, E 44-Rahmen, Tender, Reisezugwagen), so scheute sie trotz der weiterentwickelten Schweißtechnik vor Schweißkonstruktionen an Dampflokomotiven lange zurück. Man traute der Schweißung bei druckführenden Kesseln noch nicht; an Rahmenschweißung war ohnehin nicht gedacht, da man sich (bis auf eine Ausnahme, die BR 89°) auf den Barrenrahmen festgelegt hatte. Mit der BR 89° war 1934 auch erstmals ein Versuch mit einem vollständig geschweißten Aufbau auf einem Blechrahmen unternommen worden.

Ab 1939 war dann aber die »Entfeinerung« das Gebot der Stunde.

Die BR 52 von 1942 zeigte dann eine Fülle von Vereinfachungen, die teilweise als richtig nach dem Krieg für eine neuzeitliche Dampflokentwicklung wiederaufgegriffen wurden:
– Einfacher Kessel mit großem Rost für schlechte Brennstoffe,
– Verzicht auf Vorwärmer, Zusammenlegung der Speiseventile,
– Verzicht auf Schlammabscheider (Speisedom),
– Blechrahmen, dadurch leichte Bearbeitung und Automatisierung beim Bau,
– geschweißte Treibstangen, keine Achsstellkeile,
– geschlossenes Führerhaus, Frostschutz an Kessel und Aggregaten,
– Verzicht auf Blechteile und teilweise Windleitbleche,
– rahmenloser Leichtbautender,
– ausschließliche Verwendung heimischer Baustoffe.

Das Versuchswesen an der Dampflok kam auch während des Krieges nicht zum Stillstand, auch wenn die erprobten Teile eher einer noch weiteren Vereinfachung als einer Verbesserung der Loks dienen sollten. Erprobt wurden:

– Ventilsteuerung verschiedener Bauarten,
– Mischvorwärmer verschiedener Bauarten,
– Wellrohrkessel,
– Brotankessel,
– Kondensationseinrichtungen.

Bedeutung für die Nachkriegskonstruktionen hatten 18 Loks mit vollständig geschweißtem Rahmen (525058–5075, MBA 14130–14157/44) und zwei Loks mit vollständig geschweißtem Kessel (52524 und 525, Borsig 15621–15622/44). Diese Maschinen bewährten sich gut und bauten wesentliche Vorurteile gegen weitgehende Schweißung im Dampflokbau (die das Ausland schon praktizierte) auch bei deutschen Fachleuten ab.

Einen erklärtermaßen großen Einfluß auf die Nachkriegsentwicklung sollte eine Bauart gewinnen, die noch im Februar 1945 – ungebrochenen Durchhaltewillen dokumentierend – fertiggestellt worden war: die in den Normalzustand umgebaute ehemalige Kohlenstaublok 05003. Sie war die erste Lok der Deutschen Reichsbahn mit einer Verbrennungskammer. Ihr Kessel hatte endlich den so lange geforderten großen Anteil hochwertiger Strahlungsheizfläche. Bei ihr beträgt das Verhältnis von Rohrheizfläche zu Feuerbüchsheizfläche 9,07:1, ein enormer Fortschritt gegenüber ihren beiden Schwesterlokomotiven und den übrigen großen Einheitskesseln. Die einen Meter lange Verbrennungskammer war schon vollständig geschweißt. Nach dem Krieg stand die Lok leider nur von Juni bis Oktober 1947 im Einsatz, sie konnte deshalb höchstens theoretisch zur Inspiration bei einer Neubauentwicklung dienen. Auch in anderer Hinsicht war sie beispielhaft für die späteren Typen: Sie hatte einen recht hohen Kesseldruck, die Achslager der Laufdrehgestelle waren erstmals als Rollenlager ausgebildet, und die Sandkästen hatten erstmals ihren später charakteristischen Platz hinter dem Umlaufblech.

So sah die Entwicklung der Dampflok aus, bis der totale Zusammenbruch 1945 für einen großen Einschnitt sorgte.

Bis Mitte 1947 war in den deutschen Westzonen von einer Verbesserung oder gar von einer planmäßigen Erneuerung des Lokomotivparkes überhaupt keine Rede. Für die DR wurden in den Jahren 1945 bis 1947 nur 57 Dampflokomotiven fertiggestellt (Mai bis Dezember 1945: 32; 1946: 23; 1947: 3). Anders wurde es erst ab Herbst 1947, als über die grundsätzliche Einbindung der deutschen Westzonen in das westliche Wirtschaftssystem entschieden wurde. Mit der Zuteilung der ersten Gelder aus dem Marshall-Plan-Fonds konnte dann die DR die erwähnten umfangreichen Ausbesserungsaufträge vergeben und auch die unterbrochenen Versuche an Dampflokomotiven wieder aufnehmen. Nach Empfehlung des Zentralamtes Göttingen wurde eine Serie von Maschinen der BR 52 mit verschiedenen Neuerungen bestellt, die im Hinblick auf die von der Industrie geforderten Neubauprogramme erprobt werden sollten. Die bestellte Zahl wurde mehrfach geändert, bis dann endlich im April 1951 die letzte von insgesamt 40 Versuchslokomotiven abgenommen wurde.

Baureihe	Feuerbüchs-heizfläche in m²	Rohrheizfläche in m²	Verhältnis der beiden	Rohrlänge in mm	Rostlänge ×Rostbreite in m×m
38¹⁰/57¹⁰	14,47	131,53	9,09	4700	2,635×0,978 0,968
39⁰	17,51	200,65	11,60	5800	2,978×1,744
01	16,90	230,25	13,62	6800	2,542×1,700
03/41	15,90	187,25	11,78	6800	2,542×1,532
45	18,70	292,26	15,63	7500	2,442×1,972
23 alt/50	15,90	161,93	10,18	5200	2,542×1,532
23 neu	17,10	139,18	8,14	4000	1,992×1,562

Je größer die Rohrlänge, desto ungünstiger das Heizflächenverhältnis und desto unwirtschaftlicher die Kessel.

Die folgende Liste zeigt die Versuchslokomotiven.

Lok Nr.	Abnahme	Hersteller (= Henschel)	MV +	Speisepumpe
52 124	09. 01. 48	28277/48	k. V.	Str.
52 125	16. 01. 48	28278/48	k. V.	Str.
52 126	23. 01. 48	28279/48	k. V.	Str.
52 127	12. 03. 48	28280/48	k. V.	Str.
52 128	13. 08. 48	28281/48	k. V.	Str.
52 129	14. 08. 48	28282/48	MVR 1	VTB B 18000
52 130	18. 09. 48	28283/48	MVR 1	VTB B 18000
52 131	15. 10. 48	28284/48	MVR 1	VTB B 18000
52 132	06. 08. 48	28285/48	MVR 1	VTB B 18000
52 133	10. 12. 48	28286/48	MVR 1	KT 1 + Heber
52 134	01. 02. 48	28287/49	MVR 2	VTB B 18000 + Heber
52 135	02. 03. 49	28288/49	MVR 1	VTB B 18000 + Heber
52 136	04. 04. 49	28289/49	MVR 1	VTB B 18000 + Heber
52 137	02. 05. 49	28290/49	MVR 1	VTB B 18000 + Heber
52 138	24. 05. 49	28291/49	MVRR	VTB B 18000
52 139	07. 07. 49	28292/49	MVR 1	VTB B 18000
52 140	06. 09. 49	28293/49	MVR 1	VTB B 18000
52 141	06. 09. 49	28294/49	MVR 1	VTB B 18000
52 142	10. 10. 49	28295/49	MVR 2	VTB B 18000
52 143	09. 11. 49	28296/49	MVR 2	VTB B 18000
52 875	08. 12. 49	28297/49	MVR 2	VTB B 18000
52 876	16. 01. 50	28298/49	MVR 2	VTB B 18000
52 877	27. 01. 50	28299/50	MVR 2	VTB B 18000
52 878	04. 04. 50	28300/50	MVR 2	VTB B 18000
52 879	22. 02. 50	28301/50	MVR 2	VTB B 18000
52 880	20. 04. 50	28302/50	MVR 2	VTB B 18000
52 881	16. 05. 50	28303/50	MVR 2	VTB B 18000
52 882	02. 06. 50	28304/50	MVR 2	VTB B 18000
52 883	23. 06. 50	28305/50	MVR 2	VTB B 18000
52 884	26. 07. 50	28306/50	MVR 2	VTB B 18000
52 885	31. 08. 50	28307/50	MVR 2	VTB B 18000
52 886	16. 10. 50	28308/50	MVR 2	VTB B 18000
52 887	13. 11. 50	28309/50	MVR 2	VTB B 18000
52 888	07. 02. 51	28310/51	MVR 2	VTB B 18000
52 889	21. 02. 51	28311/51	MVR 2	VTB B 18000
52 890	12. 03. 51	28312/51	MVR 2	VTB B 18000
42 9000	03. 02. 51	28313/51	FC	KT 1
42 9001	08. 02. 51	28314/51	FC	KT 1
52 891	26. 04. 51	28315/51	Heinl	K V 10
52 892	26. 04. 51	28316/51	Heinl	K V 10

k.V. = kein Vorwärmer (nur 2 Strahlpumpen)
MVR 1 = Henschel MVR mit Aufbau
MVR 2 = Henschel MVR ohne Aufbau
MVRR = Henschel MVR in Röhrenform
FC = Franco-Crosti
Heinl = Heinl-Vorwärmer
Str. = Strahlpumpe
VTB B = Turbinenpumpe (hier VTB B-18000)
KT 1 = Kolbenpumpe mit Tolkiensteuerung
K V 10 = Mischvorwärmer-Kolbenpumpe (zweistufig)
52 889 ist zusätzlich mit Musterführerstand ausgerüstet.
52 878 dient als Erprobungslok für den Mehrfachventil-Heißdampfregler mit Seitenzug.

Da man sich schon 1947 einig war, daß nur ein Mischvorwärmer die Forderung nach einfacher Bauart und hoher Vorwärmung des Speisewassers erfüllen konnte, sollten die Versuchslokomotiven mit verschiedenen Bauarten des Mischvorwärmers ausgerüstet sein, um zu Vergleichszahlen zu kommen. Die Verwendung des Knorr-Oberflächenvorwärmers stand bei diesen Maschinen nicht zur Diskussion. Die Rohre dieses hergebrachten Vorwärmers, der eigentlich eine sehr gute Wirkung hatte, bedeckten sich schon nach kurzer Betriebszeit mit Kesselstein und brachten dann kaum noch eine Speisewasservorwärmung. Ansonsten ist bei den Maschinen hauptsächlich die Ausrüstung mit verschiedenen Bauarten von eingeschweißten Stehbolzen bemerkenswert.

Zur Neubeschaffung waren nach dem Stand des Jahres 1948 nur Dampflokomotiven geeignet, da nur sie in sehr kurzer Zeit neu zu entwickeln waren. Eine möglichst einfache Konstruktion war nötig, denn »Kontingentstoffe« standen für den Bau kaum zur Verfügung. An eine rasche Elektrifizierung von Fernstrecken wie auch an eine kurzfristige Beschaffung von großen Dieselloks war vor allem aus Kostengründen nicht zu denken. Die Entwicklung von neuen Dampflokomotiven behielt zunächst Vorrang.

Zunächst kam es ja darauf an, einen pünktlichen Betrieb überhaupt sicherzustellen. Schlaglichtartig seien hier zwei der häufigsten Schäden beschrieben, mit denen sich der Betrieb in der Nachkriegszeit bei den Einheitsloks herumschlagen mußte.

Wegen des schlechten Unterhaltungszustandes, der schlechten Wasserverhältnisse in etlichen Gegenden und auch der Bauart der Einheitskessel trat eine Fülle von Stehbolzenbrüchen auf. Bereits während Versuchsfahrten in den Jahren 1934 und 1936 hatte das Lokversuchsamt Berlin-Grunewald festgestellt, daß auch bei guter Feuerführung in den Stahlfeuerbüchsen enorm hohe Temperaturschwankungen auftraten. Bis zu 200°C betrugen die Schwankungen bei unsachgemäßer Feuerführung (Kaltluftlöcher im Feuerbett) oder beim Kaltspeisen. Die fest eingeschraubten Stehbolzen konnten diese enormen Spannungen überhaupt nicht vertragen – einmal hemmten sie die Dehnungsmöglichkeiten der Feuerbüchse, zum anderen nahmen sie einen Teil der Energie auf bis zum Bruch.

Die großen Rohrlängen führten außerdem zu großen Wärmespannungen in achsialer Richtung und beanspruchten die Rohrwände auf Biegung. Ebenso neigten die langen, nur an den Rohrwänden befestigten Rohre zum Schwingen und damit zu verstärkter Undichtigkeit an den Rohrwänden. Die bislang sehr starken eisernen Boden- und Feuerlochringe unterschieden sich in ihrer Wärmeausdehnung stark von den mit ihnen starr verbundenen Feuerbüchs- und Stehkesselblechen. Brüche und Risse an den unteren Feuerbüchsecken gehörten deshalb zu den dauernden schweren Schäden an den Einheitskesseln.

Der neue »Fachausschuß Lokomotiven«

Überlegungen zu den neuen Bauarten konnten nicht Halt machen vor den vorhandenen Maschinen, die durch Umbauten wirtschaftlicher werden sollten. Bereits am 17. 9. 1947 wurde deshalb mit Verfügung 2HB 8 Aaa 1 der damaligen Hauptverwaltung Bielefeld (im amerikanischen Besatzungsgebiet existierte die HV Stuttgart) die Wiederbelebung des »Fachausschusses Lokomotiven« festgelegt, der zuletzt 1939 Empfehlungen zu neugeplanten Lokomotivbauarten abgegeben hatte. Der Fachausschuß sollte möglichst schnell die wichtigsten Verbesserungen besprechen. Nach entsprechender Vorbereitung konnte am 11. 5. 1948 der neue Fachausschuß in Göttingen zu seiner ersten Sitzung zusammentreten.

2 Erster Wiederanfang: Die BR 52, auch nach dem Krieg gebaut. Das letzte Baulos wurde als Vorwärmerversuchsloks ausgeliefert. Hier 52 133 mit Henschel MVR mit Aufbau (Lok Bw Löhne), aufgenommen auf der Drehscheibe des Bw Hamm am 30.12.1955.

3 52 142 (Bw Duisburg-Wedau) besaß einen MVR ohne Aufbau. Sie wurde am 26.10.1957 im Heimat-Bw aufgenommen.

4 52 891 (Bw Bingerbrück) war versuchsweise mit dem österreichischen Heinl-Mischvorwärmer ausgerüstet. In der Ausführung entspricht er demjenigen bei der ÖBB-Lok 52.1718. Auch bei der BR 52 waren die Kesselspeiseventile, wie zu erkennen, schon in einem Stutzen zusammengefaßt. Foto während der Vorwärmer-Dauerversuche im Bw Bingerbrück, 4.10.1957.

Vorsitzender war Bauartdezernent Friedrich Witte vom Zentralamt Göttingen, der allerdings wegen Krankheit fehlte. Weitere Mitglieder waren bekannte Bauartfachleute wie Abteilungspräsident i.R. Hörmann von der ED München, Reichsbahndirektor Lehner (früher BBÖ) vom Zentralamt Göttingen und Abteilungspräsident Alsfaßer von der ED Wuppertal. Alle hatten schon vor dem Krieg wesentlichen Anteil an der Entwicklung neuer Lokomotiven gehabt. Abteilungspräsident Flemming von der neuen Hauptverwaltung Verkehr in Offenbach machte die Richtlinien klar, auf die der Fachausschuß bei Dampfloks zu achten habe:
a) einfache Bauart und leichte Bedienung;
b) geringe Schadanfälligkeit besonders des Kessels;
c) niedriger spezifischer Brennstoffverbrauch;
d) billige Unterhaltung und kurze Ausbesserungszeiten;
e) geringe Pflegezeiten und hohe Nutzleistung je Bw-Loktag;
f) sparsame Verwendung von Mangelstoffen.

Da inzwischen die Gelder aus dem Marshall-Plan zur Schaffung eines neuen Typenprogramms bereitstanden, ergänzte er noch: »Im Hinblick auf das neue Typenprogramm, das demnächst zur Beratung kommen wird, wird noch auf die erforderliche weitere Steigerung der spezifischen Leistung des Lok-Kessels und den notwendig werdenden Ersatz verschiedener Lok-Typen hingewiesen.«

Im weiteren Verlauf der Sitzung wurden als Grundlage für das neue Typenprogramm und die Verbesserung vorhandener Stahlfeuerbüchsen das Problem »Stehbolzen« behandelt. Als Beschluß wurde u.a. festgehalten, daß gewindelos eingeschweißte Stehbolzen genau so betriebssicher seien wie Gewindebolzen, und daß die Kosten für die eingeschweißten Bolzen um einiges unter denen der bisherigen lägen. Die Grundlagen für neue, ganz geschweißte Kessel waren durch diesen Beschluß gelegt. Ein neuer Sitzungstermin sollte festgelegt werden, sobald die Direktionen ihre Berichte über ein neues Typenprogramm eingereicht hätten.

Ein Neubauprogramm entsteht

Bereits am 27. und 28.7.1948 fand in Finnentrop die zweite Sitzung statt, die nun ausschließlich die »Vorbereitung eines Lokomotiv-Neubauprogramms« als Thema hatte.

Den Mitgliedern lag eine Aufstellung der ehemaligen Hauptverwaltung Bielefeld vom 6.12.1947 vor, die für »eine Neubauplanung auf lange Sicht« eine Untersuchung zur Beschaffung verschiedener Typen forderte.

Inzwischen hatte sich die Hauptverwaltung der Reichsbahn entschieden, für die Baureihen 06 und 45 einen neuen Kessel mit Verbrennungskammer entwerfen zu lassen. Die Entscheidung für die neue Kesselbauart beruhte im wesentlichen auf Empfehlungen von Friedrich Witte, der schon vor dem Krieg im Fachausschuß für eine Neuaufteilung der Heizflächen durch die Verbrennungskammer eingetreten war. Die Forderung nach einer Steigerung der spezifischen Leistung des Lokkessels bei gleichzeitig einfacher Bauart, die die Hauptverwaltung dem Fachausschuß mit auf den Weg gegeben hatte, verstand Witte als unbedingte Forderung nach einer Verbrennungskammer. Unterstützt konnte sich Witte fühlen durch Zahlen von Reichsbahnrat Müller vom Zentralamt Göttingen, der nachwies, daß nur durch Kleinhalten des Verhältnisses der Heizfläche von Feuerbüchse zu Rohrheizfläche unzumutbare Temperaturen an den Rohrwänden vermieden werden konnten. Müller: »Ich halte die Verbrennungskammer für ein Bauelement, ohne das bei großen Kesseln und insbesondere bei stählernen Feuerbüchsen nicht auszukommen ist.«

Auf eine Empfehlung, neue Dampflokomotiven mit einem geschweißten Verbrennungskammerkessel auszurüsten, verzichtete man dennoch, da noch nicht genug Erfahrungen vorlägen, um »ohne Rückschläge in Serie gehen zu können«, wie Müller meinte. Vielmehr sollten baldige Umbauten von Loks der Reihen 01, 44 und 50 für die nötigen Vergleichszahlen sorgen.

Gleichzeitig plädierte er für einen Heißdampfregler. Nur er könnte bei den angestrebten höheren Überhitzungstemperaturen ein Verziehen (das bei Naßdampfregler häufig auftrat) verhindern. Außerdem würden die Überhitzerelemente besser gekühlt, und beim Anfahren stünde sofort überhitzter Dampf zur Verfügung.

Übereinstimmung herrschte, daß die Loks eine hohe Rückwärtsgeschwindigkeit haben müßten, auch wenn aus Sichtgründen Schlepptenderloks rückwärts nur 80 km/h fahren dürften.

Keineswegs einhellig gebilligt wurden Überlegungen zum vollständig geschweißten Blechrahmen. Während Müller die erhebliche Gewichtsersparnis und die Verminderung der Unterhaltungskosten betonte, wurde der Blechrahmen vom ehemaligen Maschinendezernenten R. P. Wagner, der als Gast teilnahm, schroff abgelehnt: »Das wäre das Ende des Austauschbaues.« Seine Meinung wurde von anderen, die noch ebenso den Vorkriegsbauarten verbunden waren, geteilt. Friedrich Witte entgegnete, daß jetzt schon (1948) an den Einheits-Barrenrahmen dauernd teure Reparaturen nötig seien.

Witte meinte auch, daß die Loks ruhig nach dem höheren »Lademaß II« gebaut werden könnten. Auch bei den hohen österreichischen Loks habe es unter Fahrleitungen keinen Stromüberschlag gegeben.

Nach eingehender Beratung über die noch benötigten Neubaureihen kam der Ausschuß zu folgendem Urteil:

»Für alle Lok setzt der Ausschuß voraus, daß die Konstruktion nach dem heutigen Stand der Technik auf Vereinfachung hin und hinsichtlich erkannter Mängel überarbeitet wird. Besonders die Kessel sind auf hohe spezifische Verdampfungsleistung bei geringer Empfindlichkeit in ihren Heizflächenanteilen abzustimmen.

Die 01, 01^{10}, 03, 01^{10} werden ersetzt durch eine überarbeitete 2 C 1-h2-Lok der Baureihe 01 mit 250 m² Heizfläche.

Die 39^{0-2} wird ersetzt durch eine 1 D 1-h3-Lok mit 20 t Achsdruck und 250 m² Heizfläche.

Die 38^{10-40} wird ersetzt durch eine überarbeitete 1 C 1-h2-Lok der Baureihe 23 mit ~ 180 m². Es werden 100 km/h Höchstgeschwindigkeit vorwärts und 80 km/h rückwärts für ausreichend erachtet.

Die Lok R 24 und 54^{15-17} werden unter besonderer Berücksichtigung der betrieblichen Verhältnisse in Süddeutschland durch eine 1 C-h2-Güterzuglok mit 16 t Achsdruck, 1400 mm Raddurchmesser, 80 km/h Höchstgeschwindigkeit und ~ 135 m² Heizfläche, also mit etwa 30% höherer Leistung, ersetzt. Die Lok R 24 kann entfallen, da die Aufgaben des Lokalbahnbetriebes die Lok 64 übernehmen kann. Nach Leistung und Wasservorrat kann die Reihe 64 die 54^{15-17} nicht ersetzen. Auch die Ersatzlok 93^{5-12}/86 können dagegen die R 54^{15-17} nicht ersetzen, weil ihr Wasservorrat für die in Süddeutschland im Nahgüterverkehr zu befahrenden langen Strecken nicht ausreicht.

RR Dr. Müller hält ausdrücklich seinen abweichenden Standpunkt aufrecht, daß nach seiner Meinung die Aufgaben von R 24 und 57^{15-17} durch die Ersatz-93^{5-12} übernommen werden können. Der nur um 4 m³ größere Wasservorrat (14 gegen 18 m³ einer Lok mit Schlepptender) könne nicht entscheidend für eine neue Loktype sein.

Die Lok R 44 wird ersetzt durch eine überarbeitete Lok gleicher Bauart.

Die Lok R 41 ist nach Überarbeitung beizubehalten.

Die Lok R 50 ist nach Überarbeitung besonders des Kessels im Zusammenhang mit der Entwicklung der Ersatzlok 23 beizubehalten.

Die Lok R 62 und 78^{0-5} werden ersetzt durch eine 2 C 2-h2 Pt-Lok mit 1750 mm Raddurchmesser und 100 km/h Höchstgeschwindigkeit, sowie mit 180 m² Heizfläche. Der wirtschaftliche Einsatz dieser Lokgattung im Städteschnell- und Vorortverkehr, zu dem auch der kurze Eilzugverkehr gerechnet wird, verlangt äußerste Beschränkung im Lokgewicht, so daß die Lok R 23 diese Aufgaben nicht wirtschaftlich übernehmen kann.

Die Lok R 64 ist nach Herabsetzung des Raddurchmessers auf 1400 mm als Ersatz für alle unter der BR 98 zusammengefaßten Lokalbahnlok voll geeignet. Ihre Aufgaben auf Hauptbahnen entfallen.

Die Lok R 94^{5-18} wird aus wirtschaftlichen Erwägungen insbesondere zur Beschränkung des Lokgewichtes durch eine E-Verschiebelok mit 18 t Achsdruck, 1400 mm Raddurchmesser, 70 km/h Höchstgeschwindigkeit und 135 m² Heizfläche ersetzt. Vollständig geschweißte Rahmen und Kessel sind die Voraussetzung für die vom Betrieb für diese Lok geforderten Vorräte, insbesondere 11 m³ Wasser, und Beugniothebel vorn und hinten für die Laufgüte. Die Höchstgeschwindigkeit wird mit 70 km/h für diese Loktype als erreichbar und ausreichend gehalten.

Die Lok 85 und 95 werden ersetzt durch eine umsteckbare $\frac{18}{20}$ t-1 E 1-h2-Streckenlok mit 1400 mm Raddurchmesser, mit 80 km/h Höchstgeschwindigkeit und 200 m² Heizfläche.

Die Lok R 86 und 93^{5-12} werden ersetzt durch eine 1 D 1-h2-Güterzugtenderlok mit Umsteckbarkeit $\frac{15}{17}$, 1400 mm Raddurchmesser, 80 km/h Höchstgeschwindigkeit und 145 m² Heizfläche. Auch bei dieser Lok setzen neben der geforderten Heizfläche, die 15% größer ist als bei Lok 93^{5-12}, die geforderten Vorräte von 11 bzw. 14 m³ Wasser vollständig geschweißten Rahmen und Kessel voraus.

Die R 81 wird überarbeitet übernommen.
Die R 89 und 89$^{70-75}$ werden in der überarbeiteten Reihe 89^R übernommen.
Der Ausschuß ist an sich auf Grund der Anregung von *Abt Präs Alsfasser* der Meinung, daß die Arbeitsgebiete der beiden letztgenannten Verschiebelok durch Motorlok wirtschaftlicher übernommen werden können. Er empfiehlt deshalb systematische Erprobung von Motorlok als etwaigen Ersatz für die dann im Typenprogramm für Dampflokomotiven entfallenden Reihen 81 und 89.
Die Lok R k 33.8 (1 m) und 99$^{73-75}$ (0,75 m) werden ersetzt durch eine D 1 h 2 mit 9 t Achsdruck, 800 mm Raddurchmesser und 30 km/h, sowie 50 m² Heizfläche bzw. durch eine E h 2-Lok mit 9 t, 1000 mm Raddurchmesser, 40 km/h und 80 m² Heizfläche.«

Weitere wichtige Beschlüsse dieser Sitzung:

Die Fahrzeugumgrenzung II soll angewendet werden.
Der Kesseldruck soll einheitlich bei 16 Atü liegen.
Ein Übergang auf eine mechanische Feuerung soll nicht erfolgen.
Alle Loks sollen einen Überhitzer erhalten, der bei einer Verdampfungsleistung von 60 kg/m²h eine Temperatur von 385°C erreichen lasse.
Es sollen nur stählerne Feuerbüchsen verwendet werden. Der notwendige Anteil an Strahlungsheizfläche soll, wenn nötig, durch eine Verbrennungskammer erreicht werden.
Möglichst bald sollen auch Verschiebeloks versuchsweise mit Mischvorwärmern ausgerüstet werden.
Ein Heißdampfregler soll an rund zehn Loks erprobt werden.
Es sollen einheitliche Raddurchmesser von 2000, 1750, 1600, 1400 und 1100 mm verwendet werden.
Auf gute Laufeigenschaften soll bei den Entwürfen besonders geachtet werden.
Das Zentralamt Göttingen soll Entwürfe für vollständig geschweißte Rahmen aufstellen.
Die Besandungsanlage soll verbessert werden.
Versuchsweise sollen 20 Tenderlok BR 94 mit Beugniothebeln ausgerüstet werden, um zu Versuchszahlen zu kommen.

Damit die DR wieder Anschluß an den technischen Fortschritt bekäme, wurde noch die Konstruktion einiger Versuchsbauarten vorgeschlagen: Eine Turbinenlokomotive neuzeitlicher Prägung im Leistungsprogramm von 39 und 44, Vierzylinderverbundlokomotiven im Programm derselben Maschinen, Neubau-01, -39 und -44 mit Rollenlagern an Stangen und Achslagern, eine Abdrücklok mit Dampfmotoren und Stangenantrieb unter Zwischenschaltung eines Vorgeleges.

Bis zur dritten Sitzung des Fachausschusses vom 19. bis 21. 10. 1948 in Hammersbach waren schon etliche Bauteile für neue und vorhandene Maschinen durchkonstruiert worden. Als Ausschußvorsitzender berichtete Friedrich Witte über die in Angriff genommenen Entwürfe und Projekte:

– je fünf Verbrennungskammerkessel für BR 01 und 44,
– Ausrüstung aller Loks mit kleinen Windleitblechen,
und speziell als Vorbereitung auf das neue Typenprogramm:
– Schüttelrost für zehn Reparaturlok BR 50 (erleichtert Langstreckenfahrten ohne Schlackenbildung),
– neuer Steuerbock, der nicht mehr am Stehkessel, sondern am Rahmen befestigt ist, Steuerskala in einem Pult,
– vereinfachte Pfeife und vereinfachte Wasserstände,
– Gelenkstehbolzen für die Neubauloks BR 52,
– neue, fest angebaute Spitzenlaternen, z.B. auf den Zylindern wie bei der BR 42,
– neue Mischvorwärmerkolbenpumpe Knorr Tolkien -KT1 (später an fast alle DB-Dampfloks angebaut), weil die Henschel-Kreiselpumpen unzuverlässig seien,
– Beugniotgestelle für BR 57 und 94 entworfen,
– Abdichtung und Dauerschmierung für Stangenlager,
– vereinfachte Feuertür ohne seitliche Luftkanäle,
– Aschkästen Bauart Stühren mit großen Lufteintritten.

Ein erheblicher Teil der späteren »Neuen Baugrundsätze« stand somit schon nach rund einem Jahr ziemlich fest. Die weiteren Beratungen während der Sitzung drehten sich um diese Bauteile:

Die neuen Baureihen sollten Mischvorwärmer erhalten, und zwar solche der schon erproben Bauarten Henschel MVR und Heinl. Darüber hinaus sollten die alten Maschinen, die während des Krieges ihren Vorwärmer verloren hatten und auf zwei Strahlpumpen umgebaut worden waren, wieder mit Oberflächenvorwärmern ausgerüstet werden. Die Ausrüstung der Maschinen mit Vorwärmeranlagen sei äußerst wichtig, da die erreichbare Kohlenersparnis von rund 10 Prozent Minderausgaben von rund 3 Mill. DM im Monat bringen könnte!

Weiter wurden die recht umfangreichen Schäden an Stehbolzen, Kessel und Stehkessel der Einheitsbauarten behandelt. Die Befürworter des vollständig geschweißten Kessels konnten sich weitgehend durchsetzen, so daß man beschloß: »Der Ausschuß

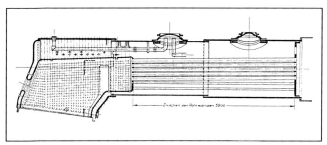

5 Kessel der BR 01 mit neuem Stehkessel und Verbrennungskammer. Der Wasserraum neben der Feuerbüchse erweitert sich nach oben. Der Stehkessel ist an den alten Langkessel angenietet.

Dampfdruck	16 kg/cm²
Rostfläche	4,3 m²
Heizfläche der Feuerbüchse fb	220 m²
Heizfläche der Heizrohre fb	93,53 m²
Heizfläche der Rauchrohre fb	101,07 m²
Gesamtheizfläche fb	216,60 m²
Gewicht des Kessels, leer	31 200 kg
Gewicht des Kessels, betriebsfähig	40 200 kg

sieht im voll geschweißten Kessel eine Verbesserungsmöglichkeit, die unmittelbar zur praktischen Anwendung kommen wird.«
Ferner wurden die von der Hauptverwaltung 1947 geforderten Sozialmaßnahmen bei neuen Lokomotiven besprochen:

Die Führerhäuser sollten geschlossen sein, die den Heizer behindernde Tenderbrücke somit wegfallen. Eine Fußbodenheizung erschien notwendig. Der Hinterkessel sollte besser isoliert werden, die Entlüftung des Führerhauses wirksamer werden. Am Stehkessel sollten Kästen zum Anwärmen von Speisen und Öl angebracht werden. Für Lokführer und Heizer sollten federnde Standbretter und federnde, gepolsterte Sitze vorhanden sein. Ein Blendschutz an der rechten Feuertürseite würde vorteilhaft sein. Eine saubere Ablagemöglichkeit für Kleider wurde noch vermißt. Eine mechanische Kohlenvorholeinrichtung und eine mechanische Rostbeschickung seien Ideallösungen, so Oberlokführer Schürmann, würden aber wohl noch auf Jahre hinaus ein Wunschtraum bleiben. Ebenso wichtig sei eine Öffnungsmöglichkeit der Wassereinläufe des Tenders vom Boden oder vom Führerstand aus, da dort im Winter schon etliche böse Unfälle passiert seien. Die Einrichtung mit induktiver Zugsicherung sei als vordringliche Aufgabe zu betrachten.

Am 8. 12. 1948 entschied die Hauptverwaltung, daß die Baureihen 23 Neu, 78 Neu, 93 Neu und 94 Neu als erste Maschinen des Typenprogramms zu beschaffen seien. Der Ausschuß sollte deshalb nochmals in die Beratung »Typenprogramm« der 2. Sitzung eintreten und zu einigen offenen Fragen Stellung beziehen, damit möglichst rasch die Entwurfsarbeiten beginnen könnten. Am 1. 2. 1949 traf man sich deshalb in Niederdollendorf zur Sitzung 2a. Hauptsächlich ging es dabei um die Abstimmung der Heizflächen.

Die Hauptverwaltung fragte, ob eine Betonung der Strahlungsheizfläche nicht eine insgesamt kleinere Kesselbauart bei gleicher Verdampfungsleistung wie die Vorkriegskessel ermögliche.
Auch sollte der Ausschuß bei jeder Type einzeln prüfen, ob der erwünschte große Anteil hochwertiger Strahlungsheizfläche nicht auch ohne Verbrennungskammer erreichbar wäre.
Für die Baureihen 23 und 78 Neu, die übrigens mit gleichem Kessel und Triebwerk gebaut werden sollten, wäre auch eine Höchstgeschwindigkeit von 110 km/h erwünscht.
Genau müßte der Ausschuß auch die Frage der Rostgröße prüfen. Man brauche in Zukunft nicht mit schlechterer Kohlenqualität zu rechnen, zur Senkung der Stillstandsverluste wünschte sich die HVR deshalb eine möglichst kleine Rostfläche.

Den Vorbehalten der Hauptverwaltung trat Friedrich Witte energisch entgegen:

»(Es) ist auch nicht, wie von der HVR vermutet, der Einbau einer Verbrennungskammer ein Mehraufwand! Durch die gesteigerte Wertigkeit der Heizfläche wird an der absoluten Heizfläche ja wieder gespart, so daß bezogen auf das Kilogramm Konstruktionsgewicht eine höhere Leistung erreicht wird, also ein Minderaufwand an Konstruktion... Es ergibt sich also eindeutig, wenn statt der bisherigen Grenzleistung von 60 kg/m²h bei der jeweiligen neuen Kessel eine solche von 80 kg/m²h zugelassen werden kann, daß z.B. statt 250 m² nur 215 m² (Verdampfungsheizfläche) ausgeführt werden.«

Die weiteren Beratungen ergaben tatsächlich Mehrheiten für eine knappe Bemessung von Heiz- und Rostflächen.

Die vierte Sitzung des Fachausschusses am 5. und 6. 4. 1949 in Kirchheim/Teck hatte als Hauptthema den Wirtschaftlichkeitsvergleich der verschiedenen Mischvorwärmer, denn inzwischen lagen die ersten Versuchszahlen von der Neubau-52 vor. Am besten schnitt vorerst der Henschel-Mischvorwärmer ab.

In der Zwischenzeit hatte das Zentralamt Göttingen die Lokfabriken Henschel, Krauss-Maffei, Krupp, Esslingen und Jung angeschrieben und am 4. 3. 1949 um Angebote zu den vier vordringlich benötigten Baureihen gebeten:

»Wir beabsichtigen in Vorbereitung der Wiederaufnahme einer Serienfertigung von vier vordringlich zu ersetzenden Dampflok-Typen nach Möglichkeit noch in diesem Jahr die Entwicklung und den Bau von Versuchsausführungen zu vergeben. Es handelt sich um die in nachstehender Zusammenstellung nach den gewünschten Hauptabmessungen aufgeführten Lokreihen.

Lok-reihe	Achsen-ordnung	Kessel-grenz-Dampf-leistung t/h	Achs-druck (max) t	Rad-durch-messer mm	Höchst-geschwin-digkeit km/h	Vorräte (anzustreben) Kohle t	Wasser m³
23	1-C-1	10	17/19	1750	110 V 80 R	8,0	30
78	2-C-2	10	18	1750	100	4,5	14
93	1-D-2 oder 2-D-2	8,5	17	1500	85	4,5	14
94	E	7,5	18	1400	70	4,0	11

Für die Durchbildung der neuen Lokomotiven sind die bewährten Baugrundsätze der Einheitslok zu Grunde zu legen und dabei die als brauchbar anerkannten Vereinfachungen, wie sie sich beim Bau der Lok 52 und 42 bewährt haben, anzuwenden ...

Als allgemeinen Grundsatz bitten wir zu beachten, daß die Lok bei ansprechender Formgebung ein möglichst glattes, ruhiges Äußeres zeigen sollen. D.h. z. B. möglichste Beschränkung von Zügen und Rohrleitungen am Kessel durch entsprechende Wahl der Lage der Dampfentnahmestellen, jedoch nicht Verlegung von Rohrleitungen unter der Verkleidung.

Als Anstrich der Lok sind vorzusehen Spachteln, Lauf- und Triebwerk rot, im übrigen schwarz.

Lok mit Schlepptender sollen ein geschlossenes Führerhaus erhalten mit gegenüber den Verhältnissen bei Lok 52 und 42 verbesserten geräumigeren Schränken, sowie verbesserter Lüftung. Hierzu gehört auch die Ausrüstung der Türen mit herablaßbaren Fenstern. Ebenso sind wieder die bei den Einheitslok ausgeführten vorderen großen Seitenfenster vorzusehen. Wir legen Wert auf eine sorgfältige Überprüfung und Durchbildung der Führerhauseinrichtung, sowie Entlastung des Führerstandes zu Gunsten der Zugänglichkeit der Armaturen. Die Lok sollen deshalb Kesselventile am Langkessel oberhalb der Wasserlinie erhalten, die mit kurzem Krümmer im Kessel bis auf NW herunterreichen. Die bisher vorgesehenen Speisewasserreiniger entfallen. Strahlpumpen sind als nichtsaugende Pumpen außen, unterhalb des Führerstandes vorzusehen. Die Steuerungsspindel ist nach unten auf Rahmenoberkante zu verlegen und am Rahmen zu lagern. Die Anzeigeinstrumente sollen ähnlich der Anordnung bei Ellok in Pultform zusammengefaßt werden. Hierzu gehört auch die Steuerungsskala, verkürzt und von innen beleuchtet. Als weitere neue Einrichtungen des Führerstandes weisen wir auf die vereinfachten Feuertüren hin. Gute Isolierung des Kessels innerhalb des Führerstandes ist vorzusehen. Zwecks besserer Zugänglichkeit und Vermeidung starker Beheizung ist der Armaturstutzen außen vor das Führerhaus zu verlegen. Zur Verbesserung der Einrichtungen für das Lokpersonal sind federnde, gepolsterte Drehsitze, umklappbar, mit aufsteckbarer federnder Rückenlehne vorzusehen. Alle Lok erhalten die neuen kleinen Einheitswindleitbleche.

Zu den einzelnen Baugruppen weisen wir auf die nachstehenden Punkte hin:

1) Kessel:
Für die Bemessung der Kessel haben wir die an der Kesselgrenze zu erzeugende Dampfmenge angegeben. Sie bezieht sich auf einen Dampf von 16 atü Druck, mindestens 385°, bis höchstens 400° Dampftemperatur bei der Lok 23 neu und 78 neu, 14 atü und 385° bei den Lok 23 neu und 94 neu. Baustoff St 34. Überhitzer Bauart Schmidt. Wir legen großen Wert auf einen gegenüber den Verhältnissen bei den Einheitslok wesentlich gesteigerten Anteil an Strahlungsheizfläche, und zwar in Annäherung an die bei den Garbeschen Lok verwirklichten Verhältnisse. Da andererseits die Stehkessel über den Rahmen und mit möglichst ebenen Wänden, jedoch auf jeden Fall mit von unten einbringbaren Feuerbuchsen, außerdem mit sparsam bemessener Rostfläche zu entwickeln sind, kann zur Erhöhung des Strahlungsheizflächenanteils eine Verbrennungskammer vorgesehen werden.

Wir erwarten von den verbesserten Heizflächenverhältnissen eine gegenüber der bisher üblichen Kesselgrenze höhere spezifische Heizflächenbelastbarkeit, aus der sich unter Zugrundelegung der geforderten Dampfmenge die anzubietende Heizfläche ergibt. An sich kann für die Festlegung der Rostfläche die Verfeuerung guter Kohle vorgesehen werden ... Um längere Strecken als bisher üblich mit den großen Lok durchfahren zu können, ist für die Lok 23 ein Schüttelrost mit Dampfantrieb anzubieten. Für den Aschkasten ist die Bauart Stühren zu verwenden. Die Lok erhalten stählerne Feuerbuchsen, Lok mit 10 t Dampferzeugung und Verbrennungskammern Gelenkstehbolzen Bauart RZA Göttingen mit Kreuzgelenk. Alle Stehbolzen sind gewindelos mit Spiel einzuschweißen.

Für die Kessel streben wir die weitgehende Schweißausführung, einschl. Rund- und Längsnähte, auch bei der Verbindung von Lang- und Stehkessel an. Wir stellen aber anheim, falls es noch hierfür eingerichtet werden sollte, Nietung anzubieten. Für die Feuerbuchsen ist die ebene Decke mit entsprechender Aussteifung der Stehkesseldecke vorzusehen, entsprechend der Reichsbahn-Regelausführung.

Die Lok soll Heißdampfregler mit Seitenzug erhalten. Die Dampfpfeife ist vor dem Führerstand anzuordnen. Zunächst ist die Regelausführung wie bei Einheitslok vorzusehen. Die Lok 93 und 94 neu erhalten Läutewerk.

Die Armaturen sind in friedensmäßiger Ausführung in Rotguß zu planen. Der Kessel soll mit Pendelblechen bzw. Pendelstützen auf dem Rahmen gelagert werden.

2) Rahmen:
Als Regelausführung ist der Barrenrahmen zu Grunde zu legen. Wir stellen anheim, bei den Tenderloks, falls zu Gunsten der geforderten Vorräte gewichtsmäßig Vorteile erzielbar sind, Blechrahmen vorzusehen. Wir würden es begrüßen, wenn sie alternativ für alle vier Lok vollständig bzw. weitgehend geschweißte Rahmen anbieten würden ...

3) Laufwerk:
Die Achslager sollen für Zeitschmierung eingerichtet sein, müssen also mindestens die verbesserte Abdichtung erhalten. Die Achswellen erhalten Innenbunde. Stellkeile sind vorzusehen, Lagerschalen und Gleitplatten aus Rotguß, Ausguß WM 80. Die Oberschmierung entfällt. Seitenverschiebliche Kuppelradsätze können mit durchschiebbare Zapfen erhalten.

Wir legen Wert auf eine gute Kurvenläufigkeit der Lok. Sie müssen in der Lage sein, die Reichsbahnweiche 1:7,5 mit Verlängerung auf 1:6,6 und Gleisbögen von 140 m Halbmesser durchfahren zu können. Der Lastausgleich muß das Befahren von Ablaufbergen mit 300 m Ausrundungshalbmesser oben und unten gestatten. Die Führungskräfte sollen sich auf möglichst mehrere Radsätze verteilen. Jedoch muß der Aufwand für die vorgeschlagenen Laufgestelle in einem tragbaren Verhältnis zum Gewinn stehen. Bei Krauß gestellen ist außer der Rückstellvorrichtung am Drehzapfen auch die Rückstellung am Laufradsatz vorzusehen. Mit Rücksicht auf die vorgesehene Geschwindigkeit von 70 km in beiden Fahrtrichtungen muß die Lok 94 neu mindestens vorn und hinten Beugniothebel erhalten.

4) Triebwerk:
Die vier Typen sollen Zweizylindertriebwerke mit Druckausgleichkolbenschiebern erhalten. Die Zylinder müssen bei Verschleiß ausgebucht werden können. Ausströmkästen sind anzugießen, die Schieberbuchsen einzupressen. Abgesehen vom hinteren Treibstangenlager sind durchweg Rotguß-Buchsenlager mit WM 80-Ausguß anzuwenden. Vorerst sind allseitig bearbeitete Stangen anzubieten ...

Zur Ausnutzung der Abdampfwärme sind zunächst Mischvorwärmeranlagen mit einstufiger Heißwasserkolbenpumpe und Kaltwasserstrahlhebern vorzusehen. Andere Ausführungen anzubieten wird anheimgestellt. Alle vier Typen sollen Vorwärmeranlagen erhalten.

5) Tender:
Für den Tender der Lok Reihe 23 neu wird ein möglichst niedriges Eigengewicht angestrebt. Die Bauart muß im Interesse einer kurzen Gesamtlänge der Lok den Querschnitt der Fahrzeugumgrenzung gut ausnutzen. Der Wannentender der Lok 52 und 42 kommt deshalb für diese Lok nicht infrage. Weitgehend geschweißte Ausführung wird anheimgestellt.«

Damit standen die wesentlichen Bauelemente der Neubauloks fest. Wichtig war z. B. noch der Übergang auf den völlig geschweißten Rahmen, der zunächst nur als Alternative mit angeboten werden sollte.

In den Wochen nach diesem Schreiben leisteten die Fabriken sehr schnelle Arbeit: Im Mai und Juni 1949 waren Zeichnungen und Beschreibungen zu allen Projekten fertiggestellt, bereits während der 5. Sitzung vom 5. bis 6. 9. 1949 in Volkach konnte sich der Fachausschuß mit der BR 82 als erster Neubaulok befassen. Waren die »Neuen Baugrundsätze zur Senkung der Fertigungs- und Unterhaltungskosten und der Schadanfälligkeit« weitgehend im Fachausschuß entstanden, so entwickelte sich das äußere Bild der Loks eher als Kompromiß aus den verschiedenen Entwürfen der Fabriken, wenn auch die ersten Neubaureihen deutlich die Handschrift der Firma Henschel zeigen. Die BR 78 neu wurde noch kurzfristig gestoppt, Vorentwürfe wurden überhaupt nicht mehr aufgestellt, da die BR 23 neu mit ihrer hohen Rückwärtsgeschwindigkeit als vollwertiger Ersatz angesehen wurde.

Der erste endgültige Entwurf, nur noch geringfügig abgeändert, entstand bis zum 15. 8. 1949 von der BR 82. Er zeigte bereits alle wichtigen äußeren Merkmale der später klassisch gewordenen »Neubaulok-Ansicht«. Rund ein Jahr später war die erste Lok fertiggestellt.

Die BR 23 und die »Neuen Baugrundsätze«

Planungsbeginn zu Reichsbahnzeiten

Schon vor dem Krieg hatte die Reichsbahn die Planung für eine neue Personenzuglokomotive vorangetrieben. Zwar stand mit der BR 38[10] eine leistungsfähige, einfache und wirtschaftliche Maschine zur Verfügung, außerdem wurde die Ersatzteilhaltung durch die weiteren, in großer Zahl vorhandenen Loks der BR 57[10] noch weiter verbilligt, doch ging die P 8, wie die 38[10] auch weiterhin genannt wurde, deutlich auf eine wirtschaftliche Grenze zu.

Die jüngsten P 8-Maschinen waren Mitte der 30er Jahre zwar erst rund 10 Jahre alt, die Konstruktion selbst stammte aber aus dem Jahre 1906. Viele altertümliche Bauteile, der auf Normung bedachten Reichsbahn ein Greuel, prägten die Konstruktion.

Der Kessel war zwar für ausgezeichnete Verdampfungsleistungen gut, ohne Überlastung konnte er eine Verdampfungsleistung von 85 kg/m^2 erzielen, doch war bei solchen Leistungen das Triebwerk hoffnungslos überlastet. Die Statistik wies es aus: Der Versuch, die P 8 im beschleunigten Reisezugdienst und vor schnellen, schweren Personenzügen einzusetzen, führte zu einem stark erhöhten Aufwand für die Erhaltung des Triebwerkes. Bis zum Erscheinen der BR 23 im Jahre 1941 hatte die DRB trotzdem – außer den 95 Maschinen der BR 24 – keine einzige Personenzug-Schlepptenderlok beschafft!

In den allerersten Typenprogrammen bei Gründung der DRB war zwar sofort eine mittlere Personenzuglok enthalten gewesen (aus den vorhandenen Erfahrungen eine 2'C-Type), doch hatte man angesichts des noch recht geringen Alters der P 8, die den überwiegenden Teil aller Personenzugloks ausmachte, noch keine Eile für die Entwicklung und Erprobung.

In der nachfolgenden Zeit erreichte die Beschaffung von Dampflokomotiven bei der DRB einen Tiefstand: Die Wirtschaftskrise führte sogar zu einer weitgehenden Lohnkürzung für die Eisenbahner. Nach der Machtübernahme der Nationalsozialisten änderte sich zunächst grundlegend nichts, da man der langsam beginnenden Hochrüstung zuliebe die Stahlzulieferungen kontingentierte.

Erst im Jahre 1936 erging ein Auftrag an die Industrie, eine Personenzuglokomotive neu zu entwickeln – mit der Achsfolge 2'C! Immerhin sollte durch diese Bauart gewährleistet sein, daß der Kessel einen großen Anteil direkter Strahlungsheizfläche hätte. Diese wäre durch die lange schmale, zwischen die Rahmenwangen eingezogene Feuerbüchse erreicht worden. Man hatte jetzt zwar die Grundschwäche der großen Einheitskessel erkannt, schreckte aber nochmals vor der letztmalig 1922 behandelten (und abgelehnten) Verbrennungskammer zurück.

Dem Drängen Friedrich Wittes, auch damals Mitglied des Fachausschusses Lokomotiven, war es zu verdanken, daß man von der 2'C mit ihrer schon abnorm langen Feuerbüchse abkam und statt dessen Aufträge für Vorentwürfe in der Achsfolge 1'C1' vergab.

Mit einer Verbrennungskammer sollte, nach dem Vorschlag von Friedrich Witte, ein ähnlich langer Brennraum geschaffen werden, wie dies bei den abgelehnten 2'C-Entwürfen möglich war. Die Verbrennungskammer sollte endlich die Abkehr von einer bestimmten Feuerbüchsform ermöglichen. Ihre Verwendung gestattete gleichermaßen die freie Ausbildung der Feuerbüchse über den Rahmen hinaus, andererseits kam sie durch die Verlängerung in den Kessel hinein wieder zu den guten Heizflächenverhältnissen der preußischen Lok. Auch gelang es Friedrich Witte, den Ausschuß von der Notwendigkeit eines führenden Krauß-Helmholtz-Gestells zu überzeugen, das der Zweizylindermaschine zu besseren Laufeigenschaften verhelfen sollte.

Die Probemuster der neuen Personenzuglok sollten nun alternativ mit einem Langrohrkessel herkömmlicher Bauart und dem vorgeschlagenen Verbrennungskammerkessel ausgerüstet werden.

Soweit war man sich im Fachausschuß einig. Man schrieb das Jahr 1937.

Kurze Zeit später schon lagen die Entwürfe der Firmen Borsig und Schwartzkopff, die hauptsächlich mit den Entwicklungsarbeiten betraut waren, auf dem Tisch. Der hohen Verdampfungsleistung des Verbrennungskammerkessels angemessen sah der Borsig-Entwurf nur noch eine Verdampfungsheizfläche von 140 m^2 vor. Der Schwarzkopff-Entwurf zielte in die gleiche Richtung: Er zeigte nur 143,2 m^2 Verdampfungsheizfläche. Besonders interessant ist hier der Schwatzkopff-Entwurf, weil er nach dem Krieg erklärtermaßen als Ausgangspunkt für eine Neubauentwicklung diente. Insofern ist er schon ein früher Vertreter der »Neuen Baugrundsätze«, die später bei der Deutschen Bundesbahn verwirklicht werden sollten: Er zeigt den konischen, mit Verbrennungskammer ausgerüsteten Kessel, den Stillstandsverluste vermindernden kleinen Rost, eine knapp bemessene Saugzuganlage, Triebwerksabmessungen, die fast mit der späteren 23 neu identisch waren, und auch schon die geforderte »gedrängte« Bauart, um noch auf den alten 20 Meter-Drehscheiben wenden zu können.

Gesamtabmessungen des 1'C1'-Entwurfes der Firma Schwartzkopff im Vergleich zur BR 38[10]:

	Projekt	BR 38[10]
Zylinderdurchmesser	520 mm	575 mm
Kolbenhub	660 mm	630 mm
Treibraddurchmesser	1750 mm	1750 mm
Laufraddurchmesser	1000/1250 mm	1000 mm
Fester Achsstand	2000 mm	4580 mm
Gesamtachsstand	9700 mm	8350 mm
Dampfdruck	16 kg/cm^2	12 kg/cm^2
Rostfläche	3,02 m^2	2,64 m^2
Heizfläche der Feuerbüchse	17,9 m^2	14,58 m^2
Heizfläche der Rauchrohre	60,8 m^2	48,65 m^2
Heizfläche der Heizrohre	64,5 m^2	81,73 m^2
Verdampfungsheizfläche gesamt fb.	143,2 m^2	144,96 m^2
Heizfläche des Überhitzers fb.	61 m^2	58,9 m^2
Wasserrauminhalt	6,3 m^3	6,5 m^3
Dampfrauminhalt	3,0 m^3	3.1 m^3
Verdampfungsoberfläche	10,2 m^2	9,57 m^2
Leergewicht	77 000 kg	70 700 kg
Dienstgewicht	84 000 kg	78 200 kg
Reibungsgewicht	52 500 kg	51 600 kg
Zulässige Höchstgeschwindigkeit	110 km/h	100 km/h
Tender	2'2'T32	2'2'T21,5
Raddurchmesser	1000 mm	1000 mm
Achsstand des Drehgestelles	1900 mm	1700 mm
Gesamtachsstand	5700 mm	4750 mm
Drehzapfenabstand	3800 mm	3050 mm
Wasservorrat	32 m^3	21,5 m^3
Kohlenvorrat	10 t	7 t
Leergewicht	31 600 kg	23 000 kg
Dienstgewicht	73 600 kg	49 700 kg

Daß es nicht schon vor dem Krieg den Übergang auf »Neue Baugrundsätze« gegeben hat, ist nicht dem damaligen Fachausschuß zuzuschreiben, der die Gefahren technischer Stagnation durchaus erkannt hatte.

Vielmehr übertrug die Hauptverwaltung die Kesselgleichheit der alten P 8 und der G 10 auch auf die neuen Personenzugloks. Dabei bot sich an, daß gerade als Ersatz für die G 10 die BR 50

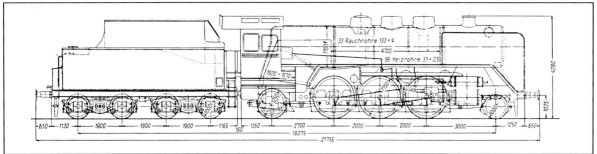

6 Das Schwarzkopff-Projekt.

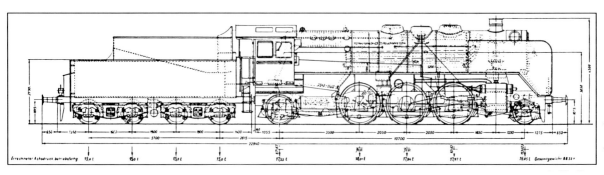

7 BR 23 Alt (technische Daten siehe Seite 13).

8 Die Vorkriegs-23 präsentiert sich höchst traditionell. Sie ist geprägt durch die Übernahme von Kessel, Führerhaus und Tender von der BR 50. Hersteller der Lok: Schichau 3443/41. Aufnahme in Berlin-Grunewald 1941.

entwickelt wurde. Aus dem Vereinheitlichungsgedanken heraus wurde deshalb die Entwicklung der BR 23 unter Zugrundelegung des Kessels der BR 50 verfügt. Das fiel noch nicht einmal besonders schwer: Bei der DRB war auch schon vorher der Gedanke eines »natürlichen Leistungsprogramms« verfochten worden, d. h., was an Heizfläche auf dem durch das Betriebsprogramm geforderten Fahrgestell unterzubringen war, sollte auch installiert werden.

So wurde die BR 23 zu einer sehr großen Maschine mit fast 23 m Gesamtlänge, einer sehr großen Verdampfungsheizfläche von 177,83 m², einem großen Rost von 3,9 m² und einem Verhältnis von Feuerbüchsheizfläche zu Rohrheizfläche von 10,14. Das alles stand in völligem Gegensatz zu den Forderungen des Fachausschusses. Dazu kam noch, daß die BR 50 für die Verfeuerung von minderwertiger Kohle ausgelegt sein sollte und somit noch einen besonders großen Rost erhalten hatte.

Die BR 23 stellte deshalb nur eine Wiederholung alter Fehler bei der Kesselkonstruktion dar: Der Kessel entsprach dem Langrohrkesselprinzip und ließ deshalb keine höhere Verdampfungsleistung als die festgelegten 57 kg/m² zu. Überlastbar war die Lok trotz ihrer Größe nicht.

Nun war die BR 23 alt sicher keine schlechte Maschine, der Kessel, mit einer Rohrlänge von 5200 mm nicht übertrieben lang, machte gut Dampf, die beiden Probemaschinen erzielten von Berlin aus gute Laufleistungen. Wegen der genieteten Bauweise des Kessels, der Bindung an die Belastungsgrenze von rund 60 kg/m² und wegen des großen Rostes war die Lok jedoch nicht gerade wirtschaftlich. Wäre freilich nicht die Bestellung von 800 Maschinen, deren Lieferung für 1942/43 vorgesehen war, storniert worden, hätte sie sicher – wie die BR 50 – zu einer deutschen »Standard-Lok« werden können.

Wegen der verschärften Kriegslage wurde der Bau von neuen Loks ab 1941 fast nur noch auf leichte 1'E-Maschinen beschränkt. Zunächst ging man den Weg, die BR 50, einmal vorhanden, durch Weglassen friedensmäßiger Details in der Herstellung zu verbilligen und zu entfeinern. Der Oberflächenvorwärmer entfiel, ebenso verschwand der Speisedom, die Kesselspeiseventile wurden in ein Gußstück zusammengefaßt, Stangen und Rahmenausschnitte wurden nur noch roh bearbeitet, das Führerhaus wurde vereinfacht, ein Frostschutz kam hinzu und noch etliches mehr. Trotzdem war man 1942 bei einer Grenze der möglichen Vereinfachungen angekommen, denn der Barrenrahmen blieb nach wie vor ein sehr kompliziertes und teures Bauteil. Die neuentstandene BR 52 führte deshalb erstmals seit Preußens Zeiten für Großlokomotiven wieder den genieteten Blechrahmen ein.

Es würde zu weit führen, hier auf die weitgehenden Bauvereinfachungen und die Massenfertigung bei der BR 52 einzugehen. Richtig ist aber, daß die BR 52 zu den Wegbereitern der Neubaudampfloks gehört und sie entscheidend geprägt hat. Gerade die BR 23 ist als Abkömmling der Kriegslokomotiven zu sehen.

Nach dem völligen Zusammenbruch auch der Deutschen Reichsbahn 1945 konnte nur durch den fast alleinigen Einsatz der BR 52 ein notdürftiger Zugdienst aufrechterhalten werden.

Doch bereits 1947 zog die Firma Henschel, immer noch lieferfähig, die Konsequenz aus dem sehr großen Mangel an Personenzuglokomotiven und legte der Hauptverwaltung der Eisenbahn im britischen und amerikanischen Besatzungsgebiet in Offenbach erste Entwürfe zu einer neuen BR 23 vor. Zwar war das Neubauverbot noch nicht aufgehoben (Einzelstücke der BR 52 wurden von Fall zu Fall freigegeben), doch war mit Hilfe der reichlich vorhandenen Reichsmark schon 1947 eine umfangreiche Wiederherstellung von Anlagen und Fahrzeugen angelaufen. Insofern war das Problem des Ersatzes der alten BR 38[10] nach wie vor dringlich. Der Altersaufbau und die Verteilung auf die verschiedenen Betriebsaufgaben war für einen wirtschaftlichen Eisenbahnbetrieb sehr ungünstig.

Altersaufbau und Anteil bei den verschiedenen Lokomotiven
(E = Einheitslokomotiven, L = Länderbahnlokomotiven)

Lok-Gattung	Prozent-Anteil am Bestand		Mittleres Alter in Jahren	
	E	L	E	L
S-Lokomotiven	78	22	16	29
P-Lokomotiven	3	97	19	37
G-Lokomotiven	60	40	9	31
Pt-Lokomotiven	20	80	18	37
Gt-Lokomotiven	16	84	12	36
Alle Lok zusammen:	39	61	10	34

Noch 1947 wurde von seiten der Hauptverwaltung der Eisenbahn in der Bizone die Grundlage für eine zukünftige Neubaulokbeschaffung gelegt, als bei Henschel die ersten »Neubau-52«, die schon mit Mischvorwärmer ausgerüstet werden sollten, in Auftrag gegeben wurden. Sie sollten auch als Erprobungsträger für neu zu bauende Einheitslokomotiven dienen, z. B. wurden schon mit Spiel eingeschweißte Stehbolzen verwendet.

Bereits zur ersten Sitzung des neu ins Leben gerufenen Fachausschusses Lokomotiven am 11. und 12. 5. 1948 hatte die Hauptverwaltung in Offenbach den Ausschuß darauf hingewiesen, daß in den nächsten Sitzungen die notwendige Steigerung der spezifischen Leistung des Lokkessels und den notwendigen Ersatz einiger Typen durch neue Maschinen zu besprechen seien. Das war der Ausgangspunkt für die Geschichte der neuen BR 23.

In in der zweiten Sitzung am 27. und 28. 7. 1948 in Finnentrop hatte sich der Fachausschuß mit den Vorbereitungen für ein neues Lokomotiv-Typenprogramm zu befassen. In seiner Einleitung erläuterte Abteilungspräsident Alsfaßer von der RBD Wuppertal das neue Typenprogramm, wie es aussehen könnte. Dabei war auch die BR 23. Er faßte zusammen: Die Achsfolge habe sich bei der BR 23 alt bewährt. Besser sei es aber noch, den Achsdruck durch eine Umsteckvorrichtung von 17 auf 19 t umstellbar zu machen. Die Geschwindigkeit von 110 km/h genüge dem geforderten Programm, doch sei anzustreben, der Lok eine ebenso hohe Rückwärtsgeschwindigkeit zu geben, damit sie auch teilweise die BR 78 ersetzen könne. Alsfaßer weiter: »Um die Verdampfungsfreudigkeit des Kessels zu erhöhen, wird der Einbau zweier Feuerbüchswasserkammern zur Vergrößerung der Strahlungsheizfläche empfohlen. Die Feuerbüchsheizfläche könnte dadurch von 15,9 auf etwa 22 m^2, das Verhältnis Feuerbüchsheizfläche/Rostfläche von 4,05 auf etwa 5,6 gesteigert werden. Neben einer besseren Anpassungsfähigkeit an Belastungsschwankungen wird dadurch eine wesentliche Schonung der Feuerbüchsrohrwand zu erwarten sein.« Erstaunlich, daß Alsfaßer angesichts der geforderten möglichst einfachen Bauart wieder auf die Wasserkammern zurückkommt. Schon bei der alten Reichsbahn hatten Versuche mit den Rohren zu einem eindeutigen Fehlschlag geführt.

Als weitere Bauelemente einer neuen BR 23 nennt Alsfaßer den Barrenrahmen, den Naßdampfregler, einen verbesserten Aschkasten und einen verbesserten Sandstreuer. Ein geschweißter Langkessel sollte höchstens als Versuchsausführung gebaut werden. Friedrich Witte hielt dagegen: »Vom Einbau von Wasserkammern rate ich ... ab, da derartige Einbauten alle Arbeiten in der Feuerbüchse sehr behindern. Vom Standpunkt der Konstruktion wird dagegen bei knapper Bemessung der Rostfläche die Vergrößerung der Feuerbüchsheizfläche durch eine Verbrennungskammer vorgeschlagen.« Auf Erfahrungen konnte Witte auch verweisen: Die erste Verbrennungskammer bei der Reichsbahn, eingebaut in den Kessel der 05003, habe sich bisher gut gehalten. Für den Kessel würde er gewindelos mit Spiel eingeschweißte Stehbolzen empfehlen, in den Dehnungszonen Gelenkstehbolzen, die bisherigen Erfahrungen (52 7475 war so im Betrieb) seien sehr gut. Die Aschkastenbauart Stühren, unabhängig im Rahmen gelagert und mit verbesserten Lufteintritten, werde schon untersucht. Den Betriebsmaschinendienst interessierte der technische Fortschritt der Maschinen weniger: Reichsbahnrat Dr.-Ing. Müller vom Maschinenamt Fulda hielt die bisherige BR 23 mit dem Kessel der BR 50 ohne Änderungen als für den Neubau geeignet. Dagegen befürwortete er grundsätzlich die Verwendung eines voll geschweißten Rahmens, einen Heißdampfregler (der auch bei Wasserüberreißen sofort die Dampfzufuhr zu den Zylindern unterbrechen konnte) und die Verwendung des Mischvorwärmers.

Zum Tender teilte Friedrich Witte mit, daß schon eine Entwicklung aus dem Wannentender, selbsttragend und mit geraden Seitenwänden, in Arbeit sei. Der Wannentender zeige prinzipiell in die richtige Richtung, durch die ungünstigen Raumverhältnisse habe er aber eine zu große Länge.

Über den Blechrahmen gab es einstweilen noch keine Klarheit. Ein Teil der Ausschußmitglieder vertrat die Meinung, der Barrenrahmen sei Voraussetzung für einen Austauschbau und er verursache im Betrieb weniger Unterhaltungskosten. Andere, namentlich Witte, hielten aber die Erfahrungen mit der BR 52 dagegen, bei der es auch einen Austausch gebe. Ferner sei im Betrieb der Blechrahmen leichter zu bearbeiten und auch zu schweißen. Reichsbahndirektor Lehner vom Zentralamt in Göttingen steuerte eigene Erfahrungen bei: »Leider ist die in nur 2 Exemplaren in der Sowjetzone vorhandene, erstmalig 1940 gebaute 1'C1'h2-Personenzuglok BR 23 im Betriebe und bei den verantwortlichen Stellen viel zu wenig bekannt geworden; sie hat bei den systematischen Versuchsfahrten sowohl thermisch (d_i = 6,07 kg/PS$_i$ h) als auch lauftechnisch bei der Untersuchung vor dem Oszillographen-Meßwagen voll befriedigt, sich auch im Betriebe beim Bw Berlin-Grunewald in einem S 10^1-Dienstplan bestens bewährt und *sollte möglichst unverändert beibehalten werden.* Die Personale zogen sie wegen angeblich besserem Beschleunigungs- und Steigungsvermögen im Schnellzugdienst zwischen Berlin und Breslau bzw. Posen seinerzeit sogar der 03 vor! Ihre lauftechnische Überlegenheit gegenüber der Achsanordnung 2'C und ihre Mehrleistung von bis zu 370 PS gegenüber der alten P 8 lassen sie als die gegebene Nachfolgerin für diese so beliebte Gattung erscheinen. Darüber hinaus ist sie ... auch zur Beförderung leichter bis mittlerer Schnellzüge im Flach- und Hügelland sowie für Vorspannleistungen bestens geeignet, denn ihre Höchstgeschwindigkeit von 110 km/h wird für diese Zwecke auf längere Zeit völlig ausreichend sein. Sie ist damit zugleich der gegebene Ersatz für die meisten dreifach gekuppelten Schnellzuglokomotiven der Länderbauarten (Reihe 17[2,3,4-5,10-12] und 18[0,1]). Da auch für hohe Geschwindigkeiten mit dem Tender voran geeignet, könnte sie auch einen großen Teil des Aufgabengebiets der 62 bzw. 78[0-5] (T 18), d. h. mittelschweren Vorortdienst (Ruhr-Schnellverkehr!), übernehmen. Den seinerzeit vom Lokomotiv-Ausschuß gefaßten Beschlüssen kann daher voll beigepflichtet werden; es erscheint vor allem geboten, den bereits 1941/42 geplanten, wegen des Krieges leider nicht zur Ausführung gekommenen Versuch mit einer Verbrennungskammer gerade bei dieser Lok nunmehr durchzuführen, um die Strahlungsheizfläche zu vergrößern und den Kessel gegenüber dem (identischen), an sich gut gelungenen Kessel der BR 50 durch ein günstigeres Heizflächenverhältnis (H_{Fi} : H_R ~ 1 : 8 statt bisher 1 : 10,2) in bezug auf seine Elastizität gegen die gerade im Personenzugdienst erheblichen Schwankungen der Kesselanstrengung noch unempfindlicher und dem der bewährten P 8 in dieser Hinsicht gleichwertig zu machen.«

Als Verbesserung schlug Lehner allerdings ein geschlossenes Führerhaus nach Vorbild der BR 52 vor. Äußerlich könne die Lok schon vereinfacht werden, auch wenn man dabei nicht so weit wie bei der BR 52 gehen solle. Die Nützlichkeit des Mischvorwärmers unterstrich auch er. Ein Seitenzugregler und Rollenlager an Achs- und Stangenlagern seien zu fordern. Rollenlager seien derzeit wohl nicht möglich, hielt Witte dagegen – angesichts der die Lage der einschlägigen Industrie.

Eine Entscheidung konnte im Fachausschuß noch nicht fallen, es lagen ja noch überhaupt keine Entwürfe vor. Immerhin ist bemerkenswert, daß schon in dieser Anfangsphase ein Großteil der später tatsächlich zur Ausführung gekommenen Bauteile genannt worden ist. Der Fachausschuß ging in der Größenordnung allerdings weiterhin von einer Maschine mit rund 180 m² Verdampfungsheizfläche aus – in Anlehnung an die alte BR 23.
Am 19. 2. 1949 wies die Hauptverwaltung in Offenbach den Fachausschuß nochmals an, bei den einzelnen Bautypen zu prüfen, ob der mit einer Verwendung der Verbrennungskammer verbundene Aufwand zu vertreten sei. Bemerkenswert sei immerhin, daß das Betriebsgewicht um so niedriger werde, je größer der Anteil der Strahlungsheizfläche beim Kessel sei. Außerdem hieß es im Brief vom 19. 2. 1949: »Wir ersuchen das RZA Göttingen, für alle Loks der neuen Typenreihe – mit Ausnahme der Güterzugloks mit Schlepptender – Vorentwürfe im Maßstab 1:40 aufstellen zu lassen und vorzulegen. Wir legen Wert auf gutes äußeres Aussehen der neuen Loktypen. Vordringlich sind die Entwürfe für die neuen Baureihen 94, 93, 78 und 23, deren baldige Vorlage wir erwarten.« Weiter wird in dem Brief auf die schlechten Erfahrungen bei Loks mit großen Rosten verwiesen (das soll wohl eine Forderung nach Verkleinerung der Rostflächen sein), die Entwicklung von geschweißten Blechrahmen wird in Auftrag gegeben, und ein Versuch mit nichtsaugenden Strahlpumpen wird veranlaßt. Die Weichen für die neue BR 23 sind somit nach rund einem Jahr Entwicklungsarbeit gestellt.

Die Pläne entstehen

Während ab Anfang März 1949 die Lokfabriken Krupp, Jung, Krauss-Maffei und Henschel ihre Konstruktionsvorschläge ausarbeiteten (Esslingen war nicht beteiligt), wurde im Fachausschuß weiter um die Frage gerungen, wie groß denn eigentlich die BR 23 werden müßte. Laut Friedrich Witte sei es besonders schwierig für den Konstrukteur, daß seitens der Hauptverwaltung überhaupt kein festumrissenes Leistungsprogramm vorgegeben sei. Die Lok sei aber nach dem hauptsächlichen Einsatz hin auszulegen. Einerseits müsse sie Reserven haben, andererseits werde sie im häufigsten Einsatzbereich unwirtschaftlich fahren, wenn sie zu groß ausgelegt werde. Außerdem müsse man beachten, daß den bisherigen Berechnungen von Heizflächen die Belastung von rund 60 kg/m² zugrunde liege. Wenn man also einen Kessel mit einem höheren Anteil von Strahlungsheizfläche baue, könne der z. B. mit einer Grenzleistung von 80 kg/m² zugelassen werden. Die Folge sei, daß man für die gleiche Verdampfungsleistung mit einem kleineren Kessel auskäme.
Es ergab sich deshalb in der weiteren Diskussion, daß man nicht weiter an einer bestimmten Heizflächengröße für die BR 23 festhalten wolle, sondern daß die Angabe der gewünschten Verdampfungsleistung sinnvoller sei. Weil die 38^{10} mit ihrer Kesselleistung von rund 8,5 t Dampf pro Stunde schon 1949 in großen Teilen des höherwertigen Leistungsprogramms überfordert war, bestand Übereinstimmung, die neue BR 23 auf eine Dampferzeugung von 10 t Dampf pro Stunde auszulegen. Die weiteren Beschlüsse: »Die Lok soll 1750 mm Treibraddurchmesser erhalten, die Höchstgeschwindigkeit soll 110 km/h betragen. Im Interesse des sparsamen Kohlenverbrauchs ist die Rostfläche sparsam zu bemessen.« Mit dieser Größenordnung war man dann wieder beim Leistungsprogramm der alten BR 23 angekommen, eine Befragung der Direktionen ergab übereinstimmend (bis auf die Münsteraner, die mit der P 8 auskamen), daß die Direktionen eine Personenzuglok in der Größenordnung der Vorkriegs-23 benötigten, da die P 8 inzwischen zu schwach sei.

Wie dringend die Neubeschaffung einer neuen Personenzuglok war, zeigte sich, als sich der Fachausschuß in seiner vierten Sitzung am 5. 4. 1949 in Kirchheim/Teck mit dem Vorschlag des RAW Mülheim-Speldorf zu befassen hatte, unter Verwendung von Tender, Kessel, Zylindern und Führerhaus aus der BR 52 eine neue BR 23 umzubauen! Nur Rahmen und Triebwerk müßten dann neu beschafft werden, so das RAW. Der Vorschlag erschien angesichts der knappen Mittel reizvoll, zumal die BR 23 alt ja auch aus der BR 50 entstanden war.

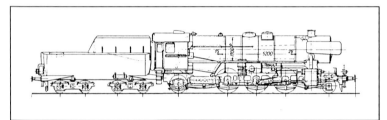

9 Umbauprojekt des RAW Mülheim-Speldorf: Aus der 52 sollte eine neue 23 entstehen.

Der Vorschlag wurde aber ganz schnell abgelehnt, denn: Der Kessel der BR 52 war, das stand inzwischen fest, für die BR 23 zu groß, der Rost ebenfalls unwirtschaftlich groß. Das Lauf- und Triebwerk hätte neu entworfen werden müssen, der Zeitverzug wäre der gleiche gewesen wie bei der gerade bearbeiteten »echten Neubaulok«. Somit würde nur der Kostenvorteil des vorhandenen Kessels bleiben, der an den Gesamtherstellungskosten mit rund 35% beteiligt sei. Man würde deshalb eine Lok mit recht hohen Herstellungskosten und mit einem veralteten Kessel bekommen. Überdies sei ein großer Teil der dann benötigten 52-Lokomotiven schon lange abgestellt, so daß auch bei den Kesseln hohe Aufarbeitungskosten entstehen würden.

Weiter wurde auf der vierten Sitzung festgelegt, daß bei den zukünftigen Lokomotiven neue, kleine Laternen verwendet werden sollten, die besser gegen Beschädigungen geschützt an der Lok angebracht werden sollten (Vorschlag: seitlich an der Rauchkammer). Die Reflektorscheinwerfer waren das jedoch noch nicht, denn diese wurden erst kurz vor dem Bau der BR 23 erprobt.
Nachdem die Lokomotivfabriken im Laufe des Mai 1949 dem Zentralamt Göttingen ihre Entwurfszeichnungen zugeschickt hatten, gab das EZA die Zeichnungen mit einem Votum für den Henschel-Entwurf an die Hauptverwaltung in Offenbach weiter. Alle Entwürfe zeigten gleiche, vom Zentralamt in seiner Entwurfsvorgabe geforderte Merkmale:
– Der Kessel sollte geschweißt sein, um aufwendige Nietungsarbeiten zu vermeiden.
– Der Kessel sollte mit einem Heißdampfregler mit Seitenzug ausgerüstet sein, da der im Heißdampfteil liegende Regler eine schnellere Bedienung und sichere Absperrung versprach.
– Der Kessel sollte zur Erzielung einer großen Strahlungsheizfläche mit einer Verbrennungskammer ausgerüstet sein.
– Die Vorwärmung des Speisewassers sollte ein Mischvorwärmer übernehmen.
– Der Aschkasten sollte als Bauart Stühren (frei im Rahmen gelagert) durchgebildet sein.
– Der Rost sollte als Schüttelrost ausgebildet sein.
– Die Strahlpumpe sollte nichtsaugend sein, d. h. das Speisewasser aus dem Tender durch natürliches Gefälle zulaufen. Die Pumpe wäre damit aus dem Führerstand verbannt.
– Die Überhitzungstemperaturen sollten bis 400°C betragen.
– Die Verwendung eines vollständig geschweißten Rahmens wurde gefordert.

– Vorn sollte ein Krauß-Helmholtz-Gestell, hinten ein Bissel-Gestell verwendet werden.
– Die Zylinder sollten aus Stahlguß angefertigt sein, um daran Schweißarbeiten durchführen zu können.
– Der Achsdruck sollte von 17 auf 19 t verstellbar sein.
– Eine gedrungene Bauweise mit einem Achsstand von weniger als 20 Metern sollte angestrebt werden.
– Der Steuerbock sollte vom Kessel weg verlegt werden, da die bisherige Befestigung dauernd zu Kesselschäden führte.
– In dem separaten Steuerpult sollten die Anzeigeinstrumente ihren Platz finden.
– Der Tender sollte in selbsttragender Bauweise konstruiert sein. Und allgemein: Eine ruhige und glatte Linienführung sollte erreicht werden. Die Baulänge sollte möglichst kurz sein. Für das Personal sollten verschiedene Verbesserungen zum Tragen kommen.

Die eingereichten Entwürfe besaßen somit schon alle grundlegenden Bauelemente der »Neuen Baugrundsätze« (abgesehen vom nicht verwirklichten Schüttelrost). Nur noch die Firmen Henschel und Krupp boten überhaupt eine Lok mit Barrenrahmen an, das Krupp-Projekt Lp 17520 besaß zusätzlich noch einen genieteten Kessel. Dieser Entwurf wurde dann im Fachausschuß auch überhaupt nicht mehr behandelt.

Die Entscheidungen liefen dann sehr schnell ab: Am 4. 7. 1949 traf beim Zentralamt ein Telegrammbrief der Hauptverwaltung ein, der die Konstruktion unter Anlehnung an den Henschel-Entwurf Pl 1473 anordnete, am 10. 7. 1949 setzte das Zentralamt die Lokomotivfabriken von der Entscheidung der Hauptverwaltung in Kenntnis, und am 10. 9. 1949 ging das Bestellschreiben an die Firma Henschel heraus:

Deutsche Bundesbahn
Eisenbahnzentralamt Göttingen
23 Faal 34/4
Göttingen, den 10. 9. 1949

Firma
Lokomotivfabrik Henschel & Sohn G.m.b.H.

(16) Kassel

Betr.: Durchkonstruktion der Lok Reihe 23

Wir nehmen Bezug auf unser Schreiben 23 Faal 34/2 vom 10. 7. 1949 an die Lokfabriken des Vereinigten Wirtschaftsgebietes, sowie unser Schreiben 23 Faal 34/3 vom 11. 7. 1949 an Sie, mit dem wir Ihnen den Auftrag auf Entwicklung der Lok Reihe 82 erteilt haben.
Wir erteilen Ihnen hierzu anschließend den gleichen Auftrag auf Durchbildung der Lok Reihe 23 unter den Voraussetzungen unserer Anfrage vom 4. 3. 1949 und unseres Schreibens 23 Faal 34/2 vom 10. 7. 1949.
Die Lok soll in Anlehnung an Ihren Entwurf Pl 1473 durchgebildet werden.
Die in den oben angeführten Schreiben angegebenen Baugrundsätze gelten sinngemäß auch für die Lok 23.
Die Feuerbüchse soll eine Verbrennungskammer erhalten, Gelenkstehbolzen mit Ausgleichring Bauart R.Z.A., außerdem einen Schüttelrost mit Hilfsantrieb. Als Mischvorwärmer bevorzugen wir eine Anlage mit Kolbenspeisepumpe als Heißwasserstufe und mit einem Strahlheber oder einer mit dem Abdampf der Hilfsmaschine betriebenen Kaltwasserstufe mit in die normale Vorwärmernische eingebauten Mischbehälter und Speicherraum im Tender. Luft- und Kolbenspeisepumpen sind auf Längsmitte Lok am Rahmen zu lagern. Als zweite Speiseeinrichtung ist eine nichtsaugende Strahlpumpe außerhalb des Führerhauses unter dem Heizerstand vorzusehen.
Als Rahmen ist nach dem Beispiel der Reihe 82 der geschweißte Blechrahmen vorzusehen.
Zur Laufwerksdurchbildung werden wir noch besonders Stellung nehmen, nachdem diese Frage in unserem Lok-Ausschuß durchberaten ist.
Die Lok soll die normalen kleinen Windleitbleche erhalten. Tender- und Laufachslager möchten als Rollenlager durchgebildet werden, zwei Lok auch in den Stangen mit Wälzlagern ausgestattet werden. Liefermöglichkeit innerhalb der Lieferzeit der Lok, also nach den bisherigen Plänen im Anschluß an einen etwaigen Bau der Lok-Reihe 82, ist entscheidend.
Auch für diese Lok gilt, daß alle Dampfwege möglichst geringe Drosselverluste haben sollen, der Armaturstutzen außerhalb des Führerhauses liegt, der Stehkessel innerhalb des Führerhauses sorgfältig isoliert ist, das Führerhaus gut belüftet wird und bei Einrichtung des Führerhauses jede Erleichterung des Dienstes für das Lok-Personal Berücksichtigung findet.
Die Lok soll eine ansprechende äußere Form zeigen.
Wir schlagen vor, mit den Entwurfsarbeiten zu beginnen, wenn die Konstruktion der Lok-Reihe 82 zu einem gewissen Abschluß gekommen ist.
Da Loks der ersten Versuchsausführung der Reihe 23 in den Westzonen nicht vorhanden sind, ist diese überholte Bauart aus den vorhandenen Zeichnungen zu entfernen, so daß nur noch die Zeichnungen für Lok 23 gültig gemacht werden, die der neuen Ausführung entsprechen.
Techn. Gemeinschaftsarchiv und die übrigen Lok-Fabriken haben Abschrift erhalten.

gez. Unterschrift

Die Projekte im Vergleich

Während seiner sechsten Sitzung hatte sich anschließend der Fachausschuß Lokomotiven am 18. und 19. 10. 1949 mit der Entscheidung über die verwertbaren Bauelementen der abgelehnten Entwürfe und speziell mit dem Henschel-Entwurf zu befassen. Für den Betriebsmaschinendienst kam Abteilungspräsident Alsfaßer zu einem anderen Bewertungsergebnis über die Entwürfe (verkürzt zusammengefaßt):

Entwurf Krupp: Die Rostfläche ist zu groß, die Verbrennungskammer zu klein. Für die von Krupp vorgegebene Heizflächenbelastung von 70 kg/m^2 ist der Wasserraum zwischen Feuerbüchse und Stehkesselwand mit 120 mm zu klein. Der Tender ist zu groß.

Entwurf Jung: Die Lok ist mit einer günstigsten Geschwindigkeit von 70 km/h zu niedrig ausgelegt, die Heizflächenbelastung ist mit 60 kg/m^2 zu niedrig angegeben. Die Abbremsung der Treibräder erfolgt nur einseitig. Der Tender hat ein zu hohes Eigengewicht.

Krauss-Maffei-Entwurf: Die Rostfläche ist zu groß. Bei einer Heizflächenbelastung von 70 kg/m^2 ist die Verdampfungsheizfläche mit 180 m^2 viel zu groß bemessen. Die günstigste Geschwindigkeit ist mit 105 km/h viel zu hoch. Die Lok hat ein zu großes Eigengewicht.

Henschel-Entwurf: Die günstigste Geschwindigkeit liegt mit 97 km/h zu hoch, die Leistung ist mit 1665 PS zu groß und entspricht der BR 39. Für die Heizflächenbelastung von 70 kg/m^2 ist der Wasserraum am Stehkessel mit 110 mm zu gering. Die Instrumente sind nicht in ein Pult zusammengefaßt.

Resümee: Die Entwürfe von Jung und Henschel erfüllen die Forderung nach gedrungener Bauart, auf dem Leistungsschaubild liegen die Leistungen der Henschel- und Krauss-Maffei-Lok zu weit über der P 8. Nach Beseitigung der Mängel erfüllen die Jung- und Krupp-Entwürfe am besten die Forderungen des Bema-Dienstes, der Jung-Lok wird der Vorzug gegeben.

Für den Werkstättendienst beschränkt sich Reichsbahndirektor Rabus hauptsächlich auf Einzelvorschläge, wie der Henschel-Entwurf in Einzelteilen verbessert werden könnte. Er fordert eine genaue Überprüfung der Unterstützungsstellen des Kessels auf den Rahmen, weil es schlechte Erfahrungen bei der BR 52 gegeben habe. Dort sei das hintere Pendelblech auf Knicken beansprucht worden, wenn sich der Rahmen durchgebogen habe (das wurde in der Tat ein Schwachpunkt bei den Neubaudampfloks). Auch seien Waschluken neben der Verbrennungskammer und ein nach oben sich erweiternder Wasserraum im Stehkessel nötig. Er hält eine größere Schadanfälligkeit beim geschweißten Blechrahmen gegenüber dem Barrenrahmen für wahrscheinlich. Auch er hält die BR 23 von Krauss-Maffei für übertrieben in den Abmessun-

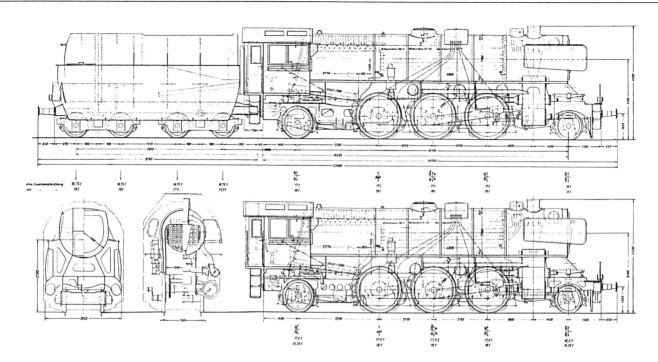

10/11 Krupp bot wahlweise zwei Ausführungen für die BR 23 an. Das Projekt Lp 17520 (Abb. 11) besitzt einen Barrenrahmen und einen genieteten Kessel, das Projekt Lp 17521 hat den geschweißten Blechrahmen und einen vollständig geschweißten Kessel.
Äußerlich stellt sich der Entwurf als sehr modern dar, bemerkenswert ist die große Gesamtlänge, mit 23000 mm noch größer als die der alten BR 23. Der Kessel zeigt die Kombination Heißdampfregler und Hilfsabsperrventil, er weist zwar eine kleine Verbrennungskammer auf, verzichtet aber auf einen konischen Kesselschuß. Mit 4800 mm erscheint die Rohrlänge noch recht groß. Als einziger Entwurf zeigt dieser den Sandkasten noch auf dem Kessel, er scheint von der BR 52 übernommen.
Der Entwurf zeigt einen Krupp-Mischvorwärmer, der äußerlich dem Oberflächenvorwärmer entspricht. Der Warmwasserspeicher liegt auf dem Rahmen vor der ersten Kuppelachse.

Die Abmessungen des Rostes knüpfen fast an preußische Traditionen an: Bei einer sehr großen Länge von 2542 mm ist er nur 1300 mm breit. Das Führerhaus ist sehr geräumig und hell gehalten. Die Steuerwelle ist, wie gefordert, aus dem Führerhaus verlegt worden, findet ihren Platz aber nicht wie bei anderen Projekten direkt hinter der Schwinge, sondern ist unterhalb des Führerhauses angeordnet, aus dem sie über Schrägstangen betätigt wird. Die Lage direkt neben dem Aschkasten erscheint wenig glücklich.
Der Tender wurde modifiziert von der Kriegslok übernommen. Er zeigt zwar eine ungewohnte Außenlinie, besitzt aber wegen seiner Form das beste Gewicht/Nutzlast-Verhältnis. Durch einen Zusatzbehälter verfügt der Tender über einen Wasservorrat von 40 m³.

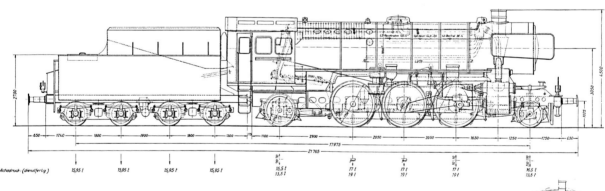

12 Eine recht konservative Außenlinie führt der Jung-Entwurf 2561a vor. Der Kessel zeigt den größten Durchmesser der Entwürfe: 1800 mm im zylindrischen und 1950 mm im konischen Teil. Der Schornstein ist nach Vorkriegsvorbildern sehr weit gehalten. Wie alle anderen Projekte zeigt auch dieses den Kessel mit Heißdampfregler. Die Verbrennungskammer ist bemerkenswert groß. Die Lok hat einen Mischvorwärmer Bauart Knorr. Wie bei den anderen Entwürfen ist das Führerhaus geschlossen. Vom Steuerungshandrad wird über eine schräge Stange die Steuerschraube bewegt, die oberhalb der Treibachse ihren Platz gefunden hat, direkt unter dem hinteren Sandkasten... Die Treibräder sind nur einseitig abgebremst. Die Vorderpartie der Lok ist wie die der Kriegslok offen gehalten. Die Lampen haben ihren Platz auf der Pufferbohle.
Der Tender lehnt sich in seiner Konstruktion an den 2'2'T26 der alten BR 23 an, ist aber selbsttragend. Der Jung-Tender hat von den Vorentwürfen das ungünstigste Gewicht/Nutzlast-Verhältnis.

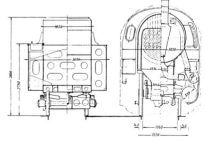

Insgesamt erfüllt die Lok mit einer Gesamtlänge von nur 21765 mm die Forderung nach gedrungener Bauart schon recht gut.

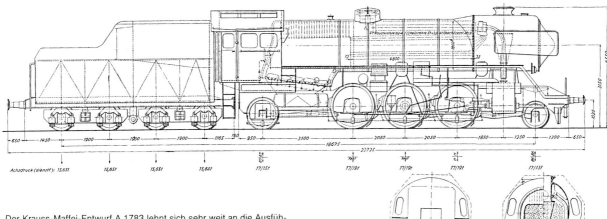

13 Der Krauss-Maffei-Entwurf A 1783 lehnt sich sehr weit an die Ausführung der alten BR 23 an. Das Lauf- und Triebwerk der Lok ist mit der alten BR 23 identisch. Der Kessel hat eine reichliche Heizfläche, die Rohrlänge erscheint noch recht groß. Trotz der Verbrennungskammer verzichtet er auf einen konischen Schuß. Der Kessel ist mit Heißdampfregler und Mischvorwärmer ausgerüstet. Der obere Teil der Rauchkammer ist zur Aufnahme des Mischkastens höher ausgeführt. Erstmals erscheint hier der Kranzschornstein. Mit einer Rostgröße von 2270×1450 mm ist der Rost auch recht lang gehalten. Das Steuerungshandrad ist in einem Pult angeordnet. Die Steuerschraube hat zwischen erster Kuppelachse und Treibachse hinter dem Umlaufblech ihren Platz gefunden, die Steuerwelle bleibt hinter dem Umlaufblech unsichtbar. Die Lampen sind seitlich an der Rauchkammer angebracht.

Der Tender ist als selbsttragende Kastenkonstruktion ausgebildet und hat eine große Nutzlast, gemessen am Eigengewicht.

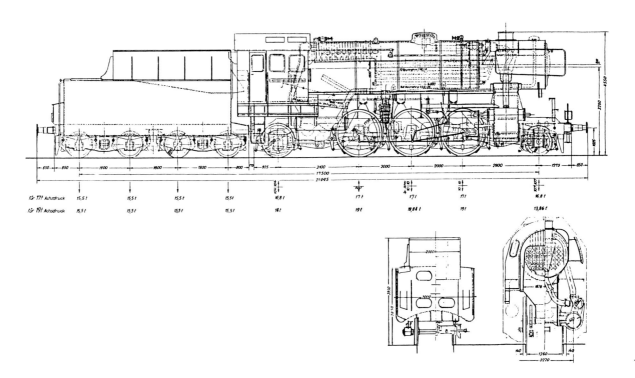

14 Schon die wichtigen Merkmale der späteren BR 23 zeigt der Henschel-Entwurf PI 1473. Der Kessel entspricht in seinen Abmessungen schon fast der BR 23 neu – die Abmessungen wurden bei jener nochmals leicht verkleinert. Der Rost ist mit 1905×1626 mm fast quadratisch. Der Dampfdom sitzt noch zu weit vorne, gemessen an den Verdampfungseigenschaften des Verbrennungskammer-Kessels. Heißdampfregler und Mischvorwärmer Henschel MVR (wie bei den 52 142ff.) sind weitere Merkmale des Kessels.

Gegenüber der tatsächlichen 23-Ausführung ist das Führerhaus noch geräumiger. Das Steuerungshandrad hat auch schon in einem Pult seinen Platz gefunden. Die Steuerwelle liegt aber nicht, wie bei der späteren Ausführung, direkt hinter der Schwinge, sondern unter dem Steuerpult auf dem Boden des Führerstandes.

Beim Projekt PI 1473 bietet Henschel den Barrenrahmen an. Nachträglich wurde noch ein Entwurf mit Blechrahmen eingereicht mit der Bezeichnung PI 1474.

Die Hauptluftbehälter finden noch, wie bei der BR 01, zwischen Kuppelachse und Schleppachse ihren Platz. Die Vorderpartie ist wie bei der Kriegslok offen gehalten. Als Stellung für die Lampen wird wahlweise der Platz auf der Pufferbohle und seitlich an der Rauchkammer angeboten. Gegenüber der tatsächlichen Ausführung hat die Lok noch drei Sandkästen auf jeder Lokseite. Insgesamt hat die Lok die geringste Gesamtlänge und die höchste Schwerpunktlage (Kesselmitte 3350/3250 mm über SO).

Der Tender besitzt schon die wichtigen Bauelemente des späteren 23-Tenders. Übernommen wurde die selbsttragende, nach innen wannenförmige Konstruktion. Der Kohlenkasten ist noch niedriger, der Wasserkasten höher als bei der späteren Ausführung. Der Werkzeugkasten ist noch hinter den Wasserkasten gebaut und nicht in einer Nische untergebracht.

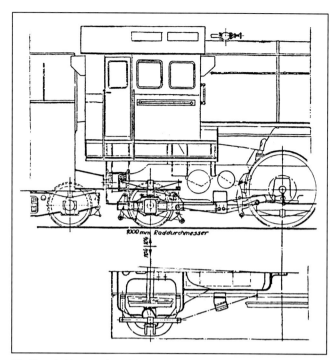

15 Henschel bot zu seinem Projekt Pl 1473 auch die Ausführung mit hinterem Außenlager-Deichselgestell an, Bezeichnung Pl 1473k. Die beim Innenlager-Projekt recht problematische, flache Rahmenkonstruktion wäre durch die Bauvariante zu vermeiden gewesen. Der amerikanische Einfluß auch bei dieser Konstruktion ist unverkennbar.

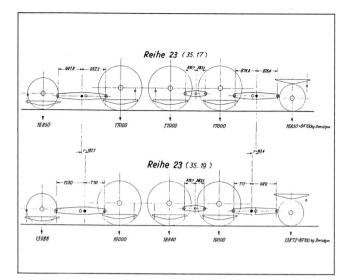

16 Schema für das Umstecken der Ausgleichshebelbolzen beim Projekt Pl 1473. Das Henschel-Projekt Pl 1473 zeigte bereits weitgehende Ähnlichkeit mit der später tatsächlich ausgeführten Baureihe 23. Auch das Schema der Lastverteilung wurde für die Endausführung übernommen. Durch das Umstecken der Ausgleichshebelbolzen war der Achsdruck der Kuppelachsen bei der BR 23 von 17 auf 19 t zu verstellen. Allerdings war dies ein zwiespältiger Entschluß: Im schnellen Hauptbahndienst sollte eigentlich auf eine möglichst hohe Belastung der führenden Laufachse geachtet werden, da die höhere Belastung die Laufeigenschaften verbessert. Andererseits gingen im Hauptbahndienst die Bestrebungen auf einen Kuppelachsdruck von 19 t, man mußte die schlechteren Laufeigenschaften hinnehmen.
23024 und 025 wurden nicht für einen verstellbaren Achsdruck ausgelegt.

Die Abmessungen der Vorentwürfe im Vergleich

Bezeichnung	Dimension	Projekt BR 23 alt	Krupp Nr. Lp 17520	Krupp Nr. Lp 17521	Jung Nr. 2561a	Krauss-Maffei Nr. A 1783	Henschel Nr. Pl 1473	BR 23 neu (23001)
LOK								
Zylinderdurchmesser	mm	550	550	550	570	550	550	550
Kolbenhub	mm	660	660	660	660	660	660	660
Treibraddurchmesser	mm	1750	1750	1750	1750	1750	1750	1750
Laufraddurchmesser	mm	1000/1250	1000/1250	1000/1250	1000/1250	1000/1250	1000/1250	1000/1250
Fester Achsstand	mm	2050	2150	2100	2050	2050	2000	2000
Gesamtachsstand	mm	10700	10700	10700	9900	10700	10000	9900
Dampfdruck	kg/cm²	16	16	16	16	16	16	16
Rostfläche	m²	3,9	3,3	3,3	3,1	3,3	3,1	3,11
Heizfläche der Feuerbüchse HF	m²	15,9	17,16	17,16	17,1	17,5	17,5	17,1
Heizfläche der Rauchrohre HR	m²	71,3	65,00	65,00	68,6	77,2	72,0	74,6
Heizfläche der Heizrohre HH	m²	90,4	61,04	61,04	80,8	85,3	69,2	64,5
Verdampfungsheizfläche gesamt H	m²	177,6	143,2	143,2	166,5	180	158,7	156,2
Heizflächenverhältnis $\frac{HR+HH}{HF}$		10,14	7,34	7,34	8,73	9,28	8,06	8,14
Heizfläche des Überhitzers	m²	63,6	67,76	67,76	70	75	71,2	73,8
Wasserrauminhalt[1]	m³	7,75	7,98	7,98	7,906	8,45	6,4	7,35
Dampfrauminhalt[1]	m³	3,0	2,66	2,66	3,18	4,0	3,13	2,85
Verdampfungsoberfläche	m²	10,8	11,00	11,00	10,95	12	10,45	10,7
Leergewicht	kg	80140	77500	74800	75000	76500	77000	74600
Dienstgewicht	kg	88320	86500	84000	84000	85000	84700	82800
Reibungsgewicht	kg	53920	52500/57000[3]	51000/57000[3]	51000/57000[3]	51000/57000[3]	51000/56840[3]	51000/56900[3]
Zulässige Höchstgeschwindigkeit	km/h	110/80	110/80	110/80	110/80	110/80	110/80	110/80
Kleinster Krümmungshalbmesser	m	140	140	140	140	140	140	140
TENDER								
Raddurchmesser	mm	1000	940	940	1000	1000	1000	1000
Achsstand des Drehgestelles	mm	1900	1800	1800	1800	1900	1900	1900
Gesamtachsstand	mm	5700	5850	5850	5500	5700	5600	5700
Drehzapfenabstand	mm	3800	4050	4050	3700	3800	3700	3800
Wasservorrat	m³	26	34 (40)[2]	34[2]	30	32	30	31
Kohlenvorrat	t	8	9	9	8	8,5	10	8
Leergewicht	kg	26000	24000	24000	25500	21500	23400	22400
Dienstgewicht	kg	60000	67000/73000[2]	67000/73000[2]	63800	62600	63400	62000

[1] Bei BR 23 alt 150 mm über Feuerbüchse, bei den anderen 125 mm. – [2] Bei Zusatzbehälterfüllung. – [3] Bei verstellbarem Achsdruck (17/19 t)

gen, da sie nicht 10 t Dampf in der Stunde erzeuge, sondern 11,4 t. Der Krupp-Entwurf ist für Rabus in den Kesselabmessungen zu klein, der Überhitzer würde wohl kaum die geforderte Überhitzung von rund 400°C bringen. Insgesamt macht auf ihn der Henschel-Kessel in seinen Hauptabmessungen und in der Größe der Verbrennungskammer den besten Eindruck.

Bedenken hat Rabus wegen der geforderten Verwendung des vorderen Krauß-Helmholtz-Gestells. Die Bedenken teilt er übrigens mit der Firma Henschel, die in einer ausführlichen Untersuchung zu ihrem Entwurf zu dem Ergebnis kommt, daß der Kurvenlauf der Maschine problematisch sein werde. Rabus befürchtet einen einseitigen Anlauf des Gestells, da die genaue Einrichtung des Gestelles auf den Rahmen schwierig sein werde (die Konstruktion sollte später tatsächlich noch für Ärger sorgen).

Eine Stimme erhob sich nochmals gegen den Henschel-Entwurf: Ministerialdirigent i.R. Dr.-Ing. e.h. Wagner, der auch dem Ausschuß angehörte, erinnerte an seine wiederholt gemachten Ausführungen über das »natürliche Leistungsprogramm«. Es sollte soviel Leistung eingebaut werden, wie sich aus dem zur Verfügung stehenden Reibungsgewicht ergebe. Wagner, geprägt durch seine Vorkriegsarbeiten, wollte damit wohl dem Krauss-Maffei-Entwurf das Wort reden.

Die weitere Diskussion ging nur noch von der Überprüfung des Henschel-Entwurfes aus. Nach kurzer Diskussion kamen folgende Beschlüsse zustande:

1. a) Der Kessel der Lok R 23 möchte für eine Dampfleistung von 10 t bemessen werden.
b) Gegen die vorgeschlagene hohe Lage des Kessels von 3250 mm werden keine Einwendungen erhoben.
c) Die Rostfläche möchte 3,1 bis 3,2 m² nicht überschreiten.
d) Gegen einen kegelförmigen Kesselschuß im Anschluß an den Stehkessel bestehen keine Bedenken.
2. Der Zylinderdurchmesser der Lok R 23 möchte 550 mm, der Kolbenhub 660 mm betragen.
3. Es möchte angestrebt werden, ohne Laufradbremse auszukommen.
4. a) Bei der schweißtechnischen Durchbildung des Kessels muß darauf geachtet werden, daß die Schweißnähte so weit ab von den Umbügen liegen, daß beim später notwendig werdenden Erneuern von Kesselteilen, was gegebenenfalls eine mehrmalige Verlegung der Schweißnaht notwendig macht, noch genügend Baustoff zum Abarbeiten zur Verfügung steht.
b) Die Seitenwände der Feuerbüchse müssen ohne Wölbung ausgeführt werden, bzw. die Wölbung darf nur im oberen Teil der Seitenwände liegen, damit bei Ausbesserungsarbeiten die Seitenwandvorschuhe nicht verformt zu werden brauchen.
c) Um den Raum zwischen Verbrennungskammer und Langkessel gut auswaschen zu können, ist im Langkessel unten vor den vordersten Stehbolzen beiderseits je eine Waschluke anzubringen.
5. Von einer Ausrüstung der Lok mit Schüttelrost möchte Abstand genommen werden.
6. Eine Neubaulok 52 sollte probeweise vollständig mit dem neuen Kessel-Isolierstoff ausgerüstet werden . . . und untersucht werden.
7. Der Bodenring möchte in gleicher Weise wie bei der Lok 82 ausgeführt werden (d. h. aus Profilen geschweißt).
8. Der Ausschuß empfiehlt auch für die Lok 23 einen geschweißten Blechrahmen.
9. Der Ausschuß empfiehlt für die Lok 23 und 65 gleiche Stahlgußzylinder mit gegebenenfalls verschieden starken Laufbuchsen.
10. Der Ausschuß empfiehlt, den Leichtbautender nach dem Entwurf EZA-Henschel der weiteren Bearbeitung zugrunde zu legen.
11. Die Lage der Achslagerstellkeile ist in der bei den Einheitsloks üblichen Lage (hinten) beizubehalten.
12. Der Ausschuß weist auf die Notwendigkeit einer Überprüfung der Abhängigkeit von Auswaschfristen, Wassereigenschaften und Anfälligkeit der Kessel hin.
13. Der Ausschuß empfiehlt, der weiteren konstruktiven Durchbildung das Projekt Pl 1473 von Henschel zugrunde zu legen unter Beachtung der in der Diskussion gegebenen Anregungen.
14. a) Die Lok 23 ist vorn mit Krauß-Helmholtz-Gestell, hinten mit Bisselgestell durchzukonstruieren, wobei die Rückstellkraft in dem jeweils nachlaufenden Gestell bei Fahrtrichtungswechsel auszuschalten ist.
b) Es sollten Entwürfe für ein Krauß-Helmholtz-Gestell der bisherigen Einheitsausführung und ein solches mit besonderer Parallelführung der Deichsel im Rahmen zum gewichtsmäßigen und preislichen Vergleich durchgearbeitet werden.
c) Der Ausschuß hält die eingehende rechnerisch-theoretische Behandlung des Bogenlaufproblems für erwünscht.

Die Forderungen wurden bei der Konstruktion berücksichtigt, lediglich die Verbesserung des Krauß-Helmholtz-Gestelles sollte noch fünf Jahre bis zur BR 66 auf sich warten lassen. Nach intensiven Beratungen zwischen EZA und Henschel, speziell über die äußere Gestaltung der BR 23, gingen die ersten Maschinen ab Anfang 1950 bei Henschel in die Konstruktion. Im November 1950 war 23001 fertiggestellt, allerdings mit einem Oberflächenvorwärmer, denn die Erprobung der verschiedenen Mischvorwärmer war noch nicht abgeschlossen.

17 Noch vor der Ablieferung: 23001 wird bei Henschel probegeheizt. Die Schilder fehlen noch. Dahinter: 82032.

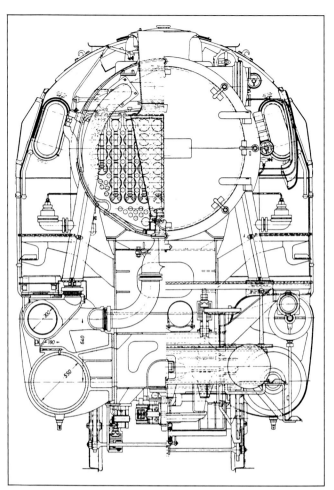

18 23 004 (Bw Kempten) Anfang 1951 im Bw München Hbf. Unter der Rauchkammer ist nachträglich ein Schmutzblech angebracht worden, da Laufachsteile beim Rauchkammer-Reinigen stark verschmutzten. Bei späteren 23-Serien wurde die vordere Rahmenabdeckung höher gezogen, so daß die Verschmutzung entfiel.

19 Frontansicht der Bauserie 23 026 bis 052.

Technische Beschreibung der BR 23

Vorbemerkung

Mit der Reihe 23 wurden 1950 im Lokomotivbau für die DB stark geänderte Konstruktionsprinzipien verwirklicht. Wie auch bei den neu konzipierten Typen des Programms von 1925 war deshalb in der Folge eine Fülle von Bauartänderungen zu erwarten. Das letzte – veränderte – Baulos für die BR 23 wurde erst 1956 vergeben, als der Redaktionsschluß für die amtliche Beschreibung der Type (DV 93 082) schon über drei Jahre zurücklag. Die Beschreibung konnte deshalb nur einen Bruchteil der Bauartänderungen überhaupt wiedergeben. Die DV 93 082 wurde deshalb hier – soweit erforderlich – korrigiert und um verschiedene Darstellungen erweitert.

Manche Änderungen wurden später als Sonderarbeiten bei allen Maschinen nachgerüstet, dies wird in Klammern angemerkt. Soweit es sich um wichtige Änderungen handelt, wird auf sie im nächsten Kapitel weiter eingegangen.

Allgemeines

Im Typenplan für Dampfloks der DB dient die neue BR 23 hauptsächlich als Ersatz für die überalterten Lokomotiven der BR 38[10]. Neben einer guten Beschleunigung im Personendienst soll auch die Möglichkeit gegeben sein, infolge einer hohen Rückwärtsgeschwindigkeit von 85 km/h die Wendezeiten zu senken. Durch die Erhöhung der Vorwärtsgeschwindigkeit auf 110 km/h wird auch der Einsatz im leichten Schnellzugeinsatz möglich. Hierfür wurde die Leistung gegenüber der Reihe 38 um ca. 20% erhöht. Durch konsequente Anwendung der schon beschriebenen neuen Baugrundsätze konnte dies mit einem um nur 7% erhöhten Leergewicht erreicht werden. Überdies kann der Achsdruck durch Umstecken von Ausgleichshebel-Lagerbolzen auf 19 t oder 17 t eingestellt werden.

Vorn wird die Lokomotive durch ein Krauß-Helmholtz-Gestell geführt, das die Laufachse und die erste Kuppelachse umfaßt, hinten durch ein Laufachsgestell mit Gegenlenkerführung (Bisselgestell) und durch den Tender. Die Lokomotive kann Gleisbogen mit einem Halbmesser von 140 m sowie Ablaufberge mit 300 m Scheitel- und Talausrundungshalbmesser befahren.

Die Maschine zeigt folgende besondere Merkmale:
1. Vollständig geschweißter Kessel.
2. Feuerbüchse mit Verbrennungskammer, in den Hauptbewegungszonen Gelenkstehbolzen mit Ausgleichsring.
3. Stark erweiterter Wasserraum um die Feuerbüchse.
4. Heißdampf-Mehrfachventil-Regler hinter dem Überhitzer, beim Anfahren steht sofort Heißdampf zur Verfügung.
5. Ein Teil der Hilfsmaschinen wird mit Heißdampf betrieben.

6. Seitenzugreglergestänge.
7. Verwendung verschiedener Vorwärmersysteme möglich. Zweite Speisepumpe: Nichtsaugende, unter dem Führerstand angeordnete Strahlpumpe.
8. Aschkasten im Rahmen gelagert, Zuführung von Verbrennungsluft unter dem Bodenring.
9. Vollständig geschweißter Rahmen.
10. Vorn bei der Schwinge am Rahmen liegende Steuerspindel mit Antrieb durch Welle und Kette.
11. Vereinigung von Steuerungshandrad, Steuerskala und Anzeigeinstrumenten in einem Pult.
12. Vollständig geschlossenes Führerhaus.
13. Zentrale Schmierung schwer zugänglicher Teile des Laufwerks, insbesondere der führenden Laufgestelle, der Steuerspindel und der Treibachslagergleitplatten.
14. Weit nach außen gerückte, mit 60-Watt-Lampen bestückte Laternen zur Anstrahlung der Signalbaken.
15. Vollständig geschweißter Tender mit selbsttragendem Behälteraufbau.
16. Die Lokomotive ist nach Anlage F der Betriebsordnung gebaut, nutzt also ein großzügigeres Umgrenzungsprofil aus.

20 23001 im Dezember 1950 im Werkshof von Henschel. Das Gesicht der Maschine wird geprägt durch den glatten Kessel mit nur dem Reglerzug, die vor dem Führerhaus angeordnete Dampfpfeife, das Führerhaus mit geraden Türen und Dachaufbau und den Tender mit außen liegenden Verstärkungsspanten. An der Deichsel zwischen Schleppachse und hinterer Kuppelachse ist die Achsdruck-Verstelleinrichtung zu sehen. Der Umsteckbolzen sitzt im vorderen Loch – die Lok ist auf eine Achslast von 19 t eingestellt.

21 Die neugegliederte Mischvorwärmer-Lok 23024 auf der Münchener Verkehrsausstellung im August 1953. Gut zu erkennen die Verkleidung der Mischkammer unter der Rauchkammer, die vorn liegende Pfeife, alle Tritte aus Gitterrosten, die Atlas-Klarsichtscheibe, das runde Führerhausdach mit eingezogenen Lüftern, die Wälzlagerung der Treib- und Kuppelstangen und die Schiebetüren.

22 23 044 aus der Serie 23 026 bis 052. Sie besaßen die Schiebetüren, wieder den Oberflächenvorwärmer, Buchsenlager an den Stangen, einen kleineren, aufgenieteten Dom und einen Tender mit innenliegenden Verstärkungsstreben des Kohlenkastens.

23 23 055 aus der ersten Serie mit Heinl-Mischvorwärmer und Wälzlagern an den Achslagern und Stangen. Die Maschinen 23 053 bis 105 besaßen ab Lieferung alle den Warmwasserspeicher des Mischvorwärmers unter der Rauchkammer. Bei 23 053 bis 096 wurde der Speicher später entfernt, nur ein Teil blieb als Träger für die Mischvorwärmerpumpe stehen. Der Heinl-MV ist auch am Strahlheber zu erkennen, der vor dem Mischgefäß unterhalb des Führerhaus angeordnet ist. Bei Maschinen mit dem MV '57 fehlt der Heber. Die Heinl-23 besaßen einen ovalen Schornstein mit innenliegender Entlüftungsröhre für den Vorwärmer. 23 053 bis 064 trugen erstmals das DB-Emblem zusätzlich auch auf der Rauchkammer.

24 23 077 aus der Esslinger Serie. Sie zeigt schon die Indusi, wieder Klapptüren im Führerhaus und das neuere DB-Emblem. Gut zu erkennen auch der Warmwasserspeicher mit zwei Waschluken.

25 Die letzte: 23 105, aufgenommen im Bw Minden am 15.10.1967. Linksseitige Indusi und zusätzlicher Druckwindkessel vor der Mischvorwärmerpumpe sind allerdings spätere Zutaten.

Der Kessel

Der Kessel ist in sämtlichen Verbindungen geschweißt. Dabei sind die Schweißverbindungen so entwickelt, daß Kehlschweißungen weitgehend zugunsten von Stumpfschweißnähten vermieden sind, außerdem aber an den Übergängen möglichst gleiche Querschnitte der zu verbindenden Teile eingehalten werden. Die Heizflächenanteile sind so abgestimmt, daß sich ein Verhältnis Feuerbüchsheizfläche zu Rostfläche von 5,5 ergibt, d. h. der Kessel verfügt über einen großen Teil hochwertiger Strahlungsheizfläche. Sie wird durch eine an die Feuerbüchse anschließende Verbrennungskammer erreicht. In dieser Beziehung unterscheidet sich der Kessel grundsätzlich von den bisherigen Einheitslokomotiven 1925. Er ist damit höher belastbar und wiegt durch die gleichzeitige Anwendung der Schweißung wesentlich weniger bezogen auf die erzeugte Dampfmenge, nämlich rund 7%.

Weitere typische Konstruktionsmerkmale des Kessels sind
- die Verbrennungskammer
- der auf 140 mm verbreiterte Wasserraum im Stehkessel
- gewindelos mit Spiel eingeschweißte Decken- und Seitenstehbolzen
- Gelenkstehbolzen mit Ausgleichsring
- Bodenringqueranker
- gekümpeltes Feuerloch
- gepreßter U-förmiger Bodenring
- Befestigung des Aschkastens am Rahmen statt am Kessel, Luftzuführung am Umfang des Bodenringes durch reichlich bemessene Luftklappen.

Im Gegensatz zu den Einheitslokomotiven 1925 erlaubt diese Bauart eine dauernde Heizflächenbelastung von 70 kg Dampf pro Stunde und Quadratmeter Heizfläche gegenüber nur 57 kg/m²h bei den früheren Bauarten. Der Kessel erzeugt 11 t Dampf in der Stunde.

Der Kesseldruck beträgt 16 kg/cm². Die Kesselmitte liegt hinten 3250 mm und die Rauchkammermitte 3325 mm über der Schienenoberkante. Der **Langkessel** mit 4000 mm langen Rohren hat im vorderen, zylindrischen Teil 1750 mm Außendurchmesser, im Bereich der Verbrennungskammer durch konische Erweiterung nach unten 1900 mm. Er ist aus zwei Schüssen, einem zylindrischen mit 17 mm Wandstärke und einem konischen von 18,5 mm Wandstärke, zusammengesetzt. Längs- und Rundnähte sind stumpf geschweißt. Bei den Lokomotiven ab Nr. 23 023 ist der hintere Schuß durch ein besonders eingeschweißtes Deckenstück auf 22 mm verstärkt. Aus diesem Blech ist bei den Maschinen bis Nr. 23 023 vor dem Zusammenschweißen der Domhals herausgepreßt. Der Domausschnitt ist ab 23 016 durch einen eingenieteten Blechring versteift. (Dieser Blechring wurde nach Kesselschäden auch bei 23 001 bis 015 nachgerüstet.) Dommantel und Domboden sind stumpf aneinandergeschweißt. Der Langkessel enthält 54 Rauchrohre 118×4 mm und 130 Heizrohre 44,5×2,5 mm.

Die Rauchkammerrohrwand ist als ebene Platte in einen T-Eisenring stumpf eingeschweißt, der mit dem Kesselschuß einerseits und über einen Winkelring mit dem Rauchkammermantel andererseits verschweißt ist. So werden die eigentlichen Schweißverbindungen von unmittelbarer Biegebelastung entlastet. Die ebenen Flächen der Rohrwand sind gegen den Langkessel durch aufgeschweißte Rippen versteift. Zur Vermeidung der Kerbwirkung und zur Erleichterung der Erneuerung ohne Beanspruchung der Kesselschüsse sind bei diesen Versteifungen und allen mit Kehlschweißung gefertigten Untersätzen und Haltern ausgeschärfte und ausgerundete Laschen am Kesselmantel angeschweißt, gegen welche die Halter und Rippen stumpf gegenstoßen.

Es ist nur ein **Dampfentnahmedom** vorhanden, der in verschiedenen Ausführungen zum Einbau kommt. 23 001 bis 023 haben einen eingeschweißten Dom mit einem Außendurchmesser von 688 mm. 23 024 und 025 haben einen eingeschweißten Dom von 688 mm Außendurchmesser mit untergenietetem Verstärkungsring. Der Dom der Maschinen 23 026 bis 080 ist aufgenietet, hat aber nur noch einen Außendurchmesser von 598 mm. Ab 23 081 bis 105 ist der Dom mit 598 mm Durchmesser wieder eingeschweißt. Alle Bauarten besitzen einen innenliegenden Verstärkungsring (23 001 bis 015 sind nachgerüstet).

Dampfentnahmerohr und Absperrventil sind so weit einseitig angeordnet, daß das Kesselinnere nach Ausbau des Wasserabscheiders befahrbar ist. Der Domdeckel wird durch einen Winkelring auf seinen Sitz gepreßt. Damit kann der Deckel ohne den Ausbau von Stiftschrauben aufgeschliffen und die Dichtfläche nachgearbeitet werden.

Der **Stehkessel** besteht im Mantelteil aus drei mit Längsnähten aneinander geschweißten Stücken, den beiden Seitenwandteilen mit 17 mm Stärke und der runden Decke, die zur Aufnahme der

26 Kessel der 23 077 bereit zur Kesseldruckprobe im Werkshof von Esslingen, Aufnahme 1957. Der Dom ist aufgenietet, die eingeschweißten Stehbolzen sind gut zu erkennen. Über dem Feuerloch ist der Anschluß des Dampfbläsers angeordnet. Oben ist das Handrad des Hilfsabsperrventils zu erkennen.

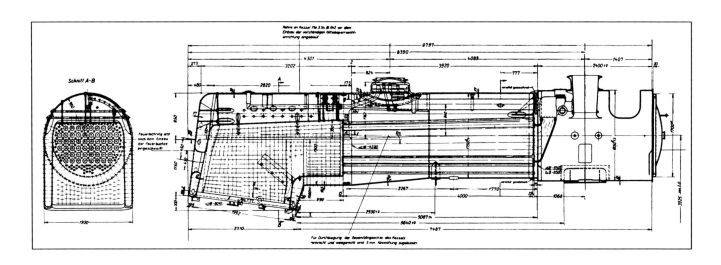

27 Der Kessel der ersten 23-Serie.

Belastung aus den Deckenstehbolzen auf 20 mm verstärkt ist. An den Übergängen ist das jeweils stärkere Blech zugeschärft. Stehkesselvorderwand und Rückwand sind 18 bzw. 17 mm stark. Zur Vorverlegung des Schwerpunktes sind beide schräg nach vorne geneigt.

12 Queranker, in zwei Reihen über der Feuerbüchsdecke angeordnet, verhindern ein seitliches Ausweichen der Stehkesseldecke. Außerdem sind beiderseits je zwei T-Versteifungen innen zwischen oberer Stehbolzenreihe und unterer Querankerreihe aufgeschweißt. Zwei Rückwandbleche in Höhe der unteren Querankerreihen leiten bei gleichzeitiger Queraussteifung die Belastung der ebenen Rückwandfläche in die Seitenwände. Ein Bodenringqueranker verhindert das seitliche Auswölben des Stehkessels. Stehkesselmantel und Langkessel sind bei den Lokomotiven bis Nr. 23 023 aus St 34, bei den Maschinen 23 024 bis 105 aus HIA-Stahl gefertigt.

Der höchste Punkt der **Feuerbüchse**, der Umbug der Rohrwand, liegt 390 mm über Stehkesselmitte. Der niedrigste Wasserstand liegt 515 mm über der Kesselmitte, 125 mm über dem höchsten Punkt der Feuerbüchse und 435 mm unter dem Scheitel der Stehkesseldecke. Die Feuerbüchse mit Verbrennungskammer und eingeschweißtem Bodenring wird von unten eingebaut. Um einen einwandfreien Sitz des Feuerlochringes zu erreichen, wird dieser nach dem Einbau der Feuerbüchse mit der Feuerlochkrempe einerseits und der Stehkesselrückwand andererseits verschweißt. Danach werden die Rückwandkrempe des Stehkessels und der äußere Bodenringansatz mit dem Stehkesselmantel verschweißt. Die Seitenwände stehen senkrecht. Der erstmals bei den Neubaulokomotiven angewendete, sehr große Wandabstand von 140 mm fördert die gute Ableitung der Dampfblasen. Durch die konische Erweiterung des Langkessels im hinteren Schuß wird auch im Bereich der Verbrennungskammer ein reichlicher

28 Einbau der fertigen Feuerbüchse in den Stehkessel (Serie 23 077 bis 080), aufgenommen in der Mf Esslingen.

Querschnitt für den Zustrom des Wassers zur Feuerbüchsheizfläche erreicht. Die große Stehbolzenlänge kommt deren Lebensdauer zugute, weil die Bolzen bei der gegenseitigen Verschiebung der Einspannstellen im Betrieb geringer belastet werden.
Die Feuerbüchse ist bei den Lokomotiven bis Nr. 23 023 aus IZ-II-Stahl geschweißt, bei den restlichen aus H-II-A-Stahl. Vorder- und Rückwand sind 12 mm, Decke und Seitenwände 10 mm und die Rohrwand 15 mm dick gehalten. Die Rohre werden nach dem Einwalzen durch eine dünne Schweißraupe zusätzlich gegen die Rohrwand abgedichtet. Der Bodenring ist aus 35 mm starken Blechstreifen U-förmig mit schräg nach außen stehenden Schenkeln gepreßt. Die Außenschrägen werden abgearbeitet, so daß der für die Schweißung erforderliche Übergang in der Stärke von Feuerbüchs- und Mantelblechen erreicht wird. Der Bodenring ist aus einzelnen Teilen zusammengeschweißt. Bei den Lokomotiven ab Nr. 23 026 sind die Böden der Bodenringecken verstärkt, um dem an diesen Stellen besonders starken Korrosionsangriff entgegenzuwirken. Am Bodenring sind angeschweißt

– der Anschluß für das Abschlammventil
– die Anschlüsse beiderseits für Aufheizventile (blind geflanscht)
– der Bodenringqueranker
– die Halter für den Kipprost
– die Rostbalkenträger
– die vorderen Stehkesselgleitstützen
– der hinten liegende Steg für das Stehkesselpendelblech zur Abstützung am Rahmen
– die vorderen Kesselauflager.

Die Feuerbüchsdecke wird durch 26 mm starke Deckenstehbolzen getragen. Die Bolzen sind in die Stehkesseldecke und in die Feuerbüchsdecke gewindelos mit Spiel eingeschweißt. Die in gleicher Weise eingeschweißten Seitenstehbolzen und die Gelenkstehbolzen sind mit Ausgleichsring in den Bewegungszonen, insbesondere im Bereich der Verbrennungskammer ausgestattet.
Der **Rost** ist gegen die Waagerechte im Verhältnis 1:7,7 geneigt. Bei einer Breite von 1562 mm und einer Tiefe von 1992 mm beträgt seine Fläche 3,11 m². Es sind drei Rostfelder vorhanden mit 550 mm Länge vorn und 900 mm hinten sowie 450 mm Länge des Kipprostfeldes, das nach vorn unten aufschlägt.
Der **Aschkasten** Bauart Stühren ist unabhängig vom Kessel in den Rahmen gelagert. Der Aschkasten liegt hinter der dritten Kuppelachse und besitzt eine Tasche, die durch die gespreizte Deichsel des Lenkgestelles hindurch entleert wird. Er ruht mit Flanschen in einem Ausschnitt des Längsversteifungsbleches auf Oberkante Rahmen. Stumpf stößt er gegen den Bodenring, soweit nicht im Bereich der Bodenring-Luftklappen ein größerer Spalt freigelassen ist. Der Kessel kann sich hinten gegenüber dem Aschkasten frei ausdehnen. Die Verbrennungsluft tritt durch Klappen an Stirn- und Rückseite sowie Seitenklappen unter dem Bodenring unter den Rost. Die Klappen können vom Führerstand aus bedient werden. Die an den Längsseiten des Aschkastens entlangführenden Spritzrohre sind so hoch gelegt, daß die Asche sich nicht festsetzen kann.
Der an der Tasche hinten liegende Bodenschieber wird an Lenkern so geführt, daß er sich unter dem Eigengewicht schließt und sich beim Öffnen vom Sitz abhebt. Beim Ausschlacken wird der Schieber durch Hochziehen vor Glut und Asche geschützt.
Die Feuerbüchse besitzt einen **Feuerschirm** der Regelbauart aus kleinen Steinen, die durch die Feuertür eingebracht werden können. (Bei etlichen Maschinen wurde der Feuerschirm später auf Stampfmasse umgestellt.) Der Schirm ist an den Feuerbüchsseitenwänden auf gußeiserne Tragleisten abgestützt, die mit je drei Bolzen gehalten werden. Diese Bolzen sind durch Hohl-

stehbolzen gesteckt und können somit leicht ausgewechselt werden.

Der **Rauchkammer**mantel ist stumpf an den Winkelring am Langkessel angeschweißt. Der Außendurchmesser der Rauchkammer beträgt 1850 mm, der Abstand zwischen Rauchkammerstirnwand und Rauchkammerrohrwand 2475 mm. Im vorderen Teil liegt bei den Maschinen 23 001 bis 023 und 026 bis 052 eine Quernische für den Oberflächenvorwärmer. Hinter dem Schornstein befindet sich ein durch eine abnehmbare Haube abgedeckter Ausschnitt, durch den die Heißdampfregler-Ventile zugänglich sind. Die Rauchkammer ist durch eine gekümpelte Tür mit Vorreibern verschlossen. Im unteren Teil der Tür ist innen ein Schutzblech gegen den Angriff von Flugasche vorhanden. Die Rauchkammer trägt beiderseits angeschraubte Konsolen mit breiten Stützflächen, über die der Kessel unter Zwischenlage von Paßblechen mit dem Rahmen verbunden wird.

Die Lokomotiven 23 053 bis 105 haben zur besseren Vermeidung von Wärmeverlusten eine Kesselvollisolierung erhalten. Diese wurde nach Muster der 23 024 ausgeführt. Diese Maschine war erstmals mit einer wärmedämmenden Verkleidung des Kessels und der wichtigsten dampfführenden Rohre mit Matratzen aus Blauasbest versehen worden. Die Matratzen sind so ausgebildet, daß sie leicht an- und abgebaut werden können. Neben der Vermeidung von Wärmeverlusten besonders bei abgestellter Maschine wird dadurch auch die Strahlungshitze durch den Stehkessel auf dem Führerstand gemindert.

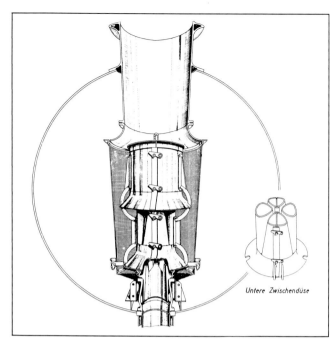

29 Kylchap-Anlage in perspektivischer Sicht.

Die Kesselausrüstung

Die Maschinen sind ab Lieferung mit einer einfachen, nach dem Feuerraum aufschlagenden **Feuertür** ausgerüstet. Die Tür ist doppelwandig aus Blech hergestellt. Durch Öffnungen im äußeren Blech tritt Kühlluft. Die noch bei den Einheitslokomotiven 1925 vorhandenen Luftkanäle sind entfallen. 23 026 bis 105 haben ab Lieferung rechts an der Tür ein Schutzblech gegen zu starke Wärmestrahlung zum Lokführer hin. (23 001 bis 025 zum Teil nachgerüstet.) Oberhalb der Feuertür ist bei 23 001 bis 015 eine kleine Schauluke angeordnet, die die Feuerbeobachtung ohne Öffnen der Tür erlauben sollte.

Die Hauptabmessungen der **Saugzuganlage** sind so gewählt, daß mit niedriger Feuerschicht und geringem Gegendruck wirtschaftlich gefahren werden kann. Der weite Schornstein ermöglicht eine möglichst geringe Geschwindigkeit des Dampf-Rauchgas-Gemisches. Das Blasrohr liegt dementsprechend tief und ist so weit ausgebildet, daß der Gegendruck im Zylinder niedrig bleibt. Um eine gute Führungshöhe für den Gemischkegel zu erreichen, ist der Schornstein tief in die Rauchkammer eingelassen. Der Abdampf wird unmittelbar an der Zusammenführung der von den beiden Zylindern kommenden Abdampfrohre entnommen, also tief unterhalb des Blasrohrkopfes. An der Rückseite des Schornsteins ist ein Kanal für den Abdampf der Lichtmaschine eingegossen. Bei den Maschinen mit Mischvorwärmer (23 024 und 025, 053 bis 105) wird durch einen Kanal an der Vorderseite des Schornsteines der Mischvorwärmer entlüftet. Der Schornstein hat deshalb bei ihnen eine ovale Form. Der Abdampf von Speisepumpe und Luftpumpe wird im Vorwärmer ausgenutzt.

Zur Verbesserung der Saugzuganlage ist die 23 024 mit einem **Düsenblasrohrsatz Bauart Kylchap** ab Lieferung ausgerüstet. Bei dieser Anlage wird der Dampfstrahl aus dem Blasrohr durch Keile am Umfang der Mündung in vier Strahlen aufgeteilt. Die Dampfstrahlen beaufschlagen vier Zwischendüsen und vereinigen sich wiederum in einem zylindrischen Zwischenstück unter dem Schornstein. So entstehen drei Einsaugquerschnitte für die Rauchgase. Die bei der bisherigen Ausführung am Eintritt des Dampfstrahls in den Schornsteinhals vorhandene Saugwirkung wird an den beiden Zwischendüsen, die einen ähnlichen Hals wie der Schornstein haben, wiederholt entwickelt, so daß mit dieser Anlage bei gleichem Gegendruck ein höherer Unterdruck in der Rauchkammer erzielt werden kann. Die Zwischendüsen sind genau wie der Funkenfänger so in der Länge geteilt, daß sie seitlich aufgeklappt werden können, damit die Rauchkammerrohrwand zugänglich bleibt. (23 024 wurde nach kurzer Zeit wieder mit einem Normalblasrohrsatz ausgerüstet.)

Der **Funkenfänger** ist zweiteilig nach den Seiten aufklappbar am Schornstein leicht pendelnd aufgehängt. Das Sieb reinigt sich so während der Fahrt durch die Erschütterungen dauernd selbst.

In der Rauchkammer sitzt hinter dem Schornstein der **Mehrfachventil-Heißdampfregler**, mit dem Dampfsammelkasten in einem Stück zusammengefaßt. Die den Dampfzylindern zuzuführende Dampfmenge wird durch nacheinander zu öffnende Tellerventile geregelt. Die Ventile werden unter dem Druck des aus dem Überhitzer kommenden Dampfes geschlossen gehalten. Jedes Ventil trägt oben und unten eine Spindel. Die obere Spindel läuft in einer Führung im Deckel. Die untere Spindel trägt einen Entlastungskolben und ist unter diesem an der Reglerwelle angelenkt, so daß das Ventil den Ausschlägen der Wellennocken kraftschlüssig folgen muß. Den Hauptventilen ist ein kleines Entlastungsventil vorgeschaltet, das sich als erstes öffnet und Druck unter die Entlastungskolben gibt. Damit lassen sich die Hauptventile sehr leicht bewegen. Die Reglerwelle ist auf der rechten Lokomotivseite seitlich durch eine Stopfbüchse aus dem Dampfsammelkasten und aus der Rauchkammer herausgeführt. Die Vorkammer vor der Stopfbüchse ist durch eine Entwässerungsbohrung mit der Rauchkammer verbunden, so daß Leckwasser und Schwaden abgesaugt werden. Das Reglergehäuse ist mit einer Leitung nach außen entwässert. Aus der Heißdampfkammer wird vor den Hauptventilen durch einen Anschluß auf der linken Seite der Heißdampf für den an der Rauchkammer angebrachten vorderen Dampfentnahmestutzen für Lichtmaschine, Bläser und Speisepumpe entnommen. Auf der rechten Seite wird unter Benutzung eines an der Naßdampfkammer blind verflanschten Heißdampfelementanschlusses bei den Maschinen 23 026 bis 105 der Dampf für die Luftpumpe abgezweigt. Bei den Maschinen 23 001 bis 025 wird die Luftpumpe ab Lieferung mit Naßdampf versorgt. (Die Maschinen 23 001 bis 025 wurden ca. 1956 den anderen angeglichen.)

Über einen Stutzen – bei den Lokomotiven ab 23 026 über eine normale Luke – am Boden ist der Dampfsammelkasten von Zeit zu Zeit zur Entfernung von Zunder und Kesselsteinstaub aus den Elementen auszublasen.

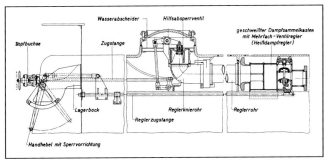

30 Anordnung von Hilfsabsperrventil und Mehrfachventil-Regler im Kessel. Ausführung der ersten 23-Serie noch ohne Domverstärkungsblech.

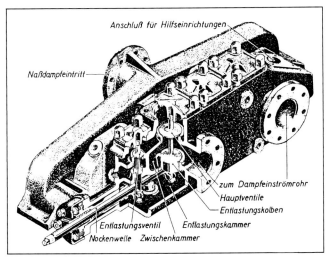

31 Ursprungsausführung des Mehrfachventil-Heißdampfreglers in Gußausführung.

Die Überhitzerelemente sind über lose Flansche, Druckringe, konische Bundringe und aus Blech gepreßte Doppelkonusbuchsen mit Vierkantschrauben gegen die Anschlüsse am Dampfsammelkasten angezogen.

Vom Dampfsammelkasten führt das Dampfentnahmerohr im Kesselscheitel mit anschließendem Krümmer bis zum Dom. Dort ist ein Absperrventil mit Entlastungsventil eingebaut, das über ein Gestänge vom Führerstand aus bedient werden kann. Das Ventil wird nur bei Arbeiten am Regler und Überhitzer sowie bei abgestellter Lokomotive benutzt. Normalerweise wird die Abschlußstellung der Ventilteller durch den Kesseldruck geschlossen gehalten. Sind Ventil und Regler geschlossen, so gleicht sich im Überhitzer etwa infolge Nachverdampfung auftretender Überdruck durch Anlüften des Entlastungsventiles im Dom nach dem Kesselraum hin aus. Hierzu ist ein entsprechendes Spiel zwischen Ventil und Gestänge vorhanden. Ein besonderes Sicherheitsventil auf dem Überhitzer ist deshalb nicht notwendig.

Das **Reglergestänge** ist auf der rechten Lokomotivseite nach hinten zum Führerstand geführt. Der Reglerhandhebel, der in Fahrtrichtung und sinnfällig bewegt wird – nach vorne wird geöffnet, nach hinten geschlossen –, ist an einem Block an der Führerhausvorderwand gelagert und kann in jeder Stellung durch eine Raste gehalten werden. Die Bewegung des Kessels überträgt sich nicht auf das Gestänge, da sich der Kessel unabhängig vom Führerhaus ausdehnen kann. Der Reglerhebel liegt für den Lokführer bequem und erleichtert ihm die Streckenbeobachtung. Mit dem Mehrfachventil-Heißdampfregler läßt sich die Dampfentnahme leicht und feinfühlig regulieren. Beim Öffnen des Reglers steht sofort Heißdampf zur Verfügung. Beim Schließen und besonders bei Wasserüberreißen ist der entstehende Dampf sofort von der Hauptmaschine abgesperrt. Die Hilfsmaschinen arbeiten mit Heißdampf entsprechend wirtschaftlicher.

Der **Überhitzer** mit 73,8 m² Heizfläche entspricht der Bauart Schmidt, d. h. die Elemente mit den Abmessungen 30×3,5 mm tauchen zweimal in die Rauchrohre ein und können damit die durch verschiedene Erwärmung der einzelnen Stränge verschiedene Dehnung in sich im Element ausgleichen, ohne durch Schub die Dichtung am Sammelkasten zu beanspruchen.

23001 bis 023 haben von der Lieferung an eine liegende nichtsaugende **Dampfstrahlpumpe** mit einer Förderleistung von 210 l/min, die aus den früheren saugenden Pumpen neu entwickelt worden ist.

Bei 23024 bis 105 ist eine liegende nichtsaugende Dampfstrahlpumpe Bauart Friedmann ASZ 9 mit 210 l/min Förderleistung als erste Speisepumpe eingebaut. (23001 bis 023 wurden ebenfalls Mitte der 50er Jahre auf die Friedmann-Pumpe ASZ 9 umgerüstet.)

Diese Strahlpumpe hatte sich bereits bei Lokomotivbauarten der früheren Bayerischen Staatsbahn bewährt. Der Frischdampf für die Dampfstrahlpumpe wird dem hinteren, auf dem Kesselscheitel vor dem Führerhaus sitzenden Dampfentnahmestutzen entnommen. Die Pumpe liegt links unterhalb des Heizerstandes. Die Gestänge für Schlabberventil und Wasserregulierhahn sind in den Heizerstand hochgezogen. Von der Pumpe führt die Druckleitung links zu den beiden in einem Gußteil vereinigten **Kesselspeiseventilen**. Die Zusammenlegung der beiden Speiseventile bedeutet Materialeinsparung, und außerdem wird nur ein Durchbruch in der Kesselwandung benötigt. Auf der Druckleitung sind Feuerlöschstutzen angeschweißt. Die Speiseventile liegen oberhalb des Kesselwasserstandes. Im Kessel wird das eingespeiste Wasser deshalb über einen kurzen Krümmer so weit heruntergeführt, daß erst bei Unterschreiten des niedrigsten zulässigen Wasserstandes der Krümmer auftaucht. Damit kann bei etwa undichten Kesselspeiseventilen nur Dampf austreten, so daß sich der Kessel nicht in gefährlicher Weise entleeren kann.

Die Maschinen 23001 bis 052 sind mit einem **Abdampfvorwärmer** der Regelbauart von 10,45 m² Heizfläche ausgerüstet. Ihre zweite Speisepumpe ist eine **Kolbenspeisepumpe**. Bei den Maschinen 23001 bis 023 ist werksseitig eine Knorr-Speisewasserpumpe mit Ventilsteuerung (KSV 15/25-250) und einer Wasserförderleistung von 250 l/min eingebaut, die links unter dem Umlauf in der Mitte der Maschine angeordnet ist. Anstelle dieser Pumpe sind die Maschinen 23026 bis 052 mit einer Knorr-Tolkien-Pumpe (KT1-Pumpe) mit 250 l/min Förderleistung ausgerüstet. (23001 bis 023 erhielten ebenfalls bis ca. 1953 die KT1-Pumpe.) Die Druckleitung der Kolbenspeisepumpe führt auf dem kürzesten Wege nach dem Vorwärmer. Von dem auf der gleichen Seite liegenden Austrittsstutzen führt die Druckleitung an der Rauchkammer entlang zum Speiseventil. Die Maschinenabdampfleitung zum Vorwärmer verläuft innerhalb der Rauchkammer linksseitig angeschmiegt. Der Vorwärmer trägt zur Dampfeinleitung zwei Stutzen, einen für die gemeinsame Abdampfleitung der Luft- und Speisepumpe und einen für den Maschinenabdampf. Sämtliche Abdampfleitungen sind entwässert. Die Leitung des Vorwärmers wird rechtsseitig über einen an der Zylinderverbindung befestigten Wasserabscheider heruntergeführt. Im Hinblick auf den späteren Einbau einer Mischvorwärmeranlage wurde auf die für diese Anlage notwendigen Rohrführungen Rücksicht genommen.

23024 und 025 sind werksseitig mit einer **Mischvorwärmeranlage Bauart Henschel MVC** ausgerüstet. Dieser Mischvorwärmer wurde aus der 1951 für die Neubaureihe 82 entwickelten Anlage abgeleitet. Im Arbeitsablauf entspricht sie dieser. Ihre wesentlichen Merkmale sind die einstufige, drucklose Vorwärmung, der große Warmwasserspeicher und die Förderung des Speisewassers durch einen Strahlheber und eine Turbopumpe.

Der große Wasserspeicher ist unterhalb der Rauchkammer angeordnet. In diesen Mischbehälter wird mittels eines Strahlhebers mit einer Pumpleistung von 210 l/min das kalte Tenderwasser hochbefördert. Der Strahlheber ist rechts unter dem Mischkasten auf dem Lokomotivrahmen angebracht. Der Zylinderabdampf wird über eine lange, gebogene und an die Rauchkammerwand angeschmiegte Rohrleitung von oben tief in den Mischbehälter geführt,

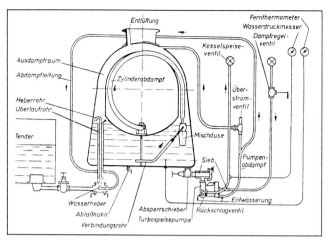

32 Die Funktion der Henschel-MVC-Mischvorwärmer-Anlage. Sie ist von der BR 82 entlehnt, bei jener ist der Mischbehälter allerdings im linken Wasserkasten untergebracht.

wo er direkt mit dem Kaltwasser gemischt wird (Unterwasserkondensation). Die Einleitung von oben verhindert einerseits das Überfluten der Dampfmaschine mit Wasser, andererseits wird das Speicherwasser mit einer zusätzlichen Mischdüse kräftig umgewälzt.
Der Speicherbehälter ist mit seinem Heißwasservorrat von ca. 1200 l so groß bemessen, daß auch bei stehender Maschine oder im Leerlauf – also bei fehlendem Abdampf – heiß weitergespeist werden kann.
Zur Kesselspeisung dient eine einstufige **Henschel-Turbospeisepumpe TP-BB 180**, die links vorne unter dem Vorwärmer angeordnet ist. Der Speisepumpe läuft somit das heiße Speicherwasser durch natürliches Gefälle zu. Vor die Turbopumpe sind ein Absperrschieber und ein Reinigungssieb vorgeschaltet, weil die Turbinenschaufeln der Pumpe sehr empfindlich gegen Verschmutzungen aus dem Wasser sind. Die Turbopumpe ist alleiniges Steuerorgan von Speisung und Vorwärmung. Wie die Kolbenspeisepumpe wird sie mit Heißdampf vom vorderen Dampfentnahmestutzen versorgt und mit einem Anlaßschieber gesteuert. Bei Anstellen der Turbopumpe wird automatisch auch der Strahlheber mit dem Abdampf der Turbopumpe beaufschlagt und in Tätigkeit gesetzt. Durch die größere Förderleistung des Hebers (210 l/min gegenüber 180 l/min bei der Turbopumpe) kann der Speicher von der Turbopumpe nie leergesaugt werden.
Ist der Speicher gefüllt, läuft das überschüssige Wasser durch einen Überlauf in die Tenderwasserzuleitung zurück und dem Heber wieder zu. Das vorgewärmte Wasser bleibt somit im Kreislauf und kann nicht das Arbeiten des zweiten Speisesystems, der auf Kaltwasserzufluß angewiesenen Friedmann-Pumpe ASZ 9, beeinflussen. Im Speicher wird das Wasser bis nahe 100°C erhitzt. Da die MVC-Anlage unter atmosphärischem Druck arbeitet, ist über dem Speicher eine Entlüftung notwendig, die etwa entstehenden Dampf über eine in den Schornsteinmantel verlegte Rohrleitung ins Freie befördert.
Im Warmwasserspeicher fallen infolge der Erwärmung erhebliche Mengen von Schwebestoffen aus dem Wasser aus. Die daraus entstehenden Schlammablagerungen müssen regelmäßig durch je zwei vorn und hinten angeordnete Waschluken ausgewaschen werden, um die Turbopumpe nicht zu beschädigen.
23053 bis 092 sind mit einer **Mischvorwärmeranlage Bauart Heinl** ausgestattet. Diese Mischvorwärmeranlage unterscheidet sich von der Henschel-Anlage grundsätzlich durch die zweistufige Vorwärmung, also durch die Trennung in einen unter normalem, atmosphärischen Druck arbeitenden Teil und einen nachgeschalteten Hochdruckteil.
Zunächst läuft das kalte Tenderwasser durch natürliches Gefälle dem links unter dem Führerhaus angebrachten Mischgefäß zu

und vermischt sich dort mit aus dem Rauchkammer-Mischkasten zurückgeleitetem überschüssigen Heißwasser. Der direkt vor dem Mischgefäß angeordnete Strahlheber (mit einer Manteldüse für zusätzlichen Zufluß von kaltem Tenderwasser) befördert das angewärmte Wasser über den vorne unter der Rauchkammer angeordneten Warmwasserspeicher in den oben in der Rauchkammer sitzenden Niederdruckvorwärmer. Im Gegensatz zur Henschel-MVC-Anlage wird hier der Maschinenabdampf nicht direkt mit dem Vorwärmwasser gemischt, sondern das Wasser wird durch ein Spritzrohr fein verteilt in den Dampfraum des Niederdruckvorwärmers eingesprüht. Dort bringt es den zugeleiteten Maschinenabdampf zur Kondensation. Überschüssiger Dampf und Gase entweichen über eine Entlüftungsleitung im Schornsteinmantel.
Die links vorne neben der Rauchkammer angeordnete zweistufige **Mischvorwärmerpumpe V 15** mit einer Förderleistung von 250 l/min entnimmt nun mit ihrem Warmwasserteil dem Niederdruckvorwärmer das fast bis zum Siedepunkt erhitzte Wasser und leitet es in den hinter die Pumpe geschalteten Hochdruckvorwärmer ein.
Ebenso wie beim Henschel – MVC – werden Speisepumpe und Wasserheber mit nur einem Betätigungshebel angestellt. Wie dort hat der Heber die größere Förderleistung, so daß immer genügend Wasser in den Niederdruckvorwärmer nachgespeist wird. Der Heber kann zusätzlich mit einem zweiten Schieber auch angestellt werden, wenn die Speisepumpe nicht arbeitet. Dies ist nur bei arbeitender Maschine möglich, da der Heber nur dann über eine zusätzliche Zuleitung Frischdampf aus dem Schieberkasten ziehen kann. Durch Betätigung dieses Schiebers kann dem Warmwasserspeicher zusätzlich angewärmtes Wasser zugeführt werden und so eine Heißwasserreserve fürs Speisen bei nur rollender Lok – also fehlender Abdampfvorwärmung – angelegt werden. Da das überschüssige Wasser aus dem Niederdruckvorwärmer dauernd wieder dem hinteren Mischgefäß zufließt, kann durch genügend lange Betätigung des Hebers im Warmwasserspeicher ein großer Wasservorrat von annähernd 100°C erzeugt werden.
Im Hochdruckteil des Vorwärmers wird das erhitzte Wasser ebenfalls über ein Spritzrohr fein zerstäubt und hier nun mit dem Abdampf der Speisepumpe V 15 vermischt. Unter Druck wird das Wasser so auf ungefähr 120°C erhitzt. Entsteht hier ein zu großer Druck, läuft überschüssiges Wasser über ein Rohr mit vorgeschaltetem Sicherheitsventil wieder dem Niederdruckvorwärmer zu. Jetzt wird über den Heißdampfteil der Speisepumpe das hoch vorgewärmte Wasser in den Kessel gespeist (durch ein vorgeschaltetes Ausgleichsgefäß – Druckwindkessel). Die Speisepumpe wird mit Naßdampf betrieben.
Der Mischvorwärmer Bauart '57 kam bei der BR 23 erstmalig auf den Maschinen 23 093 bis 105 zum Einbau. Der Vorwärmer wurde aus dem Heinl-Vorwärmer entwickelt. Kennzeichnend für ihn ist die einstufige Vorwärmung unter Verzicht auf die Hochdruckvorwärmung. Außerdem ist der Warmwasserspeicher entfallen, weil bei Maschinen im Schnell- oder Eilzugdienst kaum ein Speisen aus dem Speicher notwendig wird. Ebenfalls entfallen ist der Heber. Die **Mischvorwärmerspeisepumpe** ist so umgestaltet, daß mit der Warmwasserstufe nun Wasser aus dem hinteren Mischgefäß in den Rauchkammermischkasten befördert wird und mit der Heißwasserstufe der Pumpe gleichzeitig das im Mischkasten vorgewärmte Wasser in den Kessel gespeist wird. Der ehemalige Hochdruckteil des Vorwärmers dient nun als zweiter Heißwasser-Ausgleichsbehälter. Obwohl der MV '57 das Speisewasser auf nur ca. 95°C erhitzt und auf ca. 20°C aus der Hochdruckvorwärmung verzichtet, arbeitet er ähnlich wirtschaftlich wie der Heinl-MV, da der Frischdampfverbrauch des Hebers entfallen ist. (Die Maschinen 23 053 bis 092 wurden 1960–61 auf MV '57 umgebaut.)
Der Dampf für die Hilfsmaschinen bei der BR 23 wird für die vorn liegenden Verbrauchsstellen, Lichtmaschine, Bläser und Kolbenspeisepumpe, auf der linken Seite einem Stutzen entnommen, der über Absperrventil und Leitung mit der Heißdampfsammelkammer verbunden ist. Bei Lokomotiven ab 23 026 ist dem Entnahmestut-

zen ein Sieb vorgeschaltet, mit dem Verunreinigungen aus dem Überhitzer zurückgehalten werden sollen. Außerdem sorgt ein fein einstellbarer Kondensomat für die Entwässerung. Der Dampf für die Luftpumpe wird rechtsseitig vorn am Sammelkasten entnommen. Für die hinten liegenden Verbrauchsstellen liegt der Entnahmestutzen außerhalb des Führerhauses im Kesselscheitel und entnimmt den Naßdampf über eine im Kessel verlegte Leitung dem Dom. Die Leitung ist über ein kurzes Einschraubende mit dem Entnahmestutzen verbunden. Dichte Ausführung dieser Verbindung ist wichtig, weil sonst Wasser aus dem Kessel mitgerissen wird und die empfindlichen Düsen der Dampfstrahlpumpe ausgewaschen werden. An den hinteren Stutzen sind bei den Maschinen 23 001 bis 023 die Strahlpumpe, die Dampfpfeife und die Heizung angeschlossen. Bei den Maschinen ab 23 024 entfällt der Anschluß für die Dampfpfeife. Die Turbospeisepumpe von 23 024 und 025 ist ebenfalls an diesen Stutzen angeschlossen.

Bei den Maschinen 23 001 bis 023 ist die **Dampfpfeife** werksseitig unmittelbar vor dem Führerhaus am Dampfentnahmestutzen so angeordnet, daß sich ein kurzer Zug ergibt. Durch einen vorgeschalteten Hahn kann die Pfeife abgestellt werden, ohne den Dampfentnahmestutzen schließen zu müssen.

Bei den Maschinen ab 23 024 ist die Pfeife unmittelbar auf dem Dampfraum des Kessels in der Nähe der Rauchkammer angeordnet. Die Pfeife besitzt ein Absperrventil und entwässert unmittelbar in den Kessel. Die Betätigung erfolgt durch einen unterhalb des Reglergestänges an der Kesselseite verlegten Zug. (23 001 bis 023 wurden ca. 1956 entsprechend umgebaut.)

Zur Überwachung des Wasserstandes ist auf Heizer- und Führerseite je ein sichtbarer **Wasserstandsanzeiger** mit Selbstschluß angeordnet. Die unteren Stutzen sitzen auf einem Zwischenflansch, durch den der Raum im Kessel vor der Bohrung freigelegt und von Kesselsteinansätzen gereinigt werden kann. Hinter dem Wasserstand ist ein schräg schwarz und weiß gestreiftes Schild angebracht. Durch Lichtbrechung im Wasser ist der Wasserstand zu erkennen. 23 024 und 025 haben Vaihinger-Wasserstände erhalten, deren Sichtbarkeit auf der Schattenwirkung der Wassersäule in einem Panzerglas beruht. Zusätzlich haben sie Schnellschlußventile.

Die beiden normalen **Ackermann-Sicherheitsventile** mit 60 mm lichtem Durchgang sind vor dem Stehbolzenfeld oberhalb der Feuerbüchsrohrwand angeordnet.

Zum Reinigen des Kessels sind bei den Loks 23 001 bis 053 32 **Waschluken** vorhanden: 19 kleine (65/50 mm), davon 9 Luken in der Stehkesselrückwand, 4 in der Stehkesselvorderwand, 2 in den Seitenwänden, 2 in der Rauchkammerrohrwand, und 13 große Luken (110/65 mm), davon 10 im oberen Teil des Stehkesselmantels und 3 im Bauch der Kesselschüsse.

23 053 bis 105 haben zwei weitere, große Waschluken oberhalb der Speiseventile auf dem Kessel. (23 001 bis 052 wurden zum großen Teil entsprechend nachgerüstet.)

Am tiefsten Punkt des Kessels vorn über dem Bodenring ist ein **Abschlammventil** Bauart Gestra mit Druckluftbetätigung von der Heizerseite des Führerstandes aus angeordnet. Über ein Dreiwegeventil werden Rauchkammerspritze, Tenderbrause und Kohlenspritze betätigt. Das Ventil ist an die Druckleitungen beider Speisepumpen angeschlossen. Die Aschkastenspritze wird von einem auf der linken Seite des Führerhauses senkrecht angeordneten Drehzug aus bedient. Bei den Lokomotiven ab 23 024 ist die Aschkastenspritze an das Dreiwegeventil angeschlossen.

Der Hilfsbläser besteht aus einem um den Blasrohrkopf gelegten Ringrohr mit Löchern und ist an den vorderen Dampfentnahmestutzen angeschlossen.

Die Maschinen 23 077 bis 105 sind ab Lieferung mit einem **Dampfausbläser Bauart Gärtner** ausgestattet. Mit dem Dampfbläser kann vom Führerstand aus durch einen scharfen Dampfstrahl die Rohrheizfläche nach vorne hin von Rußansatz freigeblasen werden. Das Gerät wird mit Frischdampf vom hinteren Dampfentnahmestutzen betrieben. Die Dampfzuleitung ist im Führerhaus vor dem Stehkessel hinuntergeführt und endet an einem Abstellhahn in der Stehkesselmitte über der Feuertür. Hinter dem Abstellhahn zeigt ein gebündelter Düsensatz in der Feuerkiste auf die hintere Rohrwand.

Zur einwandfreien Funktion des Gerätes ist ein regelmäßiges Durchblasen des Abstellventils notwendig, um ein Zusetzen des Ventiles mit Kesselstein zu vermeiden.

Der Rußbläser kann auch während der Fahrt benutzt werden. Die Heizflächen können so dauernd sauber gehalten werden. (Auch die Maschinen 23 001 bis 076 wurden nachträglich mit dem Gärtner-Gerät ausgerüstet.)

Die Temperatur des Heißdampfes wird im rechten Schieberkasten durch eine **Heißdampftemperatur-Meßanlage** mit Quecksilberfüllung gemessen. Die Anlage besteht aus einer Quecksilberkapillare, die in den Kolbenschieberraum eintaucht und die Drucksteigerung durch die Ausdehnung des Quecksilbers bis zum Anzeigegerät im Instrumentenpult überträgt.

Der Rahmen

Der Rahmen ist mit sämtlichen Quer- und Längsverbindungen, einschließlich der Rahmenverbindung zwischen den Zylindern und Pumpenträgern, in einem Stück geschweißt. Die Rahmenwangen sind durch oben und unten gegengeschweißte Gurte verstärkt. Die Füße für Achsgabelstegbefestigung und Achslager-

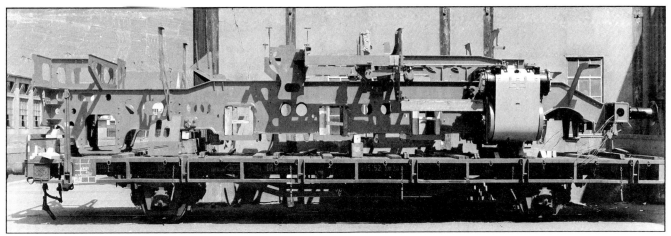

33 Fertig montierter Rahmen einer Lok der Serie 23 077 bis 080, aufgenommen im Frühling 1957 in der Mf Esslingen. Für die Aufnahme der Rollenachslager waren wesentlich größere Ausschnitte notwendig als bei den 23 mit Gleitlagern. Die Statik des Rahmens mußte deshalb für die 23 mit Rollenlagern völlig überarbeitet werden. Der Fototitel des Mf-Esslingen-Bildes besagt: »23-Rahmen fertig zum Versand«. Fremdrahmen anderer 23 sind allerdings nicht bekannt, so ist zu vermuten, daß der Rahmen wegen einer längeren Arbeitspause an den Loks so gut verpackt und abgelegt worden ist.

führungen sind als Schmiedestücke mit Rückensteg, dem Ausschnitt entsprechend gebogen, eingeschweißt, so daß der Untergurt durch die Ausschnitte ununterbrochen weiterläuft. Die Maschinen 23024 bis 105 besitzen Achslagerführungen aus Stahlguß. Der Rahmen für 23024 und 025 sowie 053 bis 105 ist in seinem Gesamtaufbau und seiner Statik weitgehend verändert, da bei diesen Maschinen größere Rahmenausschnitte für die im Querschnitt voluminöseren Rollenachslager nötig wurden.

Etwa in Höhe der Achslagermitte läuft ein waagerechtes Längsversteifungsblech von vorn nach hinten durch. Zur Austauschbarkeit der Zylinder sind bearbeitete Unterlagen am Rahmen angeschraubt. Außen am Rahmen werden die Zylinder über Kehlleisten abgefangen.

Zwischen erster und zweiter Kuppelachse ist der Gleitbahnträger aufgesetzt, zwischen zweiter und dritter Achse ein Querträger, der durch Längsträger mit dem Gleitbahnträger verbunden ist. Diese Längsverbindungen tragen oben die Steuerschraube, unten die abnehmbaren Steuerwellen- und Schwingenlager. Teile, die zum exakten Arbeiten von Steuerung, Trieb- und Laufwerk an Verschleißstellen aufgearbeitet werden müssen, sind mit dem Rahmen verschraubt, Lagerböcke für Ausgleichshebel, bei denen der Verschleiß durch Auswechseln von Buchsen in den Gabeln ausgeglichen werden kann, sind dagegen mit dem Rahmen verschweißt. Um die Stellkeile beim Aufarbeiten, d. h. beim Schleifen im Rahmen halten zu können, ohne die Achsgabelstege einsetzen zu müssen, sind hinter den Ausschnitten Löcher im Rahmen vorgesehen, in denen Klammern zum Halten der Keile angebracht werden können. Die Stellkeile für die Achslager sind hinten angeordnet, so daß sie bei Vorwärtsfahrt entlastet sind. Die Achslagerführungsplatten sind angeschweißt.

Die **Pufferträger** vorn und hinten sind auswechselbar. Sie sind beiderseits mit Ausschnitten zum Einhängen von Spillhaken beim Kaltverfahren versehen. Unterhalb der Pufferbohlen sind Konsolen zum Ansetzen des Aufgleisungsgerätes angebracht, so daß Rohrleitungen hierfür nicht abgebaut werden müssen und geschützt werden. 23071 bis 105 haben verstärkte Pufferträger. (Die übrigen wurden nachgerüstet.)

Hinter der dritten Kuppelachse ist der Rahmen über Klammern mit dem Kessel verbunden, die bei Anheben der Lokomotive bei eingebautem Kessel den Rahmen entlasten. Außerdem ist der Rahmen vor der Treibachse und unter der Stehkesselrückwand durch Pendelbleche mit dem Kessel verbunden. Die Achsgabelstege sind von unten gegen den Untergurt gegengesetzt und umklammern beiderseits die Rahmenansätze. Die Stege sind mit Paßschrauben befestigt und umfassen das Federgehänge, brauchen jedoch zum Auswechseln von Federn nicht ausgebaut zu werden. Die Rahmenwangen sind 25 mm stark, ihr lichter Abstand beträgt 1055 mm, die Rahmenoberkante liegt 700 mm über der Achsmitte, die Rahmenblechhöhe beträgt 901 mm. Ihre Gesamtkontur ist so gehalten, daß nur geringer Verschnitt entsteht.

Das Laufwerk

Entsprechend dem überwiegenden Einsatz der Lokomotive im Eilzug- und Personenzugdienst haben die gekuppelten Radsätze einen Durchmesser von 1750 mm erhalten. Die erste Laufachse und die erste Kuppelachse sind in einem Krauß-Helmholtz-Gestell zusammengefaßt. Die Laufachse hat beiderseits 110 mm Seitenausschlag, die Kuppelachse 10 mm Seitenverschiebung.

Treibachse und hintere Kuppelachse sind fest im Rahmen gelagert. Der feste Achsstand ist demnach durch diese Achsen auf 2000 mm bestimmt. Die nachlaufende Schleppachse wird an einer Deichsel geführt und schlägt beiderseits 81 mm aus.

Die Lokomotive ist in vier Punkten abgestützt. Die ersten beiden bilden die für jede Seite getrennt ausgebildeten **Lastausgleiche** der drei vorderen, die beiden anderen die ebenfalls für jede Seite getrennten Lastausgleiche der beiden letzten Radsätze. Die Federn liegen mit Ausnahme der vorderen Laufachse zum leichten Auswechseln unter den Achslagern. Die Mitten der Federn und der Längsausgleichshebel der Kuppelachsen liegen in Rahmenplattenebene in 1080 mm Abstand. Laufwerk, Federung und Ausgleich gestatten ein Befahren von Ablaufbergen mit 300 m Ausrundungshalbmesser. Zur Herabsetzung des Verschleißes werden bei allen Lokomotiven ab 23024 im gesamten Lastausgleich gehärtete Buchsen und Bolzen verwendet.

Alle **Radsätze** haben auf der Innenseite der Lager Anlaufbunde, welche die achsialen Kräfte aufnehmen. Die Bundhöhe ist so bemessen, daß Achsschenkel und Hohlkehlen prägepoliert werden können. Die Radreifen sind aus Stahl mit 85 bis 90 kg/mm^2 Festigkeit hergestellt.

23001 bis 023 und 026 bis 052 sind mit **Gleitachslagern** ausgerüstet. Treib- und Kuppelachslager sind im grundsätzlichen Aufbau gleich gehalten. Durch Verwendung runder Lagerschalen wird einerseits eine einfache Bearbeitung von Schale und Innenkontur erreicht, andererseits ist aber das höchstbeanspruchte Oberteil des Gehäuses auch sehr kräftig. Sämtliche Lager haben Dünnausguß WM 80, die Lagerschale wird gegen Verdrehen durch Dübel gesichert. Die Lager haben nur Unterschmierung. Die Achslagerkästen sind tief heruntergezogen, so daß ein reichlicher Ölvorrat entsteht. Der Unterkasten wird durch einen Filzring gegen die Schenkel abgedichtet. Auf diese Weise wird eine Zeitschmierung erreicht, die geringe Ölverluste sichert, Schmutz fernhält und nur in größeren Zeitabständen ein Nachfüllen erforderlich macht. Die Füllstutzen der Unterkästen laufen schräg aus, so daß die tiefste Auslaufkante gleichzeitig die höchste Ölfüllung festlegt. Damit sollen Ölverluste durch Überfüllung vermieden werden. Durch Führungszapfen im Gehäuse wird der Unterkasten gegen seitliches Verschieben gehalten. Von unten wird der Kasten über einen geteilten Drucksteg mit zwei Druckschrauben gegen die Lagerschale festgehalten. Die Unterkästen können herausgenommen werden, ohne das Federgehänge ausbinden zu müssen. Das Federgehänge legt sich auf Druckschalen, die den Verschleiß aufnehmen. Die ganze Konstruktion ist so abgestimmt, daß Verschleiß am schweren Gehäuse geringgehalten und an den Einzelteilen ausgeglichen wird. Die Achslagergleitplatten legen sich zur Entlastung mit Knaggen um das Gehäuse.

Das Treibachslager bestimmt mit seinem Verschleiß, besonders an den Achslagerführungen, die Haltbarkeit der übrigen Lager. Um diesen Verschleiß zu bekämpfen, sind die Führungen des Treibachslagers an die Zentralschmierung angeschlossen.

Die Maschinen 23024 bis 105 haben darüber hinaus Achslagergleitplatten mit aufgeschweißten Mangan-Hartstahlplatten erhalten. Die Treibachsgleitlager haben 230 mm Durchmesser bei einer Schenkellänge von 300 mm, die Kuppelachslager vorn 320×527,5 mm, hinten 230×305 mm. Alle Achslager haben hintenliegende **Stellkeile**, die Stellkeilschrauben stützen sich auf die Achsgabelstege. Sie sind durch den Steg hindurchgeführt und von unten für das Nachstellen gut zugänglich. Mit Spannbügeln können die Keile auch nach dem Ausbau der Achsgabelstege im Ausschnitt zum Nachschleifen gehalten werden. Die Federn sind aus Stahl mit 85 kg/mm^2 Festigkeit ungehärtet und 140 kg/mm^2 gehärtet hergestellt. Sie haben neun Lagen Federblätter von 16×120 mm^2 Querschnitt bei 1200 mm Stützweite der Federspannschrauben, welche die Last über Sattelscheiben und Federdruckplatten übertragen.

Im **vorderen Lenkgestell** wird die Laufachse an einer Deichsel geführt, die an einem festen Drehzapfen am Rahmen drehbar und seitenverschiebbar gelagert ist. Die Führungsbuchse am Drehzapfen stützt sich über beiderseitige Druckbolzen gegen die Rückstellfedern ab. In die Führungsbuchse ist oben ein Filzring eingelegt, der als Ölreservoir dient und gleichzeitig die Verschmutzung der Gleitflächen geringhält. In der Mittellage liegen die Federbunde sowohl an der Deichsel als auch über die Druckbolzen am Zapfen an. Bei seitlichem Ausschlag wird die eine Feder an der Deichsel mitgenommen, während die andere sich über den Druckbolzen gegen den Zapfen abstützt. Da die Federn unter sich an den Enden durch Spannschrauben verbunden sind, gleichen sich die Kräfte zwischen beiden aus. Entsprechend der

34 Lauf- und Kuppelachsen fertig zum Einbau, aufgenommen in der Mf Esslingen 1957. Alle Achsen haben Rollenachslager.

Durchbiegung der Federn durch den Ausschlag der Deichsel wird die Richtkraft auf den Fahrzeugrahmen ausgeübt. Die Deichsel ist vorne auf dem Laufradsatz mit einem die Achswelle umfassenden Gehäuse gelagert, das die seitlichen Anlaufkräfte des Radsatzes an der Schiene annimmt. Während bei den Lokomotiven der ersten Lieferung dieses Gehäuse noch mit der Deichsel verschraubt ist, ist es bei den Maschinen ab 23026 angeschweißt.

Am ersten Kuppelradsatz ist die Deichsel mit einem Universalgelenk am Lagergehäuse angehängt. Der Zapfen an der Deichsel kann hier nach Lösen seiner Halteschrauben abgenommen werden, so daß der Kuppelradsatz abgesenkt werden kann, ohne die Deichsel ausbinden zu müssen.

Die Last wird von den oben liegenden Federn auf den Laufradsatz durch im Rahmen geführte Stützen auf die Lager übertragen. Die Stützen gleiten mit besonderen, den Verschleiß aufnehmenden Druckstäben auf gehärteten Gleitplatten in einem Ölraum auf dem Lagergehäuse. Die Führung ist nach außen durch Verschiebebleche gegen Verschmutzen geschützt.

35 Vorderes Laufgestell einer Maschine der Serie 23077 bis 080, fertig zum Einbau. Aufnahme 1957 in der Mf Esslingen.

Die Maschinen bis 23025 besitzen nur Rückstellfedern am Drehzapfen des Krauß-Helmholtz-Gestells. Bei den Maschinen ab 23026 ist eine zusätzliche Rückstellfeder hinter der Laufachse vorgesehen, um der Neigung zu seitlichem Anlauf entgegenzuwirken.

Die Druckstößel der Rückstellfeder sind am Rahmen abgestützt. Durch ihre Hohlbohrungen wird den Reibungsflächen das Schmieröl zugeführt.

Das **nachlaufende Lenkgestell** besteht aus Laufradsatz, Deichsel und Gegengelenkhebel. Dicht vor der Achswelle ist am Rahmen ein fester Drehzapfen angeordnet, von diesem führt ein Gegengelenkhebel zu einem Drehzapfen in der Deichsel. Zwischen Deichsel und Lenkhebel sind beiderseits Rückstellfedern angeordnet, die in gleicher Weise wie beim vorderen Lenkgestell Deichsel und Lenkhebel gleichachsig zum Rahmen halten. Bei seitlichem Ausschlag der Laufachse werden die Federn zusätzlich gespannt und üben damit eine entsprechende Kraft auf den Fahrzeugrahmen aus. Der Lenkhebel überträgt gleichzeitig die auftretenden Längskräfte und entlastet die Deichsel, die dementsprechend unter Freilassung des unter dem Aschkasten notwendigen Raumes für den Aschedurchfall leicht gehalten werden kann. Die Last wird bei diesem Gestell durch im Rahmen geführte Bügel auf die hier unten liegenden Federn übertragen.

Die gute Wirkung der Laufgestelle auf ruhigen Lauf der Lokomotive im Gleisbogen sowie bei hoher Geschwindigkeit im geraden Gleis wird nur erreicht, wenn die Laufachslager zur Übertragung der seitlichen Führungskräfte ständig fest anliegen, d. h. der Verschleiß begrenzt wird und entstehendes Spiel frühzeitig ausgeglichen wird. Gelenke und Lagerstellen der Lenkgestelle sind deshalb an eine zentrale Schmierung vom Führerstand aus angeschlossen.

Durch Umstecken von je zwei Ausgleichshebelbolzen des vorderen und hinteren Lenkgestells läßt sich der Achsdruck der Kuppelachsen bei 23001 bis 023 und 026 bis 105 auf 17 t oder 19 t einstellen. 23024 und 025 sind fest auf einen Maximaldruck von 19,5 t (erste Kuppelachse) eingestellt (die Drücke der Achsen 1 bis 5 bei 23024 und 025: 14,6, 19,49, 19,42, 18,32, 12,72 t).

23024, 025, 053 bis 105 haben an sämtlichen Achs- (und Stangen-)lagern **Rollenlager** erhalten. Rollenlager verkleinern den Rollwiderstand der Lokomotive, haben eine wesentlich höhere

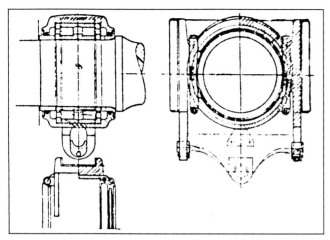

36 Achsrollenlager der 23 053 bis 105.

Lebensdauer und verursachen im Betrieb weniger dauernde Wartungsarbeiten. Da Rollenlager wesentlich empfindlicher gegen Stichmaßfehler sind als Gleitlager und deshalb der Verschleiß an allen Führungen im Rahmen und an den Achslagern möglichst gering gehalten werden muß, haben diese Maschinen, wie schon erwähnt, Achslagerführungen mit aufgeschweißten Mangan-Hartstahlblechen erhalten. Bei 23 024 und 025 sind zunächst die Achslagerstellkeile beibehalten worden, bei den Maschinen ab 053 konnten sie entfallen.

Die einzelnen Achslager sind jeweils als zweisystemige Zylinderrollenlager ausgeführt. Bei der ersten seitlich verschiebbaren Kuppelachse wandert die Achse quer zu den Rollen. Damit können Achslagergehäuse und Federgehänge im Rahmen wie bisher geführt werden. Die Deichsel des Krauß-Helmholtz-Gestelles ist an der Kuppelachse über zwei Kugellager angelenkt. Durch Abschrägen der seitlichen Führungsflächen an den Achslagergehäusen wird dem Schrägstellen der Achswellen gegenüber dem Rahmen beim Lauf über Gleisunebenheiten Rechnung getragen.

Die Zylinder

Die beiden außenliegenden Zylinder arbeiten mit einfacher Dampfdehnung. Die Kolben treiben die mittlere Kuppelachse an. Die Zylinder sind links und rechts austauschbar. Sie sind mit Paßschrauben auf einem Untersatz mit dem Rahmen verschraubt. Die Verbindung wird durch außen am Rahmen angeschweißte Leisten entlastet. Keile vorn und hinten zwischen Leisten und senkrechten Zylinderflanschen sichern den Kraftschluß und erleichtern das genaue Ausrichten der Zylinder. Die Zylindergehäuse entsprechen denen für die BR 65. Sie bestehen aus Stahlguß und haben eingepreßte Laufbuchsen für Schieber und Kolben. Die Ausströmkästen sind angegossen.

Die Zylinderbohrung beträgt 550 mm, der Kolbenhub 660 mm. Die schädlichen Räume betragen vorn 12,41% und hinten 11,69%. Die Abstände zwischen Kolben und Deckel sind im Neuzustand vorn 16 mm und hinten 12 mm. An den tiefsten Stellen werden die Zylinder mit Zug vom Führerstand aus entwässert. Die Ausströmräume entwässern über Drosselbohrungen und nach unten geführte Leitungen.

Der Frischdampf strömt den Mitten der **Schieberkästen** zu. Die Schieber haben den Einheitsdurchmesser von 300 mm, Inneneinströmung und durch große Kanalquerschnitte kleine Einlaßdrosselung. Die Ausströmräume führen den Abdampf über seitliche Umführungskanäle von vorn und hinten dem auf der Längsmitte sitzenden Anschlußflansch des Ausströmrohres zu. Der hintere Schieberkastendeckel trägt die Führung für den Schieberstangenkreuzkopf. Die hinteren Buchsen lassen sich zum Ausgleich von Verschleiß um 180° drehen. Vorn werden die Stangen in geschlossenen Büchsen im Deckel geführt. Neben dem Flansch zum Anschluß der Frischdampfleitung liegen die Anschlüsse für Schieberkastendruck- und Temperaturmesser.

Die Zylinder haben für Leerfahrt **Druckausgleichkolbenschieber** ohne Federn, außerdem Luftsaugventile. Die Schieberkörper mit ihren steuernden Kanten sind auf den Schieberstangen fest. Auf den Schieberstangen gleitet auf besonderen Laufbüchsen ein Ventilkörper, der einen Ringkanal im Schieberkörper abdeckt. Das Ventil schließt sich unter Frischdampfdruck, öffnet sich unter Gegendruck und verbindet dann die beiden Zylinderseiten über den Einströmraum hinweg. Um bei höheren Leergeschwindigkeiten ein für Schmierung und Stopfbuchsen zu hohes Ansteigen der Temperatur im Zylinder zu vermeiden, ist ein vom Führerstand aus druckluftgesteuertes Luftsaugventil vorhanden. Die Zylinder haben vorne und hinten Zylindersicherheitsventile der normalen Bauart.

Die **Dampfkolben** sind aus Stahl geschmiedet, auf die Kolbenstangen aufgepreßt und durch Muttern gehalten. Die fünf gußeisernen Kolbenringe haben 16×8 mm^2 Querschnitt. Die geraden Stoßfugen mit Sicherungsblechen der Regelausführung sind gegeneinander versetzt. Die Kolbenstange ist mit einem Kegel 1:15 in den Kreuzkopfkörper eingepreßt und mit Keil befestigt. Die Stangen sind vorn und hinten mit 100 mm Durchmesser durchgeführt. Großer Durchmesser und große Länge der Tragbüchsen sichern mäßigen Verschleiß. Die mit WM 80 ausgegossenen vorderen Tragbuchsen sind in den Haltern fest gelagert. Die Stopfbüchsen sind vorne und hinten gleich. Sie bestehen aus zusammengeschraubten Halbschalengehäusen mit drei Kammern. Die Gehäuse werden dampfdicht auf den Zylinderdeckel aufgeschliffen. Die drei Kammern nehmen die genormten Dicht- und Deckringe auf. Die Zylinder, Dampfeinströmrohre und Flansche sind mit Asbestmatten verkleidet.

Das Triebwerk

Treibradsatz ist die dritte Achse, die im Rahmen fest gelagert ist. Die Treibstange ist bei den mit **Gleitlagern** versehenen Maschinen 23 001 bis 023 und 026 bis 052 mit einem Buchsenlager im Kreuzkopf geführt. Das hintere Treibstangenlager ist über einen hintenliegenden Keil nachstellbar. Da die Achsstellkeile ebenfalls hinten liegen, wird auf diese Weise bei fortschreitendem Verschleiß der Achslagerführungen die Vorverlagerung der Radsätze, bezogen auf die Lage von Kreuzkopf und Kolben, zum Teil ausgeglichen. Sämtliche Kuppelstangenlager sind bei diesen Maschinen Buchsenlager, die Zapfen des seitenverschieblichen Radsatzes sind durchschiebbar, so daß das Kuppelgestänge durch Treibzapfen und hinteren Kuppelzapfen geführt wird und in sich gestreckt bleibt. Die **Treibstange** hat zwischen den Lagermitten eine Länge von 2250 mm. Der **Kreuzkopf** wird einschienig geführt. Der Körper ist von oben offen, wird von unten auf die Gleitbahn geschoben und dann nach oben durch ein Zwischenstück mit Paßschrauben geschlossen. Die Gleitplatten werden durch Knaggen an den Enden entlastet.

Der Kreuzkopfbolzen trägt einen Gewindeansatz, über den er mit Mutter und Scheibe und einem innen zylindrischen Konusspaltring in die konischen Augen des Kreuzkopfes gezogen wird. Gegen Drehen ist der Bolzen mit einem Keil gesichert. Das Lager wird durch eine axiale Bohrung im Bolzen von innen geschmiert, von der aus über zwei schräg von vorn und hinten oben führende Bohrungen das Öl den Rändern der Hauptdruckzonen des Buchsenlagers zuläuft. Durch angearbeitete Ölkeile wird das Öl bei der Schwingbewegung des Lagers und den Druckwechseln in die Druckzonen gezogen. Für die untere Gleitplatte und das Bolzenlager kommt das Öl aus einem Nadelschmiergefäß, das außen gegen den Kreuzkopf geschraubt ist. Die obere Gleitplatte wird von einem Nadelschmiergefäß im Oberteil mit Öl versorgt.

Die **Gleitbahn** ist am hinteren Zylinderdeckel durch einen Paßdübel ausgerichtet und entlastet. Sie wird durch ein übergelegtes Druckstück mit zwei Schrauben gehalten und am Gleitbahnträger mit zwei Paßschrauben befestigt. Die Gleitflächen sind wahlweise im Einsatz oder flammengehärtet und geschliffen.

Sämtliche Stangenköpfe sind geschlossen. Im Bereich der Stangenköpfe geht der I-förmige Stangenschaft in einen U-Querschnitt über, der zur Ausbildung der Schmiergefäße benutzt wird. Mit der gleichen Fräse, mit der auch der U-Querschnitt herausgearbeitet worden ist, wird auch der Boden der Schmiergefäße herausgefräst. Hierauf werden in Längsachse U-förmige, von einer Profilstange geschnittene Stücke, an den Stirnflächen durch Paßstücke geschlossen, gegengeschweißt.

Die Tülle zur Schmiernadelführung der Gleitlager ist in den Stangenkopf eingeschweißt. Über der Nadelführung befindet sich im Schmiergefäßdeckel eine Bohrung, die durch eine Stegverschlußschraube verschlossen ist. Letztere fixiert den Hub der Schmiernadel. Die Bohrung dient zum Prüfen der Schmiernadel und, soweit kein Füllventil vorhanden ist, zum Einfüllen des Schmieröls. Durch eine zweite Bohrung können die Schmiergefäße, die einen runden Boden haben, gereinigt werden.

Die Kuppelstangen sind über Gelenkbolzen in Gabelaugen untereinander verbunden. Besondere Distanzbolzen schließen die offenen Stangenenden durch Bohrungen in der Gegenstange hindurch. Breite Führungsflächen verhindern seitliches Ausknicken des Gestänges. Sämtliche eingepreßten Lagerbuchsen werden durch gesicherte Radialschrauben gehalten. Die mit WM-80-Dünnausguß versehenen Buchsenlager haben Nuten mit Schmierfilzen außerhalb der Druckzonen, die das Öl an der Schmierfläche halten und besonders beim Anfahren und bei niedrigen Geschwindigkeiten, bei denen die Nadel noch wenig Öl fördert, die Gleitflächen schmieren. Die geteilten Schalen des

37 »Rollenlagerdetail« an 23 024, aufgenommen in München 1953. Die Lager sind staubdicht abgeschlossen, dauerndes Nachschmieren entfällt. Schwierigkeiten macht nur das Abspritzen mit Heißwasser oder Dampf . . .

hinteren Treibstangenlagers werden durch den Stellkeil über ein verschleißfestes Druckstück und austauschbare Zwischenlager an den Stoßfugen fest in den Stangenkopf gepreßt und gleichzeitig gegen seitliches Herausschieben gehalten. Der Stellkeil ist durch eine Gegenmutter am Gewindeansatz und durch ein besonders geschlitztes Einsatzstück im Stangenfenster gesichert. Das während der Stangenbewegung im Schmiergefäß herumgeschleuderte Öl gelangt auf die schalenartige Ausfräsung der Nadelführung und damit der Tüllenbohrung, die zur Schmierstelle führt. Durch Einsetzen von Schmiernadeln in die Bohrung wird der

38 Triebwerk der 23 024, aufgenommen während der Münchener Verkehrsausstellung im August 1953. Alle Stangenlager sind Rollenlager. Der Achsdruck der Maschine ist nicht verstellbar, sie zeigt an der hinteren Deichsel nur eine Einstellmöglichkeit. An der Luftpumpe ist ein zusätzlicher Fußtritt vorhanden, der noch bei 23 001 bis 023 fehlt.

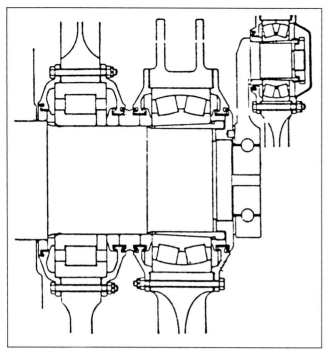

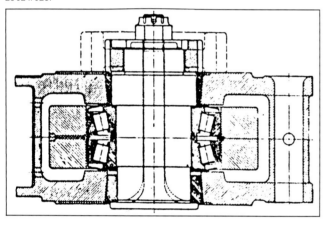

39/40 Treibzapfen-Rollenlager und Kreuzkopf-Rollenlager, ausgeführt an 23 024/025.

Durchgang so verengt, daß nur die unbedingt notwendige Ölmenge abfließt. Die Nadel muß frei spielen können, damit sie das Öl nach unten fördert und zugleich die Bohrung von kleinen Verunreinigungen selbsttätig reinigt. Je nach Sommer- oder Winterbetrieb werden entsprechende Nadeln eingesetzt.

Im Gegensatz zu dieser Ausführung sind die Maschinen 23 024 und 025 sowie 053 bis 105 mit **Rollenlagern** an allen **Stangenlagern** ausgerüstet. Der Laufwiderstand ist bei diesen Lagern wesentlich geringer. Außerdem entfällt hier das Abölen und Nachprüfen der verschiedenen Schmiervorrichtungen. Nur etwa alle vier Wochen muß der Fettinhalt der Lager mit einer Handpresse nachgefüllt werden.

Das Kuppelgestänge mit Rollenlagern wird am Treibzapfen mit Zylinderrollen geführt, vorn und hinten sind Pendelrollenlager eingebaut, damit sie der Schrägstellung der Achsen zueinander und der Seitenverschiebung folgen können. Die Treibstange wird vorn in anstellbaren spielfreien Kegellagern im Kreuzkopf geführt, am Treibzapfen sind deshalb Pendelrollenlager angewandt. Wegen des größeren Durchmessers der Rollenlager, die aus innerem und äußerem Lagerring sowie dem Rollenkäfig bestehen, mußten die Stangenfenster größer ausgeführt werden. Treib- und Kuppelstangen werden hierdurch schwerer und erfordern einen größeren Massenausgleich.

Um das Reibungsgewicht voll ausnutzen zu können, werden alle gekuppelten Radsätze gesandet. Die je zwei **Sandkästen** einheitlicher Ausführung sind hinter dem Umlauf angeordnet. An jedem Sandkasten sind zwei Sandtreppen, bei denen je eine Preßluftdüse den Sand aufwirbelt und eine zweite ihn durch weite Rohre vor die Radreifen bläst. Durch die Anordnung der Sandkästen werden die Fallrohre kurz und einfach in der Führung. Besandet wird die Treibachse von beiden Seiten, die vordere Kuppelachse von hinten und die hintere Kuppelachse von vorn.

Eine **Spurkranzschmierung Bauart De Limon** vermindert den Verschleiß der Spurkränze auf kurvenreichen Strecken. In gleichen Wegabständen wird mit Spritzdüsen auf den Spurkranz des ersten und dritten Kuppelradsatzes – bei den Lokomotiven ab 23 026 auch auf den der vorderen Laufachse – Fett gespritzt, das wegen seiner Konsistenz am Spurkranz als Film haften bleibt, so daß eine Verteilung des Schmierstoffes auf der Lauffläche vermieden wird. (Die Maschinen bis 23 025 wurden Mitte der 50er Jahre entsprechend nachgerüstet.)

Der Antrieb der Fettschmierpumpe erfolgt über einen Schwinghebel von der linken Schwinge aus. Eine Einstellschraube ermöglicht die genaue Einstellung der aufgespritzten Fettmenge je nach dem Fettbedarf eines Spurkranzes und entsprechend den Streckenverhältnissen zwischen 0,5 und 1 kg auf 1000 km.

Die Steuerung

Die **Steuerwelle** liegt hinter der Schwinge und greift mit dem Aufwerfhebel in eine Schleife der Schieberschubstange. Über der Steuerwelle liegt die Steuerspindel. Die Steuermutter wird vom Steuerwellenhebel beiderseits umfaßt und überträgt die Bewegung über Steine in Schleifenführungen. Die aus der Steuerung kommenden Kräfte werden so auf kürzestem Wege abgefangen. Die von der Steuerspindel zum Steuerungshandrad führende Welle überträgt nur noch die Drehbewegung. Steuerspindellagerung und Steinführung sind an die Zentralschmierung angeschlossen.

Die Steuerung ist als Heusingersteuerung für Inneneinströmung durchgebildet. Dementsprechend eilen die Gegenkurbeln nach, der Schwingenstein liegt in der Hauptfahrtrichtung im unteren Teil der Schwinge, und die Schwinge selbst ist entlastet. Die Schieberschubstangen greifen am Voreilhebel oberhalb der Schieberstange an und werden in einer Kreuzkopfgeradführung am hinteren Schieberkastendeckel getragen.

Die Steuerung ergibt im Mittel Füllungen von vorn 82% bei Vorwärts- und Rückwärtsfahrt, hinten 77,5% bei Vorwärts- und Rückwärtsfahrt. Die Steuerung wird sinnfällig betätigt, d. h. bei Vorwärtsfahrt läuft die Steuermutter nach vorn.

Die Steuerspindel führt bis in den Führerstand und endet in einer **Steuersäule**, die am Rahmen befestigt ist. Um Längenänderungen und kleine Maßabweichungen auszugleichen, sind elastische Kupplungen eingeschaltet. In der Steuersäule wird die Drehbewegung über Kette und Kettenräder mit Spannrolle übertragen. Durch eine Übersetzung wird die Stellkraft für den Führer herabgesetzt. Durch diese Anordnung wird der Kessel, der bisher den Steuerbock trug, entlastet und gut zugänglich, während bisher die Stehbolzen im Bereich des Steuerbocks recht schwer zu erneuern waren. Außerdem beeinflußt die Kesseldehnung die Steuerung nicht mehr. Die Steuerung kann unabhängig vom Kessel fertigmontiert werden. In einem an der Steuersäule sitzenden Pult ist neben den für den Lokführer wichtigen Anzeigeinstrumenten für Kessel, Lokomotive und Bremse eine verkürzte Steuerskala angeordnet, die durch die Schräge des Pultes direkt in der Blickrichtung des Führers gut beleuchtet liegt. Die Verriegelung der Steuerung an einer vorgewählten Stellung erfolgte bei den Maschinen 23 001 bis 015 zunächst durch einen tief angeordneten Handhebel. Anstelle des Handhebels erhielten alle anderen Maschinen einen Fußrast. (23 001 bis 015 wurden noch 1952/53 entsprechend umgebaut.) Ab Maschine 23 024 gelangt ein verbessertes Steuerpult zum Einbau. Das Pult ist schräger angeordnet und deshalb übersichtlicher, die Steuerungswelle ist weiter

41

42

43

41 Arbeitsplatz des Lokführers auf 23 001. Alle Anzeigeinstrumente sind im Pult zusammengefaßt. Oben ist die – als »unbrauchbar« klassifizierte – Armaturenbeleuchtung zu erkennen. In der Tat dürfte sie wohl eher den Führer geblendet haben. Die Steuerungsverriegelung geschieht noch durch den unten sichtbaren Handhebel. Der Geschwindigkeitsmesser ist noch als Rundinstrument ausgeführt – teilweise vom Regler verdeckt... Ebenso machen die Bremsarmaturen das Ablesen bei einem Teil der (rechts im Pult angeordneten) Bremsinstrumente unmöglich. Die Waschluken sind noch unverkleidet – die Wärmestrahlung dürfte enorm gewesen sein. Die Kante rechts gehört zur Türnische – eng ging es zu im Führerstand der ersten 23.

42 Anders war es schon im Führerstand der 23 046, aufgenommen bei Krupp am 30. 6. 1954: Die Waschluken sind verkleidet, über dem Steuerungshandrad ist ein Ablage-»Tisch« vorhanden, die Armaturenbeleuchtung ist verbessert, das Pult steht gut sichtbar steil. Die Instrumente von links nach rechts: oben Schieberkastendruckmesser, unten Pyrometer, durchgehend Steuerungsskala, oben Hauptluftbehälterleitung, unten Geschwindigkeitsmesser, oben Hauptluftbehälter, unten Treibradbremszylinder.

43 Zum Vergleich: Nach dem Einbau der Indusi waren die Instrumente wieder am Stehkessel verstreut. Im Pult blieben nur der Schieberkastendruckmesser und die Steuerungsskala und, neu, der schreibende Deuta-Tachometer. Das Steuerungshandrad bei der abgebildeten 23 057 war auch schon »körperfreundlicher«. Aufnahme im Bw Münster, 4. 1. 1966.

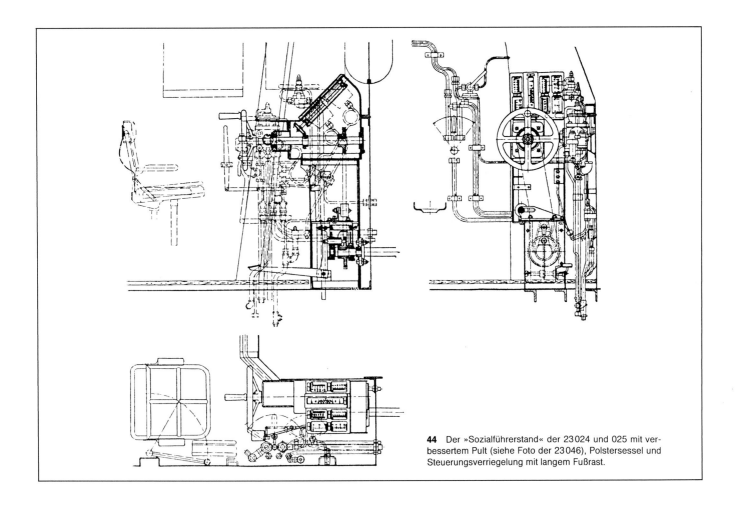

44 Der »Sozialführerstand« der 23024 und 025 mit verbessertem Pult (siehe Foto der 23046), Polstersessel und Steuerungsverriegelung mit langem Fußrast.

vorverlegt, und der Griff des Steuerungshandrades ist umklappbar ausgeführt. Dieses verbesserte Pult kann ohne Änderungen auch für die Baureihen 65 und 82 verwendet werden.

Die Anzeigevorrichtung kann als Ganzes aus dem Pult herausgenommen, also leicht getauscht werden.

Die **Schwinge** ist dreiteilig ausgebildet, ihr Mittelteil ist die Steinführung. Die beiderseits aufgesetzten Schilde tragen mit angeschmiedeten Zapfen die Schwinge.

Zwischen Schilden und Mittelteil greift die gabelförmige **Schieberschubstange** um den Stein. Die Bolzen sind im Stangenauge gegen Verdrehen gehalten. Die mit I-Querschnitt ausgeführte Stange umfaßt mit ihrem vorderen Gabelende den Voreilhebel.

Die Schieberstange trägt am hinteren Ende über Gewinde mit zwei Stellmuttern den Schieberkreuzkopf mit seitlichen Zapfen, an denen der Voreilhebel angelenkt ist. Die Stellmuttern, mit denen der Schieber nach Stichmaß, das jeder Lokomotive beigegeben ist, genau einreguliert wird, sind am Außenrand zum Eingriff einer Bügelsicherung verzahnt. Die Verzahnung ist so fein gehalten, daß die Stellmuttern um kleinste Winkel verdreht werden können. Der Kreuzkopf wird mit auswechselbaren Schuhen in einer Parallelführung am Schieberkastendeckel geführt. Am Ende läuft die Stange in einer Parallelflächenführung gegen Verdrehen. Durch eine Körnerschraube an dieser Führung kann der Schieber beim Totlegen der Steuerung in der Mittelstellung festgelegt werden.

Die **Schieberstangen** werden über Tragbüchsen im vorderen Schieberkastendeckel und hinten durch den Kreuzkopf getragen. Sie sind aus dickwandigem Rohr hergestellt, am hinteren Ende zur Aufnahme des Kreuzkopfes eingezogen und im Bereich der Führungsflächen seitlich zusammengedrückt.

Die Lokomotive ist mit federlosen **Druckausgleichkolbenschiebern** ausgerüstet, die fest auf der Stange sitzen. Je zwei Kolbenringe dichten die Ein- und Ausströmkanten gegen den Kanal ab. Die Ringe sind gerade gestoßen. Gegen Verdrehen und zur Vermeidung einer Überdeckung der Stöße werden sie durch Bleche am Stoß gehalten. Die Schieber sind auf ein lineares Voröffnen von 5 mm eingestellt. Die Einströmüberdeckung beträgt 38 mm, die Auslaßüberdeckung 2 mm. Die Dampfkanäle sind 52 mm breit.

Die Lager der zur Steuerung gehörenden Stangen haben eingepreßte Buchsen. Sämtliche Bolzen sind gehärtet und geschliffen. Alle Bolzen und Gleitflächen werden von Schmiergefäßen mit Öl versorgt. Die wichtigsten Lager haben Nadelschmierung. Die Steuerspindellager und Steinführungen sind an die Zentralschmierung angeschlossen.

Der **Geschwindigkeitsanzeiger** mit gerader Skala, der bei beiden Fahrtrichtungen im gleichen Sinne anzeigt, ist im Instrumentenpult an der Steuersäule angeordnet. Er wird über eine Gliederkette vom hinteren Laufrad angetrieben. Teilstriche und Zeiger sind mit Leuchtmasse belegt. 23053 bis 105 haben ab Lieferung einen **schreibenden** und von innen beleuchteten **Geschwindigkeitsmesser**, weil sie ab Lieferung auch mit induktiver Zugsicherung ausgerüstet sind. (Mit Einbau der Indusi erhielten auch die übrigen 23 schreibende Geschwindigkeitsmesser.)

Die Bremse

Die Lokomotive ist mit der selbsttätig wirkenden Einkammerdruckluftbremse Bauart Knorr mit Zusatzbremse (5 atü), außerdem auf dem Tender mit einer Wurfhebelhandbremse ausgerüstet. Die Lokomotivbremse wirkt doppelseitig auf alle Räder. Die mit unterteilten Sohlen versehenen Bremsklötze sind radial zueinander angeordnet, so daß sich die am Radumfang auftretenden Kräfte ausgleichen. Die Bremsklotzhängeeisen für die seitenverschieblichen Kuppelradsätze sind an einem Kreuzgelenkstück aufgehängt, damit die Bremsklötze den Seitenverschiebungen dieser Radsätze folgen können.

Aus Gewichtsgründen ist das ganze Bremsgestänge aus Baustoff mit hoher Festigkeit gefertigt. Je eine kurze Bremswelle und je ein

Bremszylinder auf jeder Lokseite für das Gestänge der Kuppelradsätze liegen beiderseits der letzten Kuppelachse; ihre Lager sind am Rahmen angeschweißt. Spannschlösser in den den Wellen zunächst liegenden Hauptzugstangen gestatten das Nachstellen des Gestänges. Das gleichmäßige Abheben der Gehänge beim Lösen wird durch nachstellbare Anschläge gesichert. Die Laufachsen vorn und hinten werden durch eigene Bremszylinder abgebremst. Bei den Lokomotiven ab 23024 sind die Bremsgehängeträger und das Gestänge der Laufachsbremsen verstärkt, ab 23026 sind die Träger als hohle Tragarme unmittelbar am Laufachsgehäuse angeschweißt. Das Lokomotivdienstgewicht wird bei Betriebsbremsung durch die selbsttätige Bremse zu 69,5%, durch die Zusatzbremse zu 146% abgebremst.

Die zweistufige Luftpumpe Bauart Tolkien fördert die Druckluft über einen Kühler in zwei quer auf dem Hauptrahmen eingebaute Hauptluftbehälter von je 400 l Inhalt und 8 kg/cm^2 Höchstdruck.

Die Dampfheizung

Für die Beförderung von Reisezügen ist die Lokomotive mit Dampfheizung versehen. Der Dampf für die Zugheizung wird dem Naßdampf-Entnahmestutzen vor dem Führerhaus entnommen. Mit dem Anstellventil im Führerhaus wird der Heizdampf gedrosselt. Die wärmeisolierten Dampfleitungen führen vorne und hinten zu den Anschlußstellen an den Pufferträgern. Links unter dem Umlauf vor dem Führerhaus befindet sich das Umschaltventil, mit dem Heizdampf nach vorne oder hinten geleitet werden kann.

Die Schmierung

Eine Hochdruckpumpe Bauart Bosch mit 14 Anschlüssen dient zur Schmierung der hauptsächlich unter Dampf gehenden Teile. Es sind zwei Leitungen vorhanden für: Schieber hinten, Schieber vorn, Schieberstange hinten, Schieberstange vorn, Kolbenstange hinten, Kolbenstange vorn, Zylinder. Die Pumpe ist auf dem Führerstand auf der Heizerseite vor dem Stehkessel angeordnet. So wird die Pumpe ausreichend durch Strahlungswärme beheizt. Die Achslager haben Zeitschmierung.

Vor jeder unter Dampf gehenden Schmierstelle ist eine Membran-Ölsperre angeordnet, die das Leerlaufen der Leitung verhindert. Für die Kolbenstangenführung sind Stutzen vorgesehen, an welche die Leitungen über Kugelrückschlagventile angeschlossen sind. Dochtschmierung findet nur bei den fest im Rahmen sitzenden oder wenig bewegten Schmiergefäßen des Triebwerkes und der Steuerung Verwendung, alle übrigen Gefäße haben Nadelschmierung.

Luft- und Speisepumpe sind mit einer selbsttätigen Hochdruckschmierung versehen.

Zur Verminderung des Verschleißes und zur Erleichterung der Pflege, namentlich an den schwer zugänglichen Schmierstellen, ist die Lokomotive mit einer zweiten, kleinen Schmierpumpe Bauart Bosch für eine beschränkte Zentralschmierung ausgerüstet. Die von der Pumpe ausgehenden Leitungen werden im Schwerpunkt der Schmierstellen über Kolbenverteiler, die bei jedem Pumpenhub in bestimmtem Takt nacheinander Öl in die verschiedenen Anschlüsse steuern, verzweigt. Es werden zentral geschmiert: an der Deichsel vorn die Drehzapfenlager, Druckbolzen und Drehzapfen und am Deichsellager der ersten Kuppelachse das Kreuzgelenk, der Träger zum Kreuzgelenk, die Treibachslager, der Steuerbock, der Steuerhebel, die Steuermutter und an der Deichsel hinten das Deichselzapfenlager und die Rückstellhebel.

Die Beleuchtungsanlage

Die Maschine besitzt eine Beleuchtungsanlage der üblichen Bauart. Der Turbogenerator mit einer Leistung von 500 Watt bei

45 Im Führerstand der 23001, aufgenommen noch vor der Anlieferung bei Henschel: Links versteckt sich unten – sehr unhandlich – die Bosch-Schmierpumpe. Rechts über der Feuertür: Die Schauluke. Links am Stehkessel ein Wärmekasten für Ölkannen.

24 Volt sitzt linksseitig hinter dem Schornstein auf der Rauchkammer. Er wird mit Dampf aus dem vorderen Dampfentnahmestutzen betrieben. Der Abdampf wird in einen Kanal auf der Rückseite des Schornsteins abgeleitet. An Lampen sind vorhanden: Die Signallaternen vorne und hinten, Triebwerkslampen, Führerhausdeckenbeleuchtung, Wasserstandslampen, Steuerpult- und Fahrplanbuchleuchte. Die vorderen Signallaternen sind weit außen angeordnet und leicht gegen die Gleisachse schräg nach außen gestellt, damit die Signalbaken gut angestrahlt werden. Die Signallampen sind mit 60-Watt-Birnen bestückt, alle anderen Lampen der Lokomotive mit 25-Watt-Birnen. Als erste 23 hat die 23053 werkseitig die Induktive Zugsicherung erhalten. Der Fahrzeugmagnet ist unter einem angeschweißten Gestell auf der Lokführerseite zwischen letzter Kuppelachse und hinterer Laufachse angebracht. Die Maschinen 23054 bis 064 sind ab Neulieferung für den Einbau der Induktiven Zugsicherung vorbereitet. 23071 bis 105 haben seit der Lieferung die Indusi. (Alle anderen Maschinen [23001 bis 052, 054 bis 070] wurden 1957/58 mit Indusi nachgerüstet.)

Das Führerhaus

Das Führerhaus ist allseits geschlossen. Auf jeder Seite sind ein großes Schiebefenster und ein festes Fenster vorhanden. Die Fenster in den Stirnwänden können geöffnet und durchgedreht werden. In beide Fahrtrichtungen sind feste Schutzfenster angebracht. Außerdem sind in der Stirnwand oberhalb des Stehkessels zwei große Lüftungsklappen vorgesehen. Zur Verbesserung der Lichtverhältnisse auf dem Führerstand haben 23024 bis 105 ein

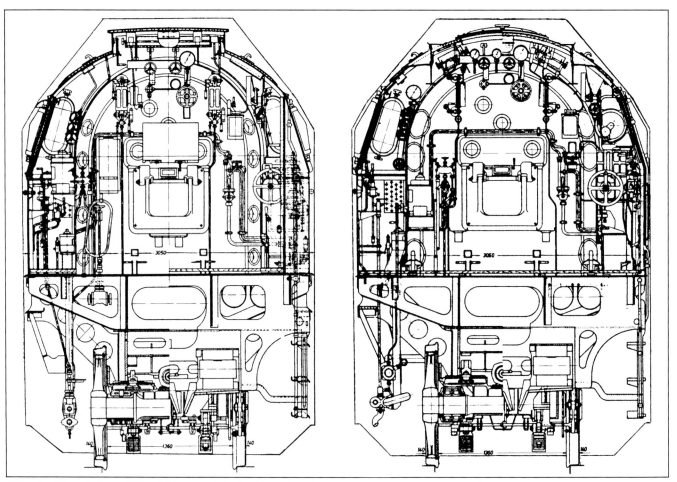

46/47 Die Führerstände von 23 001 (links) und 23 024 im Vergleich. Offensichtlich: Das bessere Raumangebot rechts. Über der Feuertür bei 23 001 ein Wärmebehälter für Speisen, darunter die Schauluke. 23 024 besitzt Vaihinger-Wasserstände und, rechts, ein Atlas-Klarsichtfenster.

Drahtglasfenster im Dach oberhalb des Stehkesselrückens erhalten. Die Maschinen 23 001 bis 096 haben werksseitig über den vorderen Führerstandsfenstern kleine Fensterschirme. 23 097 bis 105 haben werksseitig größere Stauschuten erhalten, die durch Staudruck Regenwasser abhalten sollen. (23 001 bis 023 und 026 bis 096 wurden Mitte der 60er Jahre ebenfalls mit Stauschuten ausgerüstet. Lediglich 23 024 und 025, die Atlas-Klarsichtscheiben besaßen, behielten die kleinen Schirme.)
23 024 und 025 sind auf der Führerseite mit einer Klarsichtscheibe Bauart Atlas ausgerüstet. Die Scheibe ist rund und läuft, angetrieben über einen Elektromotor mit einem Keilriemen, mit 2500 Umdrehungen pro Minute um. Durch die Reibung wird an der Oberfläche der Glasscheibe die Luft mitgerissen, so daß anfliegende Wassertropfen, Öl und Schnee nicht auf das Glas gelangen. Die Klarheit der Sicht bleibt selbst bei ungünstigsten Witterungsverhältnissen erhalten. 23 001 bis 023 haben ein stark abgeschrägtes Führerhaus mit einem Dachaufbau, in dem um die waagerechte Achse drehbare Lüftungsklappen angeordnet sind, die schräg nach innen oben aufschlagen und so den Regen zurückhalten. Die Maschinen 23 024 bis 105 haben keinen Lüftungsaufsatz mehr auf dem Dach, sondern seitliche Lüftungsklappen und solche in der Vorder- und Rückwand. Hierdurch ist im Führerhaus eine größere Stehhöhe erreicht. 23 001 bis 015 haben gerade, in den Raum hineinstehende Führerhaustüren erhalten. Wegen der beengten Platzverhältnisse wurde diese Tür durch eine geknickte Schiebetür ersetzt, die bei 23 016 bis 076 zum Einbau kam. 23 077 bis 105 haben eine geknickte Klapptür erhalten. (Entsprechend wurden die Maschinen mit Schiebetüren bis 1966 umgerüstet, weil sich die Schienen der Schiebetüren häufig mit Schmutz zusetzten und die Türen dann klemmten.) Ebenfalls der Vergrößerung des Raumes dient die Tieferlegung des Fußbodens um 50 mm bei den Maschinen ab 23 024 bis 105.

Die Maschinen haben federnde gepolsterte Sitze mit kleiner Rückenlehne, die abgenommen werden kann. 23 024 und 025 sind ab Lieferung versuchsweise mit bequemen Klappsesseln mit Rückenlehne und zwei Armlehnen ausgestattet.
Für den Winter ist bei den Maschinen ab 23 016 eine einfache Fußbodenheizung vorhanden, deren Wirkung bei den Maschinen ab 23 053 durch Verwendung von Rippenrohren verstärkt wird. Außerdem sind federnde Fußroste sowie ein Ablagetisch und in

48 Das Führerhaus der ersten 23. Die gerade Tür ist in einer Nische untergebracht. Die Tritte sind mit Gitter-Blechen belegt. Schräger Regenschutz über dem aufgesetzten Dachlüfter, Indusi, DB-Emblem und vergrößerte Stauschuten sind spätere Zutaten. Der Tender der 23 002 ist übrigens mit Drehgestellen des 2'2'T 26 der BR 50 ausgerüstet. In den 60er Jahren wurden so verschiedene Tender der frühen 23-Serien umgebaut, weil die 23-Drehgestelle ungenügend verstrebt waren und zu Rissen neigten. Aufnahme 1967 bei Saarbrücken.

49 Das Führerhaus der 23 024 bis 076: Leichtmetall-Schiebetüren und eingezogene Dachlüfter. Unten zu sehen: Die Friedmann-Strahlpumpe. Die Aufstiegstritte bestehen aus Gitterblechen. Die Abdichtung zum Tender bestand auch noch bei 23 055 aus einem Faltenbalg. Aufgenommen bei Krupp im Juli 1955.

der Rückwand Kleiderbehälter eingebaut. Gegen den Tender sind die Maschinen 23 001 bis 076 mit einem Faltenbalg abgedichtet, 23 077 bis 105 haben einen Gummiwulst, der durch einfachen Andruck das Führerhaus winddicht hält. (Die übrigen Maschinen wurden Anfang der 60er Jahre nachgerüstet.)
23 001 bis 015 besitzen ab Lieferung einen Wärmebehälter für Speisen an der Stehkesselrückseite. Dieser entfällt bei den übrigen Lokomotiven.
23 001 bis 023 und 026 bis 052 haben Tritte und Aufstiege aus Warzen- oder Riffelblech. 23 024 und 025 haben versuchsweise Tritte aus Gitterblechen erhalten, bei denen die Rutschgefahr durch Ölschmier wegfällt. Die Maschinen 23 053 bis 105 haben Tritte nach dem Muster der 23 024 und 025 erhalten, die Leitern haben allerdings weiterhin Tritte aus Riffelblech.

Der Tender

Der Tender für Kohle und Wasser ist selbsttragend vollständig geschweißt. In den Behältern sind 31 m³ Wasser und 8 t Kohle untergebracht. Die Einlauföffnungen der Wasserbehälter können vom Führerstand aus geöffnet oder geschlossen werden. Die Tender von 23 093 bis 105 haben werksseitig Handhebel, mit

50 Der Tender der ersten 23.

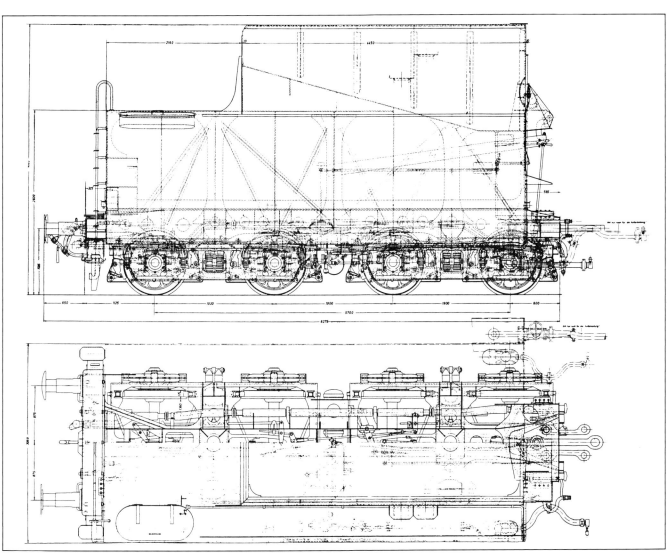

51 Fast ein Wannentender: Der Aufbau eines 23-Tenders wird 1950 bei Henschel zusammengeschweißt.

52 Verstärktes Tenderdrehgestell, aufgenommen während der Montage bei Esslingen, 1957.

denen von hinten unten über Kettenrollen die Wassereinläufe vom Boden aus geöffnet werden können.

Die Zugapparatfeder zwischen Lokomotive und Tender ist auf 18 t vorgespannt. Die beiden Drehgestelle mit Rollenachslagern sind in allen Teilen geschweißt. Die Tender von 23 053 bis 064 und 071 bis 105 haben verstärkte Drehgestelle erhalten. (Die Verbindungsstreben an den Drehgestellen der übrigen 23 wurden ebenfalls verstärkt.)

Die hinteren Signallaternen sind ebenfalls weit nach außen gerückt. Sie sind in Einpolterungen auf der Tenderrückseite untergebracht und so gegen herunterfallende Kohlestücke gesichert.

Die Tender von 23 001 bis 025 haben am Kohlenkasten außenliegende Verstärkungsspanten, diese entfallen bei den Maschinen ab 23 026.

Die Tender von 23 026 bis 105 haben hinter dem Führerhaus auf der linken Seite zwei Fußtritte in Einpolterungen erhalten, um den Tender vom Führerhaus aus besteigen zu können.

Schlußbemerkungen

Die Maschinen sind mit kleinen Windleitblechen Bauart Degenkolb-Witte ausgerüstet, die im unteren Bereich eingezogen sind und einen durchgehenden Handlauf an der Unterkante besitzen.

Die Maschinen 23 001 bis 052 sind ab Lieferung mit dem Eigentumsschild »Deutsche Bundesbahn« gekennzeichnet und besitzen Gattungsschilder P 35.19. Die Maschinen 23 053 bis 064

53 Tender der 23 001, aufgenommen im November 1950 bei Henschel. Die Aufstiegsleitern sind unten noch unterbrochen, gerade in Griffhöhe beim Aufsteigen . . .

54 Frontansicht des Tenders von 23001. Die Abdichtung zum Führerstand geschah durch einen Faltenbalg. Die ersten 23-Serien besaßen nur ein Hauptkuppeleisen. Foto bei Henschel, November 1950.

55 Tender der 23-Serie 077 bis 080 von Esslingen, fertig zum Ankuppeln, aufgenommen im Werk 1957. Die Abdichtung geschieht durch einen angedrückten Gummiwulst.

56 Tender der letzten 23-Serie: Die Wassereinfüllöffnungen sind jetzt von unten mittels Handhebel zu öffnen. Die Leitern sind wieder mit Tritten aus Riffelblechen versehen. Foto im Bw Rheine, 10. 9. 1968.

haben keine Gattungsschilder mehr, ihr Eigentumskennzeichen ist das neu entwickelte DB-Emblem, das zusätzlich an der Rauchkammer angebracht ist. 23065 bis 076 haben wiederum ab Lieferung das Deutsche Bundesbahn-Schild ohne Gattungsschilder. 23077 bis 105 haben werkseitig schon DB-Schilder an den Führerhausseitenwänden und keine Gattungsschilder. (Entsprechend wurden alle anderen umgebaut, die DB-Schilder vor der Rauchkammertür wurden bei 23053 bis 064 bis 1966 ebenfalls entfernt.)

Alle Schilder an den Maschinen 23001 bis 023 haben Messingziffern und -buchstaben.

57 Die Beschriftung der ersten 23, aufgenommen bei Krupp am 16. 8. 1954. Wie alle 23 bis Nr. 096 hat 23047 kleine Fensterschirme.

58 Endmontage der 23 078 in der Mf Esslingen im Sommer 1957. Beim vorne stehenden Schornstein ist die doppelte Wandung für die Entlüftung des Vorwärmers zu erkennen. Links übrigens Ing. Wolfgang Messerschmidt.

59 Abmessungen der BR 23 Alt, 23 Neu und 38^{10} im Vergleich.

Baureihe			23	23	38^{10-40}	Baureihe			23	23	38^{10-40}
Bauart	Abk	Dim	Einheitslok 1925	Einheitslok 1950	P 8 (pr)	Bauart	Abk	Dim	Einheitslok 1925	Einheitslok 1950	P 8 (pr)
Abgekürzte Bezeichnung	—	—	1' C 1' h 2	1' C 1' h 2	2' C h 2	Überhitzerheizfläche	$H_ü$	m^2	63,60	73,80	58,90
Betriebsnummer ab	—	—		23 001	38 1001	Heizflächen-Verhältn = H_{vb}:H_{vs}	$φH$	—	10,18	8,14	9,09
Trieb- und Laufwerk:						Strahlungsflächen-Verhältnis $φS = H_{vs}$:R	$φS$	—	4,09	5,50	5,61
Fahrgeschwindigkeit vw/rw	V	km/h	110/80	110/85	100/50						
Zylinderdurchmesser	d	mm	550	550	575	Überhitzerheizfläche je t Dampf	$H_ü$:D	m^2/t	6,28	6,31	7,08
Kolbenhub	s	mm	660	660	630	Feuerrauminhalt v Feuerbüchse u Verbrennungskammer : Rostfläche = (F_{Fb} + F_{Vk}) : R		m^3/m^2	1,57	1,93	1,75
Treib- u Kuppelraddurchmesser	D	mm	1750	1750	1750						
Laufraddurchmesser, vorn	D_v	mm	1000	1000	1000						
Laufraddurchmesser, hinten	D_h	mm	1250	1250	—	Achsstände:					
Steuerung:						fester Achsstand	a_f	mm	2050	2000	4580
Art und Lage	—	—	Ha	Ha	Ha	gesamter Achsstand	a_g	mm	10 700	9900	8350
Kolbenschieberdurchmesser	d_S	mm	300	300	220	Achsstand $a_{(L+T)}$ v L + T	$a_{(L+T)}$	mm	19 015	17 625	15 665
Kessel:						Länge der Lok	l_L	mm	13 680	12 865	11 202
Kesselüberdruck	p_K	kg/cm²	16	16	12	Länge über Puffer (L + T)	$L_üP$	mm	22 940	21 325	18 592
Wasserraum des Kessels	W_K	m^3	8,02	7,35	6,50	Gewichte:					
Dampfraum des Kessels	D_K	m^3	2,73	2,85	3,10	Lokleergewicht	G_{Ll}	t	80,1	74,6	70,7
Verdampfungswasseroberfläche	O_w	m^2	10,56	10,70	9,57	Lokreibungsgewicht	G_{Lr}	t	53,9	56,0	51,6
Feuerrauminhalt von Feuerbüchse u Verbrennungskammer	$F_{Fb}+F_{Vk}$	m^3	6,110	5,990	4,520	Lokdienstgewicht	G_{Ld}	t	88,4	82,8	78,2
Länge der Verbrennungskammer	l_{Vk}	mm	—	840	—	Leergewicht v L + T	$G_{(L+T)l}$	t	105,6	97,6	93,7
Größter Kesselnenndurchmesser	d_K	mm	1700	1716/1863	1600	Fahrzeuggesamtgewicht v L + T mit vollen Vorräten	$G_{(L+T)v}$	t	147,9³	144,8	129,7
Kesselleergew, ohne Ausrüstung	G_{Klo}	t	19,2	21,0	18,6	Fahrzeugdienstgewicht v L + T mit ²/₃ Vorräten	$G_{(L+T)d}$	t	136,6	131,8	120,2
Kesselleergew, mit Ausrüstung	G_{Klm}	t	26,3	23,9	24,3	Metergewicht $G_{(L+T)v}$:$L_üP$	q	t/m	6,45	6,79	6,98
Rohre:						Achslast: 1. Achse	2 Q	t	16,9 ↔ 123	13,4 ↔ 110	13,3 ↔ 40
Anzahl der Heizrohre	n_{Hr}	Stck	113	130	123	2. Achse	2 Q	t	18,0 ↔ 10	18,6 ↔ 10	13,3 ↔
Heizrohrdurchmesser	d_{Hr}	mm	54 × 2,5	44,5 × 2,5	51 × 2,5	3. Achse	2 Q	t	17,9	18,9	16,6
Anzahl der Rauchrohre	n_{Rr}	Stck	35	54	26	4. Achse	2 Q	t	18,0	18,5	17,7 ↔ 15
Rauchrohrdurchmesser	d_{Rr}	mm	133 × 4	118 × 4	133 × 4	5. Achse	2 Q	t	17,6 ↔ 67	13,4 ↔ 90	17,3 O
Rohrlänge zw den Rohrwänden	l_r	mm	5200	4000	4700	6. Achse	2 Q	t			
Überhitzerrohrdurchmesser	$d_{Ür}$	mm	30 × 3,5	30 × 3,5	38 × 4	7. Achse	2 Q	t	—	—	—
Rost:						8. Achse	2 Q	t	—	—	—
Rostfläche	R	m^2	3,89	3,12	2,58	Lokdienstgewicht : ind Leistung	G_{Ld}:N_i	kg/PS	58,9	46,4	66,3
Länge × Breite	R_{lb}	m × m	2,542 × 1,532	1,992 × 1,562	2,635 × 0,978	Verdampfungsheizfl : Lokdgewicht	H_v:G_{Ld}	m^2/t	2,01	1,89	1,87
Heizflächen:						Wasserkasteninhalt	W	m^3	[26]	[31]	[21,5]
Strahlungsheizfläche = Feuerbüchs-+Verbrennungskammer-Heizfläche = H_{Fb} + H_{Vk}	H_{vs}	m^2	15,90	17,10	14,47	Kohlenkasteninhalt	B	t	[8,0]	[8,0]	[7,0]
						Indizierte Leistung	N_i	PS	V 1500	V 1785	V 1180
Rauchrohrheizfläche	H_{Rr}	m^2	71,47	74,65	47,99	Indizierte Zugkraft (bei 0,8 p_K)	Z_i	kg	14 600	14 600	11 430
Heizrohrfläche	H_{Hr}	m^2	90,46	64,53	83,54	Befahrb Bogenlaufhalbmesser	R	m	140	140	140
Rohrheizfläche = H_{Rr} + H_{Hr}	H_{vb}	m^2	161,93	139,18	131,53	Befahrb Ablaufberghalbmesser	—	m	300	300	300
Verdampfungsheizfläche H_v = H_{vs} + H_{vb} = H_{Fb} + H_{Vk} + H_{Rr} + H_{Hr}	H_v	m^2	177,83	156,28	146,00	Vorwärmer			OV	(OV) (MV)	OV
						Heizung			Hrv	Hrv	Hrv
						Läutewerk					
						Bremse			K mit Z	K mit Z	K mit Z

Die BR 23 im Betrieb – Erprobung und Bewährung

Allererste Erfahrungen

Bereits am 20. 5. 1950 nahm Ministerialrat Friedrich Flemming von der DB-Hauptverwaltung in Offenbach zu den Wünschen der Generalbetriebsleitungen über den Einsatz der neuen Dampflokomotiven Stellung. In einem Brief teilte er der GBL Süd in Stuttgart, der GBL West in Bielefeld und dem EZA Minden unter dem Stichwort »BR 23« mit:

»Als Einsatzstellen schlagen vor: die GBL Süd: 5 Lok Bw Kempten (im Dienstplan mit 5 Lok R 39^0), die GBL West: 5 Lok Bw Bremen Hbf (im Dienstplan mit 5 Lok R 38^{10}, Langstrecken-Pz-Verkehr, später auch im 03-Dienst).

In beiden Fällen ließen sich durch den Einsatz der R 23 im Dienstplan zusammen mit Lok R 03, 38^{10}, 39^0 erwünschte Vergleiche bezüglich des Kohlenverbrauchs und der Unterhaltungskosten anstellen. GBL West beantragt für die spätere Zuteilung von Lok R 23 für Bw Siegen zur Erprobung im Rz-Dienst der R 41 auf der Ruhr-Sieg-Strecke. Den Vorschlägen wird zugestimmt.

gez. Flemming«

Zwischenzeitlich war dann der zunächst für die BR 23 vergebene Auftrag über 10 Maschinen auf 15 Loks erweitert worden, so daß dem Bw Siegen auch sofort Maschinen zugeteilt werden konnten. Zwischen Anfang Dezember 1950 und Ende April 1951 wurden den drei Betriebswerken die je fünf Maschinen zugeteilt. Die gewünschte Bandbreite im Einsatz war gegeben: In Bremen bespannten die 23 hauptsächlich schwere Personenzüge auf langen Flachlandstrecken mit wenigen Zwischenhalten, in Siegen bildeten hauptsächlich Schnell- und Eilzüge auf den steigungsreichen Mittelgebirgsstrecken das Programm der 23, und in Kempten lieferten Schnell- und Eilzüge mit wenigen Zwischenhalten auf Mittelgebirgsstrecken mit langem Flachlandanteil die Ergänzung in der Erprobung.

Die gerade frisch angelieferte Siegener 23 015 wurde dann am 14. 5. 1951 zum BZA Minden beordert, wo das Lokomotiv-Versuchsamt die erforderlichen Erprobungen durchführen sollte. Daß sie erst nach rund drei Jahren von Minden wieder in den normalen Zugdienst abgegeben wurde, war eigentlich nicht vorgesehen gewesen, sondern wurde wegen der vielen Kinderkrankheiten der Baureihe notwendig. Doch zunächst zurück zum Erprobungsprogramm der 23 015.

Bei den Mindener Probefahrten machte sie eine sehr gute Figur. Der neue Kessel bestätigte die in ihn gesetzten Erwartungen voll. Die Lok machte ebenso gut Dampf wie die als »guter Kocher« geltende P 8, wobei die Anhängigkeit von einer bestimmten Feuerbüchsenform bei der 23 ja endlich aufgegeben war. Die Überhitzung lag durchweg bei 380° bis 400°C, »enttäuschte« damit auch die Kritiker, die eine zu starke Auskühlung der Rauchgase im Strahlungsbereich befürchtet hatten.

Die Leistung des verhältnismäßig kleinen 23-Kessels war auch im Vergleich zu den größeren Baureihen, z. B. der 03, zu sehen. Denn im ausgedünnten Typenplan der DB war die BR 23 dazu ausersehen, einen Teil von 01-, 03-, 18-, 39- oder 41-Leistungen zu übernehmen.

Die Probefahrten mit 23 015 faßte das Versuchsamt in Minden so zusammen:

60 Leistungstafeln BR 23 Alt und 23 Neu im Vergleich.

Einheitslokomotive, Baureihe 23 (Baujahr 1940)

km/h	30	40	50	60	70	75	80	85	90	95	100	110
Steigung	Wagengewicht in t (D-, F- u Eilzug) *)											
0 1:∞	—	—	—	—	—	1130	975	840	720	615	525	370
1‰ 1:1000	—	—	—	—	990	865	755	655	565	485	415	295
2‰ 1:500	—	—	—	1020	790	695	605	530	460	395	340	240
3‰ 1:333	—	—	1070	835	645	570	500	440	380	330	280	195
4‰ 1:250	—	—	895	700	545	480	420	370	320	275	235	165
5‰ 1:200	—	1000	760	595	460	410	360	315	270	235	200	135
6‰ 1:166	1120	870	660	515	400	355	310	270	235	200	170	110
7‰ 1:140	985	765	580	450	350	310	270	235	200	170	145	95
8‰ 1:125	875	680	510	400	310	270	235	205	175	145	120	—
10‰ 1:100	710	550	410	315	240	210	180	155	130	110	90	—
14‰ 1:70	505	380	265	210	155	130	110	90	—	—	—	—
20‰ 1:50	330	245	170	120	—	—	—	—	—	—	—	—
25‰ 1:40	245	175	—	—	—	—	—	—	—	—	—	—

km/h	30	35	40	45	50	55	60	65	70	75	80	85
Steigung	Wagengewicht in t (Personenzug) *)											
0 1:∞	—	—	—	—	—	—	—	1180	1010	865	740	
1‰ 1:1000	—	—	—	—	—	—	1220	1060	910	790	685	590
2‰ 1:500	—	—	—	—	1110	970	845	735	645	560	485	
3‰ 1:333	—	—	—	—	1040	910	795	700	610	535	465	405
4‰ 1:250	—	—	1160	1000	870	765	670	590	515	455	395	345
5‰ 1:200	—	—	990	855	745	655	575	505	440	390	340	295
6‰ 1:166	1110	1000	860	740	645	570	500	435	385	340	295	255
7‰ 1:140	980	880	755	650	570	500	435	385	340	295	260	225
8‰ 1:125	870	785	670	580	500	440	390	340	300	260	225	195
10‰ 1:100	710	635	545	465	405	355	305	270	235	205	175	150
14‰ 1:70	505	450	380	320	260	240	205	180	150	130	110	90
20‰ 1:50	330	290	240	200	165	140	115	100	—	—	—	—
25‰ 1:40	245	215	175	140	115	90	—	—	—	—	—	—

*) Leistungstafel auf Grund von Versuchsfahrten aufgestellt.

Einheitslokomotive, Baureihe 23 (Baujahr 1950)

km/h	35	40	45	50	55	60	65	70	75	80	90	100	110
Steigung	Wagengewicht in t (D-, F- u Eilzug) *)												
0 1:∞	—	—	—	—	—	—	—	—	—	1090	790	580	
1‰ 1:1000	—	—	—	—	—	—	1160	1030	800	600	450		
2‰ 1:500	—	—	—	—	1140	1030	900	805	625	480	355		
3‰ 1:333	—	—	—	1050	935	835	740	660	510	390	290		
4‰ 1:250	—	—	1100	980	875	785	700	620	550	425	325	240	
5‰ 1:200	—	1070	945	840	750	670	600	530	470	360	275	200	
6‰ 1:166	1050	920	820	730	650	580	515	455	405	310	235	170	
7‰ 1:140	1040	920	815	720	640	570	505	450	400	350	270	200	140
8‰ 1:125	925	820	720	640	570	505	450	400	350	310	235	175	120
10‰ 1:100	750	665	585	515	455	405	360	320	280	245	180	130	85
14‰ 1:70	540	470	410	360	315	280	240	210	180	155	115	—	—
20‰ 1:50	360	310	265	230	195	170	145	125	100	85	—	—	—
25‰ 1:40	280	230	195	165	140	115	100	80	—	—	—	—	—

km/h	30	35	40	45	50	55	60	65	70	75	80	85	90
Steigung	Wagengewicht in t (Personenzug) *)												
0 1:∞	—	—	—	—	—	—	—	—	—	1220	1040	895	765
1‰ 1:1000	—	—	—	—	—	—	—	1105	965	830	720	620	
2‰ 1:500	—	—	—	—	—	1170	1025	900	790	685	600	515	
3‰ 1:333	—	—	—	—	1100	970	855	750	660	575	505	440	
4‰ 1:250	—	—	—	1055	930	820	725	640	565	490	435	375	
5‰ 1:200	—	—	1030	910	800	710	625	555	490	425	375	325	
6‰ 1:166	—	1025	910	790	700	620	550	485	430	375	330	285	
7‰ 1:140	1040	1025	905	790	700	620	550	485	430	380	330	290	250
8‰ 1:125	930	915	805	705	625	550	490	430	380	340	295	260	220
10‰ 1:100	755	740	660	575	505	450	395	350	310	270	235	205	175
14‰ 1:70	540	535	470	410	355	315	275	240	210	185	155	135	110
20‰ 1:50	360	355	310	265	230	200	170	125	105	85	70	55	
25‰ 1:40	270	265	230	195	165	140	115	100	80	—	—	—	—

*) Leistungstafel auf Grund von Versuchsfahrten aufgestellt.

45

Loko-motiv-Baureihe	Dampf-leistung in t/h	Leer-gewicht des Kessels kg	Wasser-inhalt des Kessels m³	kg-Kessel-Leergewicht je t Dampf	Betriebs-gewicht des Kessels kg	Kessel-Betriebs-gewicht in kg/PSe	Leer-gewicht der Lok kg	Betriebs-gewicht der Lok kg	Loko-motiv-Betriebs-gewicht in kg/PSe
38[10]	8,5	24 300	6,5	2859	30 800	34	70 700	78 200	85
23 alt	10,0	26 250	8,02	2625	34 270	28	80 140	88 320	72
23 neu	11,0	23 940	7,35	2176	31 294	21	74 600	82 800	56

23 015 in Minden

»Bei der Untersuchung der Lokomotive erwies sich der ganz geschweißte Kessel mit Verbrennungskammer als sehr leistungsfähig, willig in der Dampferzeugung und höher belastbar als die Kesseltypen der Vergleichslokomotive der Baureihen 23 alt, 38[10] und 03. – Es wurden Heizflächenbelastungen in der Beharrung von 84 kg/m²/h, kurzzeitig auch höher, bei Rostbelastungen von 750 kg/m²/h gefahren und Zughakenleistungen von 1650 PS und darüber erzielt. Der Kesselwirkungsgrad erreicht sein Maximum mit 81,2% bei einer Heizflächenbelastung von 30 kg/m²/h; bei 90 kg/m²/h beträgt er noch 64,2%. Der günstigste Gesamtwirkungsgrad liegt mit 9,49% bei 44 km/h und 5700 kg effektiver Zugkraft, die Lokomotive arbeitet zwischen 20 km/h und 85 km/h bei Zugkräften von ca. 2700 kg und darüber noch mit einem Gesamtwirkungsgrad von 8%. Die Bestwerte des spezifischen Kohlenverbrauchs von 0,86–0,97 kg/PS/h bei 40–60 km/h Geschwindigkeit und 800–1100 PS am Zughaken und des spezifisch niedrigen Dampfverbrauchs mit 6 kg/PS/h bei hohen Geschwindigkeiten und Leistungen sind ebenfalls recht günstig.« (Zitat aus Eisenbahntechnische Rundschau 8/9 1953).
Gegenüber der BR 38[10] konnte im Bereich von 50 bis 60 km/h eine um 60% größere Zugkraft erzielt werden, bei der Geschwindigkeit von 110 km/h sogar 95% – allerdings war die 38[10] ja auch auf eine Höchstgeschwindigkeit von 100 km/h ausgelegt worden. Prinzipiell war der P-8-Kessel, wie schon geschildert, für sehr große Verdampfungsleistungen gut, kurzzeitig konnte auch er eine Heizflächenbelastung von 85 kg/m²/h vertragen, allerdings bei völliger Überlastung des Triebwerks.
Weil er vollständig geschweißt war, kam der 23-Kessel mit einem wesentlich geringeren Eigengewicht als die alten Kessel aus, die im Bereich der Nietungen jeweils die doppelte Materialstärke erforderten und mit diversen Untersätzen für Hilfsmaschinen »verziert« waren. Bezüglich der Entwicklung der Kesselgewichte s. Tabelle unten.
Das gewonnene Gewicht war der Entwicklung von Laufwerk und Triebwerk zugute gekommen, die beide entsprechend großzügig ausgelegt waren. Wie bei der Erprobung festgestellt wurde, konnte die BR 23 somit, ohne Überlastung und damit Schäden befürchten zu müssen, als Ersatzlokomotive für die leichten Schnellzuglokomotiven oder auch die schweren Personenzuglokomotiven eingesetzt werden. Gegenüber der Baureihe 03 hatte sie beim Anfahren sogar noch den Vorteil der kleineren Treibräder.
Für die Aufstellung der Belastungstafeln konnte wegen der neuartigen Kesselbauart eine Heizflächenbelastung von 70 kg/m²/h zugrunde gelegt werden, ein Wert, der für alle Neudampflokomotiven übernommen wurde. Ohne Schwierigkeiten hielt 23 015 bei den Fahrten mit Meßwagen und Bremslok auch Heizflächenbelastungen von rund 84 kg/m²/h über längere Zeit hinaus. Theodor Düring, langjähriger Leiter des Lokomotiv-Versuchsamtes, gibt in einem Artikel in Heft 6/81 der Zeitschrift »Eisenbahn-Revue« als Dauer für die Messung des Beharrungszustandes mit dieser hohen Kesselbelastung 77 Minuten an, die Verdampfungsleistung lag während dieser Zeit mit umgerechnet 13,2 t pro Stunde schon in ziemlicher Nähe zum 01-Kessel. Triebwerksüberlastungen traten dabei nicht auf.

Theodor Düring gibt im selben Artikel eine Versuchsfahrt an, bei der die Verdampfungsleistung des Kessels über 85 kg/m²/h gesteigert werden sollte, um die absolute Überlastbarkeit des Kessels zu testen. Eine Belastung von 90 kg/m²/h wurde erreicht; eine Leistung von 92,5 kg/m²/h konnte allerdings nur wenige Minuten gehalten werden, weil der zu starke Saugzug der Blasrohranlage die Feuerschicht aufriß (die 23 mußte mit gleichmäßig niedriger Feuerschicht gefahren werden) und somit Kaltluftlöcher erzeugte.
Die Größe des gegenüber der 23 alt verkleinerten Rostes reichte bei allen Belastungen voll aus, um die geforderte Wärmeenergie zu erzeugen. Allerdings war zur Erzielung guter Ergebnisse eine gegenüber den bisherigen Lokomotiven stark abweichende Feuerungstechnik und Fahrweise nötig – ein Umstand, der in den folgenden Jahren noch für viel Ärger der Personale mit »ihrer« 23 sorgen sollte: War zwar bei allen Baureihen eine häufige Befeuerung mit jeweils geringen Brennstoffmengen (jeweils 2–3 Schaufeln) gefordert, so verkrafteten doch die Maschinen mit großem Rost eine Gabe von 10 Schaufeln wesentlich besser als der kleine 23-Rost. Hier war eine »disziplinierte« Feuerführung, auch bezeichnet als »Ein-Schaufel-Prinzip«, absolut notwendig. Gleichzeitig mußten die großen seitlichen Luftklappen des Aschkastens geöffnet sein, um für ausreichende Verbrennungsluft zu sorgen. Daß das Feuer gleichmäßig flach, aber intensiv zu brennen hatte, versteht sich aus der Bauart der Feuerbüchse mit großer Strahlungsheizfläche.
Gleichzeitig erlaubten hoher Kesseldruck und Bauart der Dampfmaschine das Fahren mit kleiner Zylinderfüllung, eine Forderung der Wirtschaftlichkeit. Gegenüber den anderen vergleichbaren Baureihen erbrachte die 23 ihre volle Leistung bei den kleinsten Füllungen, also beim geringsten Dampfverbrauch. Bei 90 km/h brauchte der 23-Lokführer seine Steuerung nur auf 22% auszulegen, um die Volleistung zu erzielen, bei der 03 waren 31,5% notwendig, bei der 41 27,5% und bei der 01 gar 36%.
Zusammengefaßt entsprach die 23 015 nach den Meßfahrten sehr gut der Forderung nach einer Mehrzwecklokomotive bei großen Leistungsreserven und trotzdem knapper Auslegung aller Abmessungen nach dem voraussichtlichen Haupteinsatzbereich. Dieser Kompromiß war um so schwieriger zu erreichen gewesen, weil für die Konstruktion der 23 kein genaues Leistungsprogramm vorgegeben worden war, ein Umstand, den Friedrich Witte ausdrücklich bedauert hatte. Nach den Ergebnissen der Probefahrten und der gleichzeitigen Betriebserprobung der übrigen 23 kam er zu der Überzeugung, daß die Abmessungen der 23 noch um einiges kleiner hätten gewählt werden können, um trotzdem für die 38[10] einen vollwertigen Ersatz darzustellen und noch Leistungsreserven zu haben. Dieser Weg der weiteren Verkleinerung wurde dann ja auch bei der BR 66 konsequent – und mit großem Erfolg – weiterbeschritten.
Neben den Einsätzen vor dem Meßzug mit Bremslok in den verschiedenen Geschwindigkeitsbereichen (69 Fahrten), kam 23 015 mitsamt Meßwagen auch vor normalen Reisezügen zum Einsatz und bildete so den Übergang zur Dauererprobung der übrigen 14 Maschinen in Bremen, Siegen und Kempten. Theodor Düring nennt in der »Eisenbahn-Revue« 6/81 eine Auswahl der bespannten Züge:

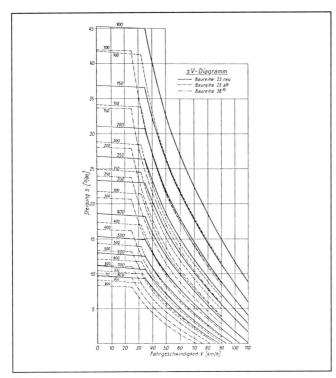

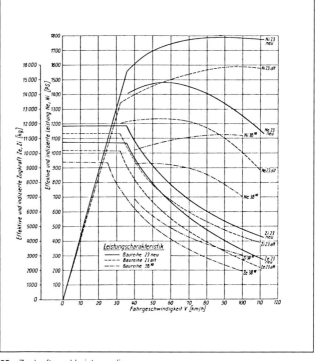

61 sV-Diagramme.

62 Zugkraft- und Leistungsdiagramme.

Vorserie in der Alltagserprobung

D 90 mit 28 Achsen, 315 t Last auf dem Streckenstück Kassel–Würzburg

D 173 mit 52 Achsen, 539 t Last auf dem Streckenstück Würzburg–Hannover

D 135 mit 56 Achsen, 580 t Last auf dem Streckenstück Hamburg-Altona–Westerland

D 98 mit 56 Achsen, 580 t Last auf dem Streckenstück Westerland–Hamburg.

Düring rühmt bei diesen Fahrten die Eigenschaft der 23015, nicht nur die Fahrzeiten der Planloks BR 01 und 03 gehalten zu haben, sondern auch Verspätungen herausgefahren zu haben. Er betont dabei besonders, daß diese Fahrten ohne besondere Überwachung z. B. der Kohlequalität unter normalen Betriebsbedingungen erfolgten.

Auf die Frage der generellen Bewährung der neuen Bauteile, z. B. des Seitenzugreglers, konnten die Probefahrten kaum Aufschluß geben, da Erfahrungen mit nur einer Maschine zu subjektiven Wertungen geführt hätten.

Während 23015 beim Versuchsamt Minden ihre Meßfahrten absolvierte, standen die anderen 14 Maschinen in Dauererprobung. Für die beteiligten Betriebswerke bedeutete diese Erprobung in mehrfacher Hinsicht eine Belastung:
— Die neuen Maschinen wichen grundsätzlich von den bisherigen Einheits- und Länderbahntypen ab, erforderten also in den Werkstätten eine weitere Spezialisierung.
— Durch die Fülle neuer Konstruktionselemente an den Maschinen waren mangels vorheriger Erprobung Kinderkrankheiten zu erwarten, bis man zu einer ausgereiften Konstruktion kommen würde.
— Die Erprobung bedeutete auch einen dauernden Erfahrungsaustausch mit dem Unterhaltungs-EAW Ingolstadt, den Maschinenämtern, Henschel und dem Eisenbahn-Zentralamt Minden und somit einen zusätzlichen, dauernden »Papierkrieg«.

So kam es dann auch. Zwar erfüllten auch die normal eingesetzten 23 die Hoffnungen in Zugkraft und Kesselleistung, beantworteten also die Frage nach der generellen Brauchbarkeit. Nur

63 23015 wurde lange Zeit vom Lokversuchsamt erprobt. Während einer Meßfahrt 1951 mit dem D 90 Kassel–Würzburg entstand das Foto. Der Aufnahmeort ist unbekannt. Vom Hintergrund her spricht viel für Gemünden. Während des Zwischenhaltes zum Wasserfassen nutzen die Fachleute des Versuchsamtes die Zeit zu einer kurzen Inspektion.

64 23 004 (Bw Kempten) wendet im Bw München Hbf, Aufnahme von Anfang 1951. Deutlich ist zu sehen, daß die Kuppelstangenlager viel Öl auswerfen: Treibräder und Kessel sind ölnaß.

erforderte die Erprobung der Einzelteile noch einige Jahre, bis die Bewährung oder Nichtbewährung diverser Aggregate festgestellt war und der 23 überhaupt das Etikett »serienreif« zuerkannt werden konnte. Dabei ging es um so verschiedene Dinge wie die richtige Lage von Handhebeln (durchaus wichtig) bis zur Bewährung von grundsätzlichen Teilen wie dem Heißdampfregler. Insgesamt kam es so, daß die drei Erprobungs-Bw an den Vorserien-23 nicht viel Freude hatten, da die Maschinen den durch ihre Leistungsfähigkeit erworbenen Kredit wegen diverser Bagatellen und größerer Schäden schnell wieder aufzehrten.

Bei manchen Beteiligten war sogar ein deutlicher Widerwille gegen die neuen Prinzipien, die mit den 23 Einzug hielten, unverkennbar. Immerhin trugen die Maschinen diverse Züge aus dem amerikanischen und französischen Lokomotivbau, was sie manchem deutschen »Einheitslokomotiv-Fachmann« nicht sympathischer machte. Auf diese Gegnerschaft wird noch auf Seite 55 eingegangen.

Über die Bewährung und die auftretenden Schäden hatten die Betriebswerke laufend zu berichten. Mitteilungen über Reparaturkosten waren ans Erhaltungs-EAW Ingolstadt zu schicken, das dann seinerseits mit dem Hersteller Henschel Kontakt aufnahm. Eine genaue Festhaltung der aufgetretenen Schäden war nicht nur wichtig, um bei Henschel auf die Erstattung der Kosten zu dringen (die Maschinen standen unter einjähriger Gewährleistungsfrist), sondern auch, um eventuelle Wiederholungen bestimmter Schäden festzustellen. In diesem Falle konnte dann die Gewährleistungszeit auf das betreffende Teil über das eine Jahr hinaus verlängert werden.

Schwierigkeiten gab es sofort mit den Heißdampf-Pyrometern, geliefert von der Firma Stein aus Hamburg. Die im Instrumentenpult angeordneten Profilanzeiger funktionierten nach kurzer Zeit bei allen 23 nicht mehr. Da man mit der Bauart keine Erfahrungen hatte, bestellte man teilweise herkömmliche Pyrometer als Rundinstrumente – der erste Schritt zur »Wiedervereinzelung« der Anzeigeinstrumente war getan. In der Folge sollten noch weitere Instrumente ihren Platz im Anzeigepult verlieren.

Am 17. 4. 1951 berichtete das Bw Bremen dem EAW Ingolstadt, daß bereits bei drei Maschinen (bei 23 008 am 22. 2. 1951, bei 23 010 am 24. 3. 1951 und bei 23 006 am 12. 4. 1951) die Feuertüren schadhaft geworden seien. Ähnliches wußten die anderen beiden Erprobungs-Bw zu berichten. Der Vorgang lief jeweils so ab: Feuertürplatte und Feuertürschutzplatte waren gegeneinander mit Abstandsnieten gehalten und an die Türwelle angeschweißt. Wegen mangelhafter Ausführung beider Verbindungen brachen nach kurzer Zeit die Abstandsnieten, die innere Platte fiel in die Feuerbüchse. Bald darauf brach dann jeweils die Schweißung der äußeren Türplatte, die dann ebenfalls ins Feuer fiel. Die Folge war jeweils: Die Maschine war nicht mehr betriebsfähig (im Leerlauf schlug das Feuer ins Führerhaus) und mußte vom Zug absetzen. Das Bw Bremen teilte mit, man habe für die Wiederherstellung jeweils fünf Stunden aufgewendet. Die Kosten dafür möge das EAW der Firma Henschel in Rechnung stellen.

Verwunderlich war auch, daß bei den 23 der ersten Serie die Feuerschirme in der Feuerbüchse jeweils nach drei bis vier Wochen ineinanderbrachen, da sie zu schräg saßen. Mit dem Herunterfallen der Feuerschirme war nicht nur das Mitreißen von unverbrannten Stoffen durch die Rohre erleichtert, sondern die Lokomotiven waren auch fast nicht mehr betriebsfähig: Der heruntergefallene, meist zusammengebackene Feuerschirm aus Schamottesteinen deckte das Feuer teilweise ab und war während der Fahrt kaum zu entfernen. Bei der kleinen Rostfläche der 23 bedeutete das dann meist: Lok setzt vom Zug ab. Nachdem die Bw bei sämtlichen Maschinen die Feuerschirmträger um 30 mm tiefer gesetzt hatten, wurde die normale Haltbarkeit der Feuerschirme anderer Baureihen (drei bis vier Monate) erreicht.

In Siegen wurden Vertreter der Firma Henschel am 21. 4. 1951 auf verschiedene Schwierigkeiten mit den neuen Maschinen hingewiesen. Die Aschkastenklappen, sehr wichtig für die Leistung der »kleinrostigen« 23, sollten in Zukunft mit mehr Spiel eingebaut werden, weil sie sich beim häufigen Verwerfen des heißen Aschkastens verklemmen würden und dann eine ausreichende Luftzuführung während der Fahrt nicht mehr möglich sei.

Außerdem wurde festgestellt, daß bereits nach 90 km Fahrt in der Verbrennungskammer eine bis zu 15 cm hohe Schicht unverbrannter Kohle bis zu Walnußgröße liegen bliebe und die unteren Rohrreihen verdecken würde. Ein Ausblasen dieser Schicht sei nur von der Rauchkammer aus möglich, also nicht während der Fahrt. Man wies darauf hin, daß vielleicht ein längerer Feuerschirm diese Schwierigkeiten beheben würde. Der eigentliche Grund für das Mitreißen unverbrannten Brennstoffs dürfte aber in der Abstimmung der Saugzuganlage zu suchen gewesen sein: Die Einfach-Blasrohranlage arbeitete bei großer Maschinenleistung mit sehr großem Zug und neigte sogar dazu, die Kohleschicht auf dem Rost aufzureißen.

Außerdem wurde schon ein bedenklicher Verschleiß an den Kolbenschiebern- und Stangen sowie am vorderen Krauß-Helm-

65 23 005 mit Personenzug nach München im alten Kemptener Kopfbahnhof. Aufnahme vom März 1951.

holtz-Gestell bemängelt. Diese Schäden sollten in den Monaten danach noch für etliche Versuchsfahrten und Werkstattstunden sorgen.

Im Betrieb stellte sich heraus, daß Reglerhebel und Steuerungssperrvorrichtung die Lokführer erheblich behinderten. Der Reglerhebel lag so ungünstig, daß der Führer schon bei geringfügigen Stößen mit dem Kopf an den Reglerhandhebel schlug. Das Bw Kempten schaffte durch eine Verlängerung des Reglerhebels von 66,5 auf 70,0 cm einfache Abhilfe, die von den anderen beiden Bw übernommen wurde. Ebenso verhielt es sich mit dem Handhebel für die Sperrklinke der Steuerung. Durch einfache Änderung auf eine Fußraste am gleichen Anschluß hatte der Lokführer jetzt beide Hände frei. Die Umbauten wurden noch im Frühjahr 1951 bei allen 23 (und den anderen 65 und 82) durchgeführt.

Vollkommen unpraktisch war auch die über der Feuertür angeordnete Schauluke, die eine Feuerbeobachtung ohne Öffnen der Feuertür erlauben sollte. Das Glas der Schauluke wurde schnell blind, Reinigungsversuche taten den Rest – das Fenster wurde nicht benutzt. In den folgenden Jahren wurden bei allen Loks die Luken ausgebaut.

Unter Datum vom 30. 4. 1951 stellte das Maschinenamt Kempten einen umfangreichen Bericht über die Schäden und Fehler der BR 23 für die Direktion Augsburg zusammen. Der Bericht gibt einen guten Überblick über den Stand der Erkenntnisse »nach einem halben Jahr BR 23«. Unterteilt waren die Bemängelungen in zwei Kategorien:

I. Unbedingt notwendige Arbeiten
   1. dringlich
      Änderung durch Bw möglich   A
      Änderung durch EAW oder Lieferfirma   B
   2. aufschiebbar
      Änderung durch Bw möglich   C
      Änderung durch EAW oder Lieferfirma   D
II. Erwünschte Änderungen und Verbesserungen
      Änderung durch Bw möglich   E
      Änderung durch EAW oder Lieferfirma   F

Anlage z. Schr. MA Ke. B/Fkl v. 30. 4. 1951

Verzeichnis der bisher festgestellten Mängel an den Neubau-Lok der Reihe 23

I. Lauf- und Triebwerk
1. An der Ölwanne der vorderen Laufachse fehlt eine Ölablaßschraube. Bw Kempten hat im Mittelteil Ablaßschrauben M 12 angebracht.   A
2. Zum leichteren Abbauen der Ölwanne sind Abdruckschrauben notwendig, die noch anzubringen wären.   B
3. Die Unterteile der Achslagergehäuse haben keine Entwässerungsschrauben, dies ist ein Nachteil. Das Ausziehen von Wasser ist mit der Spritze nur ein mangelhafter Behelf.   D
4. Die Achslagergehäuse der Lok 23 001, 002 und 003 sind bei der 1. Kuppelachse falsch angeordnet. Die Ölrohre stehen nach vorwärts anstatt nach rückwärts, das Schmieren ist hier nur sehr schwer und das Entwässern mit Spritze überhaupt nicht möglich.   B
5. Die Sechskantmuttern für die Schieberbefestigung sind so schmal und sitzen so nahe an den Rippen, daß ein Anziehen oder Lösen unmöglich ist. Das Bw Ke. hat sich so beholfen, daß es die Muttern mit dem Ansatz nach innen einbaute. Am Ansatz wurde eine Fläche für Sicherungsblech angefeilt.   B
6. Die Schwingenlagerschmierung mit Schmiergefäßen ist unvorteilhaft. Anschluß an die Boschpumpe ist zweckmäßiger.   D
7. Die Dichtringe der Kolbenstangen zeigten bisher einen sehr großen Verschleiß. Während bei den Lok der Reihe 39 diese Ringe 6 Monate durchstehen, sind diese bei den Lok der Reihe 23 bereits nach 2–2½ Monaten weit stärker abgenutzt und blau angelaufen. Auch die Tragbuchsen unterliegen großer Abnutzung.   B
8. Die Schieberbuchsen sind ungenügend befestigt und verschieben sich axial. Die Messingschraube, welche die Schieberbuchse gegen Verdrehen sichert, wird dabei abgeschert.   B

II. Kessel
1. Das Laufblech vor der Rauchkammer ist zu schmal und als Stehplatz für den Reiniger ungenügend. Eine Verbreiterung ist erforderlich.   B

2. Der obere Vorreiber der Rauchkammertüre liegt so hoch, daß er nicht ohne Hilfsmittel (Leiter) zu erreichen ist. Ein Fußtritt an der Rauchkammertüre ist nötig. — B

3. Das Spiel zwischen den beiden Aschkastenwänden und den Klappen muß um etwa 10 mm vergrößert werden, um den Schwergang zu vermeiden. Hinter den Aufsatzwinkeln der Bodenklappe fällt Schlacke herein und bleibt dort liegen. Diese Winkel müssen mit Ausschnitten versehen werden, damit die Schlacke durchfällt.
Diese Änderungen hat das Bw Ke. vorgenommen. — A

4. Die Bedienung der seitlichen Aschkasten-Belüftungsklappen ist vom Führerstand aus nicht möglich. Dies ist ein Mangel und erscheint verbesserungsbedürftig. — F

5. Das Handrad für das Absperrventil des Gestraventils liegt unter dem Langkessel und hinter dem Kuppelrad. Die Bedienung ist im Falle des Versagens des Abschlammventiles nur schwer möglich. Die Bedienungsstange muß entsprechend verlängert werden. — B

6. Der Kesselventilträger für das Kesselspeiseventil ist zu schwach. Die Firma Henschel baut zur Zeit eine Verstärkung ein. — B

7. Der Anschlußflansch für den Ventilstock an der Rauchkammer wird häufig undicht. — D

8. Die Waschluke am Langkessel links über der Verbrennungskammer kann ohne Abnahme der davorliegenden Stangen nicht abgenommen werden. — D

9. Die Waschluken am Stehkessel außen sitzen etwas zu hoch, so daß eine einwandfreie Besichtigung der Feuerbüchsdecke und vor allem der Seitenwände nicht möglich ist. — F

10. Die Waschluken an den seitlichen Stehkesselumbügen im Führerstand erlauben keine einwandfreie Besichtigung der Feuerbüchsseitenwände. — F

11. Die zwei vorhandenen Rastenstellungen an der Feuertüre genügen nicht. Eine Zwischenstellung für Rauchverzehrung wäre zweckmäßig. — D

12. Die Anbringung eines aufklappbaren Funkenfängers mit mechanischer Zugstangenbetätigung bis zum Standplatz des Rohrbläsers außerhalb der Rauchkammer erscheint sehr von Vorteil. — B

13. Das Reinigen der Stehbolzen-Kontrollbohrungen im unteren Halbmondfeld der Verbrennungskammer bereitet erhebliche Schwierigkeiten, weil die eingedrungene Flugasche nicht nach unten durchgestoßen werden kann und nur mit Mühe nach oben herauszuholen ist. Die Verlegung der Bohrungen erfolgt in kürzester Zeit nach der Säuberung wieder. Bw Kempten hilft sich durch Einlegen von Nieten. Diese Nieten sollen möglichst flache Köpfe haben — damit diese beim Reinigen der Verbrennungskammer nicht hindern — und mit dem Nietschaft locker in der Bohrung sitzen. — B

14. Das Schutzblech der Feuertüre ist ungenügend befestigt. Bw Kempten hat die geschweißte Verbindung zwischen Schutzblech und Feuertüre durch kräftige Nietung ersetzt. — A

15. Im Dampfdom fehlen die Schwenkbleche, Überreißen von Wasser wird dadurch begünstigt. Das Dampfentnahmerohr für die Pfeife sollte einen Krümmer oder einen Hut erhalten, damit Schwitzwasser nicht eintropfen kann. Nach den bisherigen Beobachtungen sammelt sich in dem Rohr Wasser. — B

16. Das Ventil für die Aschkasteneinspritzung wird häufig undicht. Wegen ungünstiger Lage des Ventiles ist es nur schwer zugänglich. — B

17. Die Stopfbuchse des Heißdampfreglers ist erst nach Abschrauben eines Deckbleches zugänglich. Bw Kempten hat das Deckblech geteilt und den oberen Teil aufklappbar angebracht. — A

18. Die Zugstange für das Naßdampfabsperrventil ist mit Buntmetall überzogen. An der Lok 23004 zeigte sich an der Stelle der Stopfbuchse bereits stärkere Abnutzung. Der Metallüberzug war an dieser Stelle abgeplatzt. — D

III. Sonstige Ausrüstung

1. Der Hahnkegel des Wasserwechsels am Injektor hat einen Durchgang mit 31 mm. Dieser Durchgang ist zu groß, er sollte nur 18 mm betragen. Bw Ke. hat die Kegel ausgewechselt. — A

2. Das am Injektor sitzende Dampfanstellventil gewährleistet keine einwandfreie Arbeitsweise. Die Firma Henschel wechselt zur Zeit diese Ventile aus. — B

3. Der Handgriff für den Wasserwechsel des Injektors steht ungünstig. Stellung gegen Kessel vorteilhafter. — A

4. Das Belüftungsventil für die Speisepumpe wird zweckmäßig näher an die Führerhauswand gelegt. — C

5. Die Spritzbohrungen der Tenderkohlenbrause sind unzweckmäßig angeordnet. Die Bohrungen wurden versetzt. — A

6. Die vorderen Führerstandsfenster schließen schlecht ab. — D

7. Zur vorderen Heizkupplung fehlt der Halter zum Einlegen der Metallschlauchkupplung. Die Halter werden zur Zeit von Firma Henschel angebaut. — B

8. Die Beleuchtung des Instrumentenpultes ist unbrauchbar. Vorschlag über zweckmäßige Änderung wurde bereits vorgelegt. Bw Kempten hat die Änderung durchgeführt. — A

9. Die Feuerungsgeräte sind zu lang. Kürzen der Geräte um 550 mm ist notwendig. Den Kasten für die Feuergeräte um das gleiche Maß zu kürzen, ist ebenfalls nötig. Bw Ke. hat die Änderungen durchgeführt. — A

10. Das vom Kohleneinspritzen ablaufende Wasser hat keinen Abfluß und läuft auf den Boden des Führerstandes. Abhilfe: Schaufelblech mit einer Reihe von kleinen Bohrungen versehen und durch Fangbehälter mit Ablaufrohr abführen. — A

11. Die Klingeritdichtungen am Deckel des Heißdampfventilreglergehäuses sind bereits mehrmals verbrannt. Ersatz durch Vollkupferdichtungen ist erforderlich. Bw Ke. hat diese bereits ersetzt. — A

12. Die große Boschpumpe ist sehr unzweckmäßig angebaut. Durchkurbeln von Hand ist nicht möglich. Abhilfen: Die große Boschpumpe an die Stelle der kleinen legen und die kleine Boschpumpe rechts außen unter Laufblech mit Antrieb durch Schwinge anbringen (ähnlich der Spurkranz-Fettpresse). — B

13. Der Reglerhebel behindert in Abschlußstellung den Lokführer. Vorschlag über Änderung wurde mit Schreiben B/Fkl v. 24. 4. 1951 bereits vorgelegt. Mit der Verlegung des Reglerhebels nach vorne ist auch die Verlegung des Pfeifenhebels und Handrades für Luftpumpenanstellventil nötig. — B

14. Der Reglerbock ist ungenügend befestigt. Zweckmäßig wird der Reglerbock kürzer gebaut und entsprechend abgestützt. — F

15. Der Zugang zu den Armaturen des Instrumentenpultes ist unzureichend. Eine Vergrößerung des abnehmbaren Bleches ist erforderlich. — D

16. Der Betätigungshebel für die Luftsaugeventile sitzt um etwa 100 mm zu hoch. Behinderung durch Fahrplanbuchkasten. — E

17. Die Heißdampfpyrometer zeigten nach kurzer Zeit nicht mehr an. Firma Henschel wechselt zur Zeit diese Instrumente aus. — B

18. Die Saugventile der Speisewasserpumpe lassen sich wegen der ungünstigen Lage der Pumpe nur schwer und mit Zeitverlust auswechseln. Die Pumpe müßte ein kleines Stück gegen das Führerhaus zu versetzt werden. — B

19. Die Ölleitung zum Bissel-Lenkgestell ist am linken Rahmengestell unzweckmäßig verlegt. Beim Räumen des Aschkastens wird die Leitung leicht verdrückt. — B

20. Die Sandstreueinrichtung arbeitet ungleich. Der Sandstreuer rechts hinten streut am stärksten und links vorne am schwächsten. Druckluftleitungen zu den 4 Sandkästen müßten mit gleicher Länge verlegt werden. — B

21. Die Schutzbleche der Tenderfenster werden bei engen Kurven eingedrückt. — D

22. Unter der Rauchkammer ist ein Schutzblech (Schrägblech) zum Schutze des Triebwerkes erforderlich. Bw Kempten hat die Bleche angebaut. — B

23. Die Bahnbeleuchtungslaternen sind in ihrer Ausführung mangelhaft. Die Spiegelbefestigung bricht ab und die roten Blenden fallen leicht heraus. Die vorgesehenen Glühlampen mit 60 W konnten bisher vom Bhf nicht beschafft werden. — B

24. Die Türen an den hinteren seitlichen Werkzeugkästen sollten so angeschlagen werden, daß diese gegen Fahrzeugmitte aufschlagen. Die jetzige Ausführung behindert die Bedienung sehr. — D

25. Die Haltestange für die hintere Aufstiegsleiter am Tender sollte rechtsseitig durchgehen. Bw Kempten hat die Unterbrechung durch Einschweißen eines Stückes beseitigt. — A

26. Das Dampfheizungs-Umstellventil liegt so hoch, daß es ohne Antritt nicht erreicht werden kann. Tiefer setzen ist erwünscht. — F

27. Es wäre erwünscht, wenn zur Unterbringung der Ölkannen ein Raum geschaffen würde, wo die Kannen rasch griffbereit sind. — F

28. Die handbetätigte Sperrvorrichtung der Steuerungsspindel ist hinderlich. Bw Kempten hat einen Fußhebel angebaut, der sich sehr bewährt.
Skizze hierüber wurde bereits vorgelegt. — E

66　23015 durchfährt Wuppertal-Unterbarmen, aufgenommen im Mai 1951 von der Straße vor Carl Bellingrodts Wohnung.

Der größte Teil der hier gewünschten Änderungen wurde auch durchgeführt, wenn auch teilweise mit erheblicher zeitlicher Verzögerung. Z.B. wurde beim größten Teil der Maschinen das Aufbohren und Verschließen der Stehbolzen erst um 1956 durchgeführt.
Mit diesen Mängelrügen war man allerdings noch nicht am Ende angekommen.

Alle Neubaudampfloks der ersten Lieferung waren mit Mehrfachventil-Heißdampfreglern und Dampfsammelkästen aus Stahlguß ausgerüstet. Bei allen Maschinen traten schon in den ersten Monaten des Betriebes Risse speziell an den mit Heißdampf in Berührung kommenden Teilen auf. Wiederholt mußten Maschinen vom Zuge genommen werden, wenn große Risse die Regler unbrauchbar machten. Die nicht gerade ideale Eignung von Stahlguß war allerdings bei der Planung bekannt gewesen. Man hatte nur wegen der wesentlich teureren Herstellung von geschweißten Reglern das Gußteil gewählt. Abgesehen davon wäre das geschweißte Teil in der Dampfführung nicht so gut geeignet gewesen wie das Gußteil mit seinen glatten, gerundeten Gängen. Die Rechnung »Billigeres Gußteil bringt auch bei häufigem Wechsel noch Preisvorteile« ging allerdings nicht auf, weil die Schäden durch ihre Zahl die absolute Unbrauchbarkeit der gegossenen Reglerkästen bewiesen. In den Jahren 1951 bis 1953 wurden meist anläßlich der Domlochverstärkungen deshalb alle Neubaudampfloks mit geschweißten Heißdampf-Reglern ausgerüstet – die nachfolgenden Serien erhielten diese sofort ab Lieferung.

Schon während der ersten Einsätze traten einige Fälle von Wasserüberreißen auf. Das EZA Minden vermutete in einem Bericht an die DB-Hauptverwaltung, daß einige Personale, verleitet durch die guten Verdampfungseigenschaften, mit hohem Kesselwasserstand fahren würden, was zweifellos die Neigung zum Wassermitreißen über das Hilfsabsperrventil begünstigen würde. Konstruktiv seien jedenfalls keine Ursachen bekannt, wieso die Maschinen zum Wasserüberreißen neigen sollten, so Friedrich Witte in dem Bericht.
Dem widersprach die DB-Hauptverwaltung: »Ihre Annahme, daß das Wasserüberreißen der Neubaulok nur auf falsche Betreuung durch das Lokpersonal zurückzuführen sei, stimmt nicht. Gelegentlich der Versuchsfahrt mit der Lok 23015 am 4. 9. 1951 wurde Wasserüberreißen bei mittlerem Wasserstand beobachtet, nachdem der Zug mit Unterstützung der Bremslok auf eine Geschwindigkeit von etwa 100 km/h gebracht war und der Lokführer, ein erfahrener Beamter des LVA, der die Lok genau kennt, ganz allmählich den Schieberkastendruck auf 15 atü steigerte.«
Auf jeden Fall stellten die Bw in den Reglern erhebliche Kalkablagerungen fest, ein deutliches Zeichen für übergerissenes Wasser. Ebenso fielen gelegentlich die Hilfsmaschinen aus, die vom Heißdampfregler aus mit Dampf versorgt wurden, weil erhebliche Mengen von Zunder aus den Überhitzerrohren mit dem Heißdampf in die Pumpe und Lichtmaschine gelangten. Bei späteren Serien wurde deshalb ein Sieb vorgeschaltet.
Zu einem Ergebnis kam man einstweilen nicht. Der Heißdampfregler blieb zunächst, wie er war, allerdings sollte mit einem Versuch geklärt werden, ob ein erhöhter Blechkragen um das Hilfsabsperrventil das Wasser vor dem Dampfdom zurückhalten könnte.

Die Schieberbüchsen der neugelieferten 23 verschoben sich innerhalb kurzer Einsatzzeit so, daß das Maß von Innenkante zu Innenkante der Ausströmausschnitte nicht mehr 608 mm, sondern 616 bis 620 mm betrug. An einen wirtschaftlichen Lok-Einsatz war bei einer derart verstellten Einströmung nicht mehr zu denken. Die Ursache des Mangels wurde nicht sofort gefunden, das Bw Kempten behalf sich durch Einlegen von Druckringen in die Schieberbüchsen, wie sie auch bei den bayerischen 98[8] verwendet wurden. Ein übermäßiger Verschleiß der Kolbenstopfbüchsen war ebenfalls festzustellen – nach einigen tausend Kilometern waren die Büchsen schon blau angelaufen. Abhilfe mußte Henschel als Gewährleistungsträger schaffen.

Ab Mai 1951 wurde bei verschiedenen 23 eine einseitige Abnutzung der Laufachsen und der ersten Kuppelachsen festgestellt. Man schob das zunächst auf die Charakteristik des Krauß-Helmholtz-Gestells zu einseitigem Anlaufen, kam aber mit dieser Überlegung nicht weiter, da man auch bei den älteren Baureihen mit Krauß-Helmholtz-Gestell bei Einbau entsprechender Rückstellvorrichtungen keine Schwierigkeiten gehabt hatte.
Bei Beobachtungen an der fahrenden Lok wurde festgestellt, daß die Laufräder auch in der Geraden einseitig anliefen. Es kam sogar

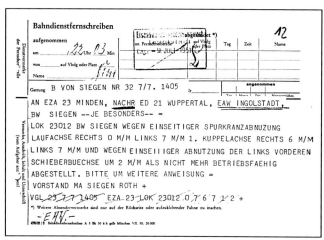

67 23012 mußte wegen Laufwerksschäden abgestellt werden.

vor, daß selbst in Linkskrümmungen der Laufradsatz immer noch links anlief, was an 23003 beobachtet wurde. Die anlaufenden Spurkränze erwärmten sich rasch und nutzten sich sehr stark ab. In den ersten Wochen behalf man sich provisorisch mit regelmäßigem Wenden der Radsätze, doch war das wegen der übermäßigen Werkstattbelastung und der damit nicht aufgehobenen Abnutzung keine Abhilfe. Innerhalb weniger Wochen waren die Räder zwischen 3 und 10 mm unterschiedlich abgelaufen, was langsam zu betriebsgefährlichen Zuständen führte, da der Spurkranz scharflief. Die ersten 23 mußten deshalb im Juni/Juli 1951 einstweilen abgestellt werden, bis der Fehler gefunden war.

Das Maschinenamt Kempten fand die Ursache in einer »Spießgangstellung« des Gestells, d. h. Laufachse und erste Kuppelachse standen nicht parallel! Bei 23003 wurde mittels Senkel und Stahlbandmaß die Abweichung gemessen: Die Projektion der Strecke Kuppelradmitte–Laufradmitte auf die Schiene war rechts um 12 mm größer als links. Für einen einwandfreien Geradeauslauf mußte aber der Angriffspunkt des Krauß-Helmholtz-Gestelles unbedingt genau in der Mitte des Lokrahmens liegen. Das war, wenig schmeichelhaft für die Herstellerfirma, nicht der Fall, vermutlich durch Meßfehler an den Achslagern der ersten Kuppel-

achse. Die Maschinen wurden dann zur Beseitigung der Schäden nach Henschel transportiert. Dort wurden die Gestelle neu justiert und eingebaut. Gleichzeitig wurden die Schäden an den Schiebern beseitigt, besser geeignete Sicherungsschrauben für die Schieberbüchsen benutzt und Schieber und Kolben neu vermessen. Eine Verstärkung der zu Rissen neigenden Lenkgestelle wurde gleichzeitig durchgeführt.

Ab der Vergabe 1953 (Nr. 23026 ff.) wurden dann die Lenkgestelle mit zusätzlichen Rückstellfedern versehen, da auch bei genauer Einstellung das Geradeaus-Laufverhalten der ersten 23 nicht befriedigte. Zusätzliche Rückstellfedern wurden bei der ersten Serie aber nicht mehr eingebaut, sie erhielten nur, wie die 23 ab 026, eine Radreifenschmierung auf die führende Achse (siehe Seite 39).

Die Laufleistungen der 23 bei den drei Erprobungs-Bw waren in den ersten Monaten bis zur einstweiligen Außerdienststellung wegen Domschäden nicht besonders hoch. Auch die an Henschel geschickten Rechnungen über die Ausführung gewährleistungspflichtiger Reparaturen im Bw sprechen da eine recht deutliche Sprache. Allerdings ist die Annahme falsch, die Maschinen seien in den ersten Monaten mehr in der Werkstatt gewesen als auf der Strecke. Zwar waren zwischendurch immer wieder Monate mit einer Kilometerleistung von 0 zu verzeichnen, aber in anderen Monaten kamen z. B. die Kemptener Maschinen doch recht nahe an Leistungen von 8000 km heran. Diese Laufleistungen bewiesen immerhin die generelle Betriebstauglichkeit, und im Kemptener 39-Plan hielten sie, wenn gerade im Betrieb, recht wacker mit. Klagen über mangelnde Zugleistungen wurden jedenfalls in diesem Jahr bei den drei Bw nicht laut.

In die Erinnerung zurückrufen muß man sich, daß die Maschinen der Baureihen 01 und 44 auch erst nach einer Fülle von Bauartänderungen serienreif waren. Aus Mitteilungen des Bw Kempten sind einige Kilometerstände bekannt:

23001	13. 6. 1951	29 500 km	27. 9. 1951	60 000 km
002	12. 6. 1951	39 000 km	1. 9. 1951	67 000 km
003	20. 6. 1951	42 000 km	27. 9. 1951	60 000 km
004	20. 6. 1951	38 000 km	26. 9. 1951	65 000 km
005	16. 6. 1951	31 000 km	18. 9. 1951	55 000 km

Der Brennstoffverbrauch der in 39-Diensten eingesetzten 23 war

68 Doppelausfahrt: 23006 (Bw Siegen) vor D 82 und 64301 vor Personenzug verlassen gleichzeitig Wuppertal-Elberfeld, aufgenommen 1953. Erstaunlicherweise ist die 23 mit einer Glocke ausgerüstet.

allerdings recht günstig. Der Verbrauch der 23 lag im Durchschnitt bei 12,12 t/1000 km (Höchstwert 13,57, Tiefstwert 11,51 t), während die BR 39 rund 15% Kohle mehr verbrauchte. Ihr Durchschnitt lag bei 14,3 t/km (Höchstwert 17,74, Tiefstwert 13,91 t).
Das Bw Bremen machte zum 28. 9. 1951 folgende Rechnung auf: Bei 23006 waren 32 Bw-Ausbesserungstage angefallen, bei 23007 ebenfalls 32 Tage, bei 23008 49 Tage, bei 23009 31 Tage und bei 23010 19 Tage. Immerhin 78000 km erreichte 23009 bis zu ihrer einstweiligen Abstellung im Februar 1952.
Und das Bw Siegen teilte auf Anfrage des EAW Ingolstadt mit:

bis 010 waren ab ca. März 1952 im EAW Ingolstadt abgestellt, wahrscheinlich auch die übrigen.
Während die 23 abgestellt waren, inzwischen rund ein Jahr alt, stritten sich die Experten über die zweckmäßigste Reparaturmethode. Und im Sommer 1952 stand dann fest, daß man bei dem hochbelasteten Dampfdom wieder auf die »altbewährte« Nietung zurückgreifen müßte. Das EZA Minden stellte mehrere Zeichnungen für eine Domverstärkung her, die aber eines gemeinsam hatten: Die Hauptbelastung wurde von einem untergenieteten Verstärkungsring aufgenommen. Im Betriebsbuch der 23002 ist

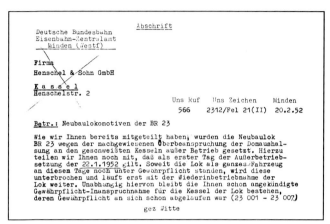

69 Häufig waren die 23 nicht im Einsatz.

70 Gegenüber Henschel wurde der 22. 1. 1952 als Abstelltag genannt.

Ein »sehr schwaches Bild« gab beim Bw Siegen die 23012 ab, die wegen der verschiedenen Schäden nur sehr wenig im Einsatz war: Am 7. 5. 1951 hatte sie 20200 km Gesamtlaufleistung erreicht, zum Zeitpunkt der Abstellung (Februar 1952) 26800 km.

Die Domlochschäden

Der geschweißte Kessel der Loks 23001 bis 015 bestand aus zwei Schüssen, wie schon auf Seite 25 beschrieben. Aus dem hinteren, konischen Schuß von 18,5 mm Wandstärke war durch bloßes Verformen der Domfuß ausgepreßt. An den Verformungsstellen ergab sich deshalb eine dünnere Wandung. Schon nach kurzer Zeit stellten sich diese Bauteile bei fast allen Neubaudampfloks, speziell bei den mit 16 kg/cm^2 betriebenen Kesseln, als die Schwachstelle der neuen Konstruktion heraus. Bei einigen Lokomotiven zeigten sich anläßlich von Auswaschtagen oder Arbeiten am Hilfsabsperrventil Ausbeulungen um den Dom – zwar nur um wenige Millimeter, trotzdem aber bedrohlich. Als sich diese Schäden bei etlichen der neuen Maschinen herausstellten, war die »Karriere« der 23 und auch der 65 abrupt beendet. Mit Fernschreiben vom 25. 1. 1952 wies das EZA Minden die Bw und das EAW Ingolstadt an, die Neubaudampflok BR 23 und 65 sofort und vollständig abzustellen und die 82 nur noch mit einem Kesseldruck von 11 kg/cm^2 weiterzufahren.
Allerdings dauerte es anscheinend, bis sich die Verfügung herumgesprochen hatte! Zwar wurden die Kemptener Lokomotiven Anfang Februar z-gestellt, trotzdem aber weisen einige Betriebsbögen für den Monat März 1952 noch Leistungen auf. Auf jeden Fall war ab Mitte März 1952 bei allen 23, außer wahrscheinlich der 23015, »das Feuer aus«. Ob 23015 abgestellt wurde, ist nicht bekannt – das Fernschreiben hatte gefordert: Sämtliche Lok BR 23 sind aus dem Betrieb zu ziehen. Auf jeden Fall steht fest, daß sie vom Lok-Versuchsamt aus noch im März 1952 Meßfahrten zur Ermittlung der Zugkraft vor Personen- und D-Zügen durchgeführt hat. Die Laufleistung der beim Versuchsamt eingesetzten 23015 war auch erheblich geringer als die der im Plandienst benutzten 23. Immerhin, nach dem März 1953 sind auch von ihr keine Einsätze mehr bekannt. Mindestens die Maschinen 23006

unter »Ausbesserungen« die gewählte Reparaturmethode nachzulesen: »Die Domaushalsung wurde ausgebrannt und durch ein neues Domunterteil ersetzt. Ein geteilter Domverstärkungsring wurde angebracht. Dom und Verstärkungsring wurden durch Nietung mit dem Kesselschuß verbunden.«
Selbstverständlich war für die Reparatur die Firma Henschel zuständig. Ab August 1952 wurden deshalb der Reihe nach die z-Stellungen für die Maschinen aufgehoben, und Henschel wurden die Lokomotiven auf den Werkshof gestellt.
Am 18. 9. 1952 wurde 23006 im EAW Ingolstadt angeheizt, 23008, 009 und 010 wurden angehängt, und die seinerzeit wohl einzige betriebsfähige 23 ging ab nach Kassel. Ob die anderen 23 mit eigener Kraft den Weg nach Henschel angetreten haben, ist unbekannt, der Zustand der Loks spricht dagegen.
Henschel reparierte natürlich nur den Gewährleistungsschaden »Domaushalsung«, anschließend gingen die Loks noch zur Nachbesserung ins EAW Göttingen, das zwischenzeitlich die 23-Unterhaltung vom EAW Ingolstadt übernommen hatte. Aber das EAW Göttingen hielt nach Ansicht zumindest des Bw Siegen nur sehr mangelhafte Nachschau. Man beschwerte sich am 16. 12. 1952 in Göttingen: »Nach Rückkehr der Lok 23006 aus dem EAW Göttingen haben wir festgestellt, daß sich die Lok in einem sehr schlechten Unterhaltungszustand befindet.« Es folgte eine lange Liste von Arbeiten, die das Bw Siegen noch ausführen mußte, bevor man überhaupt mit der 23006 fahren konnte.

Der Kompetenzstreit war entstanden, weil dem EAW Göttingen keine Schadmeldungen zugegangen waren, und deshalb auch nur die offensichtlichen Schäden beseitigt worden waren. Immerhin, man einigte sich, und zum Sommerfahrplan 1953 standen die ersten 15 Neubau-Personenzugloks dann wieder im Einsatz. Allerdings stellte das EAW Göttingen die Sicherheitsventile der Maschinen zunächst auf nur 14 kg/cm^2 ein. Nachträglich mußte dann das EZA Minden die Loks einzeln wieder für einen Kesseldruck von 16 kg/cm^2 freigeben.
Unverständlich bleibt aber nach wie vor, daß die 23 während ihrer z-Stellungszeit im Freien abgestellt waren, und das auch noch während der Frostperiode im Februar/März 1952. Etliche von den Schäden (und fehlenden Teilen), die später von den Bw beklagt wurden, wären bei einer gesicherten Abstellung zu vermeiden

71 Seite aus dem Betriebsbuch der 23 005. Unten ist die Domlochverstärkung notiert.

Die Abstelldaten

	letztmalig in Betrieb	Z ab	Eingang Henschel	Ausgang Henschel
23001	3. 1952	11. 2. 1952	30. 8. 1952	24. 11. 1952
23002		2. 1952	14. 8. 1952	21. 4. 1953
23003		2. 1952	31. 8. 1952	23. 1. 1953
23004	3. 1952	15. 2. 1952	1. 9. 1952	13. 2. 1953
23005	3. 1952	2. 2. 1952	22.10. 1952	19.12. 1952
23006	12. 1. 1952	17. 6. 1952	18. 9. 1952	25.11. 1952
23007	1. 1952	13. 2. 1952	10. 1952 –	1. 1953
23008	12. 1. 1952	17. 6. 1952	18. 9. 1952	19. 1. 1953
23009	16.12. 1951	17. 6. 1952	18. 9. 1952	13. 7. 1953
23010	18.12. 1951	17. 6. 1952	18. 9. 1952	22.12. 1952
23011	1. 1952	13. 2. 1953	10. 1952 –	3. 1953
23012	1. 1952	13. 2. 1952	10. 1952 –	27. 2. 1953
23013		13. 2. 1952	10. 1952 –	9. 1952
23014	1. 1952	13. 2. 1952	10. 1952 –	19. 2. 1953
23015			9. 3. 1953 –	9. 4. 1953

gewesen. Nach dieser Zwangspause traten die neuen Dampfloks nicht mehr mit spektakulären Schäden hervor. Und inzwischen war auch die Serienfertigung mit der Ablieferung von 23 016 am 30. 10. 1952 angelaufen. Die Serie 23 016 bis 23 023 hatte zwar noch den ausgepreßten Domhals, der eingenietete Blechring wurde aber noch während der Fertigung nachgerüstet.

Auch als Symbol für das beginnende deutsche »Wirtschaftswunder« mußte die BR 23 herhalten. Der Tätigkeitsbericht der neuen deutschen Bundesregierung unter Konrad Adenauer für das Jahr 1950 zeigt das Henschel-Fabrik-Foto der 23 001! Als Symbol für den fortschreitenden Wiederaufbau konnte die neue Lokomotivbaureihe wahrlich dienen, schon durch ihre Form markierte sie auch für den »Normalverbraucher« eine neue Zeit. Und die Eisenbahn konnte damals noch als Fortschritts-Symbol dienen ...

Der Serienbau beginnt

Die ersten Betriebserfahrungen mit den neuen Maschinen erbrachten insgesamt ermutigende Ergebnisse. Die Hauptbauteile bewährten sich sogar hervorragend. Etliche Anfangsschwierigkeiten mußten allerdings überwunden werden, wobei die Übernahme eines Großteils der Kosten durch den Hersteller Henschel im Rahmen der Gewährleistungspflicht die Erfahrungen nicht so »schmerzhaft« werden ließ.

Der Fachausschuß Lokomotiven hatte sich in seiner 8. Sitzung im Dezember 1951 auch mit der Schadanfälligkeit der neuen Baureihen befaßt, um die beabsichtigte Serienfertigung vorzubereiten. Seinen bisherigen Eindruck von den Maschinen faßte der Ausschußvorsitzende Alsfaßer (Abteilungspräsident der ED Wuppertal) so zusammen: »Während der bisherigen Betriebszeit der Neubaulok R 23, 65 und 82 sind zahlreiche Mängel aufgetreten, die zum Teil von grundsätzlicher Bedeutung sind. Alle Mängel lassen sich aber beheben, wodurch die Lok für den Betrieb voll geeignet sein werden.«

Wegen der langen Abstellzeit der ersten Maschinen konnte allerdings erst ein Teil der Erfahrungen für die zweite, ab Oktober 1952 fertiggestellte Serie verwertet werden. Auch diese mußte danach noch etliche Bauartänderungen über sich ergehen lassen. Von außen unterschied sie sich ohnehin von der ersten Serie nur durch ihre Führerhaus-Schiebetüren. Die geraden Klapptüren der ersten Serie hatten das ohnehin recht niedrige (durch die Lüfterbauart) Führerhaus noch weiter eingeengt, so daß großgewachsene Personale durchaus Platzangst bekommen konnten. Von etlichen Lokführern und Heizern war auch über eine erhebliche Zugwindbelästigung geklagt worden, da sich in der Türnische der Wind staute und durch die Türritzen genau den Rücken des davor stehenden Führers oder Heizers traf. Die Leichtmetall-Schiebetüren brachten hier viel Platz und eine bessere Abdichtung. Aber fehlerlos waren die Türen auch nicht ...

Diese Schiebetüren sind ein gutes Beispiel für eine nur theoretisch gute Entwicklung. Hatten sich die Leichtmetalltüren zwar bei den Vorkriegstriebwagen gut bewährt, so machte die „von oben" ohne Vorversuche für die folgenden Lieferungen verordnete Ausrüstung der BR 23 mit Schiebetüren im Betrieb fast nur Schwierigkeiten. In der Farbe wichen sie von der übrigen Lackierung der Maschinen ab, weil das Aluminiumblech eine andere Oberflächenstruktur hatte, außerdem blätterte die Farbe ab. Was allerdings schlimmer wog, waren die Schwierigkeiten bei der Handhabung: Faßte man beim Heraufsteigen den Türgriff der offenstehenden Tür, zog man diese automatisch zu und geriet in Gefahr, das Gleichgewicht zu verlieren. Auch verkehrte sich der Vorteil des dichten Schließens und des größeren Platzes im Führerhaus bald in sein Gegenteil. Die Laufschienen waren dauernd mit kleinen Kohlestücken zugesetzt, so daß die Türen nur unter großer Kraftanwendung bewegt werden konnten. Häufig blieben sie deshalb offenstehen, das Problem des Zugwindes war immer noch nicht gelöst. 1957 mit der Lieferung der 23 077 ff. gab man die Türen deshalb wieder auf und rüstete auch die Maschinen 23 016 bis 076 bis ca. 1964 mit gewinkelten Drehtüren aus.

Ein weiteres Problem, das von der ersten Serie noch zu den Maschinen 23 016 bis 023 mitgenommen wurde, waren die neueingeführten nichtsaugenden Dampfstrahlpumpen. Von der Hauptverwaltung war die Ausrüstung mit diesen Pumpen bei den Neubaulokomotiven zur Auflage gemacht worden, hauptsächlich, um im Führerhaus Platz zu bekommen. Im Gegensatz zu den neuen nichtsaugenden Pumpen waren bei den bisherigen Einheitslokomotiven saugende Pumpen verwendet worden, die im Führerhaus auf dem Stehkessel ihren Platz gehabt hatten und durch ihre Strahlungshitze und das Arbeitsgeräusch belästigt hatten. Dagegen lagen die neueingeführten Pumpen unterhalb des Führerhauses und wurden durch senkrechte Stangen von oben betätigt. Das Tenderwasser stand durch natürliches Gefälle dauernd vor der Pumpe.

Da die HVB für diese Pumpen keine Auflage gemacht hatte, hatte man die Qual der Wahl gehabt. Henschel hatte für alle Neubauloks eine genormte, aus der früheren saugenden Pumpe entwickelte nichtsaugende Strahlpumpe angeboten. Andererseits hatte die schon bei der Bayerischen Staatsbahn bewährte Friedmann-Strahlpumpe zur Auswahl gestanden, die aber nicht genormt war und, hergestellt in Österreich, Linzenzgebühren oder Devisenausgaben verursacht hätte. Die Wahl fiel also auf die neuentwickelte Pumpe, eine schwerwiegende Fehlentscheidung, die nur aus dem Vereinheitlichungsgedanken zu erklären ist. Nach langwierigen Auseinandersetzungen mit dem Normenausschuß hatte man diverse Teile der früheren Strube-Pumpe übernehmen müssen, u.a. auch einen Anstellhahn mit flachgängigem Gewinde, obwohl wegen des schnellen Anstellens der Pumpe auf eine steilgängige Spindel geachtet werden sollte (bei der Friedmann-Pumpe war der volle Dampfdruck nach einer Umdrehung erreicht). Auch hatten die Kardangelenke der Anstellspindel bald Spiel. Die Pumpe lag zu weit innen, so daß der Heizer die Dichtigkeit der Pumpe nur durch weites Herauslehnen aus dem Seitenfenster überprüfen konnte. Und dicht waren die Pumpen meist nicht. 15 bis 18 Liter Wasser gingen bei jedem Anstellen durch die undichten Ventile verloren. Der erhebliche Wasserverlust führte im Winter zu häufigem Vereisen von Pumpe oder Stellspindeln und verursachte auch gelegentlich Regreßforderungen von Reisenden, die auf dem Bahnsteig vom wieder hochspritzenden Wasser getroffen worden waren. Abhilfe konnte erst die Lieferung der Wiener Friedmann-Strahlpumpen im Frühjahr 1955 bringen, nachdem man vorher vier Jahre lang an den Henschel-Pumpen herumprobiert hatte. Ebenso wie bei den ersten 65- und 82-Serien gab es danach mit den Maschinen 23001 bis 023 bei den Strahl-Speisepumpen keine Schwierigkeiten mehr. 23024 und 025 waren als erste ab Werk mit den von der Bayerischen Staatsbahn her bewährten Friedmann-Strahlpumpen ausgerüstet.

Ärger gab es auch, wie schon in der Kemptener Mängelliste aufgeführt, vom ersten Tag an mit den Dampfpfeifen der neuen Dampflokomotiven. Erstmals bei Einheitslokomotiven waren die Pfeifen bei 23001 bis 023 (und natürlich den ersten 65 und 82) am hinteren Dampfentnahmestutzen direkt vor dem Führerhaus angeordnet worden.
Vorteile dieser Bauart bestanden zweifellos in dem nun kurzen Pfeifenzug und in der (wohl hauptsächlich gewünschten) »ruhigen Linienführung« des Kessels. Einzige Störung der glatten Kessellinie war bei dieser Lösung der Reglerzug nach vorne.
Die Nachteile dieser Pfeifenbauart waren aber gewaltig: Hatte man doch (aus Vereinheitlichungsbestrebungen) die alte Einheitspfeife gewählt, die noch nie vorher vollständig befriedigt hatte. Versagen infolge mitgerissenen Kondenswassers war an der Tagesordnung. Die Pfeife gab dann nur noch ein gurgelndes Geräusch von sich, über das Führerhaus ergoß sich ein Wasserregen, der hauptsächlich im Winter auf der Lokführerseite schnell die Fenster »dicht« machte. Besonders lästig und schädlich war allerdings für das Personal die Gehörbeanspruchung – man stand ja nur rund 1,5 Meter von der Pfeife entfernt!
Schon in der 7. Fachausschußsitzung am 18.7.1951 bestand deshalb unter den Fachleuten Einigkeit darüber, daß einerseits der Abfluß des Pfeifenkondensats verbessert werden müßte, andererseits die Pfeifen möglichst weit vom Personal weg angeordnet werden müßten. Für einen 1951 im Entwurfsstadium stehenden Neubaukessel für die Reihe 18^5 wurde deshalb eine vorne direkt auf dem Dampfraum angeordnete Pfeife vorgesehen, die in den Dampfraum entwässerte. Diese Lösung wurde ab 23024 auch auf die 23 (und auf alle anderen später gebauten Neubaudampflok) übertragen.
Die 23 der ersten und zweiten Serie wurden dann hauptsächlich 1956 entsprechend umgebaut. So schlimm war dann der zweite Zug am Kessel für das Erscheinungsbild der Maschinen doch nicht...
In der Zeit vor der Ablieferung der zweiten 23-Serie (23016 bis 025) kam es zum ersten größeren DB-internen Streit über die

neuen Dampflokomotiven. Bis zum Herbst 1951 hatten die Mitglieder des Fachausschusses anhand der verschiedenen Erfahrungen, die von den an der Erprobung beteiligten Stellen mitgeteilt worden waren, über generelle Bewährung und nötige Bauartänderungen zu befinden. Die Tagesordnung der 8. Sitzung vom 18. bis zum 21.12.1951 in Maulbronn und am 5.2.1952 in Siegen (zur Beurteilung der 23 und 82 »vor Ort«) wurde hauptsächlich durch die Neubauloks beherrscht. Während man sich im Ausschuß generell einig war über die Tauglichkeit der neuen Maschinen, hatte es im Vorfeld von seiten verschiedener Dienststellen und Personen erhebliche »Sticheleien« gegeben, hauptsächlich gegen die äußere Linie der Maschinen. Friedrich Witte nahm deshalb in einem teilweise recht scharf gehaltenen Brief an die DB-Hauptverwaltung am 3.3.1952 noch einmal ausführlich zu den anscheinend bemängelten Bauteilen der Maschinen Stellung und verteidigte sie:
Ein geschlossener Umlauf, wie gefordert, würde große Windleitbleche bedingen. Die kleinen Bleche seien nach Windkanalversuchen von Prof. Mölbert in ihrer Abstimmung auf die offene Vorderfront berechnet und nur so wirkungsvoll. Die Sandstreuer seien richtig angebracht, auch bei der alten Anordnung habe es Verstopfungen gegeben. Ein Speisedom sei unnötig, weil auch bisher der Schlammabscheider im zweiten Dom nur geringe Wirkung gehabt habe. Die Führerhausbelüftung durch einen aufgesetzten Kasten sei gut und richtig, das Aussehen des Tenders sei durch seine Konstruktion bedingt. Die Lagerung des Steuerungsbockes und der Instrumente brächte eine Verbesserung. Wittes Brief endete mit der Forderung: »Da auch der Herr Ref 21 der HV (Alfons Brill, Leiter der Maschinentechnischen Abteilung der HV,

72 23017 (Bw Bestwig) ergänzt am 8.8.1968 im Bw Hagen-Gbf die Vorräte.

d. Verf.) in einem Vortrag vor den Vorständen der Lokfabriken am 13. 11. 1951 die äußere Linie der Neubaulok beanstandete, bitten wir im Hinblick auf ein einheitliches Ziel um Entscheidung, ob Planung und Bau nach den in den Lok 23, 65 und 82 verkörperten diesbezüglichen Grundsätzen . . . betrieben oder ganz bzw. teilweise wieder diejenigen gemäß Bild 3 angewendet werden sollen.«

Zu diesem Brief waren Aufrisse und perspektivische Zeichnungen der BR 23 gefertigt worden, die Wittes Argumentation unterstreichen sollten.

73 »Bild 3« zum Brief von Friedrich Witte – schöner als die reale BR 23?

Sehr schnell gab es einen Rückzieher von der HVB in Offenbach: »Die Angelegenheit ist am 19. 3. 1952 mit Herrn APr Witte besprochen worden. Der Sachreferent hat in dem angezogenen Vortrag die Linienführung der Neubaulok nicht beanstandet, sondern lediglich mitgeteilt, daß von anderer Seite Kritik geübt wurde und zwar nur wegen der Form des vorderen Teiles der Lok der BR 23. Die zukünftig vorgesehene Verwendung eines Mischvorwärmers wird voraussichtlich das Bild der Lok der BR 23 sowieso ändern und dadurch einen gefälligeren Übergang vom Umlaufblech zum Pufferträger ermöglichen. Bei weiteren Neubaulok-Planungen sind die bei den BR 23, 65 und 82 entwickelten Formen grundsätzlich beizubehalten.«

Der Schriftwechsel wurde von Witte, der Eindeutigkeit halber, den Mitgliedern des Fachausschusses samt den ersten perspektivischen Ansichten der Mischvorwärmer-Lok, später als 23 024 und 025 in Bau gegangen, zugeschickt. Besonders vorteilhaftes Aussehen kann man der Form des Mischvorwärmers und der »Linienführung« bei diesen Projekt-Ansichten aber nicht nachsagen . . .

23 024 und 025 – der technische Durchbruch?

Die inzwischen mit den Serienlokomotiven der BR 23 sowie den verschiedenen Versuchslokomotiven, besonders den Mischvorwärmer-52, gesammelten Erfahrungen fanden ihren Niederschlag erst in den beiden Maschinen 23 024 und 025, 1953 von Krupp gebaut. 23 024 präsentierte sich bereits von August bis Oktober 1953 neben einer 18^6 und einer 45 als Vertreter der Dampftraktion bei der DB auf der Deutschen Verkehrsausstellung in München. Als wichtigste Neuerungen gegenüber der bisherigen Serien-23 waren bei den Maschinen zu verzeichnen:
– Der Mischvorwärmer Bauart Henschel MVC
– Die nichtsaugende Friedmann-Strahlpumpe
– Die vornliegende Dampfpfeife
– Die Rollenlager in Trieb- und Laufwerk
– Das verbesserte Führerhaus mit neugestalteter Einrichtung
– Das Kylchap-Blasrohr bei 23 024.

Nach der Ausstellung wurde 23 024 vom 24. 10. 1953 bis zum 4. 4. 1954 dem Lokomotivversuchsamt Minden zur Verfügung gestellt, um Aufschluß über die Bewährung der wichtigen Änderungen zu erhalten. 23 025 wurde gleichzeitig als Betriebserprobungslok dem Bw Mainz zugeteilt. Die langen Verzögerungen bei der Fertigung der Maschinen – 23 024 war erst acht Monate nach der letzten Lok der Jung-Serie 23 016 bis 023 fertiggeworden – verhinderten eine Verwirklichung der neugewonnenen Erfahrungen schon bei der Vergabe 1953 (23 026 bis 052), für die zwischen April und August 1953 die Verträge mit der Industrie geschlossen worden waren. Bei 23 026 bis 052 sind deshalb nur diejenigen Änderungen berücksichtigt, die ohne weitere Versuche als »bewährt« angesehen werden konnten. Sofort für die Serie übernommen wurden z. B. die neue Anordnung der Dampfpfeife, die neue Form des Führerhauses, das bei 23 024 und 025 steiler gestellte Armaturenpult, die Friedmann-Pumpe und die verschleißarmen Achslagerführungen aus Hartmanganstahl.

Auf die neuen Elemente Mischvorwärmer, Rollenlager, neue Saugzuganlage, Teile der Führerhauseinrichtung und die Tritte aus Gitterblech verzichtete man zunächst, bis die Bewährung festgestellt war. Die Gitterrost-Tritte, vorweg, bewährten sich sehr gut, die Unfallgefahr, besonders im Winter, war entscheidend herabgesetzt. Nicht nur 23 053 bis 105 erhielten dann diese Tritte, sondern sie wurden Allgemeingut bei fast allen DB-Fahrzeugen.

Auf die anderen Elemente, ihre Geschichte und die Bewährung, soll im folgenden eingegangen werden.

74 1954 konnte man noch mit der Dampflok werben! Die in der 1953er Ausgabe des Jahrbuchs des Eisenbahnwesens erschienene Anzeige der Firma Jung zeigt 23 020 aus der zweiten Serie. Aufgenommen wurde die Lok des Bw Mainz 1953 am Rhein, obwohl die Anzeige behauptet »Auf der Moselstrecke«.

Die Kylchap-Saugzuganlage

Bei der Reichsbahn hatte man vor dem Krieg in der Berechnung der Saugzuganlage der Einheitslokomotiven besonders auf einen geringen Gegendruck in den Zylindern geachtet. Zwangsläufig war dabei der Saugzug und somit die Feueranfachung ins Hintertreffen geraten. Zwar hatte die Saugzuganlage der Maschinen vor dem Krieg ausreichende Unterdruckwerte in der Rauchkammer ergeben, damals hatte man aber mit einer gleichbleibend guten Kohle rechnen können, die auch bei nur durchschnittlicher Feueranfachung gut verbrannte und nicht zur Schlackenbildung neigte. Nach dem Krieg waren die Verhältnisse zwangsläufig anders. Schlechte und wechselnde Kohlequalität in Verbindung mit dem schwachen Saugzug verursachten häufig Dampfmangelfälle, weil durch die kleinen Aschkastenluftklappen und das verschlackende Kohlenbett nicht genügend Verbrennungsluft durchgesaugt werden konnte. Die neuen Einheitsdampflokomotiven waren deshalb mit dem Aschkasten Bauart Stühren mit großen seitlichen Luftklappen und einer knapper bemessenen Saugzuganlage gebaut worden. Der Saugzug war somit bei der BR 23 gut. Ab Anfang der 50er Jahre liefen dann Arbeiten, um auch die übrigen Einheitsmaschinen, namentlich die BR 01, 03, 44 und 50 mit neubemessenen Saugzuganlagen und Aschkastenseitenklappen auszurüsten. Das äußere Anzeichen für diese Umbauten war übrigens der im Durchmesser kleinere Schornstein. Also bestand eigentlich doch kein Grund, mit der Saugzuganlage der BR 23 weitere Versuche zu unternehmen?

Während seiner 9. Beratung im Mai 1952 beschäftigte sich der Fachausschuß Lokomotiven ausführlich mit dem Thema »Verbesserung der Saugzuganlage«. Einigkeit bestand darin, daß die Anlagen der alten Einheitslokomotiven dringend verbesserungsbedürftig seien. Und Ergebnisse für eine grundlegende Verbesserung z. B. durch ein verstellbares Blasrohr könne man eben nur durch einen praktischen Versuch erzielen. Abgeraten wurde allerdings noch von der Turbo-Saugzuganlage, da diese ein zu kompliziertes Teil sei, das im Betrieb sicher zu Störungen führen würde. Zu einer weiteren Anlage Friedrich Witte: »Der Versuch mit der Kylchap-Anlage ist hauptsächlich durch die sehr schleppende Behandlung unserer Rückfragen bei der ›Integral‹ (der französischen Herstellerfirma, d. Verf.) durch diese selbst verzögert worden.«

Ein Versuch mit dieser Anlage bot sich aber an, da sie nach französischen Erfahrungen für einen besseren Saugzug bei geringem Zylindergegendruck sorgen konnte. Ein Versuch war somit auch bei der BR 23 interessant. Und so verfügte die DB-Hauptverwaltung die Ausrüstung einer Maschine der BR 23, denn ein geringerer Zylindergegendruck würde auch bei der neuen und gut abgestimmten Lok zu meßbarer Kohlenersparnis führen.

Vereinfacht funktioniert die Saugzuganlage Bauart Kylchap so (Zeichnung und Beschreibung siehe Seite 28): Das Blasrohr ist in seinen Austrittsöffnungen kleeblattförmig unterteilt, und zusätzlich sind zwischen Blasrohr und Schornstein zwei Zwischendüsen eingebaut. Somit entstehen bei arbeitender Maschine vier Dampfstrahlen und drei Einsaugquerschnitte für die Rauchgase aus der Feuerbüchse. Die am Eintritt des Dampfstrahls in den Schornstein vorhandene Saugwirkung wird an den beiden Zwischendüsen wiederholt entwickelt. So soll bei unverändertem Gegendruck in den Zylindern ein verstärkter Unterdruck in der Rauchkammer und somit eine verstärkte Saugzugwirkung erzielt werden.

Solche Anlagen waren vorher bereits mit gutem Erfolg an den Chapelon-Umbau-Schnellzugloks benutzt worden. Über diese Erfolge hatte sich Theodor Düring vom Lokomotivversuchsamt während einer Dienstreise zur SNCF, die hauptsächlich der Vorbereitung der neuen BR 10 dienen sollte, vom 21. bis 23. 6. 1951 informieren können. Im Gegensatz zu den deutschen Maschinen war aber die Ausstattung mit der Kylchap-Anlage (erfunden von *Kylälä*, verfeinert von *Chapelon*) nur ein integrierter Teil einer umfassenden Umgestaltung der großen französischen Schnellzuglok gewesen.

Bereits in seiner 10. Sitzung vom 25. bis zum 26. 2. 1954 in Mainz konnte sich der Fachausschuß mit den ersten Ergebnissen der Probefahrten in Minden befassen. Oberrat Dr.-Ing. Müller vom Zentralamt Minden faßte den »Erfolg« der Kylchap-Anlage in einem Satz zusammen: »Die Leistungsuntersuchung der Lok 23 024 hat ergeben, daß durch die Kylchap-Saugzuganlage Ersparnisse beim Kessel und bei der Dampfmaschine nicht nachzuweisen waren.«

Eine weitere Überprüfung der Anlage bei Probefahrten war nicht möglich, da die Lok nach einer EAW-Ausbesserung im April 1954 dem Versuchsamt nicht mehr zur Verfügung gestellt, sondern vom Betriebsdienst mit Beschlag belegt wurde.

Der Forderung der DB-Hauptverwaltung, anhand von Versuchs-

75 Ausfahrt! 23 020 (Bw Mainz) verläßt den Bahnhof Bingerbrück mit P 1231, Foto 1953.

unterlagen dazu Stellung zu nehmen, ob eine Ausrüstung weiterer Maschinen befürwortet werden könne, konnte das Versuchsamt somit nicht nachkommen. Die abschließenden Überlegungen zur Sache während der 11. Sitzung des Fachausschusses am 2. und 3.12.1954 in Würzburg konnte sich somit nur auf theoretische Überlegungen und die Erfahrungen des Betriebsdienstes in Mainz stützen. Dr.-Ing. Müller faßte dort seine bisherigen Eindrücke so zusammen: Neue Erkenntnisse seien nicht gewonnen worden, da die Versuchsreihe abgebrochen worden sei, weil der Betriebsdienst die Lok plötzlich benötigt habe. Abgesehen davon würde eine solche Anlage wohl erst bei Maschinenabdampfmengen sinnvoll, die überhaupt nicht von DB-Lokomotiven erreicht würden. Sinnvoll sei eher die Verbesserung des Luftzutrittes zum Rost oder eine harmonische, widerstandsarme Ausbildung der Abdampfleitungen. Insgesamt könne er nur theoretische Annahmen weitergeben. Zusammengefaßt: „Die Verwendung einer Kylchap-Anlage bei DB-Lok würde nur einen sehr kleinen Leistungsgewinn bringen."

Bundesbahndirektor Dormann von der BD Mainz gab seine Eindrücke für den Betriebsdienst so wieder: Die Maschine habe im Einsatz befriedigt. Dormann: »Wenn es darauf ankommt, einen wichtigen und schweren Zug unbedingt zuverlässig und pünktlich an das Ziel zu bringen, wird mit Vorliebe diese Lok eingesetzt.«

Der Saugzug war aber insgesamt zu stark, aus dem Feuer wurden unverbrannte Kohlestücke in großer Menge bis in die Rauchkammer gerissen. Das schlug sich dann auch im Kohleverbrauch nieder. Im Vergleich zu den übrigen, im gleichen Dienstplan eingesetzten 23 hatte 23024 bis zum September 1954 einen höheren Kohleverbrauch, obwohl sie, mit Mischvorwärmer und Wärme-Vollisolierung ausgerüstet, eigentlich günstiger hätte liegen müssen. Im September 1954 waren dann die querschnittverengenden Blasrohrkeile entfernt worden, der Saugzug wurde schwächer und der Kohleverbrauch ging ebenfalls zurück. Die Zahlen:

23024	13,93 t/1000 km	September
23025	13,64 t/1000 km	
6 Lok 23 i. gl. Plan	15,6 t/1000 km	(Durchschnitt)

Nach dem Eindruck von Dormann hätte man mit der Verringerung des Saugzuges und damit des Gegendruckes noch weiter gehen können. Er hatte mit Hilfe einer in der Rauchkammer angebrachten Kamera festgestellt, daß bei langsamer Fahrt der Dampf zwischen Blasrohr und Schornstein zurückwirbelte, ein Zeichen für einen zu engen Schornstein bei der vorgegebenen Anlage.

Eine Erweiterung von Blasrohr und Schornstein hätte allerdings eine deutliche Beeinträchtigung der Wirkung des Mischvorwärmers ergeben. Die MVC-Anlage, ohnehin nicht glücklich gelungen, brauchte zur Funktion einen recht starken Blasrohrdruck, da nur so eine gründliche Verwirbelung des Speisewassers durch den in die Mischkammer gedrückten Abdampf erfolgen konnte.

Friedrich Witte ergänzte den Bericht von Direktor Dormann noch: »Die wesentlichen Nachteile der Kylchap-Saugzuganlage liegen in ihrem komplizierten Aufbau, der eine etwa erforderliche Änderung ausschließt, und in der Anfälligkeit der vielen Blechteile gegen die Einwirkung der Rauchgase. Eine Verwendung von Chromstahlblechen würde aber den Preis der Anlage bedeutend erhöhen.« Da die auf 23024 eingebaute Saugzuganlage ohnehin stolze 6000 Mark gekostet hatte, man aber nicht mit einer Amortisation durch Kohlenminderverbrauch rechnen konnte, kam man am 2.12.1954 im Fachausschuß zum Ergebnis, daß man weitere Versuche mit der Anlage nicht für nötig halte.

Daß sie ein Jahr später für die BR 10 nochmal ein Diskussionsthema bilden sollte, lag an der Größe der 10, die leistungsmäßig schon an die französischen Typen herankam. Immerhin hatte man sich während der Konstruktion 1954 noch die »Option« freigehalten und auf Anweisung der HV Zylindergruppe und Rauchkammer so umkonstruiert, daß ein nachträglicher Einbau einer Kylchap-Anlage noch möglich war.

Wann genau die Kylchap-Anlage aus 23024 gegen eine normale Saugzuganlage ausgewechselt worden ist, ist heute nicht mehr festzustellen, da entsprechende Eintragungen im Betriebsbuch fehlen. Viel spricht dafür, daß der Ausbau noch im Dezember 1954 im AW Trier erfolgte, als auch andere Bauartänderungen durchgeführt wurden.

Die Neuigkeit »Wälzlager«

Bereits zehn Jahre, bevor über die Verwendung von Wälzlagern an Dampflokomotiven überhaupt nachgedacht wurde, hatte diese Lagerbauart sich in anderen Bereichen schon weitgehend durchgesetzt: Auch schon vor dem Krieg wurden die einzelachsgetriebenen Triebwagen der Reichsbahn, bei denen es durch den Antrieb bedingt auf sehr geringes Lagerspiel ankam, mit Wälzlagern in den Außenlagern ausgerüstet – mit gutem Erfolg. Ebenfalls in den 30er Jahren hatten sich die Rollenlager auch schon an den Achsen der Dampfloktender durchgesetzt.

In den USA gab es auch schon Dampflokomotiven mit Wälzlagern an allen Lauf- und Triebwerkslagern: Z.B. die Klasse J3a der New York Central-Railroad, eine zweizylindrige 2'C2'-Schnellzuglok von 1938 erreichte über 193 km/h bei sehr guten Laufeigenschaften, die Lok ging in Serie. Bei der DRB bestand allerdings wegen der Vorbereitungen auf den Weltkrieg eher die Neigung, große Mengen von unkomplizierten Güterzuglokomotiven zu entwickeln. Abgesehen davon hatte man im Gegensatz zu den USA

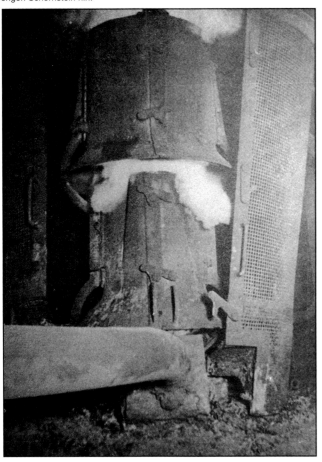

76 Die Kylchap-Blasrohranlage der 23024 während langsamer Fahrt, aufgenommen von einer automatischen Kamera bei geöffnetem Funkenfänger. Das nach vorne wegführende Rohr ist die Abdampfleitung zum Mischvorwärmer MVC. Der über den Blasrohrköpfen zurückwirbelnde Dampf weist auf einen zu engen Schornstein hin.

Lok.-Nr.	km seit Lieferung bis 1.3.1955	Betriebs-Monate	Monats-durchschnitt
23 001	257 000	51	5 000
002	258 000	51	5 100
003	259 000	50	5 200
004	240 000	50	4 800
005	246 000	50	4 900
006	237 000	49	4 800
007	261 000	49	5 300
008	242 000	49	4 900
009	217 000	49	4 400
010	187 000	49	3 800
011	219 000	48	4 600
012	252 000	48	5 300
013	195 000	48	4 100
014	197 000	47	4 200
015	116 000	46	2 500
016	240 000	28	8 600
017	235 000	28	8 400
018	240 000	28	8 600
019	250 000	27	9 300
020	245 000	27	9 100
021	250 000	27	9 300
022	235 000	27	8 700
023	235 000	26	9 000
024	75 000	16	4 700
025	114 000	17	6 700
026	120 000	13	9 200
027	129 000	13	9 900
028	105 000	12	8 800
029	122 000	12	10 200

Kilometeraufstellung aus einem Bericht des BZA Minden vom 14.3.1955. Bei der ersten 23-Serie bleiben die Laufleistungen gering, da sie lange abgestellt waren, und danach auch noch längere AW-Zeiten hatten als die neueren Serien, bei denen weniger Nachbesserungen erforderlich waren. Die geringe Kilometerleistung der beiden Maschinen beim BZA Minden (23015 und 23024) ist deutlich. Die Maschinen ab Nr. 23016 sind ab Lieferung schon in leistungsintensiven Diensten eingesetzt. Ab 23029 wird die ständige Erhöhung der monatlichen Laufleistungen (bei allen DB-Reisezugdampfloks) deutlich. Diesen „Aufschwung" ab 1954 machten dann auch die erstgelieferten 23 mit.

noch wesentlich weniger Erfahrungen mit den komplizierteren Innenlagern für Achsen und Treibstangen. Immerhin mußten die Lager vor dem Zusammenbau auf die Achse gepreßt werden, ein Schaden war nicht im Bw mit eigenen Mitteln zu beheben.
Auch bei den ersten 23 waren noch Gleitlager verwendet worden, allerdings abweichend von früheren Bauarten Buchsenlager ohne Stellkeile und mit zylindrischen Laufflächen. Vor der allgemeinen Einführung der Rollenlager sollte erst ihre Bewährung bei Versuchsmaschinen abgewartet werden. Die Abstände der Zylindermitten sind allerdings schon für die Verwendung von Rollenlagern berechnet. Die sehr robust ausgeführten Gleitlager bewährten sich gut, Reparaturen konnten ohne Schwierigkeiten ausgeführt werden, prinzipiell war aber eben noch kein Fortschritt erreicht in einem Lager, das im Idealfall einen geschlossenen Ölfilm zwischen den gleitenden Metallflächen besaß, im weniger idealen Fall aber die metallische Reibung (und den erhöhten Verschleiß) in Kauf nahm. Gegenüber dem einfachen und leicht reparierbaren Buchsenlager mußte das Rollenlager deshalb schon erhebliche Vorteile bringen, um die vorhersehbaren Schwierigkeiten aufzuwiegen:

– Um Wälzlager verwenden zu können, sind verschleißfeste Achslagergleitplatten nötig, da die Lager spielfrei laufen müssen.

– Die Reparatur von Lagern ist erschwert, es ist jeweils ein Auswechseln des ganzen Teiles notwendig.
– Die höheren Kosten für die Lager erschweren die Amortisation.
– Eine Umkonstruktion des ganzen Rahmens und Triebwerks ist notwendig, da die Wälzlager u.a. größere Rahmenausschnitte bedingen.
– Die Treibstangen werden durch die Lager schwerer als bei Verwendung von Buchsenlagern, der Massenausgleich schwieriger.
– Die Reinigung der Maschinen mit Heißwasser oder Dampf ist erschwert, da die Lager ausgespült werden können.

Zur Einführung von Wälzlagern in Lauf- und Triebwerk entschloß man sich deshalb erst, nachdem mit Fachleuten anderer Bahngesellschaften ein ausführlicher Erfahrungsaustausch über diese neuen Bauteile durchgeführt worden war. Hauptsächlich die guten Erfahrungen, die die British Railways mit Achslagergleitplatten aus Hartmanganstahl gemacht hatten, gaben im Endeffekt den Ausschlag für den Bau von zunächst zwei Maschinen – die 23024 und 025. Zum Vergleich: Während bei den bisherigen Rotgußgleitplatten der Verschleiß bei 2,6 mm/100000 km lag, hatten die British Railways bei Verwendung von Hartmangangleitplatten den Verschleiß auf durchschnittlich 0,25 mm/100000 km begrenzen können. Ein derart geringer Verschleiß erlaubte aber die Verwendung

77 Triebwerk der 23019 mit Buchsenlagern in Achs- und Stangenlagern. Nachträglich wurden Achslagergleitplatten aus Hartmanganstahl eingeschweißt. Nur das Treibstangenlager ist (hinten) nachzustellen. Ganz links oben oberhalb der Steuerung die Fettpresse der De Limon-Spurkranzschmieranlage.

78 Rollenlager am Triebwerk der 23076. Die Steuerung besitzt in allen kleinen Lagern allerdings Buchsenlager.

von Wälzlagern, die auf ein sehr kleines Spiel in der Lagerung angewiesen waren. Da man nach den ausländischen Erfahrungen von Laufleistungen von mindestens 300000 km ohne Lagerwechsel bei Wälzlagern ausgehen konnte, waren die Mehrkosten von rund 1750,– DM für das Wälzlager eines Stangenlagers sinnvoll angelegt, da man mit einer Amortisation innerhalb von fünf Jahren rechnen konnte.

Die beiden Maschinen 23024 und 025, ab 1953 im Einsatz, waren die ersten Dampfloks der DB mit Wälzlagern an allen Lagern des Trieb- und Laufwerks. Beim Bw Mainz wurden sie einer harten Dauererprobung unterzogen. Die Verwendung der neuen Lagerbauart erwies sich als großer Erfolg. Bis Ende 1954 gab es nur zweimal Schäden an Kuppelstangenlagern, ein Schaden entstand durch einen Fehler beim Bau: Bei 23025 war die Treibstange zur Aufnahme des Treibstangenlagers zu weit ausgedreht worden, den Fehler hatte man bei Jung durch Aufbringen einer Chromschicht zu beheben gesucht. Nach Arbeiten an den Lagern bei der DB war die Chromschicht allerdings bald nicht mehr vorhanden, das Lager hatte zuviel Spiel. Die Folge zeigte sich bald in Form von Metallspänen im Lagerfett. Man behalf sich wegen Lieferschwierigkeiten mit neuen Lagerteilen aus Eisen(!), die dann überhaupt nicht hielten. Eines Tages, 1954, während 23025 in einen Bahnhof rollte, zerlegte sich das Lager unter lautem Knall in seine Bestandteile, schwere Schäden an Stange und Nabe machten einen AW-Aufenthalt notwendig.

Ansonsten waren das Bw Mainz und auch das AW Trier mit den neuen Lagern sehr zufrieden, man hatte im Bw mit den Lagern nicht mehr zu tun, als alle paar Wochen die Fettfüllung zu kontrollieren, während bei Gleitlagerlokomotiven nach jeder Fahrt Nachschau gehalten werden mußte. Weil die Wälzlager im Gegensatz zu den Gleitlagern auch kein Öl auswarfen, war allerdings gelegentlich eine »Sonderwartung« notwendig: Damit die Stangen nicht zu rosten anfingen, mußten sie mit Öl eingerieben werden! Da die Lager eine sehr hohe Laufleistung erreichten, war das Ziel, nur während der L2-Untersuchung im AW überhaupt Arbeiten an den Lagern auszuführen und bis dahin mit einer Fettfüllung auszukommen, in greifbare Nähe gerückt.

Schwierig war zunächst nur das Abspritzen der Lok mit heißem Wasser zur Reinigung, da auf eindringendes Wasser die Lager mit Totalschaden reagieren konnten. Durch verbesserte Labyrinth-Abdichtungen wurde das bei den Maschinen 23053 bis 105 dann verhindert.

Im Vergleich zur Betriebserprobung von 23024 und 025 wurde über den Lagerverschleiß auch bei anderen Baureihen Buch geführt. Dabei ergaben sich unter anderem auch folgende Zahlen: Bei den 18 Lok BR 01 des Bw Würzburg mußten vom 31. 8. 1953 bis 31. 8. 1954 insgesamt 354 Lagerausgüsse neu angefertigt werden, das hintere Treibstangenlager machte davon den größten Teil aus. Ein Lagerausguß schlug mit ungefähr 70,– DM zu Buche. Durchschnittlich erreichten die Gleitlager im Jahr 1953 diese Laufleistungen, bis ein Neuausguß notwendig wurde:

	Treibstangenlager	Kuppelstangenlager
BR 50	36 000 km	41 000 km
BR 01	68 000 km	70 000 km
BR 03	75 000 km	79 000 km
BR 23	99 000 km	110 000 km

Die Überlegenheit des einfachen Buchsenlagers der BR 23 wurde zwar auch bei diesen Zahlen deutlich, aber die danach mit den Rollenlagern erreichten Laufleistungen sprachen eine deutliche Sprache. Der Fachausschuß stimmte deshalb im Dezember 1954 für die Ausrüstung weiterer Loks, auch von Maschinen der BR 01, mit Wälzlagern. Bei der 23 wurde die Empfehlung bei den 1954 bestellten 23053 bis 070 erstmals umgesetzt. 23026 bis 052 hatten einstweilen Gleitlager und Hartmanganstahlgleitplatten erhalten, bis die Bewährung der Wälzlager feststand.

In den folgenden Jahren bewährten sich die 23 mit Wälzlagern triebwerksmäßig sehr gut. Die 20 im Jahr 1956/57 bei der DB vorhandenen Wälzlager-23 erreichten bis Ende 1957 eine (auf die Wälzlager bezogene) störungsfreie Laufleistung von über 4 Millionen km, während 21 zum Vergleich herangezogene Gleitlager-23 eine störungsfreie Laufleistung von nur 633000 km erreichten, verursacht durch sechs »Abspanner« infolge Lagerheißlaufs im Jahr 1957.

Die Wälzlager-23 fuhren, besonders beim Bw Paderborn, die höchsten 23-Leistungen bei der DB (siehe Seite 90). Beim Bw Mainz wurden die kürzeren Nacharbeiten an den Loks extra in »R-Plänen« berücksichtigt, die mit kürzeren Standzeiten auskamen.

Voraussetzung für die hohen Laufleistungen war aber die gute Unterhaltung von Gleitplatten und Lagern. Ein zu großes Spiel in den Gleitplatten führte zu einer geringeren Lebensdauer der Lager, als die 23 ab 1967/68 zunehmend in untergeordnete Dienststellen und Leistungen abgedrängt wurden.

Im Bw Crailsheim waren in der »Schlußphase« manche Wälzlager-23 als »Schlechtläufer« berüchtigt, häufig wurde die Meinung vertreten, daß die schwere Bauart der Kuppelstangenlager für den schlechten Lauf mancher Maschinen verantwortlich sei. Besonders die Maschinen 23086 und 23105 waren in Crailsheim als »Knochenschüttler« beim Personal sehr unbeliebt. Die eigentliche Ursache für den schlechten Lauf der Maschinen dürfte aber ein zu großes Spiel in den Achslagergleitplatten gewesen sein, was dann eine schlechte Führung im Gleis verursachte.

Die schwere Bauart der Stangenlager und damit die Notwendigkeit größerer Gegengewichte war 1953 in Kauf genommen worden, da man, wohl mit Recht, die Bedeutung einer geringen Störanfälligkeit im Betrieb und geringerer Unterhaltungskosten höher bewertete als möglichst geringe unausgeglichene Massen. Solange die Maschinen gut unterhalten wurden, hatten sie ja auch befriedigende Laufeigenschaften, und mit den Lagern selbst hatte man auch bis zum Schluß 1975 nach Auskunft Crailsheimer Lokführer »keine Probleme«.

Eine gute Wartung war aber Vorbedingung für hinreichende Laufruhe nicht nur der BR 23. Bei der sehr kurz gebauten 23 hatte man zwar zur Erzielung eines ruhigen Laufes den Kessel sehr hoch gelegt (3250 mm, bis dahin höchste Kessellage in Deutschland), was an und für sich die Laufruhe im geraden Gleis verbesserte. Trotzdem neigte die Lok bei schlechter Wartung von Lauf- und Triebwerk wegen der sehr kurzen Treibstange zu unruhigem Lauf. Insofern waren der Bauart aber Grenzen gesetzt, da man die bewegten Massen des Triebwerks nicht einfach bis zum völligen Ausgleich mit Gegengewichten versehen konnte.

Ein verbesserter Massenausgleich bei der 23 wäre aber unbedingt zu fordern gewesen, da sie, wie eben beschrieben, nur bei gutem Unterhaltungszustand befriedigende Laufleistungen zeigte. Bekannt waren die Bedingungen schließlich: Je kürzer die Treibstange, desto unvollkommener der Kurbeltrieb und damit desto ungünstiger das Treibstangenverhältnis. Dieses Verhältnis errechnet sich so:

Treibstangenverhältnis BR 23 $\frac{S/2}{L} = 1:6,8$

Dabei stellt S den Kolbenhub dar und L die Treibstangenlänge. Je kleiner der zweite Verhältniswert (hier 6,8), desto unvollkommener das Treibstangenverhältnis und um so größer die Anforderungen an einen guten Massenausgleich.

Zum Vergleich die Verhältnisse anderer Zweizylindermaschinen:

	Treibstangenlänge	Verhältnis
BR 03	3630 mm	1:11,0
BR 23 alt	2400 mm	1:7,27
BR 38[10]	3000 mm	1:9,52
BR 66	2050 mm	1:6,21

Wie fast bei allen deutschen Personenzuglokomotiven mit drei angetriebenen Achsen und nur einer führenden Laufachse mußte sich logischerweise das Treibstangenverhältnis im ungünstigen Bereich bewegen. Dem dann erforderlichen Massenausgleich durch Gegengewichte setzte aber die Technische Verordnung in § 69 (3) deutliche Grenzen: »Freie Fliehkräfte (auch Gegenge-

79 Auch F-Züge fuhren die Mainzer 23: Der F 21 »Rheingold« wird von der gerade vom Versuchsamt zurückgekommenen 23 024 geführt, Aufnahme im April 1954. Ort des Geschehens: Abzweig Bischofsheim an der Mainzer Rheinbrücke.

wichte, d. Verf.) sollen bei höchster Fahrgeschwindigkeit nicht mehr als 15% des ruhenden Raddruckes betragen.«

Das Befolgen dieser Verordnung begrenzte den Massenausgleich bei den deutschen Maschinen auf ungefähr 15 bis 20%, erklärt also die traditionell höchstens durchschnittliche Laufruhe deutscher Zweizylindermaschinen. Die 23 stellte somit keine Ausnahme dar, hätte nur wegen ihrer vom Betriebsmaschinendienst geforderten kurzen Baulänge spätestens 1949 ein Umdenken erfordert.

Das dieses hätte sein können, zeigen mehrere Beispiele: Gerade in den USA und in Frankreich waren viele Schnellzugdampflokomotiven mit extrem kurzen Treibstangen in Betrieb, die bei sehr hohen Geschwindigkeiten noch eine große Laufruhe besaßen, dank eines stark verbesserten Massenausgleichs. Gerade in den USA waren das hauptsächlich Zweizylindermaschinen oder wenigstens solche mit nur zwei Zylindern je Triebgestell (2'B'B'2'). Sie besaßen einen Massenausgleich von rund 60%.

Erst bei der BR 66 kamen auch deutsche Ingenieure auf einen »Trick«, die Laufeigenschaften zu verbessern, sie nahmen die Bestimmungen der TV wörtlich, die da nur von »sollen« redet. Nicht mehr 15% des ruhenden Raddruckes wurden als Rechnungsgrundlage genommen, sondern 15% des auf Hauptbahnen zulässigen Achsdruckes (20 t). Weil dabei ein wesentlich höherer Wert herauskam, konnten die Gegengewichte der BR 66 so dimensioniert werden, daß sie nicht mehr höchstens 20% ausglichen, sondern 56%. Bei den niedrigen Höchstgeschwindigkeiten speziell auf Nebenbahnen trat bei ihr auch bei dem niedrigen Achsdruck von 15 t keine Überschreitung des geforderten Wertes an freien Fliehkräften ein.

Nach den sehr guten Erfahrungen mit der BR 66, die bei einer extrem kurzen Treibstangenlänge von 2050 mm trotzdem sehr ruhig lief, wären solche Überlegungen auch nachträglich bei der BR 23 nötig gewesen: Immerhin führten die starken Zuckschwingungen bei abgefahrenen Loks wiederholt zu Triebwerksschäden wie Brüchen von Kolbenstange, Kreuzkopf und Treibstange. Für die Personale waren solche »Knochenschüttler« auch, wie schon beschrieben, sehr unangenehm.

Trotzdem wurde erst 1964/65 bei den Maschinen eine Verbesserung des Massenausgleichs durch Vergrößerung der Gegengewichte durchgeführt, bei weitem aber nicht bis zu einem Wert von 56% wie bei der BR 66. Gerade für die Dampflok-Endzeit mit nachlässiger Pflege und auslaufender Unterhaltung brachte die 23 somit sehr schlechte Vorbedingungen mit.

Enttäuschung mit dem Henschel-Mischvorwärmer

23 024 und 025 waren nicht die ersten Mischvorwärmer-Loks der Deutschen Bundesbahn, vielmehr markieren sie einen »Entscheidungspunkt« zugunsten des Heinl-Mischvorwärmers bei hochbelasteten Reisezugmaschinen und zugunsten des Henschel-MVR- und MVT-Vorwärmers für alle übrigen Baureihen. Schon 1948, als die Wiederausrüstung mit Vorwärmern bei denjenigen Maschinen anstand, die für den Einsatz im Ostfeldzug ihre – frostempfindliche – Vorwärmeranlage eingebüßt hatten, war sich der Fachausschuß einig gewesen, daß für neue Maschinen nur der Mischvorwärmer in Betracht kommen könne. Der wirtschaftliche Vorteil der Speisewasservorwärmung war spätestens seit den zwanziger Jahren nicht umstritten, wohl aber die Wahl des Vorwärmers.

Die DRB hatte sich für den Knorr-Oberflächenvorwärmer entschieden, in dem das Speisewasser mittels einer Rohrschlange mehrfach durch eine abdampfgefüllte Trommel geführt wird – ein unkompliziertes und wartungsarmes System mit einer zunächst guten Vorwärmleistung. Auch nach dem Krieg noch ergaben Berechnungen der DB, daß der »Knorr-OV« infolge seiner einfachen Bauart von allen Vorwärmsystemen die beste Wirtschaftlichkeit besaß. Charakteristisch bei ihm war aber, daß sich schon kurze Zeit nach einer Reinigung die Heizflächen mit Schmutz aus Dampfmaschine und Kessel zusetzten und der Kostenvorteil, sprich Kohlenersparnis, mangels Vorwärmleistung schnell auf Null ging.

Die Frage war nun, welche Vorwärmerbauart bei den Betriebsbedingungen der DB den größten Erfolg versprechen würde. Auf jeden Fall war nach dem Krieg die Frage »Mischvorwärmer, ja oder nein« nicht mehr umstritten. Gegenüber dem Oberflächenvorwärmer hatte ein neuzeitlicher Mischvorwärmer mehrere Vorteile:

- Der Wirkungsgrad verschlechterte sich nicht mit zunehmender Betriebszeit.
- Der Kessel wurde geschont, weil das Speisewasser im Heißwasserspeicher entgast und auch teilweise enthärtet wurde.
- Ein Speicher erlaubte auch bei geschlossenem Regler das Speisen mit heißem Wasser. Der Oberflächenvorwärmer brachte dann mangels Abdampf keine Vorwärmleistung. Sollte schädliches Kaltspeisen vermieden werden, mußte bei geschlossenem Regler mit der Strahlpumpe gespeist werden – mit Frischdampfverbrauch.
- Der Mischvorwärmer gewann einen Teil des Speisewassers infolge Kondensation zurück, erlaubte somit längere Maschinendurchläufe ohne Wassernehmen.
- Die aufwendige Reinigung des Rohrbündels im Oberflächenvorwärmer entfiel.

Erfahrungen mit Mischvorwärmern gab es in Deutschland bis 1948 schon: Die 1'C1'- und 1'D1'-Tenderloks der Halberstadt-Blankenburger Eisenbahn, gebaut Ende der 20er Jahre von Hanomag, besaßen den Worthington-Mischvorwärmer, Typ BL-2. Die österreichischen 729, bei der DRB rund sieben Jahre als BR 78[6] in Betrieb, waren mit dem Heinl-Mischvorwärmer ausgerüstet. Etliche andere aus Österreich übernommene Maschinen besaßen den ab Ende der 20er Jahre eingeführten Dabeg-Vorwärmer, dessen Speisepumpe aber von der Treibachse angetrieben wurde und somit bei Stillstand nicht speisen konnte.

Je eine Maschine der BR 50 war 1941 mit einem Knorr-Mischvorwärmer (50 1149) und mit einem Heinl-Mischvorwärmer ausgerüstet worden.

Nach dem Überfall auf Frankreich hatte die DRB auch Versuche mit französischen Dampfloks anstellen können, die schon in großer Zahl mit dem Mischvorwärmer Bauart ACFI-RM-Integral ausgerüstet waren.

Bis 1945 waren noch 42 591 mit einem Knorr-Mischvorwärmer und 42 2637 mit einem Heinl-Vorwärmer dazugekommen.

Aus den USA waren Versuchsberichte und Langzeiterprobungen mit verschiedenen Mischvorwärmerbauarten bekannt: Worthington BL-2, Worthington SA, Coffin, Wilson. Alle diese Vorwärmer waren bereits in großen Stückzahlen im Einsatz, besonders der Mischvorwärmer Worthington SA war schon 1948 allgemein verbreitet.

Für die Bedingungen bei der damals noch so heißenden DR waren diese Bauarten aber fast alle nicht geeignet.

Speziell die amerikanischen waren verwickelte Bauarten mit anfälligen Bauteilen wie z. B. Reglerschwimmern. Das Haupthindernis stellte aber die Devisenknappheit dar: Für alle Bauarten, außer dem Knorr-Vorwärmer und dem in der Entwicklung stehenden Henschel-Mischvorwärmer, waren hohe Beschaffungskosten oder Lizenzgebühren zu bezahlen, einstweilen unmöglich. In Betracht kamen deshalb zunächst nur die heimischen Bauarten (erst nach Besserung der Devisenverhältnisse wurden noch 1951 zwei Heinl-52 gebaut).

Um zu vergleichbaren Verbrauchszahlen zu kommen, wurde schon 1947 ein umfangreicher Vorwärmerversuch begonnen: Als Versuchsobjekte dienten 40 Loks der BR 52, die von 1948 bis 1951 von Henschel neu gebaut wurden. Neben den Vorwärmern dienten diese Maschinen auch noch als Versuchsträger für etliche andere Bauelemente einer neuen Einheitsdampflokreihe. Gebaut wurden die 52 unter den Fabriknummern 28 277/48 bis 28 316/51. Abgeliefert wurden sie als 52 124 bis 143, 875 bis 890, 429000 und 9001 sowie 52 891 und 892.

Die ersten fünf hatten aus Vergleichsgründen keinen Vorwärmer, 52 129 bis 143 und 875 bis 890 hatten in verschiedenen Spielarten den Mischvorwärmer Henschel MVR, 429000 und 9001 hatten den Franco-Crosti-Rauchgasvorwärmer und 52 891 und 892 fuhren mit dem Heinl-Mischvorwärmer. Ein genaues Eingehen auf diese Vorwärmerversuche kann hier unterbleiben, da diese an anderer Stelle ausführlich beschrieben sind (J. Ebel/R. Gänsfuß: Franco-Crosti, Erlangen [LOK Report] 1980, Seiten 14 ff.).

Diese Versuche wurden noch durch den Einbau weiterer Mischvorwärmerbauarten in andere Baureihen ab 1950 ergänzt (BR 01 Henschel MVR, BR 44 Knorr-MV, BR 44 Henschel MVR, BR 50 Henschel MVR, BR 50 Henschel MVS). Die Vorwärmerversuche bewiesen bis 1951 eines deutlich: Alle waren noch nicht serienreif.

- Der Schwachpunkt des Henschel-Mischvorwärmers lag in der Speisepumpe (die Vorwärmer MVR – Warmwasserspeicher im Rauchkammerscheitel- und MVS – Warmwasserspeicher im Tender – unterschieden sich in der Funktionsweise nicht). Die Turbospeisepumpe arbeitete unzuverlässig und mit hohem Dampfverbrauch. Die Kohleersparnis war prinzipiell gut.
- Der Knorr-Mischvorwärmer brachte gute Brennstoffeinsparung, war aber nur als Einzelstück vorhanden und schied aus Preisgründen aus.
- Der Franco-Crosti-Vorwärmer bedingte eine völlig veränderte Kesselbauart, die Brennstoffersparnis war zwar spektakulär, Korrosionsprobleme in den Vorwärmekesseln konnten einstweilen aber nicht überwunden werden.
- Der Heinl-Mischvorwärmer stellte eine komplizierte, zweistufi-

80 Noch vor der Ablieferung der ersten 23 stellte Henschel eine Entwurfszeichnung für den Mischvorwärmer Henschel MVS auf. Hier befinden sich Speicher und Strahlheber im Tenderwasserkasten, die Turbopumpe sollte unterhalb des Führerhauses ihren Platz finden. Wahrscheinlich wegen der langen Leitungswege wurde das Projekt abgelehnt.

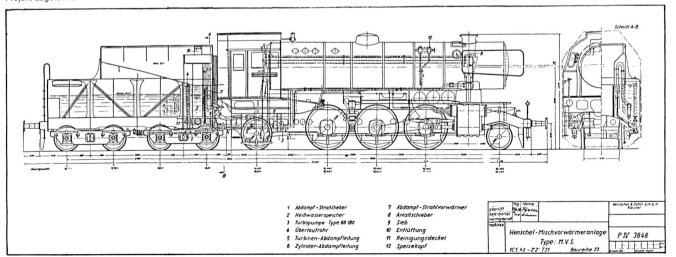

ge Vorwärmerbauart dar. Er brachte zwar unter den Mischvorwärmern die beste Brennstoffersparnis, war aber als österreichisches Patent mit hohen Lizenzgebühren belastet.

Die Entscheidung stand nach Abwägung dieser Faktoren ziemlich schnell fest: Nur der Henschel-Vorwärmer erfüllte die Forderungen nach einfacher Bauart, relativ geringen Anlagekosten, recht guter Kohleersparnis und Freiheit von Lizenz- und Devisenausgaben gleichermaßen.

Die Frage, warum dann aber die BR 23 noch bis 1953 mit dem veralteten Vorwärmer gebaut wurde, wenn die Vorwärmerversuchsloks der verschiedenen Baureihen doch die Überlegenheit des Mischvorwärmers schon frühzeitig erwiesen hatten, ist heute nicht mehr leicht zu beantworten. Der wahrscheinlichste Grund dürfte sein, daß man erst die schwerwiegendsten Kinderkrankheiten der neuen Maschinen in den Griff bekommen wollte, bevor man sich an wesentliche Neuerungen begab. So ist wohl der

81 Bei den ersten Projektstudien zum Mischvorwärmer Henschel MVC waren die Warmwasserspeicher tatsächlich noch, wie bei vorhergegangenen Exportlokomotiven, taschenförmig seitlich der Rauchkammer angeordnet, optisch eine sehr unglückliche Lösung. Zeichnung vom März 1952.

83 Als Alternative zu Entwurf 3a (Abb. 82) ist bei dieser Zeichnung das große Trittblech als Lampenträger beibehalten worden. Den Eindruck einer kurzen Lok verstärkt diese Anordnung aber noch.

82 Ein weiterer Entwurf verlegte den Speicher weiter zurück und ordnete ihn um den Kesselauflieger an. Wie von manchen DB-Stellen gefordert, ist die Vorderpartie der Lok total umgestaltet und offen.

84 Die endgültige Ausführung des MVC. Wie dargestellt, hätte die leichte Abrundung des Speichers das Erscheinungsbild verbessert. Trotzdem, die Darstellung wirkt geschönt, denn so ausgewogen sahen die 23024 und 025 ja nicht gerade aus. Das Triebwerk ist noch mit Gleitlagern dargestellt, das Führerhaus aber schon in der neuen Ausführung.

85 Ein ungewohnter Anblick: 23 044 ist bei Krupp fast fertiggestellt, Aufnahme am 14. 6. 1954. Im Hintergrund stehen noch unverkaufte D-Tenderloks des Typs Bergbau.

nochmalige Bau von 27 Loks mit Oberflächenvorwärmer zu erklären, während noch die Versuche mit den Mischvorwärmerloks 23 024 und 025 liefen.

Der auf 23 024 und 025 eingebaute Mischvorwärmer Bauart Henschel MVC (Funktion siehe Seite 29) ist keine Neuschöpfung. Vielmehr ist er eine Weiterentwicklung der Mischvorwärmeranlage mit Speicher im Rauchkammerscheitel (MVR) und der schon 1952 auf zwei Maschinen der BR 82 erprobten Anlage MVT, bei der der Heißwasserspeicher seinen Platz im linken Wasserkasten gefunden hatte. Henschel konnte bei seiner Anlage MVC schon auf Auslandserfahrungen verweisen, bei diesen Lieferungen hatte der Heißwasserspeicher beidseitig der Rauchkammer in großen Taschen seinen Platz gefunden. Diese Anordnung, obwohl optisch nicht ideal, war immerhin noch annehmbarer als die ungeschlachte Rauchkammer bei Verwendung des MVR-Vorwärmers.

Eine weitere Spielart des Mischvorwärmers, bei der der Heißwasserspeicher seinen Platz im Tender finden sollte, wurde nicht weiterverfolgt, da diese Anlage MVS über sehr lange Leitungswege verfügen mußte. Schon am 25. 10. 1950, also noch vor Ablieferung der ersten 23, hatte Henschel diese Mischvorwärmeranlage für die BR 23 durchgezeichnet und der DB vorgelegt. Auch sie entsprach prinzipiell der üblichen Ausführung des Henschel-MV. 1952 stellte die Anlage kein Thema mehr dar, als es um die Umgestaltung von zwei 23-Maschinen ging, lediglich eine 50 (2207) erhielt noch die Anlage.

Da über die grundsätzliche Funktionstüchtigkeit der nun avisierten Mischvorwärmeranlage MVC Klarheit bestand, konnte sich das Zentralamt Minden speziell der äußeren Gestaltung widmen. Zur Erinnerung: 1951/52 war die Gestaltung der Vorderpartie der BR 23 seitens anderer Dienststellen bemängelt worden.

Die ersten Zeichnungen deuten noch die ursprüngliche Form des MVC an, bauchig lag er beidseitig der Rauchkammer, sicherlich kein Fortschritt an Gestaltung.

Für die verschiedenen Entwürfe wurden jeweils perspektivische Zeichnungen angefertigt, um die optische Wirkung besser beurteilen zu können. Diese Zeichnungen wurden zum großen Teil vom Eisenbahnmaler Walter Zeeden aus Garmisch-Partenkirchen ausgeführt. Ein Teil der Zeichnungen ist auf S. 69 wiedergegeben. Was durch den Vorwärmer eigentlich erfolgen sollte, die Neugestaltung der Vorderfront, wurde jedenfalls nicht erreicht. Am ehesten konnte noch der endgültige Entwurf, in der Zeichnung schon mit der Nummer 23 024 versehen, befriedigen. Aber auch er wirkt im nachhinein geschönt, denn so harmonisch und klein, wie dargestellt, geriet der MVC dann doch nicht. Auf jeden Fall wäre eine Aufgabe des vorderen große Umlaufbleches zugunsten einer Leiter oder eines kleinen Bleches nicht gut gewesen, denn gerade durch die lang durchgehende horizontale Linie wurde die kurze Maschine optisch verlängert.

Der Vollständigkeit halber muß hier erwähnt werden, daß schon im Februar 1952 die Firma Jung der DB zwei Alternativen für die Ausrüstung der 23 mit einem Heinl-Mischvorwärmer vorgelegt hatte: Einmal mit einem Speicher unter dem Kessel und dann auch mit dem Speicher unter der Rauchkammer, wie er dann ausgeführt wurde. Für die Planungen für 23 024 und 025 (die von Jung gebaut wurden) spielten diese Entwürfe zwar keine Rolle, wurden aber später zur Grundlage für die Entwicklung der »Heinl-23«, nachdem der Henschel-MVC zumindest in der Ausprägung auf 23 024 und 025 als »Blindgänger« entlarvt worden war.

Die Versuchsfahrten mit 23 024 beim Versuchsamt und von 23 025 im Alltagseinsatz von Ende 1953 bis April 1954 können so zusammengefaßt werden: Die Mischvorwärmeranlage führte zwar nicht zu ernstlichen Störungen im Zuglauf bei mittleren Belastungen, bedurfte aber bis zu einer einigermaßen Funktionstüchtigkeit noch erheblicher Umbauten, wie Friedrich Witte während der 10. Sitzung des Fachausschusses im Februar 1954 feststellte. Die Anlage, deren Bau von der Hauptverwaltung verfügt worden sei, habe sich als funktionell nicht in Ordnung erwiesen.

Da die Anlage prinzipiell den anderen Henschel-Mischvorwärmern glich, dürften ihre Fehler ähnlich wie bei jenen ausgesehen haben. Vermutlich setzte sich das Rücklaufrohr, über das Wasser aus dem gefüllten Warmwasserspeicher wieder dem Heber zufließen konnte, durch Fremdstoffe zu. Oder, wie später auch bei den 65 und 82 aufgetreten, der gesamte Wasservorrat erwärmte sich so stark, daß der Heber nicht mehr arbeiten konnte (einwandfreies Arbeiten nur bis ca. 50°C Wassertemperatur). Bei den Baureihen 65 und 82 behalf man sich dann durch Drosselringe, die in die Abdampfzuleitung eingelegt wurden und die Abdampfmenge drosselten, falls z. B. in Umlaufplänen mit langen Streckeneinsätzen die dauernde Dampfzuführung und damit die Wassererwärmung zu groß wurde. Auch hatten die anderen Baureihen nicht eine derart lange Abdampfzuleitung zum Mischbehälter. Zum einwandfreien Arbeiten der MVC-Anlage war schon deshalb ein wesentlich höherer Blasrohrdruck notwendig als bei der vorhergegangenen MVR- oder MVT-Anlage.

Friedrich Witte in der 10. Sitzung des Fachausschusses: »Die neu gebauten Lok BR 23 werden mit Heinl-Mischvorwärmeranlage ausgerüstet... Die zweckmäßigste Anwendung der Mischvorwärmeranlagen hat sich nunmehr wie folgt herauskristallisiert: S- und P-Lok erhalten Bauart Heinl, G-Lok erhalten Bauart Henschel MVR und Tenderlok erhalten Bauart Henschel MVT.«

Soviel schon vorweg: Die Entscheidung für den Heinl-Vorwärmer war durch die Verbesserung der Devisenlage möglich. Prinzipiell war er vielversprechend: Gegenüber den mit atmosphärischer Vorwärmung arbeitenden Henschel-Vorwärmern konnte die Vorwärmung in der zweiten, unter Druck stehenden Vorwärmstufe des Heinl-MV bis auf ca. 110°C gesteigert werden, worauf man bei den hochbelasteten Schnellzuglok und der BR 23 große Hoffnungen setzte.

Der Sozialführerstand auf 23024

Ebenfalls bei den 23024 und 025 wurden die Vaihinger-Wasserstände erprobt. Gegenüber den früheren Wasserständen unterschieden sie sich hauptsächlich durch die Schnellschlußventile mit Gegengewichten und durch das flache Panzerglas, in dem durch Reflektion der Wasserstand deutlicher sichtbar sein sollte. Die Versuche ergaben zweierlei: Einerseits bewährte sich das Glas nicht, ein Auswechseln war erschwert und die Ablesbarkeit war nicht besonders gut. Andererseits wurden die Schnellschlußventile danach ziemlich schnell Allgemeingut bei allen DB-Dampflok.

Die Vaihinger-Wasserstände waren schon vorher auf einer Dampflok erprobt worden: 52889 (Henschel 28311/51), abgenommen am 21. 2. 1951, hatte endlich als der lange vergeblich geforderte Versuchsträger für neue Aggregate dienen können. In ihrem »Musterführerstand« wurden die Verbesserungen von 23024 und 025 teilweise vorerprobt:

1. Das Oberlicht aus Drahtglas, das von den Personalen einhellig begrüßt wurde.
2. Ein Entlüftungsaufbau auf dem Führerhausdach wie bei 23001 bis 023, zusätzlich über dem Stehkessel ein elektrisch betriebener Ventilator, dessen Abluft durch zwei Kanäle vor die Stirnwandfenster geleitet wurde, um ein Beschlagen zu vermeiden. Eine Wirksamkeit des Ventilators wurde aber nicht festgestellt.
3. Die Atlas-Klarsichtscheibe im Frontfenster an der Lokführerseite, bestehend aus einer elektrisch betriebenen, umlaufenden Glasscheibe (ca. 2500 U/min), die anfliegende Tropfen abschleudern sollte. Die Erfindung, die aus dem Schiffsbau stammte, bewährte sich und fand neben 23024 und 025 noch Verwendung auf vielen Schnellzuglokomotiven der DB (und der DR).
4. Augenschutzblenden über den seitlichen Führerstandsfenstern, die sich als unnötig erwiesen.
5. Herablaßbare Fenster in den Führerstandstüren, die danach allgemein verwendet wurden.
6. Kleiderkasten an der heizerseitigen Führerhausrückwand, die in der Praxis dann aber hauptsächlich für Werkzeug benutzt wurden.
7. Federnde Sitze mit abnehmbaren Rückenlehnen, die vom Personal als Fortschritt gegenüber den gebräuchlichen Sitzen bezeichnet wurden.
8. Klapptische vor den Sitzen für Schreibarbeiten und Einnahme von Speisen, die aber mangels Platz kaum verwendbar waren.
9. Federnde Fußroste, wie sie schon vor dem Krieg gebräuchlich waren.
10. Verbesserte Fußbodenheizung, bestehend aus Rohrschlangen.
11. Wasserstände Bauart Vaihinger (s. o.).
12. Blendschutz für den Lokführer zum Feuer hin, bestehend aus einem Vorhang.

Viele dieser Elemente wurden dann auf 23024 und 025 übernommen (siehe auch Seite 38). Die Sitze wurden gegenüber der 52889 nochmals verbessert und präsentierten sich in den »Sozialführerständen« der beiden 23 als breite Polstersessel, schwenkbar und mit Armlehnen. Vor diesem Polstersessel waren alle Armaturen so angeordnet, daß eine Bedienung vollständig im Sitzen möglich war (nötig dazu war auch das Steilerstellen des Armaturenpultes und die Verlängerung der Steuerungsfußraste). Trotzdem, viele Lokführer waren mit der Anordnung nicht zufrieden, klappten den Sitz zur Seite und hielten die Nase weiterhin in den Wind.

Sicher waren die sozialen Verbesserungen gut gemeint und zum großen Teil auch wirklich sinnvoll. Nur, mancher beobachtete halt beim Anfahren das Triebwerk mit der linken Hand am Sandhahn, mancher stand beim Bremsen auf, um die Bremswirkung deutlicher zu spüren, und mancher gar, gewöhnt an die preußischen Typen, fuhr prinzipiell stehend. Im übrigen, dieselben Probleme gab es zur gleichen Zeit mit den ersten V 200, denn die konnte man nur sitzend fahren – was auch Widerspruch bei Lokführern auslöste.

Der Heinl-Mischvorwärmer soll es sein

Am 25. 6. 1954 forderte die DB-Hauptverwaltung den Fachausschuß Lokomotiven auf, nochmals zur Wirtschaftlichkeit der einzelnen Vorwärmersysteme Stellung zu beziehen. Man habe sich zwar nach den vorliegenden Versuchsergebnissen inzwischen für den Heinl-Mischvorwärmer bei stark belasteten Lokomotiven entschieden und für den Mischvorwärmer Henschel MVR bei weniger belasteten Lokomotiven, aufgrund der eingetretenen Preisverschiebungen seien aber die früheren Untersuchungen über die Wirtschaftlichkeit als überholt anzusehen.

Zu dieser Forderung nahm der Fachausschuß in seiner 12. Sitzung vom 6. bis 8. 7. 1955 Stellung. Zusammengefaßt: Man sei derzeit noch nicht in der Lage, eine Stellungnahme abzugeben,

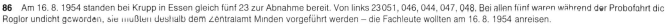
86 Am 16. 8. 1954 standen bei Krupp in Essen gleich fünf 23 zur Abnahme bereit. Von links 23051, 046, 044, 047, 048. Bei allen fünf waren während der Probefahrt die Roglor undicht geworden, sie mußten deshalb dem Zentralamt Minden vorgeführt werden – die Fachleute wollten am 16. 8. 1954 anreisen.

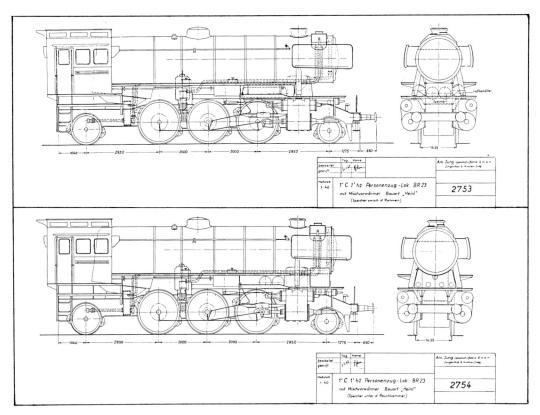

87 Entwürfe der Firma Jung für die BR 23 mit Heinl-Vorwärmer. Oben: Speicher unter dem Kessel; unten: Speicher unter der Rauchkammer, aufgestellt am 31. 1. 1952 bzw. 2. 2. 1952.

die Erfahrungen nur des Lok-Versuchsamtes reichten für eindeutige Ergebnisse nicht aus, da immer noch nicht ein großangelegter Betriebsversuch angefangen worden sei. Die Feststellungen des Ausschusses blieben somit nur theoretisch: Die Preise für die verschiedenen, zur Diskussion stehenden Vorwärmer waren bekannt:

Oberflächenvorwärmer Knorr	7 665,00 DM
Mischvorwärmer Henschel MVR	12 550,00 DM
Mischvorwärmer Henschel MVT	10 150,00 DM
Mischvorwärmer Heinl	15 150,00 DM
Rauchgasvorwärmer Franco-Crosti (bei gleichzeitigem Einbau eines neuen Kessels)	42 590,00 DM

Bei einem angenommenen Kohlenverbrauch in Höhe von 100 000,00 DM pro Jahr (das erreichte z. B. die BR 82) amortisierte sich der Mehraufwand des Henschel-Mischvorwärmers gegenüber dem Oberflächenvorwärmer innerhalb von 1½ Jahren, jedenfalls nach den Versuchsfahrten in Minden. Beim Heinl-Vorwärmer, belastet durch höhere Anlagekosten, war nach den vorhandenen Zahlen eine Amortisation ebenfalls in 1½ Jahren zu erwarten, wenn er in eine Maschine mit einem hohen »Kohlenkonto« pro Jahr (BR 01^{10} mit 180 000,00 DM) eingebaut wurde, infolge hoher Leistung also auch eine größere Ersparnis erreicht wurde.

Friedrich Witte urteilte, daß man nach diesen überschlägigen Zahlen mit dem inzwischen angelaufenen Bauprogramm durchaus richtig läge, nur eben ohne gesicherte Grundlage. Und: »Die Ausrüstung der Lok ist damit notgedrungen den Ermittlungen des Versuchswesens so weit vorausgeeilt, daß eine Änderung des Programms nicht mehr zu verantworten ist. Es ist immerhin zu bedenken, daß schon während des Krieges die Versuche mit Mischvorwärmeranlagen Bauart Knorr und Heinl an Lok BR 50 und 42 durchgeführt worden sind und seit 1945 der hier beschriebene Weg von der Konstruktion weiter verfolgt worden ist. Das alles umschließt einen Zeitraum von nahezu 15 Jahren, in dem es doch wohl möglich gewesen sein sollte, zu einer Entscheidung zu kommen. Da sie von seiten des Versuchswesens nicht in Vorschlag gebracht werden konnte, hat die Konstruktion sich selbst helfen müssen und der HVB das inzwischen angelaufene Programm vorgeschlagen.«

Zum Berichtszeitpunkt gab es immerhin schon folgende Maschinen mit neuzeitlichen Vorwärmern (oder sie waren in Auftrag gegeben):

Heinl-Anlage:	BR 10 (2), 01^{10} (53), 23 (26), 52 (2), gesamt 83
MVC-Anlage:	BR 23 (2)
MVR-Anlage:	BR 01 (5), 44 (5), 50 (30), 52 (31), gesamt 71
MVT-Anlage:	BR 65 (5), 66 (2), 82 (31), gesamt 38
Knorr-Anlage:	BR 44 (1)
Franco-Crosti:	BR 42 (2), 50 (1)

Allein 192 Anlagen der zum engeren Programm gehörenden Vorwärmer waren somit schon festgelegt!

Immerhin kam man jetzt noch zur Entscheidung, die Wirtschaftlichkeit der verschiedenen Vorwärmer durch einen umfangreichen, überwachten Betriebsversuch festzustellen.

In einer Sitzung Nr. 15, am 25. und 26. 4. 1957 konnte der Fachausschuß endlich die geforderte Wirtschaftlichkeitsuntersuchung auf den Tisch legen, für die Neubaudampfloks allerdings inzwischen fast ohne Bedeutung. Die Entscheidung, keine Dampflokomotiven mehr zu bauen, war schon Ende 1956 gefallen, nachdem am 15. 12. 1956 noch die Verträge über die letzte 23-Lieferung unterzeichnet worden waren. Ansonsten hatte die Frage des Kohlenverbrauchs nichts von ihrer Brisanz verloren, sondern eher gewonnen: Ab Anfang 1956 waren die Kohlenpreise stark gestiegen:

1956: 1 t Ruhrkohle frei Tender 70,00 DM
1957: 1 t US-Kohle frei Tender 104,00 DM (Jahresmittel)

Und die US-Kohle war noch billiger als die heimische Ruhrkohle! Gleichzeitig fielen die Importschranken für Dieselöl, das damit schlagartig preiswerter wurde als die Kohle.

Gegenüber dem Beginn der 50er Jahre hatte sich so das Verhältnis Materialkosten:Betriebskosten weitgehend umgekehrt und machte auch in der Beschaffung so aufwendige Vorwärmer wie den Heinl-MV oder Franco-Crosti-Rauchgasvorwärmer zur wichtigen Investition.

Der Franco-Crosti-Rauchgasvorwärmer brachte zwar von allen Vorwärmerbauarten die besten Sparerfolge (50 1412 erzielte einen Minderverbrauch von rund 20%), doch war der FC-Vorwärmer aus verschiedenen Gründen nicht für die BR 23 geeignet:
– Rahmen und Kessel hätten neu konstruiert werden müssen.

– Ein direkter Anreiz zum Ersatzkessel wie bei der BR 50, deren ST-47-Kessel verbraucht waren, bestand nicht.
– Das FC-System hatte noch viele Kinderkrankheiten.

Für die 23 »blieb somit alles beim alten«. Der Heinl-Mischvorwärmer wurde auch durch die Versuchsergebnisse bestätigt. Zwei Auszüge aus dem Bericht des Fachausschusses:

Kohlenverbräuche im Jahr 1957

BR	Misch-vorwärmer	Jahresleistung einer Lokomotive km	Mittlerer Kohlen-verbrauch je 1000 km in t	Mittlere Kohlen-ersparnis %	Kohlenersparnis je Lokomotive und 1000 km		Kohlenersparnis je Lokomotive im Jahr	
					t	DM	t	DM
1	2	3	4	5	6		7	
01^{10}	Heinl MV	160000	14,75	4,5	0,664	53,27	106,24	8523
23	Heinl MV	100000	15,17	4,5	0,682	54,71	68,20	5471
44	Henschel MVR	75000	22,94	9,0	0,688	55,19	51,60	4139
50	Henschel MVR	62000	18,88	3,0	0,566	45,40	35,09	2815
82	Henschel MTV	36500	20,20	3,0	0,606	48,61	22,12	1774

1 t Kohle = 80,22 DM ab 1. 2. 1957 einschl. Montanumlage, Fracht und Umschlag

Vorwärmer-Versuchs- und Vergleichslok Baureihe 23 Bw Mainz

Erfassungszeitraum vom 1. 1. 1955 bis 31. 12. 1956	23024 Rollenlager Henschel-Mischvorwärmer spez. Kohlenverbrauch		23025 Rollenlager Henschel-Mischvorwärmer spez. Kohlenverbrauch		Baureihe 23 Rollenlager Heinl-Mischvorwärmer spez. Kohlenverbrauch		Baureihe 23 Gleitlager Oberflächen-Mischvorwärmer spez. Kohlenverbrauch	
	t/1000 km	t/1 Mio L/km	t/1000 km	t/1 Mio L/km	1/1000 km	t/1 Mio L/km	t/1000 km	t/1 Mio L/km
1. Halbjahr 1955	14,97	42,54	13,66	33,13	(9 Lok) 13,27	38,09	(12 Lok) 15,69	44,70
2. Halbjahr 1955	15,42	43,24	12,66	35,68	(17 Lok) 14,03	39,52	(10 Lok) 14,70	38,13
1. Halbjahr 1956	14,84	41,50	14,17	38,36	(18 Lok) 14,84	41,17	(10 Lok) 16,23	42,02
2. Halbjahr 1956	14,73	41,27	13,59	38,27	(18 Lok) 13,93	38,81	(10 Lok) 15,33	41,81

Leistungen und durchschnittlicher spez. Kohlenverbrauch vom 1. 1. 1955 bis 31. 12. 1956

	23024	23025	Reihe 23, Heinl	Reihe 23, O.-Vorw.
Gesamt km	194692	204721	3157811	1954226
Gesamt t/km	69203	73111	1128168	723984
Gesamt Kohlenverbrauch in t	2916,82	2757,60	44847,31	30269,37
Spez. Kohlenverbrauch in t/1000 km	14,98	13,47	14,20	15,49
Spez. Kohlenverbrauch in t/1 Mio L/km	42,15	37,72	39,75	41,81

88 Die Paderborner 23 waren ausgiebig im Schnellzugdienst eingesetzt. 23072 (auch sie noch mit dem Heinl-MV) vor dem vierzigachsigen D 131, aufgenommen 1957 in Wuppertal-Oberbarmen.

89 Im Mittelpunkt des Publikumsinteresses: 23 053, aufgenommen auf der Hannover-Messe im April 1955. Erst am 21. 5. 1955 wurde sie an die DB abgeliefert. Bemerkenswert ist, daß die Lok noch kein DB-Schild an der Rauchkammertür trägt, was sie dann ab Ablieferung haben sollte. Das Schild wurde erst nach ihrer Rückkehr zu Krupp, vor dem 21. 5. 1955, angebracht.

Fast gleichzeitig, als man 23 053 als erste Vertreterin der 23 mit Heinl-Mischvorwärmer im April 1955 auf der Hannover-Messe bewundern konnte, wurde 23 067 ab dem 23. 4. 1955 für acht Wochen dem Versuchsamt Minden zur Erprobung zugeteilt. Neben der Überprüfung, ob der Kessel durch die höhere Vorwärmung noch verdampfungsfreudiger geworden war, wurden natürlich auch andere, bei dieser 23-Serie neueingeführte Bauteile überprüft, so z. B. die Rollenlager mit Nachschmiereinrichtung (die die 23 024 und 025 noch nicht hatten).

Neben den guten Eigenschaften des Heinl-Vorwärmers, dem niedrigeren Verbrauch gegenüber den Oberflächenvorwärmer-Loks und der guten Regelbarkeit, tauchten schnell Probleme auf, die gleichzeitig auch für viel Ärger bei den 01^{10} sorgten, welche schon in größerer Stückzahl den Heinl-Vorwärmer besaßen.

Die »Entfeinerung« beginnt

Wie in der Beschreibung auf Seite 30 dargestellt, arbeitete der Heinl-MV in zwei Vorwärmstufen. Förderorgan für die erste Stufe war eine frischdampfbetriebene Strahlpumpe (Heber) unterhalb des Führerhauses, die kaltes Tenderwasser und überschüssiges, vom Niederdruckvorwärmer wieder zurückgelaufenes Heißwasser zusammen in Richtung Warmwasserspeicher und Vorwärmer drückte. Der Vorteil des Heinl-MV, daß man auch bei fehlendem Abdampf durch Frischdampfgabe auf den Heber den Warmwasserspeicher weiter aufheizen konnte, verkehrte sich bei großen Maschinenleistungen in sein Gegenteil.

Die überschüssige Wärme war dann derart groß, daß schon im Mischgefäß unterhalb des Führerhauses, wo sich Tenderwasser und warmes Überschußwasser vermischten und dem Heber zuliefen, mehr als 50 bis 60° C Temperatur erreicht wurden. Bei so hoher Temperatur konnte aber der Heber, wie alle Strahlpumpen, nicht mehr arbeiten. Mangels Förderung wurde beim nächsten Speisen der gesamte Vorwärmer von der Kolbenpumpe leergesaugt und kochte aus. Als Speisepumpe stand dann nur noch die zweite Strahlpumpe zur Verfügung.

Überdies stellte sich heraus, daß die hohe Vorwärmung nicht ganz »echt« war, denn ein Teil wurde ja mit Frischdampf aus dem Kessel erkauft, minderte also die Wirtschaftlichkeit.

Versuchsweise wurden deshalb bei 10 002 ab Lieferung 1957 Strahlheber und Warmwasserspeicher stillgelegt. Gleichzeitig wurde der Hochdruckteil des Vorwärmers von der Kolbenpumpe abgeklemmt. Anstelle dessen wurde an die Pumpe direkt die Leitung von Mischgefäß bzw. Tender angeschlossen. Die Pumpe funktionierte so zweistufig und förderte gleichzeitig Wasser in den Vorwärmer und über das Kesselspeiseventil in den Kessel. Mit

Störungsfreie Laufleistungen der Lokomotiven BR 23, 38^{10}, 39 und 41

BD	BR	1956	1957	BD	BR	1956	1957
		störungsfreie Leistung in 1000 km				störungsfreie Leistung in 1000 km	
Esn	23	64	158	Mz	23	79	108
	38	82	101		38	99	184
	41	64	121		39	51	97
Köl	23	109	60	Wt	23	45	74
	38	58	64		38	106	82
	41	72	84		41	52	183
		km/Betriebstag				km/Betriebstag	
Esn	23	421	433	Mz	23	319	304
	38	299	298		38	246	237
	41	326	328		39	381	363
Köl	23	358	340	Wt	23	395	400
	38	294	292		38	319	315
	41	348	357		41	348	357
		km/Fahrzeugtag				km/Fahrzeugtag	
Esn	23	304	309	Mz	23	261	249
	38	215	216		38	187	172
	41	268	271		39	261	263
Köl	23	311	288	Wt	23	258	287
	38	220	211		38	232	228
	41	256	284		41	249	293
		Lastwert in t				Lastwert in t	
Esn	23	405	400	Mz	23	347	340
	38	278	278		38	297	295
	41	701	661		39	420	417
Köl	23	354	349	Wt	23	377	272
	38	283	281		38	280	280
	41	689	688		41	393	411

Jahresmittelwerte in den Jahren 1956 und 1957. In der Auslastung und Kilometerleistung fiel damals schon die 38^{10} weit hinter die 23 zurück. Als »besonders zuverlässig« konnte nach den Zahlen die BR 23 noch nicht gelten, obwohl auch bei ihr infolge Eingewöhnung die störungsfreien Laufleistungen stark anstiegen.

dieser Anordnung blieb dem Vorwärmer nur der drucklose Teil der Vorwärmung, größere Temperaturen als ca. 96° C konnten deshalb nicht mehr erreicht werden. Dafür hatte man aber jetzt den

unzuverlässigen Heber verbannt, in der Unterhaltung wurde der Vorwärmer günstiger, und Schäden traten kaum noch auf.
So war »durch Weglassen« der MV'57 entstanden. Nach der Bewährung auf 10002 wurden in der Folge alle Heinl-Vorwärmer (außer bei 52 891 und 892) umgebaut. Die Umbauten (SA 280) wurden bei der BR 23 hauptsächlich von 1959 bis 1963 durchgeführt. Lediglich bei 23 093 bis 105 konnte die Umgestaltung noch während des Baus 1959 berücksichtigt werden.
Von außen waren die auf MV'57 umgebauten 23 leicht zu erkennen: Der Warmwasserspeicher unter der Rauchkammer, den ab Lieferung alle Heinl-Mischvorwärmer hatten, war entfernt. Lediglich der linke Teil blieb als Träger für die Speisepumpe stehen. Außerdem fehlte bei den Loks der Strahlheber vor dem Mischgefäß links unterhalb des Führerhauses. Warum allerdings bei den Maschinen 23 097 bis 105 der Warmwasserspeicher unterhalb der Rauchkammer bestehen blieb, ist unklar. Einen Speicher hatten diese ab Lieferung mit dem MV'57 versehenen Maschinen jedenfalls nicht.

Zunehmend mit dem Betriebsalter traten an den Tenderdrehgestellen Risse auf. Die geschweißte Konstruktion war zwar schon während der Beschaffung verstärkt worden (siehe Seite 42) doch reichte diese Verstärkung durch stärkere Bleche und zusätzliche Verstrebungen nicht aus. Unregelmäßige Kohlenbeladung verstärkte noch die Neigung zu Anrissen, die eigentlich durch die hohe Abbremsung und damit beim Bremsen entstehenden Schwingungen entstanden.
Ab Mitte der 60er Jahre ging man deshalb dazu über, anstelle von Schweißreparaturen an den Drehgestellen, diese ganz gegen solche von Tendern der BR 50 auszuwechseln. Diese »Alt-Neu-Drehgestelle« besaßen denselben Achsstand und die gleiche Bauhöhe, waren somit verwendbar. Viele der bis zum Schluß eingesetzten 023 besaßen dann auch solche Drehgestelle.

Ein weiteres Problem war das Überreißen von Wasser in die Zylinder, das zwar nicht auf die BR 23 beschränkt auftrat, durch verschiedene Bauelemente bei ihr aber besonders begünstigt wurde, hohe Reparaturkosten verursachte und im Endeffekt die Abkehr vom Heißdampfregler bewirkte.
Zur Erklärung: Für den Betrieb von Dampfkesseln ist eigentlich nur Speisewasser geeignet, das möglichst wenig Fremdstoffe (Salz, Schlamm, Sauerstoff, organische Stoffe usw.) enthält. Solches Wasser ist in der Praxis nicht zu finden, sondern kann nur durch chemische Aufbereitung hergestellt werden. Die Aufbereitung in ortsfesten Anlagen, im stationären Kesselbau durchaus üblich, verbot sich bei der DB wegen des Aufwandes bei den großen benötigten Wassermengen.
Ab Mitte der 50er Jahre ging die DB deshalb verstärkt dazu über, die Dampfkessel mit einer »Innenaufbereitung« zu betreiben, d. h., vor dem Speisen wurde dem Tenderwasser der erforderliche Teil von Chemikalien zugesetzt, der dann auch im Kessel noch über längere Zeit wirksam blieb.
Bei den unterschiedlichen Wasserverhältnissen bei der DB war die Forderung nach einer Innenaufbereitung der Kessel nur zu verstehen: Es gab Wasserstellen von Bahnbetriebswerken, die wegen ihrer starken Beimengungen sonst kaum für die Speisung geeignet waren. Z.B. die Bw Crailsheim, Heilbronn oder Kirchweyhe hatten sehr schlechtes Speisewasser (unterschieden nach Härtegraden, Crailsheim hatte einen Härtegrad von rund 30°dH [deutsche Härte], dagegen z.B. Freudenstadt 3–5°dH). Ursache war jeweils die Herkunft des Wassers: Um Crailsheim herrschen Kalkböden vor, bei Freudenstadt stammte das Wasser aus einer Felsenquelle und hatte beste Trinkwasserqualität.
Um nun die hohen zusätzlichen Unterhaltungskosten durch verschmutztes Speisewasser herabzusetzen – festgesetzter Kesselstein verringerte nicht nur den Kesselwirkungsgrad, sondern konnte im Extremfall wegen unterschiedlicher Erwärmung zu Kesselschäden führen –, setzte man, wie beschrieben, ab Mitte der 50er Jahre verstärkt auf die Chemie.
Als Kesselsteingegenmittel wurde hauptsächlich Soda dem Speisewasser beigegeben. Das Soda ließ allerdings das Kesselwasser

90 Vor der Abnahme im Anheizschuppen bei Krupp. Die Stirnlampen sind übrigens um eine Achse schwenkbar, um ohne großen Aufwand die Schieber ausbauen zu können. Foto 23 057 am 5.7.1955.

aufschäumen, verstärkte also die Neigung zum Wasserüberreißen. Als Gegenschaummittel wurden deshalb z.B. Discro- oder TIA-Pulver mit in das Speisewasser gegeben. Diese Mittel schützten den Kesselbaustoff vor Korrosion (Soda bei Überdosierung löst Laugenbrüchigkeit aus!) und hielten auch den Schlamm im Kesselwasser dünnflüssig. Vorher hatte sich der Schlamm in fester Form (Kesselstein) abgesetzt.
Für die richtige Dosierung der Kesselsteingegenmittel und der Schutzmittel wurden genaue Tabellen aufgestellt, Wassertechniker hatten in jedem Bw die Beschaffenheit des Speisewassers zu überwachen, für jede Lok wurde ein genauer Dosierungsplan aufgestellt. Ab Ende der 50er Jahre wurden auf den Tendern auch Dosieranlagen angebaut, die das Dosieren vom Führerstand aus erlaubten. Vorher hatten die Mittel beim Wasserfassen mittels Meßbecher in die Einlauföffnungen gegeben werden müssen. Die Behandlung des Speisewassers brachte eine Einsparung von durchschnittlich 2500,00 DM je Lok und Jahr, da auch eine bessere Ausnutzung der Kesselfristen möglich wurde.
Die Schutzmittel verloren aber ihre Wirksamkeit, wenn ölige Bestandteile ins Speisewasser gerieten. Da alle Mischvorwärmer einen Teil des Abdampfes im Vorwärmer kondensierten, kam notgedrungen Öl aus den Zylindern mit ins Speisewasser. Als Folge galten gerade die Mischvorwärmerloks als besonders gefährdet für Wasserüberreißen. Das Problem tauchte deshalb bei allen Mischvorwärmer-Maschinen der DB auf, allerdings besonders verschärft bei der BR 23. Der Grund lag in der Kesselkonstruktion:
Der 23-Kessel besaß eine relativ enge Rohrteilung und einen recht niedrigen Dampfraum. Der Abstand zwischen Wasserspiegel und dem Hilfsabsperrventil, über das der Dampf aus dem Kessel entnommen wurde, war somit recht gering. Zusätzlich bestand ja die Charakteristik des Neubaukessels darin, die Heizfläche um die Feuerbüchse stark aufzuwerten. Speziell vom Ort der stärksten Verdampfung wurde der Dampf deshalb in Richtung

Hilfsabsperrventil und Regler gerissen. Auch bei guter Dosierung des Speisewassers bestand bei der Kesselkonstruktion der BR 23 unter großen Kesselanstrengungen deshalb eine verstärkte Neigung, mit dem Dampf Wassertropfen mitzureißen. Schon bei der allerersten 23-Serie hatte das zu Vermutungen über einen zu kleinen Dampfraum Anlaß gegeben (siehe Seite 51), zumal das Überreißen sogar den besonders geschulten Personalen des Lokversuchsamtes passierte. Nur, damals war die Vermutung energisch abgestritten worden, obwohl diverse Schäden an Regler und Hilfsmaschinen schon 1951/52 eine Bauartänderung erfordert hätten.

Jedenfalls trat das Wasserüberreißen bei den Mischvorwärmer-23 besonders häufig auf, obwohl in den angestrengten 23-Diensten der 50er Jahre die Personale sicherlich recht gewissenhaft alles zur Verhütung von Wasserüberreißen taten:

1. richtiges Dosieren,
2. ordnungsgemäßes Abschlammen,
3. niedriges, helles Feuer halten,
4. Löcher im Feuerbett vermeiden,
5. Wasserstand gleichmäßig und nicht zu hoch halten,
6. vor der Fahrt die Zylinder gut vorwärmen,
7. möglichst hohen Kesseldruck und Überhitzung halten,
8. Abblasen der Sicherheitsventile bei geöffnetem Regler durch rechtzeitiges Anstellen der Strahlpumpe vermeiden,
9. vorsichtiges Öffnen des Reglers und
10. das Schleudern der Lok vermeiden.

Die Folgen von in die Zylinder gerissenem Wasser waren verschiedenartig: Im Extremfall konnten beim »Wasserschlag« Zylinderdeckel und Treibstangen zerstört werden – äußerst gefährlich, wenn es bei Fahrt passierte.

Ansonsten ging durch das Wasser sofort das gesamte Schmieröl in den Zylindern verloren, die Überhitzung sank in kürzester Zeit um rund 200°C ab mit allen schlechten Folgen der Temperaturschwankung, in Hilfsabsperrventil, Überhitzerelemente und Regler wurden Schmutzteilchen mitgerissen, die bei der plötzlichen Abkühlung festbackten.

Zusätzlich erhielten auch die bei der 23 mit Heißdampf aus dem Regler betriebenen Hilfsmaschinen, Lichtmaschine, Luftpumpe..., ihren Anteil am Schmutz aus dem mitgerissenen Wasser: Zugesetzte Ventile an Luftpumpe, Regler und Hilfsabsperrventil sowie Schäden der Lichtmaschine (die auch die Indusi betrieb) machten den bei weitem überwiegenden Teil aller Schäden an Loks der BR 23 aus. Ein Teufelskreis: Hatte die Lok Wasser übergerissen, mußte schleunigst der Bosch-Öler durchgekurbelt werden, um die Zylinder wieder mit Schmieröl zu versehen. Übertrieb man das, kam ein noch größerer Ölanteil über den Mischvorwärmer ins Speisewasser: Die Neigung zum Aufschäumen wurde noch gesteigert!

Die Schäden an Hilfsabsperrventil, Überhitzer und Regler waren im Betrieb recht vielseitig: Die Überhitzerelemente setzten sich im Laufe der Zeit mit Schmutz zu, wurden somit nicht mehr durch Dampf gekühlt und brachen meist an den besonders stark erhitzten Umkehrenden in der Nähe der Feuerbüchse. Das Hilfsabsperrventil setzte sich, weil eigentlich nur für Arbeiten am Regler bei angeheizter Lok benötigt, mangels Bewegung meist in geöffnetem Zustand fest, eigentlich nicht betriebsgefährlich... Schon 1955 wurden deshalb die Lokführer verpflichtet, das Hilfsabsperrventil jeden Tag mindestens einmal zu betätigen, um ein Festsetzen zu verhindern.

Schlimmer war es, wenn sich die Ventile des Mehrfachventil-Heißdampfreglers mit Schmutz zusetzten und damit den Regler blockierten: Es passierte nicht nur einmal, daß plötzlich während der Fahrt der Regler nicht mehr zu schließen war und der Lokführer den Zug am Bahnsteig nur mit Bremse und Hilfsabsperrventil halten konnte. Solche Schäden waren selbstverständlich sehr selten, trotzdem trieben die Mehrfachventilregler mit ihren kleinen Tellerventilen die Unterhaltungskosten für die BR 23 in den Bw hoch. Die generelle Betriebstauglichkeit war dem Mehrfachventilregler eigentlich bereits 1952 abgesprochen worden, als es im Fachausschuß um die neue Baureihe 66 ging. Angesichts der Schäden bezeichnete man den Mehrfachventilregler als »noch nicht ausgereift«, man hätte für die BR 23 sicherlich den Wagner-Einfachventilregler verwendet, wenn die Firma Wagner 1950 nach Kriegsschäden schon wieder hätte liefern können. Anstelle des vieltausendfach bewährten Wagner-Reglers mit nur einem Ventil hatte man auf den komplizierten und feinteiligen Schmidt-Mehrfachventilregler zurückgreifen müssen, um die Vorteile eines Reglers *hinter* dem Überhitzer zu nutzen.

Bei der BR 66 und den folgenden Neubaukesseln für 01, 03^{10} und 41 wurde deshalb auch der Wagner-Einfachventilregler benutzt, allerdings auch als Heißdampfregler hinter dem Überhitzer (der setzte sich aber besonders bei der 03^{10} auch fest...).

Naßdampfregler für die 23

Bis zur Mitte der 60er Jahre nahm man die dauernden Unterhaltungskosten für die Regler der 23 noch in Kauf, weil die Maschinen hohe Laufleistungen erreichten und deshalb noch akzeptable Ausbesserungskosten pro Kilometer zu verzeichnen waren. Schwierig wurde es erst, als die 23 der Reihe nach aus den Dienststellen verschwanden, die wegen angestrengter Dienste noch Wert auf eine gute Unterhaltung gelegt hatten: Oldenburg (MV-Loks), Mönchengladbach, Kaiserslautern (MV-Loks), Siegen. Auch wurden die 23 ab 1966 in Einsatzbereichen zusammengezogen, die berüchtigt waren für ihre besonders schlechte Speisewasserqualität: Saarbrücken und Crailsheim. Und speziell die Crailsheimer hatten dann, weil sie außerdem noch die anfälligen Mischvorwärmerloks erhalten hatten, bald große Probleme.

Im nachhinein ist festzuhalten: Crailsheim war eine denkbar ungeeignete Einsatzstelle für die BR 23, denn auch das Fahren mit niedrigem Wasserstand, sonst ein gutes Mittel gegen Wasserüberreißen, war bei den wechselnden Steigungsverhältnissen im Crailsheimer Einsatzbereich kaum möglich.

Die Beheimatung der 23 war vielmehr am »grünen Tisch« geplant worden, weil sie durch ihre höhere Zugkraft bessere Traktionsleistungen im angestrengten Personenzugdienst und vor schnellen Eilzügen versprachen als die überforderten Crailsheimer 38^{10}. Diese machten durch zunehmende Lauf- und Triebwerksschäden ihre Überlastung deutlich. Insofern begrüßten die Crailsheimer zunächst die Zuteilung der »neuen« 23.

Andere Einsatzstellen, z.B. Rheine und Emden, bei denen der allergrößte Teil des Reisezugverkehrs durch die BR 23 hätte bewältigt werden können, wurden notgedrungen »hochrangig« besetzt (Rheine: 01^{10}), weil die schweren Schnellzugloks 1968 noch nicht »abgefahren waren.« Ansonsten hat die 23 in Emden stets befriedigt (und vorher in Oldenburg): Man kam bis zum Anfang der 70er Jahre mit Mischvorwärmer-23, die auch bis zur Ausmusterung fast alle ihren Heißdampfregler behielten, gut zurecht. Anders war es eben in Crailsheim.

Das Thema »Heißdampfregler« stand deshalb auf einer Tagung der 21er Dezernenten vom 29. bis zum 30. 6. 1966 in Frankfurt/M. auf dem Programm. Man kam übereinstimmend zur Ansicht, daß das Hilfsabsperrventil das Wasserüberreißen begünstigen würde, weil die Dampfentnahme zu tief erfolgte. Deshalb sei eine sofortige Abhilfe notwendig.

Ab Mitte der 60er Jahre strebte die DB eine Entfeinerung der vorhandenen Dampflokomotiven an: Einerseits war das Ende der Dampftraktion für die Mitte der siebziger Jahre abzusehen, andererseits konnte man 1966/67 noch nicht auf die BR 23 verzichten, weil geeigneter Ersatz an Diesellok aus der V 160-Familie teilweise noch im Reißbrettstadium war. Somit sollten die vorhandenen Dampfloks mit möglichst geringen Werkstattkosten noch eine Reihe von Jahren verschlissen werden können. Die ohnehin schwierig zu handhabenden Neubaudampfloks dankten solche mangelnde Pflege natürlich durch hohe Ausfallzahlen und lange Werkstattzeiten.

Nachdem bereits Ende der 50er Jahre auf verschiedenen Fachausschußsitzungen angeregt worden war, die 23 mit einem Naßdampfregler herkömmlicher Bauart auszurüsten und die 031021 (Kessel Krupp 3674/58) bereits seit dem Dezember 1959 mit

91 Abnahmeprobefahrt: 23 096 wurde vom Versuchsamt als Vertreter der MV '57-23 getestet. Aufnahme am 1. 7. 1959 im Hauptbahnhof Wiesbaden vor einer 78. Die Lok ist mit Meßkabeln versehen, hinter der 78 läuft der Meßwagen.

92 23 070 (mit Heinl-MV) leistet der 03 276 (noch mit 2'2'T 32) Vorspann vor dem D 302, aufgenommen in Köln-West 1957. Die Lok gehörte damals zum Bw Mainz.

einem Wagner-Naßdampfregler zufriedenstellend gelaufen war, stand die Überlegung »Naßdampfregler für die BR 23« wieder auf dem Programm. Denn die 03 1021 hatte gegenüber ihren Schwestern mit Heißdampfregler wesentlich weniger mit Wasserüberreißen zu tun.
Am 18. 11. 1966 wies das BZA Minden nun die Ausbesserungswerke Trier und Schwerte an, nach einer neuerstellten Zeichnung die 23 067, die gerade zur L 3 im AW Trier stand, versuchsweise mit einem Naßdampfregler herkömmlicher Bauart auszurüsten. Aus Kostengründen sollten aufgearbeitete Altteile aus einer Lok der BR 50 verwendet werden. Der Kessel der Maschine wurde dem AW Schwerte zum Umbau zugestellt, das zeitweise andere Werke entlastete.
Dieser umfangreiche Umbau – eigenartigerweise später in vielen Betriebsbüchern nicht einmal als ›Sonderarbeit‹ aufgeführt – sah so aus: Der bisherige Reglerhandzug an der Stehkesselseite wurde samt der Zugstange zum Regler entfernt. Die bisher hinter dem rechten Windleitblech sichtbare Reglerwelle wurde ebenfalls entfernt, das entstandene Loch in der Rauchkammerwand zugeschweißt. Der dahintersitzende Heißdampfregler wurde durch den Ausbau der Ventile zu einem normalen Dampfsammelkasten. In den Dampfdom wurde anstelle des bisherigen Absperrventils ein Naßdampfregler der Bauart Wagner (aufgearbeitete Teile aus BR 50) eingesetzt. Dieser nun dem Überhitzer nachgeschaltete Regler wurde über eine in den Kessel verlegte Welle mit dem neu angebauten Reglergriff in Stehkesselmitte betätigt. Benutzt wurde die Öffnung im Stehkessel für das Handrad des Hilfsabsperrventils. Somit entsprach die 23 im Führerhaus schon fast wieder den Vorkriegstypen . . .

Die Hilfsmaschinen wurden gleichzeitig auf Betrieb mit Naßdampf umgestellt. Für die Versorgung mit Dampf war nun die Verlegung einiger Frischdampfleitungen notwendig, da der vordere Dampfentnahmestutzen ja keinen Dampf mehr aus der Reglerkammer erhalten konnte. Für die Luftpumpe wurde ein neuer Frischdampfanschluß an den Dampfentnahmestutzen des Stehkessels verlegt. Die vorderen Hilfsbetriebe wurden von einer neu an den Dampfdom angeschlossenen Leitung auf der linken Lokseite versorgt. Hierfür wurde der Dampfdom mit einem bisher nicht vorhandenen Dampfentnahmestutzen ausgerüstet.

93 Im Schrott: Ausgebaute Heißdampfregler der BR 23, aufgenommen im AW Trier am 28. 4. 1970.

94 23095 wurde im AW Trier am 22. 7. 1968 gerade auf Naßdampfregler umgebaut. Der zusätzliche Dampfentnahmestutzen am Dom ist schon angebracht.

Die 23067 mit Naßdampfregler war auch äußerlich von beiden Seiten sofort von den anderen 23 zu unterscheiden: Auf der rechten Kesselseite war nur eine Zugstange (für die Pfeife) zu erkennen, auf der linken Seite fiel das fast auf dem Kesselscheitel liegende Verbindungsrohr vom Dampfdom zum früheren Entnahmestutzen nach vorne auf.

Ab dem 12. 1. 1967 war die so umgebaute 23067 dann beim Bw Crailsheim im Einsatz. Schon die ersten Berichte ließen eine Bewährung des Umbaus erwarten, denn spezifische Schäden traten nicht mehr auf.

Auch stellte sich heraus, daß die Überhitzerelemente nicht mehr so häufig brachen wie bei den Heißdampfreglerloks. Denn im Unterschied zu diesen war beim Naßdampfregler die Dampfzufuhr schon vor dem Überhitzer abgesperrt, Ablagerungen aus übergerissenem Wasser konnten sich so nicht so stark festsetzen.

Nach den ermutigenden Ergebnissen der ersten Betriebsmonate teilte das BZA Minden am 13. 6. 1967 mit, daß es einverstanden sei, bis auf weiteres alle 23, die eine Kesseluntersuchung H2.2 erhalten sollten, mit Naßdampfregler auszurüsten.

Als nächste Naßdampfregler-Lok traf 23035 am 26. 9. 1967 im Bw Crailsheim ein. Beide Maschinen wurden im Betrieb genau beobachtet. Seine Erfahrungen faßte das Bw Crailsheim am 30. 1. 1968 in einem ausführlichen Bericht zusammen:

»Die Lok 23035 und 23067 des Bw Crailsheim sind seit dem 26. 9. 1967 bzw. 16. 12. 1966 mit je einem normalen Naßdampfregler ausgerüstet worden. Diese Änderung brachte gegenüber der Ausführung mit Heißdampfregler folgende Verbesserungen:

1. Das Ausbuchsen des Voreilhebels oben ist bei diesen beiden Loks durchschnittlich bei jedem 2. Auswaschen erforderlich gegenüber bei jedem Auswaschen der Heißdampfreglerlok, da die Naßdampfregler in geschlossenem Zustand dicht sind. Die trotz aller Bemühungen nicht dicht schließenden Heißdampfregler haben zur Folge, daß ständig etwas Dampf aus dem Kessel in die Schieberkästen strömt und die Schieberbuchsen im Stillstand völlig austrocknet. Die Schieber laufen deshalb sehr schwer und benötigen eine weit größere Antriebsleistung als bei dichtschließenden Naßdampfreglern. Dies ist beim Schieberausbau deutlich festzustellen. Ein Schieber kann von einem Mann bewegt werden, bei einer Lok mit Heißdampfregler müssen jedoch 2 Mann kräftig ziehen, um einen Schieber aus der Buchse zu bringen.

2. Die Überhitzerelemente sind sauberer und setzen sich nicht in dem Umfang mit Schlamm zu, wie dies bei Heißdampfreglern der Fall ist. Mitgerissener Schlamm brennt in den Überhitzerrohren weniger fest und läßt sich leichter durch das Spülverfahren entfernen als bei Heißdampfreglerlok.

An der Lok 23035 wurden seit dem Reglereinbau noch keine Überhitzerschäden festgestellt. Am 13. 1. 1968 wurden 4 am langen Umkehrende geplatzte Überhitzereinheiten, am 30. 1. 1968 bei 23067 eine Überhitzereinheit getauscht. Die durchgebrannten Schadstellen lagen unmittelbar vor dem verstärkten Umkehrende.

3. Störungen oder Reparaturen wurden an den beiden Naßdampfreglern seit deren Einbau nicht festgestellt bzw. vorgenommen.

Im Betrieb laufen die Naßdampfregler einwandfrei und sind leicht bedienbar. Als Vorteil hat sich auch der Entfall des Hilfsabsperrventils erwiesen, das bereits mehrfach Störungen durch Bruch der Betätigungswelle verursachte. Normalerweise wird dieses Ventil nicht benutzt, aber bei den Fristarbeiten auf Funktion geprüft.

Zusatz des MA Heilbronn

Nach den Betriebserfahrungen des Bw Crailsheim zeichnen sich bei dem Naßdampfregler Vorteile gegenüber dem Heißdampfregler ab, die sich auch hinsichtlich der Unterhaltungskosten günstiger auswirken. Wenn die Kosten in wirtschaftlich vertretbaren Grenzen liegen, wäre die Ausrüstung aller Dampflok BR 23 mit Naßdampfreglern zu empfehlen.«

Zunächst wurden im AW Trier nur die Loks mit Zwischenausbesserungen L 2 oder Bedarfsausbesserungen L 0 umgebaut. Die zur Hauptuntersuchung L 3 anstehenden Loks wurden im AW nur zerlegt und die Kessel dann dem AW Schwerte ›zugeschickt‹. Das AW Schwerte verfügte über eine gut ausgestattete Kesselschmiede und ausreichend über die notwendigen 50er-Teile. In der Folge wurden bis zur Stillegung des AW im Oktober 1967 dort die Kessel der 23038, 068, 036, 058 und 046 umgebaut. Nach der Stillegung des AW Schwerte übernahm das AW Bremen auf dem Wege der Werkhilfe die Aufarbeitung weiterer Kessel. Das Verfahren, den ausgebauten Kessel zum Umbau zu verschicken, war nur bei Loks möglich, die zur Hauptuntersuchung der Schadgruppe L 3 anstanden, denn nur bei einer L-3-Untersuchung wurde der Kessel vom Fahrgestell abgehoben. Als überhaupt letzte DB-Lok erhielt 23074 am 23. 1. 1969 eine L-3-Untersuchung (und den Naßdampfregler). Danach mußte das AW Trier die Umbauten allein bewältigen. Wie auch schon vorher wurde der Naßdampfregler in alle Loks eingebaut, die zur L-2-Zwischenuntersuchung ins Werk kamen, bei Maschinen mit der Schadgruppe L 0 kam der Umbau nur in Betracht, wenn die Maschine voraussichtlich noch länger laufen würde.

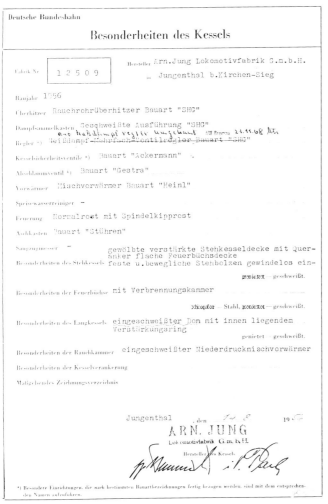

95 Betriebsbuchblatt der letzten bei der DB L 3-untersuchten Lok, der 23074. Der Kessel wurde im AW Bremen auf Naßdampfregler umgebaut, das Fahrgestell blieb während der Zeit im AW Trier. Entgegen den Angaben hatte die Lok einen aufgenieteten Dom.

Als letzte wurde 23075 im Dezember 1972 umgebaut. Der Umbau während einer L-0-Untersuchung bedeutete eine besondere Plackerei für die betroffenen Arbeiter, wurde die Maschine hierbei doch meist nicht entrohrt! Man mußte dann durch den Dom in den Kessel kriechen, auf der Rohrlage liegend das Knierohr einpassen und den Kessel für den Einbau des Reglers vorbereiten.

Einige Loks wurden nicht mehr umgebaut, weil sie schon aus dem Unterhaltungsbestand ausgeschieden waren. Hauptsächlich waren das Maschinen aus den zur Auflösung vorgesehenen Beständen der Bw Bestwig und Emden. Insgesamt wurden folgende

96 Ihr Kessel ist im AW Bremen: Abgestelltes Fahrgestell der 23070 im AW Trier, aufgenommen am 22.7.1968.

Loks *nicht* mehr mit einem Naßdampfregler ausgerüstet: 23003, 006, 013, 015, 017, 022, 043, 056, 057, 066, 078, 079, 081, 083, 086, 089, 091, 098. Als letzte Heißdampfregler-Lok wurde 023006 am 11.12.1972 abgestellt.

Mit dem Umbau der Maschinen gingen die Ausfälle wegen Reglerschäden (Festsitzen durch Wasserüberreißen, Undichtigkeiten ...) tatsächlich stark zurück. Die Maschinen galten beim Personal nun nicht mehr als ›besonders empfindlich‹ und verkrafteten eher eine nachlässige Wartung.

Die Umbaudaten:

23001	7.1970	23036	4.1972	23069	7.1969
002	10.1969	037	4.1970	070	9.1968
004	8.1971	038	10.1967	071	5.1969
005	8.1968	039	3.1970	072	1.1969
007	8.1971	040	2.1968	073	8.1971
008	5.1972	041	2.1969	074	1.1969
009	11.1969	042	6.1968	075	12.1972
010	12.1967	044	10.1970	076	12.1970
011	8.1970	045	12.1967	077	10.1971
012	8.1970	046	11.1967	080	8.1968
014	3.1968	047	10.1967	082	9.1967
016	11.1970	048	6.1970	084	11.1968
018	11.1969	049	11.1970	085	2.1969
019	4.1972	050	10.1968	087	6.1969
020	11.1970	051	7.1970	088	2.1969
021	4.1968	052	4.1971	090	10.1967
023	2.1972	053	10.1968	092	11.1967
024	5.1970	054	5.1969	093	9.1967
025	1.1968	055	1.1968	094	12.1969
026	9.1967	058	2.1968	095	7.1968
027	10.1967	059	3.1968	096	9.1967
028	8.1969	060	4.1970	097	9.1968
029	5.1968	061	10.1969	099	9.1969
030	6.1970	062	10.1968	100	10.1969
031	8.1970	063	11.1968	101	7.1969
032	12.1969	064	8.1971	102	12.1969
033	10.1969	065	4.1968	103	12.1969
034	10.1967	067	1.1967	104	8.1970
035	9.1967	068	9.1967	105	2.1970

Eine »wesentliche Erleichterung«

Wie schon geschildert, war bei der BR 23 gegenüber den Vorkriegstypen eine geänderte Feuerführung notwendig, um sehr gute Verdampfungsleistungen zu erzielen. Gegenüber den üblichen vier bis fünf Schaufeln machten die 23 bei häufiger Gabe nur einer Schaufel Kohle wesentlich besser Dampf. Das Lokversuchsamt mit seinen besonders geschulten Personalen verfuhr bei den Probefahrten immer nach dieser Methode und erzielte Ergebnisse, die von manchen Personalen im Alltagsdienst kaum nachvollzogen werden konnten. Im Betrieb standen dieser idealen Feuerführung mehrere Probleme gegenüber:

– Schon nach kurzer Zeit ermüdete der Heizer wegen der dauernd wiederkehrenden Anstrengung, die jeweils einzelne Schaufel »saß« dann kaum noch zielgenau an der richtigen Stelle der Feuerbüchse.

– Zum Öffnen der Türen der Neubauloks war eine erhebliche Kraft notwendig, weil durch ihre einfache Bauart häufig das Schmieröl in den Drehlagern verbrannte. Messungen ergaben einen Kraftaufwand von fast 25 kg zum Öffnen der Tür, demgegenüber wog die Kohlenschaufel mit Inhalt nur 9 kg.

Zunächst in der BD Mainz wurden deshalb auf Initiative von Abteilungspräsident Dormann einige Loks der BR 23 und 50 mit druckluftbetätigten Feuertüren ausgerüstet. Der Luftkolben wurde auf höchst einfache Weise betätigt: Der Leitung vom Hauptluftbehälter zum Bedienungshahn für das Gestra-Abschlammventil wird über ein Absperrventil Preßluft entnommen und an ein abgeändertes Zusatzbremsventil geleitet. Von hier kann die Luft wahlweise auf die eine oder andere Seite des Kolbens gesteuert werden, der sich in einem aus Büchsenrohr hergestellten Zylinder bewegt und über eine Kolbenstange und Gelenkhebel die Feuertür betätigt. – Das Gerät wurde in Lehrlingswerkstätten hergestellt, verursachte somit kaum Kosten. Mit der Vorrichtung war eine gute Feuerführung wesentlich erleichtert. Der Kostenaufwand für das

97 Wendezug mit schiebender 023051, aufgenommen am 11. 5. 1971 in Hanweiler, dem Grenzbahnhof an der Strecke Saarbrücken–Sareguemines.

Gerät amortisierte sich innerhalb von zwei bis drei Monaten durch den Kohleminderverbrauch. Der Fachausschuß Lokomotiven kam deshalb auf seiner 14. Sitzung im Juni 1956 zu dem Ergebnis, daß die druckluftbetätigte Feuertür eine wesentliche Erleichterung des Lokomotivheizer-Dienstes sei. Die Verwendung wurde allen Direktionen freigestellt. In der Folge wurde deshalb ein großer Teil der 23 mit druckluftgesteuerten Feuertüren ausgerüstet. Das Personal lobte die Ausstattung ausnahmslos. Lediglich in den letzten Betriebsjahren machten die Luftkolben öfter Schwierigkeiten, Ursache war die mangelhafte Wartung. So wurden einigen Maschinen die Einrichtungen bis Mitte der 70er Jahre ausgebaut.

BR 23 auch im Wendezugeinsatz

Nachdem durch den Betrieb speziell der Baureihen 38, 65 und 78 genügend Erfahrungen mit der Beförderung von Dampf-Wendezügen gesammelt worden waren, war irgendwann auch die BR 23 »reif« für den Umbau auf Wendezugsteuerung (indirekte Steuerung Bauart Hagenuk, siehe Band 2, BR 65, »mit geschobenem Zug«). Für das Schieben von Zügen war die BR 23 mit ihrer hohen Rückwärtsgeschwindigkeit auch eigentlich wie geschaffen. Beim Entwurf war ja ein möglichst universeller Vorwärts- und Rückwärtseinsatz angestrebt worden.

Daß es letztlich dazu kam, daß tatsächlich 23 auf Wendezugsteuerung umgebaut wurden, war allerdings ein Zufall: Im Saarbrückener Bezirk waren lange Zeit die Loks der BR 78 sehr umfangreich eingesetzt worden. Für diese stellte sich das Problem der Rückwärtsfahrt kaum, da sie auch rückwärts wegen ihres symmetrischen Triebwerks sehr gute Laufruhe besaßen. Trotzdem waren schon etliche im Saarbrückener Vorortverkehr eingesetzte 78 auf Wendezugsteuerung umgebaut worden, unter anderem auch die später letzte DB-78, die 78 246. Nachdem 1966/67 die 78 überwiegend abgestellt worden waren, stellte sich das Problem des Ersatzes, denn in den Wendezeiten waren eben keine Zeiten zum Wenden eingeplant. Gleichzeitig stellte der Umbau auf Wendezugsteuerung keine besonders schwierige Operation dar. Direkte Steuerelemente brauchten bei dem allein auf dem Prinzip »Befehl – Befehlsantwort« basierenden Hagenukgerät nicht angebracht zu werden. Auf der linken Seite der Lok mußte eine 36polige Steuerleitung zum Steuergerät verlegt werden, die über einen Steuerstecker mit dem nächsten Wagen verbunden wurde. Eine zusätzliche Stromleitung auf der rechten Seite der Maschine versorgte das Steuergerät im Steuerwagen. Die »Maschinentelegrafen« standen z. T. aus ausgemusterten Loks der BR 78 zur Verfügung. Als erste 23 wurde 23 038 vom 15. 12. 1966 bis zum 15. 2. 1967 während einer Untersuchung im AW Trier auf Wendezugsteuerung umgebaut und danach beim Bw Saarbrücken eingesetzt. In den folgenden Monaten wurden weitere Loks umgebaut: 23 003 am 28. 4. 1967, 004 am 8. 5. 1967, 024 am 13. 9. 1967, 025 am 26. 2. 1969, 030 am 11. 6. 1967, 036 am 5. 6. 1967. Durch Fotos nachgewiesen ist die Steueranlage bei folgenden weiteren Loks des Bw Saarbrücken: 23 002, 022, 034, 051. Diese Maschinen hatten z. T. nicht gleichzeitig die Steueranlage, sondern wurden nacheinander umgebaut, deshalb ist die genaue Nachhaltung der tatsächlich umgebauten Maschinen fast unmöglich.

Etliche weitere 23 des Bw Saarbrücken wurden durch Einbau einer zweiten Luftbehälterleitung auf die Wendezugsteuerung vorbereitet, zumindest ein Teil der Maschinen dürfte, wenn auch kurzzeitig, mit dem Steuergerät ausgerüstet worden sein. Die doppelte Luftbehälterleitung ist nachgewiesen bei: 23 001, 005, 023, 032, 033, 037, 047, 052, 053, 075, 077, 080. Als das Bw Saarbrücken im Jahr 1969 im Rahmen der Tauschaktion mit Crailsheim fast alle Oberflächenvorwärmer-23 abgeben mußte, waren auch Wendezuglok dabei: 002, (003 ging auf z), 004, 005, 023, 030, 032, 033, 037, 038. Soweit vorhanden, wurden die Anlagen ausgebaut und auf einem Teil der übrigen 23 weiterverwendet. Zu aller Undurchsichtigkeit zusätzlich besaßen auch zwei Loks des Bw Kaiserslautern die doppelte Luftbehälterleitung: 23 009 und 011. Wendezüge fuhr Kaiserslautern aber niemals. Auf die Einsätze der Wendezug-23 wird auf Seite 118 weiter eingegangen. Bemerkenswert war jeweils, daß die 23 fast nur mit dem Kessel am Wendezug fuhren, bei geschobenem Zug also vorwärts fuhren. Die Ursache dürfte in der Kupplungsbelastung des Tenderkuppeleisens bei geschobenem Zug zu suchen sein. Einsätze schiebender 23 mit Tender am Zug waren im Saarbrückener Einsatzplan sehr selten und wohl die Ausnahme.

Mit dem zunehmenden Abbau der 23-Leistungen wurde 1974 auch der Wendezugeinsatz aufgegeben. Trotzdem präsentierte sich 023 036 bis zum 23-Ende in Saarbrücken Ende Mai 1975 noch mit einer vollständigen Steuereinrichtung.

Die Bauartänderungen bei der BR 23

Wie fast alle Angaben in Betriebsbüchern sind auch die Seiten »Änderung der Bauart« mit großer Vorsicht zu genießen. Immer wieder kommt es vor, daß zwar die Montage eines Schildchens »Nicht hinauslehnen« oder das schon klassische »Halter für Verbandskasten angebracht« akribisch notiert sind, wichtige Umbauten, die am Fahrzeug nachweisbar sind, zumindest im Betriebsbuch »unter den Tisch fallen«. Beispiele: Der Umbau auf Naß-

98 Die Wendezuglok von vorne. Die doppelte Luftbehälterleitung, die Steuersteckdose rechts unter dem Puffer und die Steuerstromversorgung zum Steuerwagen, deren Stecker einstweilen in einen Halter eingehängt ist. Foto 23022 im Bw Trier am 19. 7. 1968.

dampfregler, der nur in den wenigsten Betriebsbüchern notiert ist, die Ausrüstung mit Indusi oder die Reduktion des Heinl-Mischvorwärmers in den MV'57, die ebenso häufig fehlen.
Den Vogel allerdings schoß das AW Nied mit einer Eintragung ins Buch der 23012 am 11. 9. 1962 ab: »Führerhaustüren auf Drehtüren umgebaut (SA Nr. 251), Anbau unbekannt, am 11. 9. 1962 ermittelt.« Fast überflüssig zu bemerken, daß die zur ersten Serie gehörende 23012 niemals Schiebetüren besessen hat . . .
Insofern wurden in die folgende Liste nur die Umbauten aufgenommen, die bei allen Maschinen als durchgeführt vorausgesetzt werden können. Ist nur die Ausrüstung einzelner Loks bekannt, ist dieses kenntlich gemacht. Bei den 23 der ersten Serie wurden viele Umbauten von 1951 bis 1954 ohne Aufnahme ins Betriebsbuch durchgeführt, einige auch in den Heimatbetriebswerken. Da können somit nur die wichtigsten Bauartänderungen angegeben werden, z. B. die Ausrüstung mit einem geschweißten Heißdampfregler oder der Einbau der Domlochverstärkungen.

Erklärung zur folgenden Liste:
Spalte 1 = laufende Nummer, taucht bei den anderen Baulosen der BR 23 wieder auf.
Spalte 2 = durchgeführter Umbau.
Spalte 3 = Sonderarbeitsnummer (für die Neubaudampfloks wurden Sammelnummern vergeben).
Spalte 4 = Jahreskennziffer, bezeichnet das Jahr, in dem der Umbau hauptsächlich durchgeführt wurde.

99 Das Wendezugbefehlsgerät, aufgenommen im Führerstand von 023025 am 4. 9. 1970 im Bw Saarbrücken. Die Lok ist schon mit einem Naßdampfregler ausgerüstet.

1	2	3	4
	LOKOMOTIVE:		
1	Reglerhebel nach Zeichnung des Bw Kempten vom 21. 4. 1951 abgeändert.	–	1951
2	Steuerungsarretierung von Handhebel auf Fußrast umgebaut nach Zeichnung Bw Kempten vom 21. 4. 1951.	–	1951
3	Lenkgestell vorne nach Zeichnung Fld 13.311 EZA Minden verstärkt.	–	1951
4	Gegossener Heißdampfreglerkasten gegen geschweißten Kasten ausgewechselt.	–	1952
5	Domlochverstärkungsring eingeschweißt.	–	1953
6	Vergrößerung des Rahmenausschnittes rechts und links über der vorderen Laufachse hinter dem Bahnräumer nach Zeichnung Fld. 8.030 Bl. 02/1.	–	1953
7	Änderung der Gleitbahnträger und Luftpumpenträger nach Fld. 8.290 Bl. 02/1 und Fld. 25.15 Bl. 047/1.	–	1953
8	Verstärkung des hinteren Deichselrahmens nach Fld. 13.310 Bl. 0212.	–	1953
9	4 Gleitsteine in die veränderten Rückstellvorrichtungen eingebaut.	–	1953
10	Einbau von Schmierschläuchen am Rückstellhebel des hinteren Lenkgestells.	–	1953
11	KSV-Speisepumpe durch KT1-Speisepumpe ersetzt.	–	1953
12	Deckblech für den Heißdampfregler auf dem Rauchkammerscheitel zweiteilig umgebaut.	SA 129	1954
13	Vorwärmerabdampfrohr in der Rauchkammer um 100 mm höhergelegt.	SA 129	1954
14	Zusätzliche Waschluken über den Kesselspeiseventilen angebracht (nicht alle Loks umgebaut).	SA 129	1954
15	Friedmann-Strahlpumpe ASZ 9 angebaut.	SA 129	1954
16	Rohrleitung für Friedmann-Strahlpumpe geändert.	SA 129	1954
17	Schutzkasten für Ölsperrventil an der Strahlpumpe umgebaut.	SA 129	1954
18	Aschkastenspritzrohr von 1" auf ¾" geändert.	SA 129	1954
19	Verbesserung der Laufblechanordnung an der Rauchkammer.	SA 129	1954
20	Verstärkungswinkel am Lenkgestell angebracht.	SA 129	1954
21	Nietlochstiftschrauben an den Deichsellagergehäusen gegen Schrauben ohne Nietloch ausgewechselt.	SA 129	1954
22	Entwässerungsschrauben an den Achslagerunterkästen angebracht.	SA 129	1954
23	Laufradbremse vorn und hinten und Bremsbackenzapfen und Gewinde verstärkt.	SA 129	1954

100/101 Für die Bauartänderungen wurden bei den Neubaudampfloks Sammelnummern vergeben, hier die Nummer 129. Abgebildet sind zwei Seiten aus den Betriebsbüchern von 23 001 und 23 021. Gerade die Eintragungen bei 23 021 belegen die Schwierigkeiten bei der Überprüfung von Angaben . . .

Nr	Art der Änderung	SA	Jahr
24	4 Schiebertragbüchsen mit Bund und Flanschen angebaut.	SA 129	1954
25	4 Schieberkastendeckel für Stützkörbe umgebaut.	SA 129	1954
26	4 Deckleisten gegen Zugwind an den Führerhausseitentüren angebracht.	SA 129	1954
27	2. Wasserstandsbeleuchtung angebracht.	SA 129	1954
28	Bekleidung der Waschlukeneinsätze im Führerhaus vergrößert.	SA 129	1954
29	2 Schilder „Nicht hinauslehnen" im Führerhaus.	SA 125	1954
30	120 Stehbolzen in der Verbrennungskammer aufgebohrt und mit Lehm und Asbest verschlossen.	SA 129	1956
31	Entwässerungsleitung vom Heißdampfregler verlegt.	SA 129	1956
32	Rippen am Dampfsammelkasten angebracht.	SA 129	1956
33	Zug zum Hilfsabsperrventil geändert.	SA 129	1956
34	Wasserabscheider am Hilfsabsperrventil im Dom eingebaut.	SA 129	1956
35	Werkstoffumstellung des Regler-Knierohrs auf Stahlguß.	SA 129	1956
36	Verlegung der Dampfpfeife vom Stehkessel auf den Langkessel.	SA 129	1956
37	Hilfsmaschinen vorn an Naßdampfsammelkammer des Reglers angeschlossen.	SA 129	1956
38	Luftpumpe an Naßdampfsammelkammer des Reglers angeschlossen.	SA 129	1956
39	Anbau eines Untersatzes für den Dampfentnahmestutzen mit eingebautem Dampfsieb an die Rauchkammer.	SA 129	1956
40	Verlegung einer Spurkranzschmierung an der vorderen Laufachse.	SA 129	1956
41	Verbreiterung der Laufblechklappen durchgeführt.	SA 129	1956
42	Fußbodenheizung aus Rippenrohren im Führerhaus angebaut.	–	1956
43	Ölpresse umgebaut.	–	1956
44	Änderung des oberen Untersatzes für Wasserstände.	–	1956
45	Umstellung der Rohre von Stahl auf Kupfer.	SA 168	1956
46	Kontrastschilder hinter den Wasserständen angebracht.	SA 222	1957
47	Induktive Zugsicherung angebaut.	SA 211	1957
48	Pyrometeranlage 1949 angebaut.	SA 124	1958
49	Spülstutzen am Einströmrohr angebracht.	SA 195	1958
50	Speisewasserenthärtungseinrichtung angebaut.	SA 196	1959
51	3. Zugspitzenlicht angebaut.	SA 197	1959
52	Feuerschirm auf Stampfmasse umgestellt (nur einzelne Maschinen umgebaut).	–	1959
53	Fensterschirm vergrößert (Stauschuten).	SA 249	1960
54	Deichsellager-Anlenkung mit Spannbaken umgebaut.	SA 250	1960
55	Führerhaustüren umgebaut (Fallfenster).	SA 251	1960
56	Faltenbalg zum Tender durch Gummiwulst ersetzt.	SA 252	1960
57	Schmierschläuche an der vorderen Laufachse angebracht.	SA 253	1960
58	Druckluftbetätigung der Feuertür angebracht (nicht bei allen Maschinen).	SA 256	1960
59	Chromstahlplattenventile an der KT 1-Speisepumpe angebaut (nur bei einzelnen Maschinen).	SA 243	1960
60	Dampfbläser Bauart Gärtner angebaut.	SA 215	1961
61	Halter für Verbandskasten angebracht.	SA 270a	1962
62	Dampfbläsereinrichtung umgebaut (Isolierung verbessert).	SA 285	1963
63	Achslagerplatten aus Hartmangan angebracht (nicht alle Maschinen umgebaut).	SA 219	1965
64	Anbau einer zusätzlichen Reglerschließeinrichtung.	SA 286	1965
65	Verbesserung des Massenausgleichs am Treibradsatz.	SA 293	1965
66	Wendezugsteuerung angebracht (nur bei einzelnen Maschinen).	SA 299	1967
67	Schmierung des hinteren Laufachslagers verbessert.	SA 296	1967
68	Induktive Zugsicherung, Anbau 2. Magnet (nicht bei allen Maschinen).	SA 292	1968
69	Umbau auf Naßdampfregler Bauart Wagner (nicht bei allen Maschinen).	–	1968
70	Umbau auf zwei getrennte Kesselspeiseventile (nur bei einzelnen Maschinen).	–	1971

TENDER:

Nr	Art der Änderung	SA	Jahr
71	Leitern der hinteren Aufstiege durchgehend ausgeführt.	–	1951
72	Verstärkung der 4 Federführungen und 4 Federträger an den Tenderdrehgestellen.	–	1953
73	Anbau eines Saugkastens am Tender.	SA 129	1954
74	Befestigungsschrauben am Lager der Kugelbuchsen ausgewechselt.	SA 129	1954
75	Verbindungsstreben an den Drehgestellen verstärkt.	SA 129	1954

76	Verstärkungsbleche für Wurfhebelbockbefestigung angebracht.	SA 129	1954
77	Erneuerung der Federbügelwangen und Federbrückenträger	SA 198	1958
78	Speisewasserenthärtungseinrichtung angebaut.	SA 196	1958

Bei den Maschinen 23 016 bis 023 der zweiten Bauserie wurden folgende Bauartänderungen durchgeführt: Laufende Nummer 14, 15, 19, 21, 24, 29, 30, 31, 36, 37, 38, 40, 45, 46, 47, 48, 50, 51, 52, 53, 54, 56, 57, 58, 60, 61, 62, 63, 64, 65, 66, 67, 68, 69, 70, 72, 73, 75, 77, 78.
Zusätzlich:

1	2	3	4
79	Umbau der Führerstands-Schiebetüren in Drehtüren.	SA 251	1964

Bei 23 024 und 025 können diese Bauartänderungen angenommen werden, wobei auch wieder nur ein kleiner Teil im Betriebsbuch verzeichnet ist...: Laufende Nummer: 21, 30, 32, 37, 40, 45, 46, 47, 48, 49, 50, 51, 52, 54, 56, 57, 58, 60, 61, 62, 64, 65, 66, 67, 68, 69, 70, 72, 73, 77, 78, 79.
Zusätzlich:

1	2	3	4
80	Kylchap-Blasrohr der 23 024 gegen Normal-Blasrohr gewechselt.	–	1954
81	Luftsaugeventile an Zylindern nach außen versetzt.	SA 129	1954
82	Kuppelachslagergehäuse umgebaut.	SA 129	1957
83	Nachschmiernippel für Rollenlager angebaut.	SA 129	1957
84	Tenderdrehgestelle verstärkt.	SA 129	1957

Bei den 23 026 bis 052 wurden noch diese Bauartänderungen notwendig: 21, 30, 45, 46, 47, 48, 49, 50, 51, 52, 53, 54, 56, 57, 58, 59, 60, 61, 62, 64, 65, 66, 67, 68, 69, 70, 72, 77, 78, 79, 84.
Außerdem:

1	2	3	4
85	Vollisolierung angebracht (nicht bei allen Maschinen).	SA 192	1961

Bei den Mischvorwärmermaschinen 23 053 bis 070 wird die Liste der Bauartänderungen schon kürzer: 21, 30, 45, 46, 47, 48, 50, 51, 52, 53, 54, 56, 58, 60, 61, 62, 64, 65, 68, 69, 70, 78, 79, 83.

Außerdem:

1	2	3	4
86	Entöleranlage zum Mischvorwärmer eingebaut (nur bei einzelnen Maschinen).	SA 129	1958
87	Verbesserung der Tenderdrehgestelle	SA 248	1960
88	Heinl-Mischvorwärmer auf MV'57 umgebaut	SA 280	1961
89	Reinigungsöffnung der MV-Anlage vergrößert	SA 280	1961

Bei 23 071 bis 076 sind diese Bauartänderungen zu verzeichnen: 21, 45, 46, 48, 49, 52, 53, 54, 56, 58, 60, 61, 62, 64, 65, 66, 68, 69, 70, 77, 78, 79, 83, 85, 86, 88.
Außerdem:

1	2	3	4
90	Vordere Treibstangenlager auf Buchsenlager umgebaut (nicht alle Maschinen).	SA 218	1958
91	Spritzschutzblech am Kuppelachs- und hinteren Laufachslager angebracht.	–	1959

Die Maschinen 23 077 bis 092 wurden noch weniger Änderungen unterzogen: 48, 50, 52, 53, 58, 64, 65, 68, 69, 70, 78, 85, 86, 88, 89.
Außerdem:

1	2	3	4
92	Tender-Spülstutzen angebaut.	SA 195	1958

Kurz wird die Umbauliste von 23 093 bis 105: 53 (nur 093 bis 096), 62, 64, 65, 68, 69, 70, 87, 89, 92.

Zusammenfassung und Wertung

Die letzte bekanntgewordene Bauartänderung an der BR 23 wurde an den Kesselspeiseventilen durchgeführt. Die Vereinigung beider Speiseventile in einen Stutzen war eigentlich ein Verstoß gegen das Dampfkesselgesetz, das ausdrücklich zwei voneinander unabhängige Speiseeinrichtungen vorschrieb. Nach den leidlich guten Erfahrungen mit der BR 52, die auch schon zusammen-

102 Als noch Heinl-23 gebaut wurden: Das Esslinger Baulos 23 077 bis 080 auf einem Bild, aufgenommen während der Endmontage in der Maschinenfabrik Esslingen. Links hinten 23 077, vorne 23 078, vorne rechts 23 079, zu der auch das einzeln stehende Führerhaus gehört und rechts hinter der 23 079 der Rahmen von 23 080. Ganz rechts wird übrigens gerade eine C-Dampfspeicherlok zusammengebaut.

gefaßte Speiseventile besaß, war man aber trotzdem bei der 23 diesen Weg gegangen (anders bei der BR 10, die wieder getrennte Kesselspeiseventile aufwies). Wiederholt setzte sich der Speisestutzen mit Kesselstein zu, so daß ein Speisen nicht mehr möglich war. Alle 23 ab der Vergabe 1954 (23053 bis 105) hatten deshalb oberhalb der Speiseventile zusätzliche Waschluken.

Als der Unterhaltungszustand der 23 ab Anfang der 70er Jahre zusehends schlechter wurde, traten auch Schäden an den Speiseventilen häufiger auf. Ab 1970 wurde deshalb bei verschiedenen Maschinen ein zweiter Durchbruch in der Kesselwand neben dem alten Kesselspeiseventil angebracht und dann zwei voneinander unabhängige Speiseventile aus der BR 50 nebeneinander angeordnet – auch eine »Entfeinerung«.

Zusammengenommen hinterläßt die Wertung der BR 23 einen zwiespältigen Eindruck. Die wesentlichen Forderungen, wie hohe Leistungsfähigkeit des Kessels und hochwertige Schweißverbindungen, waren unbestreitbar in der Konstruktion erfüllt. Der Kessel war immer für ansehnliche Verdampfungsleistungen gut, der schlechte Eindruck, den einige Maschinen zum Schluß speziell beim Bw Crailsheim machten, spielt hier keine Rolle, denn viele Jahre lang war die 23 vorher auch im Schnellzugdienst eingesetzt. Durch die Forderung nach gedrängter Bauart war die Konstruktion von vornherein festgelegt gewesen und hatte einige Kompromisse eingehen müssen, die bei späteren Neubauloks (BR 66) laufwerksmäßig vermieden werden konnten.

Etliche Bauelemente der 23 waren noch nicht ausgereift (speziell der Regler), der Umbau auf Naßdampfregler kann technisch nur als Resignation und als Rückschritt bewertet werden. Letztlich war die BR 23 erst 1954/55 wirklich serienreif, also zu einer Zeit, als schon die Entscheidung gegen die Dampflok gefallen war.

Gegenüber der vielgerühmten preußischen P 8, die sie ersetzen sollte, war die 23 eine hochgezüchtete und komplizierte Maschine. Die gegenüber der P 8 stark erhöhte Leistung wurde mit einem ebenfalls erhöhten Unterhaltungsaufwand bezahlt. Spätestens ab 1963 war die BR 23 laut DB-Werkstättenstatistik in den Gesamtunterhaltungskosten teurer als die Baureihen 03, 38[10] oder 41, in deren Plänen sie nach dem Willen der Erbauer auch laufen können sollte. Der zunächst bei den Neubaudampfloks vorhandene Vorteil der hohen Belastbarkeit und Überlastbarkeit verkehrte sich in sein Gegenteil, sobald nicht mehr die gewissenhafte Pflege der teilweise empfindlichen und komplizierten Bauteile aufgebracht wurde. Verschlissene Achslager, Wasserüberreißen wegen verschmutzter Mischvorwärmer, verschlacktes Feuer durch falsche Feuerführung und häufig schlechte Kohle, Undichtigkeiten der Tenderkonstruktion, losewerdende Führerhäuser (was wiederum durch ein ungepflegtes Laufwerk passierte), zugesetzte Kesselspeiseventile, so sah das Ende der BR 23 bei der DB aus, was Wunder, wenn viele Personale die »gute alte P 8« zurücksehnten.

Eines wird deutlich: Für den Strukturwandel mit schlechter Unterhaltung der auslaufenden Dampflokomotiven war die BR 23 *nicht* geeignet, höchstens für einen hochbelasteten Personen- und Schnellzugdienst mit hohen Laufleistungen, für den die späten 23-Serien mit wartungsarmem Rollenlagertriebwerk auch erklärtermaßen konstruiert worden waren. Insofern hat der Verfasser noch gute Erinnerungen an den 23-Einsatz in Oldenburg und Emden, wo die Loks, scharf gefahren auf Hauptstrecken, auch für den Bäderschnellzugdienst oder die Ersatzbeförderung von D-Zügen zwischen Norddeich und Münster gut waren, und das in Plänen der 01[10]!

Deshalb kann man sich mit gleichem Recht, wie an eine bei Crailsheim »totgeschippte« und wegen Dampfmangel liegengebliebene 023, an ein solches Ereignis erinnern: Ort des Geschehens ist der Überholungsbahnhof Münster-Nevinghoff, wo von 1966, als die Elektrifizierung Münster erreicht hatte, bis 1972, als der Draht auch bis Rheine hing, die Güterzüge auf Rheiner oder Emdener Güterzugloks umgespannt wurden. Die Leergarnitur für den bekannten 4000-t-Erzzug steht am 21. 2. 1971 zur Weiterbeförderung nach Emden bereit, nachdem die beiden planmäßigen 140 abgesetzt haben. Die planmäßige 043 erscheint aber nicht, Überhitzerschaden. In Münsters Bw steht sonst nur noch die Emdener 023-Wendelok, die auf ihre Rückleistung nach Rheine wartet. Kurzfristige Entscheidung: Die 023 fährt den Erz-Leerpark bis nach Rheine, kommt dann Lz nach Münster zurück und übernimmt den planmäßigen Personenzug! Die wartenden Zaungäste sehen es mit Spannung, als 023102 an den Zug setzt. Einige Minuten bleiben noch, um spitzen Druck im Kessel zu bekommen, bis die beiden Flügel des Signals hochklappen. Eine fast klassische Anfahrt. Unter dem Zischen der Zylinderhähne und mit zunächst ganz langsamem, aber gleichmäßigem Auspuff setzt die Lok die 200 Achsen der 50 Fad-Waggons in Bewegung. Kein Schleudern setzt ein – das hätte auch wohl das Liegenbleiben bedeutet, und als der letzte Wagen vorbeirollt, hat der Zug bereits die Geschwindigkeit eines durchschnittlichen Fahrradfahrers. Zwei Stunden später ist 023102 wieder in Münster, um den planmäßigen Personenzug zu übernehmen. Anstände hat es somit anscheinend nicht gegeben. Die »längste« 23-Leistung war das wohl mit ziemlicher Gewißheit.

Die äußere Form dieser neuen BR 23 ist sehr stark durch ihre neuartige Konstruktion geprägt.

Vom Betriebsmaschinendienst war ausdrücklich eine »gedrunge-

103 200 Achsen! 023102 (Bw Emden) fährt am 21. 2. 1971 in Münster-Nevinghoff mit dem Gdg 9065 an.

ne Bauart« gefordert worden mit möglichst kleiner Gesamtlänge. Nun war ja durch den Bau eines Kessels mit hochwertiger Strahlungsheizfläche schon an sich eine recht kurze Kesselbauart möglich. Andererseits bedingte die Kesselbauart mit Verbrennungskammer im hinteren Bereich eine Gewichtsanhäufung, die nicht erwünscht war, weil zusätzlich ja auch der Achsdruck von 17 auf 19 t umstellbar sein sollte. Deshalb verbot sich eine hohe Grundbelastung der Schleppachse. Notgedrungen mußte der Kessel deshalb nach vorne verlegt werden. Durch diese Verlegung wäre aber der Stehkessel dem hohen Blechrahmen »in die Quere« gekommen, da man natürlich auch Wert auf einen ausreichend hohen Feuerraum legen mußte. Die kurze Bauart bedingte so von vornherein eine sehr hohe Kessellage, um den Stehkessel frei über dem Rahmen ausbilden zu können – die höchste bis dahin verwendete Kessellage in Deutschland. Gegen sie war grundsätzlich auch gar nicht viel einzuwenden, nur daß durch die gedrungene Bauart nun die Treibstange sehr kurz wurde. Es war vorhersehbar, daß die Maschine ohne einen sehr guten Massenausgleich stark zucken würde (was dann auch der Fall war). Äußerlich haben die Konstrukteure aus dieser kurzen Maschine wohl das Bestmögliche gemacht. Die langen horizontal durchlaufenden Linien von Umlaufblech und Schwingenträger hoben ein gut Teil der gedrungenen Wirkung wieder auf. Der frei nach vorne ragende glatte Kessel unterstrich noch die Horizontale. Gegenüber den DRB-Typen war das Äußere der Lok nachgerade revolutionär – eines war es ganz gewiß: modern und einer neuzeitlichen Dampflok angemessen.

War der Bau der BR 23 nach dem Krieg überhaupt noch notwendig? Ohne Zweifel stand ja bereits in den 30er Jahren der Ersatz der preußischen P 8 an, die damals schon zwischen 30 und 15 Jahre alt waren. Bei der fehlenden Erfahrung mit Diesel-Fahrzeugen mittlerer Leistung (1949 konnte man noch nicht an eine großflächige Elektrifizierung denken) ist die Entscheidung nachvollziehbar, zunächst eine Personenzuglok herkömmlicher Bauart in Dienst zu stellen, die recht schnell in großer Stückzahl zu bauen wäre. Die Ausprägung der Maschine selbst steht wiederum auf einem anderen Blatt. Man bemühte sich zwar, möglichst viele Anregungen aus dem englischen, französischen und dem amerikanischen Lokomotivbau aufzugreifen, letztlich krankte die BR 23 aber am Grundübel aller deutschen Zweizylinderloks, der Laufruhe. Das Argument der niedrigen Unterhaltungskosten des Zweizylindertriebwerks stach ja angesichts der sonst komplizierten Bauart der 23 wohl nicht. Und wenn die Lok mit einem Mehrzylindertriebwerk gebaut worden wäre?

Es bleibt die Feststellung, daß die generelle Entscheidung für die 23 im Jahr 1949 aus dem damaligen Kenntnisstand wohl richtig war. Eine schlechte Maschine war die 23 ganz sicher nicht, ebensowenig aber auch ein Meisterwerk der Ingenieurkunst. Mit Kinderkrankheiten behaftet, die nur zum Teil beseitigt werden konnten, stellte die Henschel-Konstruktion wohl im ganzen das dar, was unter der Vorgabe des Betriebsmaschinendienstes aus der Konstruktion herauszuholen war. Schon in den 30er Jahren gebaut nach den »Neuen Baugrundsätzen«, die auch schon bei der Planung der »alten« 23 diskutiert worden waren, und nach einer Ausreifungszeit, wie sie auch die preußische P 8 nötig hatte (die wurde rund 20 Jahre mit einer Fülle von Bauartverbesserungen gebaut), wäre die Maschine wohl auch zu einem »Klassiker« des Personenzugdienstes geworden.

104 Wie sich die Bilder gleichen: Oben 23052 während des Zusammenbaus bei Krupp auf dem Luftmotorstand, aufgenommen am 4. 9. 1954.

105 Unten die gleiche Blickrichtung: 023052 wird am 14. 8. 1975 in AW Braunschweig zerlegt.

BR 23 – Beheimatungen und Einsätze

Loknummer, Hersteller, Indienststellung, Ausmusterung, erstes und letztes Bw

Loknr	EDV-Nr	Hersteller	Fabriknr	Indienst	Ausmust	Bemerkung	erstes Bw	letztes Bw	
23 001	023 001-1	Henschel	28611	07. 12. 50	05. 12. 74		Kempten	Crailsheim	
23 002	023 002-9	Henschel	28612	12. 12. 50	22. 10. 75		Kempten	Crailsheim	
23 003	023 003-7	Henschel	28613	19. 12. 50	03. 03. 69		Kempten	Saarbrücken	
23 004	023 004-5	Henschel	28614	22. 12. 50	16. 05. 75		Kempten	Saarbrücken	
23 005	023 005-2	Henschel	28615	05. 01. 51	05. 12. 74		Kempten	Crailsheim	
23 006	023 006-0	Henschel	28616	05. 02. 51	12. 04. 73		Bremen Hbf	Crailsheim	
23 007	023 007-8	Henschel	28617	30. 01. 51	26. 06. 75		Bremen Hbf	Saarbrücken	
23 008	023 008-6	Henschel	28618	05. 02. 51	25. 07. 75		Bremen Hbf	Saarbrücken	
23 009	023 009-4	Henschel	28619	08. 02. 51	25. 07. 75		Bremen Hbf	Saarbrücken	
23 010	023 010-2	Henschel	28620	13. 02. 51	05. 12. 74		Bremen Hbf	Kaiserslautern	
23 011	023 011-0	Henschel	28621	22. 02. 51	25. 07. 75		Siegen	Saarbrücken	
23 012	023 012-8	Henschel	28622	27. 02. 51	26. 06. 75		Siegen	Crailsheim	
23 013		Henschel	28623	07. 03. 51	24. 02. 67		Siegen	Bestwig	
23 014	023 014-4	Henschel	28624	30. 03. 51	18. 09. 74		Siegen	Kaiserslautern	
23 015	023 015-1	Henschel	28625	25. 04. 51	10. 07. 69		Siegen	Bestwig	
23 016	023 016-9	Jung	11471	11. 11. 52	25. 07. 75		Mainz	Crailsheim	
23 017	023 017-7	Jung	11472	11. 11. 52	27. 11. 70		Mainz	Bestwig	
23 018	023 018-5	Jung	11473	15. 11. 52	22. 10. 75		Mainz	Crailsheim	
23 019	023 019-3	Jung	11474	25. 11. 52	26. 06. 75	Denkmal im DDM	Mainz	Crailsheim	
23 020	023 020-1	Jung	11475	29. 11. 52	26. 06. 75		Mainz	Crailsheim	
23 021	023 021-9	Jung	11476	04. 12. 52	21. 08. 75		Mainz	Crailsheim	
23 022	023 022-7	Jung	11477	13. 12. 52	08. 11. 72		Mainz	Saarbrücken	
23 023	023 023-5	Jung	11478	20. 12. 52	22. 12. 75	Museumslok bei SSN	Mainz	Crailsheim	
23 024	023 024-3	Jung	11838	23. 10. 53	16. 05. 75		Mainz	Crailsheim	vor Mainz: LVA Minden
23 025	023 025-0	Jung	11839	13. 10. 53	05. 12. 74		Mainz	Saarbrücken	
23 026	023 026-8	Jung	11966	06. 02. 54	26. 06. 75	Kessel: Jung 11968	Siegen	Saarbrücken	
23 027	023 027-6	Jung	11967	27. 01. 54	09. 06. 74		Siegen	Crailsheim	
23 028	023 028-4	Jung	11968	23. 02. 54	18. 09. 74	Kessel: Jung 11966	Mainz	Crailsheim	
23 029	023 029-2	Jung	11969	08. 03. 54	22. 11. 75	Denkmal in Aalen	Mainz	Crailsheim	
23 030	023 030-0	Henschel	28530	09. 08. 54	05. 12. 74		Paderborn	Crailsheim	
23 031	023 031-8	Henschel	28531	13. 08. 54	24. 08. 73		Paderborn	Crailsheim	
23 032	023 032-6	Henschel	28532	04. 09. 54	06. 03. 74		Paderborn	Crailsheim	
23 033	023 033-4	Henschel	28533	09. 09. 54	06. 03. 74		Paderborn	Crailsheim	
23 034	023 034-2	Henschel	28534	17. 09. 54	09. 06. 74		Siegen	Saarbrücken	
23 035	023 035-9	Henschel	28535	08. 10. 54	21. 12. 72		Mönchengladbach	Crailsheim	
23 036	023 036-7	Henschel	28536	13. 10. 54	22. 10. 75		Mönchengladbach	Saarbrücken	
23 037	023 037-5	Henschel	28537	29. 10. 54	18. 09. 74		Mönchengladbach	Crailsheim	
23 038	023 038-3	Henschel	28538	06. 11. 54	16. 05. 75		Mönchengladbach	Crailsheim	
23 039	023 039-1	Henschel	28539	19. 11. 54	25. 07. 75		Mönchengladbach	Crailsheim	
23 040	023 040-9	Henschel	28540	01. 12. 54	26. 06. 75		Mönchengladbach	Crailsheim	
23 041	023 041-7	Henschel	28541	09. 12. 54	12. 04. 73		Mönchengladbach	Saarbrücken	
23 042	023 042-5	Henschel	28542	21. 12. 54	22. 10. 75	Museumslok bei DME	Mönchengladbach	Crailsheim	
23 043	(023 043-3)	Henschel	28543	30. 12. 54	12. 03. 68		Mainz	Bestwig	
23 044	023 044-1	Krupp	3179	20. 08. 54	21. 12. 72		Mainz	Crailsheim	
23 045	023 045-8	Krupp	3180	09. 07. 54	19. 09. 69		Mainz	Bestwig	
23 046	023 046-6	Krupp	3181	31. 08. 54	24. 08. 73		Mainz	Crailsheim	
23 047	023 047-4	Krupp	3182	30. 08. 54	06. 03. 74		Oberlahnstein	Saarbrücken	
23 048	023 048-2	Krupp	3183	27. 08. 54	05. 12. 74		Oberlahnstein	Crailsheim	
23 049	023 049-0	Krupp	3184	24. 09. 54	12. 04. 73		Oberlahnstein	Kaiserslautern	
23 050	023 050-8	Krupp	3185	09. 10. 54	05. 12. 74		Oberlahnstein	Crailsheim	
23 051	023 051-6	Krupp	3186	17. 09. 54	22. 10. 75		Oberlahnstein	Saarbrücken	
23 052	023 052-4	Krupp	3187	24. 11. 54	26. 06. 75		Oberlahnstein	Saarbrücken	
23 053	023 053-2	Krupp	3441	10. 06. 55	24. 06. 70		Mainz	Saarbrücken	
23 054	023 054-0	Krupp	3442	21. 05. 55	25. 07. 75		Mainz	Saarbrücken	
23 055	023 055-7	Krupp	3443	13. 07. 55	05. 12. 74		Mainz	Crailsheim	
23 056	023 056-5	Krupp	3444	28. 05. 55	03. 03. 69		Mainz	Crailsheim	
23 057	023 057-3	Krupp	3445	20. 06. 55	11. 12. 68		Mainz	Emden	
23 058	023 058-1	Krupp	3446	10. 06. 55	22. 12. 75	Museumslok Eurovapor	Mainz	Crailsheim	
23 059	023 059-9	Krupp	3447	10. 06. 55	06. 03. 74		Mainz	Crailsheim	
23 060	023 060-7	Krupp	3448	30. 06. 55	26. 06. 75		Mainz	Saarbrücken	
23 061	023 061-5	Krupp	3449	23. 07. 55	05. 12. 74		Mainz	Crailsheim	
23 062	023 062-3	Krupp	3450	03. 08. 55	22. 10. 75		Mainz	Saarbrücken	
23 063	023 063-1	Krupp	3451	09. 08. 55	05. 12. 74		Mainz	Saarbrücken	
23 064	023 064-9	Krupp	3452	11. 11. 55	05. 12. 74		Mainz	Saarbrücken	
23 065	023 065-6	Jung	12131	21. 03. 55	08. 11. 72		Mainz	Crailsheim	

23066	023066-4	Jung	12132	04.04.55	10.07.69		Mainz	Crailsheim
23067	023067-2	Jung	12133	22.04.55	16.05.75		Mainz	Crailsheim vor Mainz: LVA Minden
23068	023068-0	Jung	12134	05.05.55	10.07.69		Mainz	Crailsheim
23069	023069-8	Jung	12135	20.05.55	24.08.73		Mainz	Saarbrücken
23070	023070-6	Jung	12136	28.05.55	05.12.74		Mainz	Crailsheim
23071	023071-4	Jung	12506	12.09.56	22.10.75	Museumslok bei VSM	Paderborn	Saarbrücken
23072	023072-2	Jung	12507	24.09.56	22.10.75		Paderborn	Saarbrücken
23073	023073-0	Jung	12508	05.10.56	16.05.75		Paderborn	Saarbrücken
23074	023074-8	Jung	12509	10.10.56	05.12.74		Paderborn	Saarbrücken
23075	023075-5	Jung	12510	26.10.56	22.10.75	Fahrgestell: Jung 12511	Paderborn	Saarbrücken
23076	023076-3	Jung	12511	08.11.56	22.10.75	Fahrgestell: Jung 12510 Museumslok bei VSM	Paderborn	Saarbrücken
23077	023077-1	Eßlingen	5205	18.09.57	22.10.75		Oldenburg Hbf	Saarbrücken
23078	023078-9	Eßlingen	5206	08.10.57	02.06.71		Oldenburg Hbf	Emden
23079	023079-7	Eßlingen	5207	05.11.57	15.12.71		Krefeld	Emden/Hamburg–Rothenburgsort (als Z-Lok)
23080	023080-5	Eßlingen	5208	18.12.57	09.06.74		Krefeld	Saarbrücken
23081	023081-3	Jung	12751	08.10.57	19.09.69		Braunschweig Vbf	Emden
23082	023082-1	Jung	12752	19.10.57	02.06.71		Braunschweig Vbf	Saarbrücken
23083	023083-9	Jung	12753	06.11.57	15.12.71		Braunschweig Vbf	Saarbrücken
23084	023084-7	Jung	12754	16.11.57	23.02.71		Braunschweig Vbf	Crailsheim
23085	023085-4	Jung	12755	05.12.57	02.06.71		Braunschweig Vbf	Crailsheim
23086	023086-2	Jung	12756	19.12.57	09.09.71		Braunschweig Vbf	Crailsheim
23087	023087-0	Jung	12757	24.01.58	27.11.70		Braunschweig Vbf	Saarbrücken
23088	023088-8	Jung	12758	05.02.58	23.02.71		Braunschweig Vbf	Crailsheim
23089	023089-6	Jung	12759	23.02.58	09.09.71		Krefeld	Emden
23090	023090-4	Jung	12760	07.03.58	04.03.70		Krefeld	Emden
23091	023091-2	Jung	12761	29.03.58	02.06.71		Krefeld	Emden
23092	023092-0	Jung	12762	29.04.58	15.12.71		Krefeld	Emden
23093	023093-8	Jung	13101	29.06.59	09.09.71		Krefeld	Saarbrücken/Mannheim (nur als Z-Lok)
23094	023094-6	Jung	13102	05.06.59	24.08.73		Oldenburg Hbf	Saarbrücken
23095	023095-3	Jung	13103	08.06.59	08.11.72		Oldenburg Hbf	Saarbrücken
23096	023096-1	Jung	13104	03.07.59	12.04.73		Oldenburg Hbf	Saarbrücken
23097	023097-9	Jung	13105	17.07.59	18.04.72		Minden	Saarbrücken
23098	023098-7	Jung	13106	31.07.59	04.03.70		Minden	Löhne/Hameln (nur als Z-Lok)
23099	023099-5	Jung	13107	21.08.59	15.12.71		Minden	Saarbrücken
23100	023100-1	Jung	13108	03.09.59	06.03.74		Minden	Saarbrücken
23101	023101-9	Jung	13109	24.09.59	15.08.72		Minden	Saarbrücken
23102	023102-7	Jung	13110	14.10.59	24.08.73		Minden	Saarbrücken
23103	023103-5	Jung	13111	29.10.59	06.03.74		Minden	Saarbrücken
23104	023104-3	Jung	13112	23.11.59	18.04.72		Minden	Saarbrücken
23105	023105-0	Jung	13113	04.12.59	18.04.72	DB-Museumslok	Minden	Saarbrücken/Kaiserslautern (nur als Z-Lok)

Unterhaltung

Die ersten 15 von Henschel gelieferten 23 wurden 1950/51 im EAW Kassel abgenommen; als Unterhaltungs-EAW war Ingolstadt bis zum 10.5.1952 zuständig, danach das AW Göttingen. Etwa im September 1953 gab Göttingen die 23-Unterhaltung an das AW Trier ab, führte aber von August bis Dezember noch die Abnahme der 14 Henschel-Loks 23030 bis 043 durch. Trier seinerseits hatte aber auch schon vor Übernahme der 23-Unterhaltung mit dieser Baureihe zu tun, da es bereits für die ab 1952 gelieferten Jung-Loks das Abnahme-AW war. Die Krupp-Loks wurden dagegen im AW Mülheim-Speldorf und die 23 der Maschinenfabrik Esslingen im AW Esslingen abgenommen.

Ab 1.1.1959 wurden die 23 dem AW Frankfurt-Nied zugeteilt, das außerdem zu dieser Zeit noch für alle 01 und über 300 Maschinen der BR 44 zuständig war. Durch diese Veränderung in der 23-Unterhaltung wurde auch die letzte 23-Serie von Jung (23093 bis 105) im Jahre 1959 nicht mehr in Trier, sondern in Nied abgenommen. In den 60er Jahren bekam das AW Frankfurt-Nied auch noch die Neubaulok-Reihen 65 und 66 zugeteilt, außerdem die letzten 18^6 und über 250 78^0. Als das AW Nied bis Anfang 1967 seine Dampflok-Unterhaltung einstellen sollte, übertrug man die Unterhaltung der 23 in der ersten Jahreshälfte 1966 wieder dem AW Trier, das zu dieser Zeit noch für alle 38^{10}, 57^{10}, 86 und rund 60 78^0 zuständig war (später kamen zeitweise auch noch andere Baureihen hinzu, etwa die 44, 50 und 65). Im AW Trier erhielt auch die 023074 als letzte DB-Dampflok eine L 3-Hauptuntersuchung am 23.1.1969.

Als Trier 1974 die Dampflokausbesserung einstellte, wurden die noch vorhandenen 023 dem letzten Ausbesserungswerk für Dampfloks, dem AW Braunschweig, zugeteilt. Ausgebessert wurde hier jedoch wohl nur noch eine einzige 023: die Crailsheimer 023042, die vom 18.12.1974 bis 27.1.1975 zu einer L 0.0 hier war. Ansonsten widmete sich das AW Braunschweig, wie auch vorher schon das AW Trier, der Baureihe 023 in einer anderen Form: viele Maschinen dieser Baureihe wurden hier zerlegt.

Neben den erwähnten zuständigen Unterhaltungswerken beteiligten sich auch andere Stellen an der Ausbesserung der BR 23. An erster Stelle sind hier die Herstellerwerke mit Ausbesserungen im Rahmen der Gewährleistungspflicht zu nennen, allen voran die Firma Henschel in Kassel, die z.B. bei sämtlichen Loks der ersten 23-Serie (23001 bis 015) Verstärkungen an der Domausmauerung durchführen mußte. Kleinere Ausbesserungen (L 0) wurden gelegentlich auch von anderen als den zuständigen AW oder sogar von Bahnbetriebswerken durchgeführt, um Überführungskosten einzusparen. Außerdem wurde gelegentlich Ausbesserungshilfe bei Überlastung des zuständigen AW geleistet. Bekannt sind z. B. mehrere Umbauten von Heiß- auf Naßdampfregler durch die AW Schwerte 1967 und AW Bremen-Sebaldsbrück 1968, wobei in diesem Fall jedoch nur die Kessel nach Bremen gebracht wurden. Als letzte Baureihe der Neubau-Dampfloks galt für die 23 bis Oktober 1966: Loks sind voll zu unterhalten. Noch 1966 wurde dann der Erhaltungsbestand von 105 Maschinen auf rund 100 Loks gekürzt, die noch L 3 erhalten durften. Bis 1968 lag der Erhaltungsbestand stets zwischen 90 und 100 Loks mit ständig sinkender Tendenz. Ab 1.1. 1969 durften DB-Dampfloks keine L 3-Untersuchungen mehr erhalten. Während 1970/71 noch etliche ältere Dampfloks wegen des konjunkturbedingt stark gestiegenen Fahrzeugbedarfs noch anstelle einer L 3 eine Auslaufuntersuchung L 2.8 erhielten, wurde diese bei den 023 kaum noch vergeben: die zur L 3 anstehenden Loks wurden allgemein ausgemustert. Die im Unterhaltungsbestand befindlichen 023 erhielten noch L 2-Untersuchungen bis Ende 1972. Danach gab es nur noch die L 0-Bedarfsuntersuchung. Häufig ist diese dann allerdings zur L 0.2 mit H 2.1-Kesseluntersuchung hochgestuft worden – im Arbeitsaufwand entsprach eine solche Untersuchung schon der nicht mehr genehmigten L 2. Alle bis zum Schluß 1975 eingesetzten 023 dürften 1972/73 noch eine solche Untersuchung erhalten haben.

Die Laufleistungsgrenze für die 23 lag bis etwa 1959 bei 250000 km und wurde danach auf 300000 km erhöht. Am 6. 12. 1967 hob man für die Schnellzugdampfloks und die BR 23 den Kilometergrenzwert erneut an, diesmal auf 320000 km, der dann auch noch um 10% überschritten werden durfte. Die Laufleistung während des gesamten Einsatzes schwankt zwischen den einzelnen Loks der BR 23 ganz beträchtlich. Während sie bei den ersten Maschinen, die weit über 20 Jahre alt wurden, bei teilweise über 2 Millionen Kilometern liegt, erreichten mehrere MV-23, von denen einige nicht einmal ihren zehnten Geburtstag erlebten, nicht mehr die 1-Million-Grenze.

BD Hamburg

Bw Hamburg-Rothenburgsort

Am 18. 12. 1970 bekam dieses Bw von Emden die am 1. 9. 1970 z-gestellte 023079 zugeteilt. Sie wurde als Heizlok anstelle einer ausgebrannten 38^{10} im Bw Hamburg Hbf benötigt, war aber nur selten im Einsatz. Ein Jahr nach ihrer Umbeheimatung wurde die 023079 mit HVB-Verfügung vom 15. 12. 1971 ausgemustert und stand danach noch bis Anfang 1974 im Bw Hamburg-Rothenburgsort abgestellt. Danach wurde sie angeblich nach Sankt Arnold bei Rheine abgefahren, anschließend verliert sich jedoch ihre Spur. Vermutlich wurde sie in Essen oder Witten zerlegt, jedenfalls nicht wie viele andere Hamburger Loks in Lübeck und auch nicht in Karthaus oder im AW Trier, wo ein Großteil der 023 endete.

BD Hannover

Bw Bremen Hbf

Von den ersten, 1950/51 gelieferten 15 Personenzug-Neubauloks erhielten die Bahnbetriebswerke Kempten, Bremen Hbf und Siegen je fünf Stück. Bremen erhielt als erste die 23007 am 30.1.1951, im Februar folgten die anderen vier Maschinen 23006, 008, 009 und 010. Bremen Hbf verfügte zu dieser Zeit über etwas mehr als 20 38^{10} und etwa sechs 03. Die 23 wurden zusammen mit fünf 38^{10} in einem Dienstplan im Langstrecken-Personenzugverkehr eingesetzt, vornehmlich auf der Rollbahn Hamburg–Bremen–Osnabrück. Es war geplant, sie später auch im 03-Dienst zu verwenden.

Bereits am 28. 11. 1951 kam 23007 ins EAW Ingolstadt und wurde nach ihrer Fertigstellung dem Bw Siegen am 3. 1. 1952 zugeteilt. Sie wurde, genau wie die vier beim Bw Bremen Hbf verbliebenen 23, spätestens am 22. 1. 1952 wegen der bekannten Schäden an der Domaushalsung abgestellt. Die vier Bremer Loks wurden allerdings im Gegensatz zu den Siegener und Kemptener Maschinen, die bereits im Februar 1952 z-gestellt wurden, erst am 17. 6. 1952 z-gestellt. In den Einsatzbestand wurden sie ebenfalls als letzte wieder übernommen, am 16. 9. 1952. Anschließend überführte die dafür angeheizte 23006 die anderen drei Loks kalt vom AW Ingolstadt, wo die Loks schon bald nach ihrer Außerdienststellung hinterstellt worden waren, zur Firma Henschel in Kassel, wo die Loks am 18. 9. 1952 eintrafen und im Rahmen der Gewährleistungspflicht die Domaushalsungen verstärkt wurden. Anschließend kamen alle Loks noch zu einer L 0 ins AW Göttingen, genau wie alle anderen 23 der ersten Serie auch.

Nach ihrer Wiederinbetriebnahme im Dezember 1952 (23006) und Februar 1953 (23008 bis 010) wurden sie dem Bw Siegen zugeteilt. Vermutlich erfolgte auch die buchmäßige Umbeheimatung erst zu diesem Zeitpunkt, denn während des größten Teils ihrer Abstell- bzw. Ausbesserungszeit wurden die vier Loks noch beim Bw Bremen Hbf geführt, obwohl man bereits seit Februar 1952 wieder allein mit der Baureihe 38^{10} im Personenzugdienst zurechtkommen mußte.

23006   5. 2. 1951–16. 6. 1952 (z)
        16. 9. 1952– 6. 12. 1952
23007 30. 1. 1951–28. 11. 1951
23008   5. 2. 1951–16. 6. 1952 (z)
        16. 9. 1952–12. 2. 1953
23009   8. 2. 1951–16. 6. 1952 (z)
        16. 9. 1952–12. 2. 1953
23010 13. 2. 1951–16. 6. 1952 (z)
        16. 9. 1952– 5. 2. 1953

Bw Braunschweig Vbf

Nur sehr kurze Zeit waren hier 23er stationiert. Von Oktober 1957 bis Februar 1958 wurden die fabrikneuen Loks 23081 bis 088 von Jung an das Bw Braunschweig Vbf abgeliefert, bereits im April 1958 wurden sie schon wieder geschlossen an das Bw Bielefeld abgegeben. Gleichzeitig gab Braunschweig zwischen Februar und April 1958 seine elf 01 ab. Als Ersatz für die 01 und 23 kamen von März bis Mai 1958 20 Loks der Baureihe 03. Außerdem standen dem Bw Braunschweig Vbf für den Nahverkehr 1958 noch rund zehn 38^{10} zur Verfügung. Hauptsächlich eingesetzt gewesen sein dürften die 23 während ihrer kurzen Zeit in Braunschweig nach Hannover, Helmstedt und Goslar/Bad Harzburg.

23081   9. 10. 1957–22. 4. 1958
23082 20. 10. 1957–13. 4. 1958
23083   7. 11. 1957–17. 4. 1958
23084 17. 11. 1957–20. 4. 1958
23085   6. 12. 1957–21. 4. 1958
23086 20. 12. 1957–12. 4. 1958
23087 25. 1. 1958–23. 4. 1958
23088   6. 2. 1958–16. 4. 1958

106 Vor dem alten Mindener Empfangsgebäude, das noch aus der Coeln-Mindener-Zeit stammt, wartete am 31.7.1967 die Mindener 23 101 mit einem Personenzug Bielefeld–Leese-Stolzenau auf Abfahrt.

Bw Minden

Die letzten neun 23, die an die DB geliefert wurden (23 097 bis 105) erhielt das Bw Minden zwischen Juli und Dezember 1959 zugeteilt. Von September 1960 bis Juli 1962 und von Mai bis September 1965 war 23 097 beim Bw Bielefeld. Im September 1964 verstärkten 23 087 und 088 vom Bw Bielefeld den Mindener Bestand, im Januar 1966 23 085 und 086 aus Hameln. Diese vier Loks wurden schon im November 1966 an das Bw Crailsheim weitergegeben. Crailsheim erhielt zum Sommerfahrplan 1968 auch 23 105. Zum Winterfahrplan 1968/69 wurde der restliche Mindener 23-Bestand (23 097 bis 104) nach Löhne abgegeben.

Beim Bw Minden ersetzten die neun 23 die 38^{10}. Daher wurden sie auch fast ausschließlich im Personenzugdienst eingesetzt, Eil- oder gar Schnellzüge waren für die Mindener 23 so gut wie tabu, während bei anderen Bw (z.B. Mönchengladbach) die 23 bis in die Mitte der 60er Jahre sogar noch für Fernschnellzüge gut waren. Durch diesen unterwertigen Einsatz der Mindener 23 lag auch ihre durchschnittliche Tagesleistung nicht sehr hoch. Aufschluß hierüber gibt die Aufstellung der laut Laufplan zu fahrenden durchschnittlichen Tagesleistung pro Lok:

Winterfahrplan	1959/60	250 km pro Tag
Sommerfahrplan	1960	290 km pro Tag
Winterfahrplan	1960/61	290 km pro Tag
Sommerfahrplan	1961	340 km pro Tag
Winterfahrplan	1961/62	290 km pro Tag
Sommerfahrplan	1962	310 km pro Tag
Winterfahrplan	1962/63	310 km pro Tag
Sommerfahrplan	1963	310 km pro Tag
Winterfahrplan	1963/64	240 km pro Tag
Sommerfahrplan	1965	280 km pro Tag
Winterfahrplan	1967/68	200 km pro Tag

Haupteinsatzgebiet war während ihrer ganzen Mindener Zeit für die 23 die Strecke Hamm–Bielefeld–Löhne–Minden–Wunstorf–Seelze–Hannover–Braunschweig. Dazu kamen zeitweise noch vereinzelte Leistungen u.a. auf den Strecken Osnabrück–Löhne, Minden–Nienburg und Löhne–Hameln–Hannover. Ab 25. 9. 1968 konnte die Strecke Hamm–Minden–Hannover durchgehend elektrisch befahren werden, was zur Abgabe der Dampfloks (Baureihen 23, 44 und 50 sowie 01^{10}, 18^3 und 45 des LVA) führte.

23 085	10. 1. 1966	–22. 11. 1966
23 086	10. 1. 1966	– 9. 11. 1966
23 087	20. 10. 1965	–21. 11. 1966
23 088	28. 9. 1965	–14. 11. 1966
23 097	20. 7. 1959	–23. 9. 1960
	15. 7. 1962	–26. 5. 1965
	29. 9. 1965	–28. 9. 1968
23 098	1. 8. 1959	–28. 9. 1968
23 099	22. 8. 1959	–28. 9. 1968
23 100	4. 9. 1959	–28. 9. 1968
23 101	25. 9. 1959	–28. 9. 1968
23 102	16. 10. 1959	–28. 9. 1968
23 103	30. 10. 1959	–28. 9. 1968
23 104	24. 11. 1959	–28. 9. 1968
23 105	7. 12. 1959	–26. 5. 1968

Bw Löhne

Das Bw Löhne gehörte zu den unbedeutendsten 23-Bw überhaupt. Am 29. 9. 1968 übernahm es die durch Elektrifizierung freigewordenen acht Mindener 023 097 bis 104. Die Loks waren wohl vor allem als Ergänzung für die vielfach im Personenzugdienst eingesetzten Löhner 050 gedacht. Diese liefen vor Personenzügen auf den Strecken Bielefeld–Brackwede–Paderborn, Bielefeld–Lage–Detmold, Bielefeld–Herford–Löhne–Bünde–Rahden–Bassum, Herford–Lage–Detmold und Minden–Nienburg; hier kamen dann auch teilweise die 023 zum Einsatz, eventuell auch auf der Strecke Osnabrück–Löhne–Hameln.

Bereits am 2. 12. 1968 verließen 023 100 und 101 Löhne wieder in Richtung Saarbrücken; ihnen folgte am 16. 1. 1969 023 099. Die restlichen fünf Loks, darunter auch die inzwischen z-gestellte 023 098, wurden ab 1. 2. 1969 beim Bw Hameln geführt, einem weiteren weniger bedeutenden »23-Stützpunkt«.

23 097	29. 9. 1968–31. 1. 1969
23 098	29. 9. 1968– 7. 12. 1968 (z)
23 099	29. 9. 1968–16. 1. 1969
23 100	29. 9. 1968– 2. 12. 1968
23 101	29. 9. 1968– 2. 12. 1968
23 102	29. 9. 1968–31. 1. 1969
23 103	29. 9. 1968–31. 1. 1969
23 104	29. 9. 1968–31. 1. 1969

Bw Hameln

Zum Winterfahrplan 1965/66 wurden dem Bw Hameln, das einst ein großer 38^{10}-Stützpunkt gewesen war, 23 085 und 086 aus Bielefeld zugeteilt. Im Zuge der Typenbereinigung wurden sie schon am 9. 1. 1966 wieder an das Bw Minden abgegeben. Am 1. 2. 1969 tauchte diese Baureihe erneut im Bw Hameln auf, als die restlichen Löhner 023 hierher kamen: 023 097, 102 bis 104 und die z-Lok 023 098. Noch im selben Jahr wurden 023 104 am 25. 9. nach Saarbrücken und 023 102 und 103 am 11. 12. 1969 nach Emden abgegeben. 023 097 blieb dagegen noch bis zum 19. 6. 1970 in Hameln, bevor sie nach Bestwig kam, und 023 098 wurde erst nach über einem Jahr Abstellzeit mit HVB-Verfügung vom 4. 3. 1970 beim Bw Hameln ausgemustert.

108 Wegen ihrer Achslast eignete sich die Baureihe 23 auch für Sonderzugleistungen auf Privatbahnen. Zum Bw Hameln (!) gehörte die 023 097, als sie am 22. 2. 1970 einen Sonderzug über die Vorwohle-Emmerthaler Eisenbahn zog (Foto bei Eschershausen).

109 Im Sommer 1959 hatte 23 087 noch den Heinl-Mischvorwärmer mit Speicher und zählte zum Bw Bielefeld. Das Foto vom 26. 9. 1960 zeigt sie im alten Braunschweiger Hauptbahnhof.

Eingesetzt wurden die Hamelner 23 vorrangig vor den im 50er-Plan enthaltenen Personenzügen auf den von Hameln ausgehenden Strecken.

23 085	12. 10. 1965 –	9. 1. 1966
23 086	28. 9. 1965 –	9. 1. 1966
23 097	1. 2. 1969 –	19. 6. 1970
23 102	1. 2. 1969 –	11. 12. 1969
23 103	1. 2. 1969 –	11. 12. 1969
23 104	1. 2. 1969 –	25. 9. 1969

Bw Bielefeld

Das Bw Bielefeld übernahm im Januar/Februar 1958 den gesamten Paderborner 23-Bestand, der die drei Oberflächenvorwärmer-Loks 23 023, 028, 029 und die sechs Mischvorwärmer-Maschinen 23 071 bis 076 umfaßte. Bereits Mitte April wurde der gesamte Bielefelder Bestand wieder ausgetauscht, indem man die Braunschweiger 23 081 bis 088 nach hierher umbeheimatete, wofür die drei Oberflächenvorwärmer-Loks nach Gießen kamen, die 23 071 bis 075 nach Mainz und 23 076 (im Juli) nach Oldenburg Hbf. Der so entstandene Bielefelder Bestand mit den acht MV-Loks 23 081 bis 088 blieb bis zur Auflösung der Bielefelder 23-Gruppe im Jahr 1965 konstant. Lediglich 23 097 des Bw Minden war zweimal dem Bw Bielefeld zugeteilt: vom 24. 9. 1960 bis zum 24. 6. 1962 und vom 30. 5. bis 28. 9. 1965. Aufgelöst wurde der Bielefelder Bestand zum Sommerfahrplan 1965 bzw. Winterfahrplan 1965/66 und so verteilt: Bw Osnabrück Rbf erhielt im Mai und Juni 23 081 bis 084, im September/Oktober gingen 23 085 und 086 nach Hameln sowie 23 087, 088 und 097 (siehe oben) nach Minden.

Die Bielefelder 23 hatten ganz andere Einsätze zu fahren als die Loks der Baureihe 23 vorher beim nahegelegenen Bw Paderborn (siehe S. 90). Hier in Bielefeld lösten die 23 im Jahre 1958 die 38^{10} vollständig ab und liefen daher fast ausnahmslos im Personenzugdienst. Hochwertige Leistungen waren nie zu fahren, höchstens einmal ein Eilzug. Das Haupteinsatzgebiet für die 23 war die streckenweise viergleisig ausgebaute Hauptbahn von Hamm über Bielefeld, Löhne, Minden, Wunstorf nach Hannover und in der Verlängerung nach Braunschweig. Hier wurden zur gleichen Zeit auch die 23 des Bw Minden eingesetzt (siehe S. 83). Abgelöst wurden die 23 1965 durch neugelieferte V 160, und schon bald wurde Bielefeld zu einem reinen Diesel-Bahnbetriebswerk.

23 023	7. 1. 1958 –	13. 4. 1958
23 028	7. 1. 1958 –	20. 2. 1958
23 029	6. 2. 1958 –	13. 4. 1958
23 071	28. 1. 1958 –	20. 4. 1958
23 072	29. 1. 1958 –	16. 4. 1958
23 073	10. 1. 1958 –	16. 4. 1958
23 074	10. 1. 1958 –	20. 4. 1958
23 075	16. 1. 1958 –	20. 4. 1958
23 076	16. 1. 1958 –	9. 7. 1958
23 081	23. 4. 1958 –	4. 6. 1965
23 082	15. 4. 1958 –	31. 5. 1965
23 083	18. 4. 1958 –	31. 5. 1965
23 084	21. 4. 1958 –	31. 5. 1965
23 085	22. 4. 1958 –	11. 10. 1965
23 086	14. 4. 1958 –	27. 9. 1965
23 087	24. 4. 1958 –	19. 10. 1965
23 088	17. 4. 1958 –	27. 9. 1965
23 097	24. 9. 1960 –	24. 6. 1962
	30. 5. 1965 –	28. 9. 1965

BD Münster

Bw Oldenburg Hbf

Im November und Dezember 1956 erhielt das Bw Oldenburg Hbf mit den Ex-Paderbornern 23 030 bis 032 als erstes Bw in der BD Münster Loks der Baureihe 23 zugeteilt. Im Juli 1957 kam 23 023

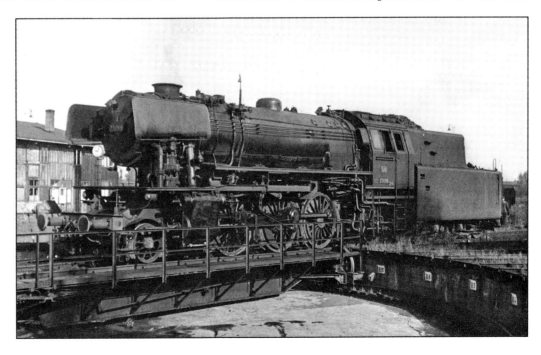

110 23 086 (Bw Bielefeld) wendet am 26. 9. 1960 im alten Bw Braunschweig. Sie ist schon auf den MV '57 umgebaut worden.

aus Paderborn als Leihlok, die zurückgegeben wurde, als sich im Oktober 1957 der Oldenburger 23-Bestand durch die neugelieferten 23 077 und 078 auf fünf Loks erhöhte. Mitte 1958 folgte als sechste Lok die 23 076 vom Bw Bielefeld. Von Mai bis Juli 1959 erhielt Oldenburg sechs weitere 23: 23 073 bis 075 aus Bingerbrück und 23 094 bis 096 aus Neulieferungen. Dafür konnten zur gleichen Zeit die drei Oberflächenvorwärmer-Loks nach Gießen abgegeben werden. Oldenburg war jetzt »reinrassig« mit Mischvorwärmer-23 bestückt. Im April 1960 wurde der Bestand durch die Krefelder 23 080 auf zehn Loks, zum Sommerfahrplan 1961 mit 23 057 aus Bingerbrück auf elf Loks erhöht und blieb dann bis zur Abgabe der 23 aus Oldenburg ziemlich konstant. Allerdings mußten mehrfach 23 anderer Bw, darunter auch Oberflächenvorwärmer-Loks, in Oldenburg aushelfen: 1961 für knapp zwei Monate die 23 037 aus Mönchengladbach, 1962 für zwei Monate die Bielefelder 23 086 und für einen Monat die 23 049 aus Gießen.

Bis zum Sommerfahrplan 1963 wurde die Dampflokunterhaltung in Oldenburg beim Bw Oldenburg Rbf konzentriert. Als Stichtag gilt der 31. 3. 1963. In den Betriebsbüchern der Loks wurde jedoch häufig das Bw erst nach einem AW-Aufenthalt von Oldenburg Hbf in Oldenburg Rbf geändert und eine offizielle Umstationierung im Betriebsbuch nicht eingetragen. Das Bw Oldenburg Rbf verfügte zum Zeitpunkt der Auflösung der Dampfgruppe beim Bw Oldenburg Hbf über 21 Loks der Baureihe 50 (alle mit Kabinentender) und erhielt jetzt vom Bw Oldenburg Hbf außer den elf 23 noch vier 38[10] (davon drei z-Loks), vier 78, zwei 81 (beide z) und zwei 93[5], während beim Bw Oldenburg Hbf nur noch Dieselloks beheimatet blieben.

1955 hatte das Bw Oldenburg Hbf zu seiner großen 38[10]-Gruppe die acht Delmenhorster 24 und drei 41 (41 089, 306 und 331) erhalten. Daneben bestanden in Oldenburg Hbf noch je eine kleine 74[4]- und 78[0]-Gruppe. Die BR 24 wurde noch vor Erscheinen der 23 in Oldenburg durch weitere 38[10] und 78[0] entbehrlich, die drei 41 jedoch wurden im Eilzugdienst nach Wilhelmshaven und Bremen eingesetzt. Als ab November 1956 die ersten drei 23 in Oldenburg auftauchten, übernahmen sie sofort die Dienste der drei 41, die daraufhin abgegeben wurden. Die 38[10]-Gruppe umfaßte zu dieser Zeit 20 Maschinen, wovon 1957 zwei Loks durch die neugelieferten 23 077 und 078 ersetzt wurden. Die 74[4] wurden nach und nach ausgemustert, während der Bestand an 78ern bis zum Erscheinen der V 100[20] (1962) konstant bei 5 bis 7 Maschinen blieb. Die 78 hatten also, anders als später in Emden, in Oldenburg keine Konkurrenz durch die 23 zu befürchten.

Eingesetzt wurden die 23 zunächst ausschließlich auf den vier von Oldenburg ausgehenden Hauptstrecken: nach Norden bis Wilhelmshaven, nach Osten bis Bremen, nach Süden bis Osnabrück und nach Westen bis Leer. Der größte Teil der auf diesen Strecken verkehrenden Eilzüge fuhren mit der Baureihe 23, auch einige Schnellzüge (z. B. D 385 und 386) fuhr hier mit der 23.

Mit Zunahme der 23-Bestandes in Oldenburg in den Jahren bis 1961 nahm in gleichem Maße der 38[10]-Bestand ab. Völlig ersetzt werden konnten die 38[10] durch die 23 jedoch nicht. Noch 1961 waren der 23- und der 38[10]-Bestand in Oldenburg mit je elf Loks gleich groß, daneben gab es mit der BR 78[0] noch fünf Personenzug-Tenderlokomotiven. Durch die Vergrößerung des 23-Bestandes im Laufe der Jahre erweiterte sich auch ihr Einsatzgebiet etwas. So kamen Leistungen nach Bielefeld (E 350/349) neu dazu. Im Sommer 1963 wurde vor D 193/194 sogar die Hauptstrecke Osnabrück–Münster–Hamm befahren. Solche Leistungen blieben jedoch die Ausnahme.

1962 begann in Oldenburg die Verdieselung, als V 100[20] und VT 25 Einzug hielten. Sie ersetzten bis Ende 1962 alle 38[10]. Zum Sommerfahrplan 1963 wurden die sechs VT 25 (die immer wegen ihrer hohen Motorleistung mit zwei VS 145 fahren konnten) nach Münster abgegeben, da inzwischen zwölf V 100[20] zur Verfügung standen. Daneben hatte Oldenburg an Personenzugloks noch vier 78[0] und elf 23 (mit der Gießener Leihlok 23 019 zwölf), die jetzt aber in Oldenburg Rbf stationiert waren.

23 030   9. 11. 1956 – 17. 6. 1959
23 031   3. 12. 1956 – 4. 7. 1959
23 032   6. 11. 1956 – 27. 5. 1959
23 037 25. 9. 1961 – 15. 11. 1961
23 057 29. 5. 1961 – 24. 5. 1965
23 073 29. 6. 1959 – 4. 5. 1965
23 074 29. 5. 1959 – 28. 7. 1965
23 075   2. 7. 1959 – 27. 6. 1965
23 076 10. 7. 1958 – 21. 4. 1965
23 077   2. 10. 1957 – 20. 6. 1965
23 078 10. 10. 1957 – 23. 9. 1965
23 080   7. 4. 1960 – 26. 7. 1965
23 094   9. 6. 1959 – 13. 8. 1965
23 095 19. 6. 1959 – 1. 9. 1965
23 096 16. 7. 1959 – 27. 5. 1965

Bis zum 31. 3 1963 gehörten die Loks zum Bw Oldenburg Hbf, nach Auflösung der dortigen Dampfgruppe ab 1. 4. 1963 zum Bw Oldenburg Rbf.

Bw Oldenburg Rbf

Mit Auflösung der Dampfgruppe beim Bw Oldenburg Hbf erhielt das Bw Oldenburg Rbf alle Dampfloks von dort bis zum Sommerfahrplan 1963. Die elf 23 (23 057, 073 bis 078, 080, 094 bis 096) veränderten durch diese Umstationierung ihr Einsatzgebiet jedoch nicht.

Auch nach der Umbeheimatung nach Oldenburg Rbf reichte der Oldenburger 23-Bestand mit elf Loks nicht aus, so daß abermals 23 geliehen werden mußten: Während des gesamten Sommerfahrplans 1963 war 23 019 aus Gießen hier im Einsatz, im Frühjahr 1964 kam für einen Monat 23 049 zum zweiten Mal aus Gießen nach Oldenburg.

Bis Mai 1965 wurden die 78[0] durch weitere V 100[20] verdrängt. Auch die BR 23 konnte sich in Oldenburg Rbf nur 2 bis 2½ Jahre halten. Sie wurde von April bis September 1965 vollständig durch die neugelieferten Loks V 160 036 bis 046 ersetzt und bis auf 23 094, 095 und 096, die nach Osnabrück Rbf kamen, nach Emden abgegeben. In Oldenburg Rbf verblieben somit nur noch Loks der Baureihe 50 mit Kabinentender. Am 28. 5. 1967 wurde das Bw aufgelöst, die letzten 50 kamen ebenfalls nach Emden.

Bw Emden

Am 22. 4. 1965 erhielt das Bw Emden seine erste 23, die 23 076 vom Bw Oldenburg Rbf. Von dort kamen von Mai bis Juli auch noch die acht Loks 23 057, 073 bis 075, 077, 078 und 080 sowie die 23 045 mit Oberflächenvorwärmer. Diese einzige Oberflächenvorwärmer-23, die jemals in Emden war, wurde schon nach zwei Wochen Anfang Juni 1965 nach Bestwig weitergegeben, wofür Emden als Gegenleistung die 23 093 erhielt. Zum Winterfahrplan 1965/66 erhielt Emden zwei weitere 23 aus Bestwig: 23 079 und 089. Damit umfaßte der Bestand nun elf Loks.

Zum Sommerfahrplan 1966 kam von Osnabrück Rbf eine zwölfte Maschine: 23 081. Im November 1966 gab Emden die 23 076 nach Crailsheim ab. Zum Sommerfahrplan 1967 kam wiederum von Osnabrück Rbf die 23 082, der am 1. 7. 1967 auch noch 23 094 bis 096 folgten, womit in Emden der Höchstbestand mit 15 Loks erreicht wurde. Dieser Bestand blieb bis zum Sommerfahrplan 1968 bestehen, als 23 073, 075, 077, 080 und 082 nach Saarbrücken abgegeben wurden. Gleichzeitig war auch 23 074 als Abgang zu verbuchen, sie ging ins AW Trier zu einer L 3-Untersuchung, blieb aber buchmäßig bis zum Januar 1969 im Emdener Bestand. Ihre Untersuchung wurde die letzte L 3-Untersuchung bei der DB überhaupt; am 23. 1. 1969 war sie fertiggestellt und wurde anschließend dem Bw Crailsheim zugeteilt. Während der Untersuchung kam der Kessel der Lok nochmals in den »Großraum« Emden: Im Wege der Ausbesserungshilfe baute das AW Bremen-Sebaldsbrück in den einzeln verschickten Kessel im November 1968 den Naßdampfregler ein.

Anfang September 1968 kam 023 096 zum Bw Bestwig, und am

111 Die Emdener Loks hatten Druckluftglocken. So auch 23080, 23057 und 23074, die im Jahre 1968 im Heimat-Bw abgelichtet wurden.

112 Frühlingsstimmung im Münsterland: 023094 des Bw Emden rauscht mit einem Personenzug Münster–Rheine an Sprakel vorbei (15. 4. 1971).

1. 10. 1968 wurde die erste Emdener 023 z-gestellt: An 023057 wurde eine aufwendige L 0 nicht mehr ausgeführt, und die Lok wurde Ersatzteilspender. Als Ersatz übernahm Emden drei der letzten Osnabrücker 023 am 29. 9. 1968: 023090 bis 092.

1969 gab es drei Abgänge und zwei Zugänge im Emdener 023-Bestand: Im Mai und Oktober wurden 023081 und 023090 z-gestellt, im November ging 023093 zum Bw Kaiserslautern und im Dezember verzeichnete Emden mit den Hamelner 023102 und 103 seine letzten beiden Neuzugänge. Somit verfügte das Bw Emden zum 31. 12. 1969 noch über neun 023.

1970 gab es nur eine Veränderung: 023079 wurde am 1. 9. z-gestellt und am 17. 12. 1970 dem Bw Hamburg-Rothenburgsort als Heizlok zugeteilt (siehe Seite 82). 1971 endet der Betrieb mit der Baureihe 023 in Emden. Im Februar, März und April wurden 023091, 078 und 089 abgestellt. Im September kamen 023094 und 095 zum Bw Dillingen und 023102 und 103 zum Bw Saarbrücken, und als letzte Emdener 023 wurde 023092 am 3. 10. 1971 z-gestellt.

Seit mindestens Mitte der 50er Jahre blieb der Bestand an Personenzuglokomotiven beim Bw Emden praktisch konstant: sieben bis zehn Loks der Baureihe 38^{10} und drei bis vier der Reihe 78^0. Beide Baureihen wurden im Sommer 1965 durch die BR 23 vollständig abgelöst. Das Haupteinsatzgebiet der Emdener 23 war die Strecke Leer–Emden–Norddeich, wo mehr Eil- als Personenzüge von ihnen gefahren wurden, im Sommer meist auch einige Schnellzüge. Außerdem fuhren die 23 Personenzüge von Leer weiter nach Süden über die Emslandstrecke bis Rheine und sogar Münster. Als in Osnabrück der 023-Bestand 1968 aufgelöst wurde, übernahmen die Emdener 023 auch kurzzeitig Reisezugleistungen auf der Strecke Bentheim–Rheine–Osnabrück–Löhne. Diese Leistungen fielen allerdings schon 1969 wieder weg. Weiterhin eingesetzt wurden die Emdener 023 auch noch zwischen Emden West und Emden-Außenhafen; diese Leistungen hatten sie von den ausgeschiedenen 082 übernommen. Außerdem kamen sie zeitweise auch noch auf der Küstenbahn von Norden über Esens, Jever und Sande nach Wilhelmshaven, so daß man dort auch noch fünf Jahre nach Verschwinden der Oldenburger 23 Maschinen dieser Baureihe bewundern konnte.

Zum Sommerfahrplan 1969 kamen die 023 planmäßig nicht mehr südlich von Leer zum Einsatz, da 211, 212, 624 und vor allem 216 sich auf der Emslandstrecke breitzumachen begannen, die hochwertigen Reisezüge wurden von Rheiner 012 und seltener auch 011 gefahren. Das änderte sich jedoch wegen der allgemeinen Lokverknappung wieder zum Sommerfahrplan 1970. In diesem Fahrplanabschnitt kamen die 023 mit den Zugpaaren P 2212/E 1631, E 1582/P 2225, P 2242/P 2261 und P 1812/P 2271 wieder viermal täglich nach Münster. Dadurch stiegen die Kilometerleistungen der Loks wieder um rund 1000 Kilometer auf 3000 bis 4000 Kilometer pro Lok und Monat an. (Zum Vergleich: 1966 hatten die Loks noch teilweise über 5000 Kilometer gefahren, während sie 1966/1967 im Durchschnitt bei 4500 km gelegen hatten. Ab Winterfahrplan 1967/68 rutschten sie zunächst auf ca. 3000 km und später bis auf unter 2500 km ab.)

Als im Sommer 1971 das Bw Rheine vom Bw Hamburg-Altona acht 012 erhielt, war das Schicksal der Emdener 023 besiegelt, da die 012 jetzt auch verstärkt Personenzugleistungen übernahmen. Im Sommerfahrplanabschnitt 1971 wurde für die 023 daher nur noch ein Miniumlauf für zwei Loks erstellt; die Münsteraner Leistungen entfielen. Zum Winterfahrplan 1971/72 endete der Emdener 023-Betrieb dann vollständig.

Interessant zu vermerken ist noch der Hang des Bw Emden, bei Loküberschuß Maschinen auf »r« (Reserve) abzustellen. Anders als bei den Emdener 082, die teilweise jahrelang auf »r« standen und nicht einen Meter fuhren (siehe BR 82 Bw Emden, Band 2, Seite 104), wurden die Reserve-23 meist schon nach ganz kurzer Zeit (selten mehr als zwei Monate) wieder in den Betriebsdienst übernommen.

23045	20. 5. 1965–	3. 6. 1965
23057	25. 5. 1965–	30. 9. 1968 (z)
23073	25. 5. 1965–	25. 5. 1968
23074	29. 7. 1965–	21. 1. 1969
23075	28. 6. 1965–	25. 5. 1968
23076	22. 4. 1965–	10. 11. 1966
23077	21. 6. 1965–	26. 5. 1968
23078	24. 9. 1965–	24. 3. 1971 (z)
23079	23. 9. 1965–	31. 8. 1970 (z)
23080	27. 7. 1965–	26. 5. 1968
23081	23. 5. 1966–	19. 5. 1969 (z)
23082	28. 5. 1967–	20. 5. 1968
23089	23. 9. 1965–	17. 4. 1971 (z)
23090	29. 9. 1968–	9. 10. 1969 (z)
23091	29. 9. 1968–	19. 2. 1971 (z)
23092	29. 9. 1968–	2. 10. 1971 (z)
23093	4. 6. 1965–	16. 11. 1969
23094	1. 7. 1967–	13. 9. 1971
23095	1. 7. 1967–	13. 9. 1971
23096	1. 7. 1967–	3. 9. 1968
23102	12. 12. 1969–	23. 9. 1971
23103	12. 12. 1969–	23. 9. 1971

113 Scharf gefahren: 023102 wurde am 1. 2. 1971 mit dem Mittagszug Rheine–Münster in der Nähe des Bw Rheine abgelichtet.

114 023 094 des Bw Emden hatte ein Thermometer am Speisekopf. Am 30. 4. 1971 stand sie vor dem Nahverkehrszug 2610 Rheine–Coesfeld im Bahnhof St. Arnold.

115 23 091 des Bw Osnabrück Rbf hatte eine Glocke. Am 22. 4. 1967 stand sie mit einem Nahverkehrszug im Grenzbahnhof Bentheim. In der Bildecke links oben ist der Bahnhof Bentheim-Nord der Bentheimer Eisenbahn sichtbar.

Bw Osnabrück Rbf

Das Bw Gießen mochte offenbar seine Lok 23049 nicht besonders und stellte sie gerne der BD Münster zur Verfügung. 1962 war sie leihweise beim Bw Oldenburg Hbf, 1964 leihweise in Oldenburg Rbf; am 1. 5. 1965 erschien sie ein drittes Mal in der BD Münster, wurde diesmal aber fest umstationiert und als erste 23 dem Bw Osnabrück Rbf zugeteilt. Am 27. 5. 1965 folgte die Schwesterlok 23048 aus Gießen. Wiederum blieb die 23049 nur kurz in Niedersachsen, denn am 20. 6. 1965 wurde sie zusammen mit 23048 nach Mönchengladbach abgegeben, da man in Osnabrück eine reine MV-23-Gruppe aufbaute. Von Mai bis September 1965 erhielt Osnabrück Rbf die zehn 23081 bis 084 (aus Bielefeld), 090 (aus Bestwig), 091 und 092 (aus Mönchengladbach) sowie 094 bis 096 (vom Bw Oldenburg Rbf).

Schon im Mai 1966 begann wieder der Abbau des Osnabrücker 23-Bestandes, als 23081 nach Emden abgegeben wurde. Ein Jahr später folgte ihr 23082 dorthin, am 30. 6. 1967 auch 23094 bis 096. Von den fünf verbliebenen Loks wurde 23091 von Ende November 1967 bis Ende März 1968 für vier Monate an das Bw Bestwig verliehen. Am 8. 9. 1968 kam 023084 zum Bw Crailsheim, am 28. 9. 1968 wurde das Bw Osnabrück Rbf bis auf drei Loks dampffrei: Emden erhielt drei 023 (023090, 091, 092), 17 Maschinen der BR 044 (davon drei Z-Loks) und 22 der BR 050 bis 053 (davon elf Z-Loks), Rheine die vier 094. Einen Tag später folgten die letzten beiden 044, sie gingen nach Paderborn. Als letzte Dampflok war somit 023083 beim Bw Osnabrück Rbf beheimatet. Sie verließ am 9. 10. 1968 das Bw mit Ziel Crailsheim.

Osnabrück Rbf beheimatete in den 50er Jahren Personenzugloks, Osnabrück Hbf Schnellzugloks. Beide Bw verfügten außerdem über Güterzug- und Tenderloks. Ab 1956 blieb der Bestand an Personenzugloks in Osnabrück Rbf (das bis Mai 1961 Osnabrück Verschiebebahnhof = Vbf hieß) konstant bei 14 bis 18 Loks der Baureihe 38^{10}. Das änderte sich erst im Sommer 1963, als Dieselloks der Reihe V 100^{20} (später auch V 100^{10}) begannen, die 38^{10} zu ersetzen. Zwei Jahre später wurden die restlichen ca. zehn 38^{10} durch eine etwa gleiche Zahl 23 ersetzt. Eingesetzt wurden die Loks vor allem auf den Strecken von Osnabrück über Cloppenburg nach Oldenburg und von Löhne über Osnabrück nach Rheine. Herausragende Leistungen waren nicht zu verzeichnen, die Laufleistungen lagen bei rund 3000 Kilometer pro Lok und Monat.

Konkurrenz hatten die Osnabrücker weniger durch die dort beheimateten V 100^{10}, V 100^{20} und VT 24 zu befürchten, als vielmehr durch die Oldenburger V 160, die ihnen vor allem Leistungen auf der Strecke Osnabrück–Oldenburg abnahmen. Im Sommer 1967 sank der Bestand deshalb auf fünf 23 ab, die nicht mehr im Plandienst eingesetzt wurden. Außer als Ersatz für andere ausgefallene Loks und bei Sonderleistungen wurden die 23 jetzt auch im Arbeitszugdienst verwendet. Durch die Elektrifizierungsarbeiten an der Rollbahn Osnabrück–Bremen–Hamburg bestand nämlich beim Bw Osnabrück Rbf ein enormer Bedarf an Arbeitszuglokomotiven. Das ging so weit, daß man 1967 sogar die beiden einmotorigen Schienenbusse VT 959248 und VT 959251 mit Rockinger-Kupplungen versah, um sie im Arbeitszugdienst einsetzen zu können.

Vom 27. 11. 1967 bis zum 31. 3. 1968 wurde eine der fünf Osnabrücker 23 (die 23091) an das Bw Bestwig verliehen. Seit ihrer Abgabe nach Bestwig waren die Kilometerleistungen der übrigen Osnabrücker 23 von lediglich rund 1200 Kilometer pro Lok und pro Monat wieder auf über 2000 Kilometer angestiegen. Im Sommer 1968 erreichten die fünf Loks (23091 war ja inzwischen aus Bestwig zurückgekehrt) sogar wieder je ca. 3000 Kilometer, bevor sie dann mit Auflösung der Dampflokunterhaltung im Bw Osnabrück Rbf (bedingt durch die Aufnahme des elektrischen Betriebes auf der Rollbahn am 24. 9. 1968) abgegeben wurden.

23048   27. 5. 1965–20. 6. 1965
23049   1. 5. 1965–20. 6. 1965
23081   5. 6. 1965–22. 5. 1966
23082   1. 6. 1965–27. 5. 1967
23083   1. 6. 1965– 9. 10. 1968
23084   1. 6. 1965– 8. 9. 1968
23090 23. 9. 1965–28. 9. 1968
23091   4. 7. 1965–28. 9. 1968
23092   4. 7. 1965–28. 9. 1968
23094 14. 8. 1965–30. 6. 1967
23095   2. 9. 1965–30. 6. 1967
23096 28. 5. 1965–30. 6. 1967

BD Essen

Bw Paderborn

Paderborn erhielt seine ersten drei 23 im April/Mai 1954: 23015 von der LVA Minden und 23028 und 029 aus Mainz. Im August und September des gleichen Jahres kamen die vier fabrikneuen 23030 bis 033 dazu. Die nächsten Veränderungen gab es im Juli 1955. Am 1. 7. 1955 kam aus Mainz 23043, die am 23./24. 7. 1955 mit dem Bw Mönchengladbach gegen 23023 getauscht wurde. Am 28./29. 7. 1955 war die nächste Tauschaktion fällig, diesmal mit dem Bw Siegen: 23015 gegen 23034. Von September bis November 1956 erhielt Paderborn die sechs fabrikneuen MV-Loks 23071 bis 076 und gab dafür fünf Loks mit Oberflächenvorwärmer nach Oldenburg Hbf (23030 bis 032) und Mönchengladbach (23033, 034) ab. Dieser Bestand von drei Oberflächenvorwärmer- (23023, 028, 029) und sechs Mischvorwärmer-Loks (23071 bis 076) wurde im Januar 1958 komplett nach Bielefeld, das damit erstmals 23 erhielt, abgegeben, blieb dort aber nicht lange (siehe Seite 85).

Paderborn hatte im April 1952 seine acht 01^{10} abgegeben und dafür 03^{10} erhalten. Außerdem beheimatete das Bw noch bis November 1954 die Baureihe 01. Die 23 lösten 1954 nicht Personenzugloks ab, sondern die Paderborner 01 und 03^{10}, da Paderborn ein Schnellzug-, aber kein Personenzuglok-Bw war. Dadurch ähnelten die Leistungen der Paderborner 23 auch mehr denen von Schnellzug- als Personenzugloks. Kein 23-Bw hatte jemals einen derart hohen Schnell- und Eilzuganteil zu verzeichnen wie Paderborn. Entsprechend groß war auch der Einsatzraum der Loks. Planmäßig liefen die Paderborner 23 mit Schnell- und Eilzügen u.a. Kreiensen, Northeim und Kassel im Osten sowie Münster, Hamm, Düsseldorf, Mönchengladbach, Köln und Aachen an. Einige interessante Leistungen waren dabei unter weiteren folgende Züge:

– Der D 197, der von Mönchengladbach bis nach Kassel von Paderborner 23 geführt wurde, allerdings nicht mit ein und derselben Lok, sondern drei verschiedenen: in Hamm und Paderborn wurde jeweils umgespannt.

– Das Zugpaar D 217/218, das zwischen Mönchengladbach und Hamm von der Baureihe 23 gefahren wurde, wobei das Bw Paderborn die Lok für den D 217 (Mönchengladbach–Hamm) stellte, der Gegenzug D 218 jedoch mit Mönchengladbacher 23 gefahren wurde.

– Die Züge E 343/543, für deren Bespannung gleich vier Paderborner 23 nötig waren, und zwar je eine Lok für die Streckenabschnitte Aachen (E 343)–Soest (E 543)–Paderborn, Mönchengladbach (E 543)–Hamm, Hamm (E 543)–Soest und Paderborn (E 543)–Kreiensen. Dabei legte diejenige Lok, die den Streckenabschnitt Aachen–Soest–Paderborn befuhr, immerhin 256 Kilometer an einem Stück zurück. (Diese Angaben beziehen sich auf den Sommerfahrplan 1955.)

Wegen ihrer enormen Leistungen wurden in Paderborn immer die besten, also neuesten 23 benötigt, wodurch sich auch die Zuteilung der fabrikneuen Loks 23071 bis 076 bei gleichzeitiger Abgabe der älteren Maschinen 23030 bis 034 im Jahre 1956 erklärt. Ersetzt wurden die Paderborner Schnellzug-23 Anfang 1958 durch elf neu zugeteilte 03^{10} (teilweise mit Neubaukessel), die ihrerseits im September und Oktober 1958 durch zehn 01 (davon zwei mit Neubaukessel) ersetzt und nach Hagen-Eckesey abgegeben wurden.

116 Im Jahre 1957 hatte das Bw Paderborn noch 23er, so auch 23 074, die hier mit dem P 1130 Neubeckum verläßt. Links sind die Gleise der Westfälischen Landeseisenbahn zu sehen.

23 015	22. 5. 1954	– 28. 7. 1955
23 023	24. 7. 1954	– 6. 1. 1958
23 028	22. 4. 1954	– 6. 1. 1958
23 029	14. 5. 1954	– 5. 2. 1958
23 030	9. 8. 1954	– 7. 11. 1956
23 031	13. 8. 1954	– 12. 11. 1956
23 032	4. 9. 1954	– 5. 11. 1956
23 033	9. 9. 1954	– 9. 10. 1956
23 034	29. 7. 1955	– 11. 10. 1956
23 043	1. 7. 1955	– 23. 7. 1955
23 071	12. 9. 1956	– 28. 1. 1958
23 072	23. 9. 1956	– 28. 1. 1958
23 073	7. 10. 1956	– 9. 1. 1958
23 074	11. 10. 1956	– 9. 1. 1958
23 075	27. 10. 1956	– 15. 1. 1958
23 076	9. 11. 1956	– 15. 1. 1958

BD Wuppertal

Bw Siegen

Die letzten fünf Loks der ersten 23-Lieferung erhielt das Bw Siegen. Von Februar bis April 1951 wurden diesem Bw die fabrikneuen Loks 23 011 bis 015 zugeteilt. Auch diese Maschinen mußten, genau wie die Kemptener und Bremer, Anfang 1952 (durch eine Verfügung vom 22. 1. 1952) wegen Schäden an den Domaushalsungen abgestellt werden. Davon betroffen war auch die 23 007, die erst am 3. 1. 1952 vom Bw Bremen Hbf gekommen war, nachdem die Siegener 23 015 schon am 13. 5. 1951 an die Lok-Versuchs-Anstalt Minden abgegeben worden war. Die fünf Siegener Loks (23 007, 011 bis 014) wurden nach ihrer Außerdienststellung am 13. 2. 1952 z-gestellt und am 1. 9. 1952 wieder in den Einsatzbestand übernommen. Nachdem sie etwa im Oktober 1952 nach Henschel gekommen waren, wurden sie im Februar (23 007, 013), März (23 012, 014) und April (23 011) des Jahres 1953 beim Bw Siegen wieder in Dienst gestellt. Gleichzeitig übernahm Siegen auch den restlichen Bremer 23-Bestand. Diese Loks kamen nach ihrer Aufarbeitung ab Dezember 1952 (23 006) bzw. Februar 1953 (23 008 bis 010) beim Bw Siegen in Fahrt.

1954 erhielt das Bw drei neugelieferte 23: im Januar 23 027, im Februar 23 026 und im September 23 034. Ende Juli 1955 erhielt das Bw Siegen »seine« 23 015 zurück und gab dafür die 23 034 an das Bw Paderborn ab. An diesem Bestand in Siegen mit den zwölf Loks 23 006 bis 015, 026 und 027 änderte sich zehn Jahre lang bis zu ihrer Abgabe 1965 und 1966 nichts mehr, wenn man einmal von dem zwischenzeitlichen Gastspiel absieht, das einige Siegener beim Bw Hagen-Eckesey gaben. Von Mitte März bis Mitte April 1958 war 23 027 beim Bw Hagen-Eckesey, von Ende April bis September bzw. Oktober 1958 waren das 23 026 und 027 und zum Jahreswechsel 1958/59 nochmals kurz 23 026. Von Januar bis November 1960 erhielt das BZA Minden die 23 011. Während dieser Zeit in Minden wurde die 23 011 die einzige 23, die irgendwann im AW Lingen ausgebessert worden ist: Am 27. 1. 1960 kam die Lok wegen Schäden am Heißdampfregler zum AW Lingen, das sich als 82-AW mit dieser Reglerbauart auskannte. Nach drei Tagen konnte die L 0-ausgebesserte Lok am 30. 1. 1960 wieder nach Minden fahren.

Zum Fahrplanwechsel Winter 1961/62 erhielt das Bw Hagen-Eckesey zum zweitenmal Siegener 23 zugeteilt: 23 011, 012, 014 und 015. Zum Sommerfahrplan 1963 (23 011 bereits Ende Januar 1963) kamen die Loks dann wieder nach Siegen zurück.

Die 23 verschwanden aus Siegen in zwei Etappen. 23 013 bis 015, 026 und 027 kamen zum Sommerfahrplan 1965 zum Bw Bestwig, die restlichen sieben Loks (23 006 bis 012) ein Jahr später zum Bw Kaiserslautern.

Die 23 ersetzten beim Bw Siegen nicht die 38[10], wie in den meisten Bw (Siegen beheimatete nämlich gar keine), sondern die im Reisezugdienst eingesetzte BR 41 des Bw Siegen. Sie liefen daher auf der Strecke Gießen–Siegen–Hagen (und weiter bis Dortmund, Düsseldorf u.a.), die bis zum Sommer 1965 ihr Haupteinsatzgebiet blieb. Zu ihrem Programm gehörten auch Expreßgüter-, Eil- und Schnellzüge (etwa die Zugpaare D 81/82 »Alpen-

117 Im Sommer 1957 hatte die Paderborner 23 028 schon die dritte Lampe erhalten. Mit dem E 534 verläßt sie hier Düsseldorf-Hbf. Sie führt zwei interessante Gepäck- bzw. Postwagen mit.

118 23 010 mit Personenzug nach Altenhundem verläßt den Bahnhof Rönkhausen, April 1962. Aus dem Schnellzugdienst waren damals die Siegener 23 schon weitgehend verdrängt.

119 Mit dem Alpenexpreß D 81 (hinter der Lok ein französischer Packwagen) passiert 23 009 des Bw Siegen das Lenne-Viadukt bei Lenhausen im Sommer 1956.

120 Die Siegener 23 027 passiert 1956 mit dem D 84 auf der Ruhr-Sieg-Strecke Welschen Ennest. Beachtenswert das alte Läutewerk am Feldwegübergang.

121 Die Baureihe 23 in ihren ersten Einsätzen: ein Zug aus Abteilwagen der Preußenzeit, ein wunderschönes Fachwerkhaus, eine beschauliche Landschaft – ein herrliches Motiv! Nach der Ablieferung gelangte 23 015 zum Bw Siegen, wurde aber schon einen Monat später dem Versuchsamt Minden zugeteilt. Während dieser Zeit (April 1951) beförderte sie den P 1246 auf der Ruhr-Sieg-Strecke bei Altenhundem.

122 Fast neu war die Siegener 23 013, als sie im Jahre 1951 die Lennebrücke bei Kirchhundem mit dem D 138 passierte und dabei noch diverse »Preußen« mitführte.

123 Vier Lokomotivbaugenerationen standen im Juni 1957 auf den Wendelokgleisen im Bw Hagen-Eckesey Parade: 38 3376, V 200 072, 50 2500 und die Siegener 23 008.

expreß« nach Düsseldorf und D 235/234 nach Dortmund). Aus diesen Diensten wurden die Loks im Laufe der Jahre aber teilweise durch Hagener 03^{10} sowie Dillenburger und Gießener 39 verdrängt. Eine weitere Haupteinsatzstrecke der Siegener 23 war die Siegstrecke von Siegen nach Köln.

Am 14. 5. 1965 wurde die 277,4 Kilometer lange Strecke Frankfurt–Gießen–Siegen–Hagen für den elektrischen Betrieb freigegeben. Damit verloren die Siegener 23 ihr Haupteinsatzgebiet, so daß die ersten fünf Loks abgegeben werden konnten. Die restlichen sieben Loks konnten sich noch ein Jahr halten und wurden fast ausschließlich auf der Siegstrecke eingesetzt. Zum Sommerfahrplan 1966 wurde die Dampflokunterhaltung in Siegen aufgegeben. Die Leistungen der 23 auf der Siegstrecke nach Köln übernahmen größtenteils die 03 des Bw Köln-Deutzerfeld.

Während der letzten Monate erbrachten die 23 nur noch geringe Leistungen, einige waren dauernd kalt – und ungeschützt – abgestellt.

23 006	7. 12. 1952	31. 5. 1966
23 007	3. 1. 1952–	12. 2. 1952 (z)
	1. 9. 1952–	1. 6. 1966
23 008	13. 2. 1953–	31. 5. 1966
23 009	13. 2. 1953–	3. 3. 1966
23 010	6. 2. 1953–	1. 6. 1966
23 011	23. 2. 1951–	12. 2. 1952 (z)
	1. 9. 1952–	11. 1. 1960
	4. 11. 1960–	10. 9. 1961
	31. 1. 1963–	24. 4. 1966
23 012	28. 2. 1951–	12. 2. 1952 (z)
	1. 9. 1952–	5. 10. 1961
	26. 5. 1963–	22. 5. 1966
23 013	7. 3. 1951–	12. 2. 1952 (z)
	1. 9. 1952–	16. 5. 1965
23 014	30. 3. 1951–	12. 2. 1952
	1. 9. 1952–	30. 9. 1961
	26. 5. 1963–	29. 5. 1965
23 015	25. 4. 1951–	13. 5. 1951
	29. 7. 1955–	26. 9. 1961
	26. 5. 1963–	29. 5. 1965
23 026	7. 2. 1954–	30. 4. 1958
	10. 10. 1958–	19. 12. 1958
	6. 1. 1959–	29. 5. 1966
23 027	28. 1. 1954–	11. 3. 1958
	16. 4. 1958–	25. 4. 1958
	25. 9. 1958–	29. 5. 1965
23 034	18. 9. 1954–	28. 7. 1955

Bw Hagen-Eckesey

Das Bw Hagen-Eckesey hatte beim Erscheinen der ersten Maschinen der BR 23 einen großen Bestand an Reisezuglokomotiven der Baureihen 01, 03^{10} und 38^{10}. Die beiden Siegener Loks 23 026 und 027, die 1958 hier stationiert waren (23 026 vom 1. 5. bis 12. 9. 1958 und vom 20. 12. 1958 bis 5. 1. 1959 sowie 23 027 vom 12. 3. bis 14. 4. 1958 und vom 26. 4. bis 24. 9. 1958), liefen daher auch nicht in eigenen Plänen. Eventuell waren die beiden Loks sogar nur leihweise in Hagen-Eckesey stationiert.

Zum Winterfahrplan 1961/62 erschien die Baureihe 23 ein zweites Mal beim Bw Hagen-Eckesey, diesmal gleich mit vier Loks aus Siegen (23 011, 012, 014 und 015) und wesentlich länger als 1958 (23 011 bis Januar 1963, die drei anderen bis zum Mai 1963). Die Loks kamen vermutlich wie auch vor und nach ihrer Hagener Zeit beim Bw Siegen auf der Strecke (Dortmund–)Hagen–Siegen–Gießen zum Einsatz, erschlossen sich aber auch neue Einsatzgebiete, die von Siegener Loks sonst nicht erreicht wurden. So liefen sie unter anderem von Hagen über Hamm nach Münster vor dem Zugpaar P 2393/2394.

23 011	11. 9. 1961–	9. 1. 1963
23 012	6. 10. 1961–	25. 5. 1963
23 014	1. 10. 1961–	25. 5. 1963

124 Sehr kurz war das Gastspiel der 23 015 beim Bw Hagen-Eckesey. Das Foto zeigt sie beim Umsetzen vor P 2394/93 in Münster am 26. 8. 1962.

23 015   12. 10. 1961 – 25. 5. 1963
23 026   1.   5. 1958 – 12. 9. 1958
         20. 12. 1958 –   5. 1. 1959
23 027   12.   3. 1958 – 14. 4. 1958
         26.   4. 1958 – 24. 9. 1958

Bw Bestwig

Bis zum Erscheinen der BR 23 in Bestwig hatte dieses Bw für den Reisezugdienst einen 38^{10}-Bestand von weit über 20 Loks. Zum Sommerfahrplan 1965 erhielt Bestwig als Ersatz für die 38^{10} im Mai eine größere Anzahl 23 aus Siegen (23 013 bis 015, 026, 027), Gießen (016 bis 018) und Krefeld (079, 089, 090, 093). Bereits Anfang Juni konnte man die erste der vier Krefelder 23 mit Mischvorwärmer, die 23 093, nach Kaiserslautern loswerden und erhielt als Ersatz die Emdener 23 045. Im August 1965 wurde der Bestand durch die Mönchengladbacher 23 048 und 049 von zwölf auf 14 Maschinen erhöht. Zum Winterfahrplan 1965/66 kamen auch noch 23 042 und 043 aus Mönchengladbach, wodurch man die restlichen drei MV-23 an die BD Münster abgeben konnte: 23 079 und 089 nach Emden und 23 090 nach Osnabrück Rbf.

Das Einsatzgebiet der Bestwiger 23 war während ihrer gesamten Zeit praktisch nur auf eine einzige Strecke konzentriert: Kassel–Warburg–Brilon Wald–Bestwig–Arnsberg–Fröndenberg–Schwerte–Hagen. Dazu kamen noch Leistungen zwischen Warburg und Altenbeken (später nur noch bis Willebadessen) und auf der Stichstrecke Bestwig–Winterberg, auf der auch die BR 50 im Reisezugdienst Verwendung fand, sowie zeitweise bis Dortmund Hbf. In diesem recht begrenzten Einsatzgebiet kamen die Bestwiger 23 nie auf hohe Laufleistungen, so lag zum Beispiel im Sommer 1966 die durchschnittliche Tageskilometerleistung laut Laufplan für sechs Loks bei 317 km pro Tag, bei drei weiteren sogar nur bei 199 km pro Tag. Auch der Anteil der Eilzüge lag bei den Bestwiger 23-Leistungen niedriger als bei anderen Bw, Schnellzüge wurden hier überhaupt nicht mit der BR 23 bespannt.

Noch bevor die 38^{10} aus Bestwig 1967 endgültig verschwanden, wurde am 5. 12. 1966 nach einem Treibstangenbruch zwischen Warburg und Kassel die 23 013 z-gestellt – als erste DB-23 überhaupt. Am 24. 9. 1967 war die nächste Bestwiger 23 fällig: 23 043 wurde an diesem Tag nach einem Unfall z-gestellt. Ihren Kessel erhielt die ebenfalls in Bestwig beheimatete Schwesterlok 23 042; dies ist der einzige bei der BR 23 bekanntgewordene Kesseltausch.

1966 begannen die Bw Kassel und Hagen-Eckesey mit dem Aufbau von V 160-Beständen. Zunächst bildeten diese Loks dort den Ersatz für die 1966 vollständig ausgemusterten 03^{10}, die unter anderem auch auf der Haupteinsatzstrecke der Bestwiger 23 gefahren waren. Während der Kasseler V 160-Bestand bis in die 70er Jahre hinein bei zehn bis elf Loks blieb, nahm die Zahl der Großdiesselloks in Hagen-Eckesey stark zu. 1968 kamen zu den etwa acht Hagener 216 sechs 217 dazu, 1968/1969 sechs 218^0. Ab 1970 bildeten die neu gelieferten 215 die größte Gruppe in Hagen-Eckesey, durchaus zum Nachteil der 216, vor allem aber der Bestwiger 023. Ab 1971 begann die Lieferung der Serien-218 nach Hagen-Eckesey, die dort bis 1972 alle anderen Schwesterbaureihen (215, 216, 217, 218^0) verdrängten und noch heute u. a. auf der alten 023-Strecke laufen.

Durch die immer weiter um sich greifenden Einsätze der Hagener Großdiesselloks verloren die Bestwiger 023 mehr und mehr an Leistungen. Der Bedarf an Loks dieser Baureihe sank ständig ab, ohne daß sich jedoch an dem Einsatzgebiet der Loks etwas Wesentliches änderte. Durch den abgesunkenen Bedarf konnte Ende August 1968 nach den beiden z-Stellungen 1966 und 1967 von 23 013 und 043 eine weitere Lok abgegeben werden: 023 048 nach Crailsheim. Als Ersatz kam jedoch schon Anfang September mit der 023 096 von Emden wieder eine Lok dazu, eine MV-23 übrigens, weil keine Lok mit Oberflächenvorwärmer zu bekommen war. Am 13. 1. 1969 wurde eine dritte Bestwiger 023 abgestellt, die 023 015, am 25. 6. 1969 mit 023 045 eine vierte. Diese Lok war zusammen mit einer 051 im Winter 1969/70 in Düsseldorf Hbf als Heizlok eingesetzt und anschließend (ab etwa Januar 1970) noch einige Zeit im Bw Wuppertal-Vohwinkel abgestellt.

Am 1. 2. 1970 stellte man 023 017 in Bestwig ab. Am 20. 6. des gleichen Jahres kam der letzte Neuzugang, die MV-023 097 aus Hameln. Letztmalig gab es im Winterfahrplan 1970/71 einen Umlaufplan für die Bestwiger 023. Da nur noch vier Loks planmäßig benötigt wurden, gab man zum Winterfahrplan Ende September 1970 023 018 und 026 nach Saarbrücken ab. Zum Jahreswechsel 1970/71 wurde der Umlaufplan für die 023 aufgelassen. Am 11. 12. 1970 wurde (was im September schon vorauszusehen war), zwischen Altenbeken und Kassel (über Warburg) der elektrische Betrieb aufgenommen, und die 023 verloren damit erstmals ein größeres Teilstück ihrer Haupteinsatzstrecke völlig. Die verbliebenen Bestwiger 023 wurden zwischen Ende September 1970 und Anfang März 1971 auf verschiedene Bw verteilt. Crailsheim erhielt 023 016, 027 (die als letzte am 8. 3. 1971 umstationiert wurde) und 042, Kaiserslautern 023 014 und Saarbrücken 023 049, 096 und 097.

23013	17. 5. 1965– 4. 12. 1966	(z)
23014	30. 5. 1965–29. 9. 1970	
23015	30. 5. 1965–12. 1. 1969	(z)
23016	31. 5. 1965– 1. 12. 1970	
23017	31. 5. 1965–31. 1. 1970	(z)
23018	31. 5. 1965–23. 9. 1970	
23026	30. 5. 1965–25. 9. 1970	
23027	30. 5. 1965– 8. 3. 1971	
23042	24. 9. 1965– 1. 3. 1971	
23043	24. 9. 1965–23. 9. 1967	(z)
23045	4. 6. 1965–24. 6. 1969	(z)
23048	5. 8. 1965–16. 10. 1968	
23049	5. 8. 1965–30. 11. 1970	
23079	20. 5. 1965–22. 9. 1965	
23089	20. 5. 1965–22. 9. 1965	
23090	25. 5. 1965–22. 9. 1965	
23093	24. 5. 1965– 3. 6. 1965	
23096	4. 9. 1968–31. 1. 1971	
23097	20. 6. 1970–28. 1. 1971	

125 Ein stimmungsvolles Wintermotiv: 23014 des Bw Bestwig mit E 1481 auf der Strecke Bestwig–Winterberg (28. 12. 1968).

126 Am 30. 12. 1968 fuhr die Bestwiger 23026 mit einem Personenzug nach Winterberg in den Bahnhof Bigge ein.

127 In der Endzeit der Bestwiger Beheimatung fuhren die 23 auch Güter- und Bauzüge. 023 014 bei Warburg am 23. 4. 1970.

128

129 Abschiedsstimmung: 23015 wartete am 8.10.1969 im Bw Bestwig auf Ausmusterung und Verschrottung.

130 Am Nordrand des Ruhrgebiets zog 23089 im Jahre 1960 einen Eilzug Oberhausen–Dortmund an Wanne-Eickel vorbei. Sie besaß noch den Heinl-Mischvorwärmer. Die Masten lassen auf die baldige Umstellung auf elektrischen Betrieb schließen.

BD Köln

Bw Krefeld

Nie besonders aufregend war der Krefelder 23-Bestand und dessen Leistungen. Im November und Dezember 1957 erhielt das Bw Krefeld die fabrikneuen Mischvorwärmer-Loks 23079 und 080 von der Maschinenfabrik Esslingen, von Februar bis April 1958 die Jung-Loks 23089 bis 092 und Anfang Juli 1959 noch einen Nachzügler: 23093 aus der letzten 23-Serie von Jung. Damit hatte Krefeld sieben fabrikneue MV-23 erhalten.

In Krefeld hatte seit jeher ein großes 38^{10}-Bw mit immer weit über 20 Maschinen bestanden. Die 23 waren daher in Krefeld auch als 38^{10}-Ersatz bzw.-Ergänzung zu sehen. Wegen ihrer geringen Stückzahl von nur sechs Loks wurde jedoch auch Jahre nach dem Erscheinen der 23 beim Bw Krefeld der 38^{10}-Bestand noch nicht wesentlich abgebaut. Sie verschwanden erst (wie auch die 23) mit Auflösung der Krefelder Dampflokgruppe im Jahre 1965.

Eingesetzt wurden die Krefelder 23 vor allem auf der Strecke Köln–Neuß–Krefeld–Kleve–Nijmegen (NL), wobei auch einige wenige Eil- und Schnellzüge zu fahren waren. Was die hochwertigen Züge anbelangt, standen die Krefelder 23 aber immer im Schatten ihrer Mönchengladbacher Schwestern. Auch Langläufe wie bei den Mönchengladbacher 23 gab es in Krefeld nicht. Die Loks wurden mehr im Nahverkehr eingesetzt, also außer auf der genannten Strecke noch von Krefeld aus nach Duisburg, Düsseldorf und Mönchengladbach. Zumindest von 1958 bis 1960 gehörte auch ein Eilzugpaar von Oberhausen nach Dortmund zum Programm. Spätestens mit der Elektrifizierung der Strecke am 28.5.1961 war es damit aber vorbei.

Am 24.9.1958 stieß kurz nach 6.00 Uhr morgens die 23080 (Leerfahrt 17130) bei Urft frontal mit der den N 3515 (Jünkerath–Köln-Deutz) führenden 382965 des Bw Köln-Deutzerfeld zusammen. Dabei wurde die 38 total zerstört, sie wurde noch im selben Jahr ausgemustert. Bei der 23080 lohnte sich hingegen die Ausbesserung noch. Sie befand sich nach dem Unfall für ein Jahr vom 6.4.1959 bis 6.4.1960 zur L 0 im AW Frankfurt-Nied. Da im

Juli 1959 der Krefelder 23-Bestand durch die neugelieferte 23 093 wieder auf die obligatorischen sechs Loks aufgestockt worden war, wurde 23 080 nach ihrer Ausbesserung dem Bw Oldenburg Hbf zugeteilt.

Das Ende der Krefelder 23 kam schrittweise durch Elektrifizierungen und Dieselloks. Bis zur Auflösung der Krefelder Dampfgruppe zum Sommerfahrplan 1965 wurden folgende ehemalige 23-Einsatzstrecken für den elektrischen Betrieb freigegeben: 27. 5. 1962: Köln–Neuß; 25. 5. 1963: Neuß–Krefeld; 26. 5. 1964: Duisburg–Krefeld–Mönchengladbach. Danach blieb für die 23 fast nur noch die Strecke Krefeld–Kleve–Nijmegen übrig.

Da bereits in der ersten Hälfte der 60er Jahre das Bw Krefeld auch Dieselloks der Reihen V 100^{10} und V 100^{20} (später auch V 160) erhielt, wurden zunächst die letzten 38^{10} und dann auch die 23 brotlos. Deshalb löste man 1965 die Krefelder Dampflokgruppe ganz auf. Die sechs 23 wurden zum Sommerfahrplan 1965 auf die Bw Bestwig (23 079, 089, 090, 093) und Mönchengladbach (23 091, 092) verteilt.

23079   6. 11. 1957–19. 5. 1965
23080 19. 12. 1957– 6. 4. 1960
23089 24. 2. 1958–19. 5. 1965
23090   8. 3. 1958–24. 5. 1965
23091 30. 3. 1958– 9. 6. 1965
23092 30. 4. 1958– 9. 6. 1965
23093   1. 7. 1959–23. 5. 1965

Bw Mönchengladbach

Das Bw Mönchengladbach zeichnete sich durch einen über viele Jahre hinweg gleichbleibenden 23-Bestand aus. Von Oktober bis Dezember 1954 erhielt es die fabrikneuen Henschel-Loks 23 035 bis 042 zugeteilt. Am 19. 7. 1955 kam von Mainz 23 023 dazu, wurde aber schon nach wenigen Tagen mit Paderborn gegen 23 043 getauscht, die eigentlich schon 1954 fabrikneu an das Bw Mönchengladbach hätte geliefert werden sollen. Auch 23 044 war ab Werk für Mönchengladbach vorgesehen gewesen, kam aber nach Mainz. Im Oktober 1956 kamen als Verstärkung des Bestandes aus Paderborn 23 033 und 034. Der jetzt entstandene 23-Bestand von elf Loks blieb fast neun Jahre (bis 1965) konstant.

Die Einsätze der Mönchengladbacher 23 waren sehr mannigfaltig. Die Haupteinsatzstrecke der Loks war Köln–Rheydt–Mönchengladbach–Kaldenkirchen–Venlo (Niederlande). Hier wurden alle Schnell- und sogar Fernschnellzüge gefahren: F 9/10 »Rheingold«, F 163/164 »Loreley-Express«, D 251/252 »Austria-Expreß« und D 751/752 »Basel-Hoek-Express« (nur im Sommer). Diese Leistungen waren vor Erscheinen der 23 teilweise mit Mönchengladbacher 41 gefahren worden, da die Höchstgeschwindigkeit auf der Strecke auf 100 km/h (zwischen Viersen und Kaldenkirchen auf 110 km/h) beschränkt war.

Neben diesen hochwertigen Zügen, die zeitweise zwölf Wagen mit über 600 Tonnen Gesamtgewicht aufzuweisen hatten (z. B. der F 164), wurden in den 50er Jahren die Mönchengladbacher 23 noch zu anderen »Großtaten« herangezogen und liefen außer auf der genannten Strecke im Ruhrgebiet bis Duisburg, Oberhausen und sogar Hamm (u. a. mit D 218), im Münsterland bis Münster (D 465/466), auf der Strecke Köln–Aachen (D 79/76) und sogar auf der linken Rheinstrecke bis nach Koblenz (D 218/215). Mönchengladbach wurde zu dieser Zeit planmäßig auch von Paderborner 23 angelaufen, teilweise wurden sogar Züge von Mönchengladbacher auf Paderborner 23 und umgekehrt umgespannt, so in Hamm. Im Ruhrgebiet konnte man während dieser Zeit außer Mönchengladbacher und Paderborner auch noch Siegener 23 beobachten, in Köln 23 aus Mönchengladbach, Siegen, Koblenz-Mosel und Mainz, später (ab 1958) dann statt der Mainzer Krefelder Loks.

Durch Elektrifizierungen und den Einsatz andernorts freigewordener Schnellzugloks (vor allem 01^{10} und 03^{10}) verloren die Mönchengladbacher 23 noch in den 50er Jahren ihre weiter entfernt liegenden Wendebahnhöfe. Haupteinsatzgebiet war nach wie vor die schwierige Strecke Köln–Venlo. Die 23 behielten hier ihre Fernschnell- und Schnellzüge auch noch in den 60er Jahren; dazu kamen fast alle Eilzüge, die bis 1960 vielfach Triebwagenkurse (VT 25 und VT 36 des Bw Köln Bbf) gewesen waren. Auf dieser steigungsreichen Strecke Köln–Venlo wurden die anzugsstärkeren 23 sogar den 01 und 03 der Bw Köln Bbf und Köln-Deutzerfeld und den Mönchengladbacher 03 vorgezogen. Die Kölner 01 und 03 kamen hier nur vor Autoreisezügen und Sonderzügen zum Einsatz, die Mönchengladbacher 03 höchstens einmal als Ersatz. Neben den Einsätzen zwischen Köln und Venlo fuhren die 23 auch noch viele Leistungen nach Duisburg, gelegentlich auch nach Düsseldorf und Aachen.

1961 war 23 037 für knappe zwei Monate ab Fahrplanwechsel Ende September an das Bw Oldenburg Hbf abgegeben. Im Som-

131 Das Bw Mönchengladbach traute seinen 23ern hochwertigen Schnellzugdienst zu. Im November 1955 stand 23 037 mit dem F 163 »Loreley-Expreß« Basel–Hoek van Holland in Mönchengladbach Hbf zur Abfahrt bereit.

132   23 043 des Bw Mönchengladbach verließ am 6. 9. 1959 mit einem Personenzug den Bahnhof Wuppertal-Barmen.

merfahrplan 1962 wurden die 23 dann fast vollständig von der Duisburger Strecke zurückgezogen und übernahmen, zusammen mit V 100^{10} des Bw Köln-Nippes (später auch Bw Krefeld), vermehrt Personenzüge auf der Strecke Köln–Kaldenkirchen von den Mönchengladbacher 38^{10}. Im Winter 1963/64 kam es in Mönchengladbach zu einem 23-Engpaß, so daß 23 049 (Bw Gießen) und 23 090 (Bw Krefeld) ausgeliehen wurden und die Mönchengladbacher 23 einige wenige Leistungen sogar wieder an die 38^{10} abgeben mußten (u. a. den E 854 Venlo–Köln). Ansonsten änderte sich am Einsatz der 23 bis 1965 praktisch nichts, auch die hochwertigen Züge zwischen Köln und Venlo blieben ihr erhalten. 1965 gab es dann die große Wende im Einsatz der 23. Zum Sommerfahrplan fiel die Strecke nach Düsseldorf wegen Elektrifizierung für die 23 ganz weg, nachdem bereits ein Jahr vorher die Strecke nach Duisburg elektrifiziert worden war. Auch auf der Stammstrecke Köln–Venlo büßten die 23 den Großteil ihrer Leistungen ein, weil Mönchengladbach jetzt Einsatz-Bw für Krefelder V 100^{10} und V 100^{20} wurde. Die Dieselloks übernahmen von der 23 viele Personen- sowie alle Eil- und Schnellzüge. Dabei mußten die Züge D 251/163/164/252 (D 163/164 war vormals ein Fernschnellzugpaar) von zwei V 100^{10} gefahren werden. Nach verschiedenen Kombinationsvarianten wurden seit Sommer 1965 für fast ein Jahr hierfür immer V 100 1048 und 1051 in einem eintägigen Umlauf eingesetzt. Da die 03-Bestände in Mönchengladbach und Köln-Deutzerfeld gleichzeitig verstärkt wurden, blieben für die 23 jetzt nur noch untergeordnete Dienste übrig, vor allem vor Personenzügen zwischen Köln und Mönchengladbach sowie einigen Zügen nach Kaldenkirchen und Aachen. Nachdem man jahrelang bei Ausfall einer 23 eine Mönchengladbacher 03 hatte beobachten können, war es jetzt ab Sommerfahrplan 1965 genau umgekehrt.

Dieser veränderten Situation trug man mit einer sehr eigenartigen Maßnahme Rechnung: man verstärkte im Juni 1965 den Mönchengladbacher 23-Bestand um vier Maschinen (23 048 und 049 von Osnabrück Rbf sowie 23 091 und 092 von Krefeld)! Diese Loks wurden aber mangels Verwendungsfähigkeit schon Anfang Juli nach Osnabrück Rbf (23 091 und 092) bzw. Anfang August nach Bestwig (23 048 und 049) wieder abgegeben. Außerdem trennte man sich auch noch zum Winterfahrplan 1965/66 von den eigenen Loks 23 042 und 043, die am 23. 9. 1965 ebenfalls Bestwig zugeteilt wurden.

Bis Mai 1966 wurde die Strecke Köln–Aachen elektrifiziert. Dadurch konnte der 01- und 03-Bestand in Köln-Deutzerfeld aufgelassen werden. Ein Teil der 03 kam zum Winterfahrplan 1966/67 zum Bw Mönchengladbach, wo dann kurzzeitig ein 03-Bestand von 18 Maschinen erreicht wurde, was sich recht negativ auf den Einsatz der 23 auswirkte. Außerdem erschienen ab Mai 1966 auch Dieselloks der Baureihe V 160 (Bw Köln-Nippes) im Mönchengladbacher Raum; sie lösten u. a. das Gespann V 100 1048 und 1051 vor den Zügen D 251/163/164/252 ab. Für die 23 blieben jetzt nur noch hauptsächlich morgens und nachmittags Personenzüge zwischen Köln und Mönchengladbach sowie die Zugpaare P 1743/1754 und 1785/1794 nach Kaldenkirchen übrig. Sogar im Rangierdienst mußte man die 23 jetzt einsetzen. So rangierte z. B. die um 7.24 Uhr mit P 1754 aus Kaldenkirchen ankommende Lok bis mittags in Mönchengladbach in einem Köf-Plan. Im Mai 1966 wurde der Mönchengladbacher 23-Bestand durch Abgabe von 23 040 nach Saarbrücken auf acht Loks reduziert, während des Winterfahrplans 1966/67 gab man auch noch 23 036 und 038 nach dorthin ab.

Zum Sommerfahrplan 1967 wurde der 23-Planeinsatz eingestellt, die Leistungen gingen größtenteils an 03 und Dieselloks über. 23 033, 034 und 037 erhielt Saarbrücken, 23 039 und 041 Crailsheim, und 23 035 blieb noch bis Ende September 1967 in Mönchengladbach, weil sie im Arbeitszugdienst bei Streckenelektrifizierungen eingesetzt wurde. Auch sie kam anschließend zum Bw Crailsheim.

23 023	19. 7. 1955	23. 7. 1955
23 033	12. 10. 1956	18. 5. 1967
23 034	12. 10. 1956	18. 5. 1967
23 035	9. 10. 1954	26. 9. 1967
23 036	14. 10. 1954	23. 3. 1967
23 037	29. 10. 1954	24. 9. 1961
	16. 11. 1961	7. 6. 1967
23 038	7. 11. 1954	14. 12. 1966
23 039	20. 11. 1954	31. 5. 1967
23 040	1. 12. 1954	2. 5. 1966
23 041	10. 12. 1954	31. 5. 1967
23 042	21. 12. 1954	23. 9. 1965
23 043	24. 7. 1955	23. 9. 1965
23 048	21. 6. 1965	4. 8. 1965
23 049	21. 6. 1965	4. 8. 1965
23 091	10. 6. 1965	3. 7. 1965
23 092	10. 6. 1965	3. 7. 1965

BD Frankfurt
Bw Gießen

23 028 kam am 19. 3. 1958 als erste 23 von Bielefeld nach Gießen. Ihr folgten im April die Bielefelder 23 023 und 23 029 sowie die Mainzer 23 016 bis 020, im Mai noch 23 021 und 022 aus Mainz. Dieser Bestand von zehn Maschinen wurde über ein Jahr später im Juni und Mai 1959 um die Oldenburger 23 030 und 031 verstärkt. 1960 kamen zum Sommerfahrplan von Koblenz-Mosel 23 045 und 046, zum Winterfahrplan 23 048. Den letzten Neuzugang verzeichnete Gießen zum Sommerfahrplan 1962 mit der 23 049, ebenfalls aus Koblenz-Mosel. Dieser Höchstbestand von 16 Maschinen blieb zwei Jahre lang konstant, allerdings wurden 1962 (23 049), 1963 (23 019) und 1964 (wieder 23 049) jeweils kurzzeitig Loks nach Oldenburg ausgeliehen.

Im Juni 1964 begann mit der Abgabe der 23 045 nach Oldenburg Rbf die Reduzierung des Gießener Bestandes. Im Oktober 1964 ging 23 017 nach Saarbrücken, kehrte jedoch schon nach knapp zwei Monaten zurück. Zum Sommerfahrplan 1965 verringerte man den Gießener 23-Bestand durch Abgabe von 23 016 bis 018 nach Bestwig und 23 048 und 049 nach Osnabrück Rbf auf zehn Loks, ein Jahr später im Juni 1966 durch Umstationierung der 23 028, 029, 031 und 046 nach Kaiserslautern auf sechs. Diese letzten Loks wurden dann im April 1967 (23 022, 023, 030) nach Saarbrücken bzw. am 13. 7. 1967 (23 019 bis 021) nach Crailsheim abgetreten.

Als die ersten zehn 23 in der ersten Jahreshälfte 1958 in Gießen eintrafen, herrschte auf den von Gießen ausgehenden Strecken noch fast uneingeschränkt die BR 39 im schweren Reisezugdienst vor, die in den Bahnbetriebswerken Gießen, Dillenburg, Limburg und Frankfurt-1 mit zusammen mehr als 40 Maschinen vorzufinden war. Die 23 übernahmen daher zunächst vorwiegend ehemalige 39-Leistungen, so daß der 39-Bestand in Gießen noch 1958 fast völlig aufgelöst werden konnte. Das Einsatzgebiet der 23 umfaßte daher zunächst hauptsächlich die Strecken Gießen–Friedberg–Frankfurt, Gießen–Alsfeld–Fulda, Gießen–Marburg (und zeitweise weiter über Treysa bis Kassel), Gießen–Wetzlar–Limburg und Gießen–Wetzlar–Dillenburg–Siegen. Zu den 23-Leistungen gehörte ein hoher Anteil an Eil- und Schnellzügen.

Zu Beginn der 60er Jahre gab es erhebliche Veränderungen im Triebfahrzeug-Einsatz in diesem Raum. Die 39 verschwanden mehr und mehr, sie wurden durch 23 des Bw Gießen (der Bestand war bis zum Winterfahrplan 1960/61 auf 15 Loks verstärkt worden) und 01 der Bw Gießen (ab 1961 meist knapp 15 Loks) und Dillenburg (ab 1962) ersetzt; auch die beiden zum Sommerfahrplan 1960 von Frankfurt umbeheimateten Maschinen der BR 66 beteiligten sich an der Beförderung hochwertiger Züge. Da der 38^{10}-Bestand des Bw Gießen in dieser Zeit ebenfalls abgebaut wurde, übernahmen die 23 auch von dieser Baureihe viele Leistungen im Personenzugverkehr, so daß sie jetzt auch oft auf der Nebenstrecke Gießen–Hungen–Nidda–Stockheim–Büdingen–Gelnhausen zu finden waren.

Im Sommer 1961 waren zusätzlich die Bebraer 10 auf der Strecke (Kassel–)Marburg–Gießen–Friedberg–Frankfurt, die Siegener 23 auf der Strecke Siegen–Dillenburg–Gießen, die Trierer 23 auf der Strecke (Koblenz–)Limburg–Gießen und natürlich die Gießener 66, die sogar einen höheren Anteil an hochwertigen Zügen als die Gießener 23 hatten und über deren Einsatzgebiet hinaus nach Süden bis nach Mannheim kamen. Im Jahr 1962 nahmen die 23 den 66 jedoch diese Leistung nach Mannheim (Expr 3028/N 2609 bzw. Expr 3028/Expr 3041) ab.

Der Hauptanteil der Gießener 23-Leistungen, für die in den frühen 60er Jahren immer neun bis zehn Planloks benötigt wurden, bestand während dieser Zeit aus Personen- und mehreren Eilzügen. Zwischen Gießen und Frankfurt wurden auch einige wenige Schnellzüge gefahren, die meisten Schnellzüge waren hier jedoch der BR 01 vorbehalten.

Als am 14. 5. 1965 die Strecke Frankfurt–Gießen–Siegen–Hagen für den elektrischen Betrieb freigegeben wurde, bedeutete das nicht nur für die Siegener (siehe Seite 95), sondern auch für die Gießener 23 erhebliche Leistungseinbußen, weshalb man den Gießener Bestand auf zehn 23 senkte. Auch die Baureihe 10 kam jetzt nicht mehr bis Frankfurt, sondern wendete in Gießen (siehe Seite 188). Nachdem die Strecke Gießen–Marburg–Kassel ab 20. 3. 1967 durchgehend elektrisch befahrbar war, verloren die 23 eine weitere Einsatzstrecke, es blieben für sie jetzt nur noch die Strecken nach Limburg, Fulda und Gelnhausen übrig. Die Leistungen auf der Limburger Strecke verloren die 23 an die neu gelieferten Dieselloks V 160 106 bis 114 des Bw Limburg, auf den anderen beiden Strecken hatten sich inzwischen V 100^{10} und V 100^{20} breitgemacht, so daß man noch 1967 die Gießener 23-Gruppe auflösen konnte. An Dampfloks verblieben in Gießen damit nur noch die Güterzug-Lokbaureihen 50 und 55^{25}.

23 016	18. 4.58 – 30. 5.65
23 017	18. 4.58 – 21.10.64
	16.12.64 – 30. 5.65
23 018	22. 4.58 – 30. 5.65
23 019	22. 4.58 – 13. 7.67
23 020	22. 4.58 – 13. 7.67
23 021	23. 5.58 – 13. 7.67
23 022	23. 5.58 – 3. 4.67
23 023	14. 4.58 – 24. 4.67
23 028	19. 3.58 – 1. 6.66
23 029	14. 4.58 – 1. 6.66
23 030	18. 6.59 – 24. 4.67
23 031	5. 7.59 – 8. 6.66
23 045	29. 5.60 – 9. 6.64
23 046	29. 5.60 – 1. 6.66
23 048	27. 9.60 – 26. 5.65
23 049	27. 5.62 – 30. 4.65

133 P 1562 mit 23 022 am 23. 3. 1967 zwischen Mücke und Gießen (Strecke Gießen–Fulda).

134 Auch in Koblenz-Mosel waren 23er beheimatet: 23 004 mit dem E 856 auf der Strecke Wiesbaden–Limburg bei Wörsdorf im Taunus (1956).

135 23 056 (Bw Koblenz-Mosel) trägt noch ihr Besitzer-Kennzeichen auf der Rauchkammertür, als sie im Mai 1961 im Bahnhof Bullay Station macht. Links rangiert noch die ELNA 2 Nr. 144 der Moselbahn.

BD Mainz

Bw Koblenz-Mosel

Als das Bw Oberlahnstein zum Sommerfahrplan 1955 seine Personenzuglok-Gruppe auflöste, erhielt das nahegelegene Bw Koblenz-Mosel die 23 001 bis 005 und 047 bis 050 zugeteilt, während 23 051 und 052 zunächst nach Mainz kamen, aber noch im selben Jahr auch nach Koblenz-Mosel umstationiert wurden. So waren dort zum Jahresende 1955 neben zahlreichen 01 auch elf 23 beheimatet. Zum Sommerfahrplan 1958 gab das Bw die ersten fünf Loks nach Trier ab, erhielt dafür aber drei Mainzer Loks (23 044 bis 046). Im Dezember 1958 ging eine davon (23 044) nach Trier. 1960 wurden vier Loks abgegeben (23 045, 046, 048 nach Gießen und 23 047 nach Trier), als Ersatz kamen mit 23 053 bis 056 aus Bingerbrück die ersten und einzigen 23 mit Mischvorwärmer zum Bw Koblenz-Mosel. 1962 löste Koblenz-Mosel seinen noch acht Loks zählenden 23-Bestand ganz auf: Kaiserslautern erhielt vier Maschinen (23 055, 056 im Februar und 23 053, 054 im Mai), Trier drei (23 050 bis 052 im Mai) und Gießen eine (23 049 im Mai).

Die Koblenzer 23 standen zunächst völlig im Schatten der 01. Während die vom Bw Koblenz-Mosel zu bespannenden hochwertigen Reisezüge mit 01 gefahren wurden, wurden die 23 zusammen mit 38.10 auf der rechten Rheinstrecke von Wiesbaden über Niederlahnstein nach Köln vor Personen- und Nahverkehrszügen eingesetzt, wodurch sie es in dieser Zeit nur auf einen Tagesdurchschnitt von 300 bis 350 Kilometer brachten. Die 23 im etwa 90 Kilometer entfernten Bw Mainz dagegen fuhren damals im Gegensatz zu den Koblenzer 23 noch Schnell- und sogar Fernschnellzüge.

Durch die Elektrifizierung der linken Rheinstrecke von Mainz bis Köln im Jahre 1958 änderten sich die Einsätze der 23 zunächst nur unwesentlich, da die Loks ja auf der noch nicht elektrifizierten rechten Rheinstrecke liefen. Neu kamen jedoch Personenzüge nach Südwesten auf der Moselbahn bis Trier und nach Osten auf der Lahntalstrecke über Limburg nach Gießen hinzu. Dadurch stiegen die Durchschnittsleistungen auf 350 bis 400 Kilometer pro Lok und Tag an.

Den 01 des Bw Koblenz-Mosel nahmen zwar nach der Elektrifizierung der linken Rheinstrecke die E 10 so manche Leistung ab, doch blieben sie nach wie vor hauptsächlich im Eil- und Schnellzugdienst und kamen dabei u. a. bis Wiesbaden, Trier, Köln und sogar Krefeld. Die 23 hatten dagegen Anfang der 60er Jahre nur ein einziges Schnellzugpaar zu fahren: D 228/123 zwischen Koblenz und Wasserbillig in Luxemburg, wobei sie den D 228 von den Koblenzer 01 übernommen hatten, deren Planbedarf 1959 von zehn auf fünf Loks gesunken war.

Als am 3. 2. 1962 die rechte Rheinstrecke von Frankfurt/Wiesbaden bis Koblenz elektrisch befahren werden konnte, gab das Bw Koblenz-Mosel vier 01 und zwei 23 ab. Am 27. 5. 1962 wurde dann mit Fahrplanwechsel der durchgehende elektrische Betrieb auch auf der gesamten rechten Rheinstrecke möglich. In Koblenz-Mosel wurde daher sowohl der 01- als auch der 23-Bestand abgegeben, und auch der 38.10-Bestand war inzwischen aufgelöst worden.

Sowohl die Baureihe 01 als auch die Baureihe 23 liefen jedoch noch bis 1971/72 über die Moselstrecke Koblenz planmäßig an (siehe Seite 119).

Lok Nr.	Zeitraum
23 001	12. 5. 1955 – 21. 5. 1958
23 002	22. 5. 1955 – 4. 6. 1958
23 003	22. 5. 1955 – 1. 6. 1958
23 004	22. 5. 1955 – 1. 6. 1958
23 005	1. 4. 1955 – 4. 6. 1958
23 044	31. 5. 1958 – 22. 12. 1958
23 045	31. 5. 1958 – 28. 5. 1960
23 046	28. 5. 1958 – 28. 5. 1960
23 047	19. 10. 1955 – 1. 6. 1960
23 048	22. 5. 1955 – 28. 8. 1960
23 049	22. 5. 1955 – 26. 5. 1962
23 050	22. 5. 1955 – 26. 5. 1962
23 051	3. 6. 1955 – 26. 5. 1962
23 052	1. 12. 1955 – 27. 5. 1962
23 053	28. 5. 1960 – 26. 5. 1962
23 054	2. 6. 1960 – 27. 5. 1962
23 055	28. 5. 1960 – 5. 2. 1962
23 056	29. 9. 1960 – 5. 2. 1962

137 Die zulässigen 110 km/h wurden ausgefahren bei der Bespannung des N 2230 Meppen–Münster mit den Emdener 023. Trotzdem konnte man für die rund 100 Kilometer mehr als 100 Minuten Dampfzugfahrt erleben: Von 11.01 bis 12.44 Uhr. Foto am 6. 3. 1971 bei Sprakel.

138 Zweimal »Neue Dampfloks« und beide überlebten, noch jung an Jahren, nicht das Jahr 1966: 23013 und 03 1021, aufgenommen im Bw Hagen Eckesey am 7. 9. 1965. Gerade war die 23013 zum Bw Bestwig umbeheimatet worden, das Wende-Bw blieb das gleiche wie zu ihrer Siegener Zeit. Die Lok hat noch ihre Messingbeschilderung.

139 023 039 strengt sich mächtig an mit ihrem Personenzug, aufgenommen bei Crailsheim am 30.12.1972.

140 Frisch lackiert: Triebwerk der 23 072, aufgenommen im Bw Crailsheim 1966.

141 Zweimal Personenzuglok: 24 067 stand am Ende ihrer Laufbahn, als die Mönchengladbacher 23 041 mit ihrem Eilzug an ihr vorübereilte. Aufnahme bei der Ausfahrt aus Rheydt am 2. 11. 1965.

142 Auf der Galerie: 023 024 mit Henschel-Mischvorwärmer befördert einen Personenzug von Koblenz nach Trier, aufgenommen bei Pünderich an der Mosel am 4. 9. 1971.

143 Zum Wintersport mit Neubaulok: 023 027 (Bw Bestwig) befördert einen Sonderzug nach Winterberg, aufgenommen bei Silbach am 15. 2. 1969.

144 23 025 (Bw Bingerbrück) steht mit dem Eilzug Frankfurt/M.–Wiesbaden kurze Zeit in Mainz Hbf, 19. 2. 1961. Über der Vorlaufachse ist die Turbospeisepumpe gut zu sehen.

Bw Bingerbrück

Im Dezember 1958 übernahm Bingerbrück sämtliche Mainzer 23, die dort durch die Elektrifizierung (siehe Seite 114) freigeworden waren: 23 024, 025 und 060 bis 075, wobei 23 073 allerdings als »Vorhut« schon Ende November kam und 23 071 als »Nachzügler« wegen eines AW-Aufenthaltes erst Mitte Februar 1959 eintraf. Im Juni 1959 wurde der Bestand um die Kaiserslauterner 23 053 bis 059 verstärkt; dafür wurden die 23 073 bis 075 gleichzeitig nach Oldenburg Hbf abgegeben, so daß der Bingerbrücker Bestand im Sommer 1959 genau 22 Loks der BR 23 umfaßte. Andere Personen- oder Schnellzugloks waren hier nicht beheimatet, abgesehen von einigen Personenzugtenderloks BR 74[4]. Zum Sommerfahrplan 1960 kamen 23 053 bis 055 nach Koblenz-Mosel, zum Winterfahrplan noch 056. Alle anderen 18 Loks wurden im Mai 1961 abgegeben: 23 057 nach Oldenburg Hbf, die anderen Maschinen nach Kaiserslautern, das damit zum zweiten Mal 23 beheimatete. Seine Güterzugloks, darunter neben 50 auch mehrere 56[2], behielt Bingerbrück.

Das Einsatzgebiet der Bingerbrücker 23 entsprach weitgehend dem der 23 beim Bw Kaiserslautern nach Übernahme des Bingerbrücker Bestandes (siehe Seite 110). Die meisten Leistungen wurden auf den beiden Strecken von Bingerbrück über Bad Kreuznach nach Kaiserslautern sowie über Bad Kreuznach und Idar-Oberstein nach Saarbrücken gefahren, wobei auf der letztgenannten Strecke durchs Nahetal viele Eilzüge und gelegentlich sogar Schnellzüge (etwa der D 142 Bingerbrück–Saarbrücken) zum Programm der 23 gehörten. Diese Züge durch das Nahetal waren ehemalige Leistungen der Mainzer 23. Genau wie später beim Bw Kaiserslautern hatten die 23 in Bingerbrück auch von Kaiserslautern aus verschiedene Personenzüge in vorwiegend östlicher Richtung zu fahren: über Langmeil nach Worms und weiter bis Darmstadt sowie über Neustadt/Weinstraße nach Ludwigshafen bzw. Landau/Pfalz. Personal-Bw für diese Leistungen war Worms.

23 024	15. 12. 1958	27. 5. 1961
23 025	15. 12. 1958	27. 5. 1961
23 053	11. 6. 1959	27. 5. 1960
23 054	1. 6. 1959	1. 6. 1960
23 055	1. 6. 1959	27. 5. 1960
23 056	1. 6. 1959	28. 9. 1960
23 057	1. 6. 1959	28. 5. 1961
23 058	1. 6. 1959	27. 5. 1961
23 059	1. 6. 1959	4. 5. 1961
23 060	13. 12. 1958	27. 5. 1961
23 061	15. 12. 1958	27. 5. 1961
23 062	15. 12. 1958	27. 5. 1961
23 063	15. 12. 1958	27. 5. 1961
23 064	15. 12. 1958	27. 5. 1961
23 065	11. 12. 1958	27. 5. 1961
23 066	15. 12. 1958	28. 5. 1961
23 067	15. 12. 1958	27. 5. 1961
23 068	15. 12. 1958	27. 5. 1961
23 069	11. 12. 1958	22. 5. 1961
23 070	15. 12. 1958	8. 5. 1961
23 071	15. 12. 1958	27. 5. 1961
23 072	15. 12. 1958	27. 5. 1961
23 073	26. 11. 1958	28. 6. 1959
23 074	15. 12. 1958	28. 5. 1959
23 075	15. 12. 1958	1. 6. 1959

145 Bei Winnweiler-Eisenschmalz entstand im Sommer 1960 das Foto des P 1770 mit 23 062 (Bw Bingerbrück), die ein DB-Schild auf der Rauchkammertür und noch den Heinl-Mischvorwärmer besaß.

Bw Kaiserslautern

Die Beheimatungsgeschichte der BR 23 beim Bw Kaiserslautern läßt sich in drei Abschnitte einteilen. In der ersten Phase erhielt Kaiserslautern zum Sommerfahrplan 1958 die in Mainz durch Elektrifizierungen freigewordenen sieben Loks 23053 bis 059. Einige Wochen war auch noch die 23062 aus Mainz dabei, vermutlich zur Personalschulung. Im November/Dezember gab 23060 ein etwas über vierwöchiges Gastspiel. Zum Sommerfahrplan 1959 wurden alle 23 nach Bingerbrück abgegeben, wohin auch schon im Dezember 1958 die 23060 gegangen war.

Zwei Jahre später begann die zweite Phase, als Kaiserslautern zum Sommerfahrplan 1961 den gesamten Bingerbrücker 23-Bestand »aufsog«. So erhielt Kaiserslautern die durch Elektrifizierung freigesetzten Loks 23024, 025 und 058 bis 072 (17 Loks), am 6. 2. 1962 von Koblenz-Mosel noch die 23055 und 056 und zum Sommerfahrplan die 23053 und 054. Zum Sommerfahrplan 1964 gab man die Henschel-MVC-Loks 23024 und 025 nach Saarbrücken ab, so daß jetzt 19 MV-23 in Kaiserslautern beheimatet waren. Im Juni 1965 war 23053 für 24 Tage in Saarbrücken. Phase Zwei endete 1966, als von April bis Juli alle 23 nach Crailsheim abgegeben wurden (wobei 23053 einen kleinen Umweg über Saarbrücken machte) und dort quasi den Grundstein für den größten 23-Bestand legten.

Unmittelbar an die zweite Phase schloß sich die dritte an, als von Juni bis September 1966 der gesamte Siegener Bestand (23006 bis 012) und vier Loks aus Gießen (23028, 029, 031, 046) nach Kaiserslautern kamen, so daß hier jetzt elf Oberflächenvorwärmer-Loks verfügbar waren. Verringert wurde der Bestand durch Abgaben nach Crailsheim im Sommer 1968 (023006) und im Sommer 1969 (023012, 028, 029, 031 und 046). Damit lag der Bestand jetzt bei nur noch fünf Loks. Mitte November 1969 kam als einzige Mischvorwärmerlok der dritten Phase die 023093 von Emden. Sie wurde einen Monat später mit der Saarbrückener 023004 getauscht, die jedoch schon im März 1970 zusammen mit 023007 wieder nach Saarbrücken kam. Am 30. 9. 1970 stieg der Kaiserslauterner 023-Bestand durch den Zugang der Bestwiger 023014 wieder auf fünf Loks an. Im Winterfahrplan 1971/72 war diese fünfte Lok jedoch nach Saarbrücken verliehen. Zum Sommerfahrplan 1972 gab Saarbrücken diese Leihlok 023014 an Kaiserslautern zurück und schickte gleich eine sechste Lok mit (die 023049 aus Saarbrücken), die aber Silvester 1972 schon z-gestellt werden mußte. Als nächste Lok wurde 023014 am 10. 5. 1974 abgestellt, am 29. 12. 1974 folgte ihr 023010 aufs Abstellgleis. Einen halben Monat später wurden die letzten 023 des Bw Kaiserslautern nach Saarbrücken abgegeben: 023008, 009, 011 und die 036, die erst am 2. 10. 1974 aus Saarbrücken als Verstärkung gekommen war.

In der ersten Phase vom Sommerfahrplan 1958 bis zum Sommerfahrplan 1959 wurden die sieben 23 in einem sechstägigen Umlauf (Durchschnittslaufleistung pro Lok und Tag im Winter 1958/59: 316 Kilometer) eingesetzt, wobei der Einsatzschwerpunkt auf der Strecke Kaiserslautern–Bad Kreuznach–Bingerbrück vor Personenzügen lag. Weitere Leistungen wurden von Bingerbrück über Mainz nach Frankfurt gefahren (wo vorher auch die Mainzer 23 eingesetzt gewesen waren), von Bad Kreuznach auf der Glantal-Strecke über Lauterecken-Grumbach und Altenglan (von dort auch ins nahegelegene Kusel) nach Homburg und sogar weiter nach Saarbrücken sowie von Kaiserslautern über Homburg nach Saarbrücken. Bei Abgabe der Loks an das Bw Bingerbrück gingen auch die meisten Kaiserslauterner Leistungen auf die Bingerbrücker 23 über.

In der zweiten Phase vom Sommerfahrplan 1961 bis zum Sommer 1966 hatte das Bw Kaiserslautern immer rund 20 Loks der BR 23. Daher waren in dieser Zeit auch Planbedarf und Einsatzgebiet am größten. Der Hauptteil der Leistungen wurde, wie auch schon in der ersten Phase, vor den Personenzügen zwischen Kaiserslautern und Bingerbrück erbracht. Obwohl Bingerbrück nun nicht mehr über Personenzuglokomotiven verfügte, wurden die alten Bingerbrücker Leistungen größtenteils weiterhin mit der 23 gefahren, nur daß diese Loks ab 1961 in Kaiserslautern beheimatet waren. So waren in der zweiten Phase u.a. Mainz, Alzey,

146 Das Bw Kaiserslautern spannte seine 23er auch vor schwere Kohlezüge. Mit vereinter Kraft verließen 023 008 und 140 471 Neustadt an der Weinstraße (30. 11. 1971).

Darmstadt, Worms und Landau/Pfalz Wendebahnhöfe für die Kaiserslauterner 23. Mehrere Eilzugpaare waren auch auf der Nahetalstrecke zwischen Bad Kreuznach und Saarbrücken zu bespannen, wobei es sich ebenfalls um alte Bingerbrücker (und noch ältere Mainzer) 23-Leistungen handelte. Noch in der ersten Hälfte der 60er Jahre nahmen neu gelieferte V 100^{10} und V 100^{20} (u. a. in Landau stationiert) den 23 einige Leistungen weg. Mitte der 60er Jahre tauchten auch die leistungsfähigeren V 160 im Einsatzgebiet der Kaiserslauterner 23 auf. Diese V 160 (013, 014, 016 bis 019, 052 bis 056) waren zunächst in Landau, später in Kaiserslautern selbst stationiert.

In der dritten Phase machte sich dann die Konkurrenz der Diesellok noch stärker bemerkbar. Der Planbedarf sank auf zunächst acht Loks gegenüber etwa 14 Loks in der zweiten Phase ab, die täglichen Kilometerleistungen sanken von um 300 auf unter 200 ab. Eingesetzt wurden die Loks jetzt praktisch nur noch zwischen Kaiserslautern und Bad Kreuznach und weiter nach Bingerbrück; nur ganz wenige Personenzüge wurden auf anderenen Strecken gefahren, etwa nach Alzey, Altenglan und Worms. Zum Sommerfahrplan 1967 erhielt Kaiserslautern dann auch noch acht V 200^0 aus Limburg. Mit Abgabe von fünf 023 im Sommer 1969 schrumpfte die Kaiserslauterner 023-Gruppe zu einem Mini-Bestand zusammen, der sich aber sehr lange hielt. Die Loks fuhren nach wie vor hauptsächlich von Kaiserslautern über Bad Kreuznach nach Bingerbrück. Eingesetzt wurden sie auch von Kaiserslautern nach Kusel (über Landstuhl und Altenglan), nach Lauterecken-Grumbach und nach Pirmasens. Im Sommer 1973 fuhren die 023 letztmalig planmäßig einen D-Zug: samstags den nicht im Kursbuch enthaltenen D 13847 von Kaiserslautern nach Bingerbrück. Außerdem wurde im Sommer 1972 mehrfach der D 257 bei Ausfall der Zuglok BR 220, die in Kaiserslautern zum Sommerfahrplan 1973 dann durch 218 ersetzt wurde, von Kaiserslautern bis nach Frankfurt Hbf mit 023 gefahren.

Im Sommer 1973 erforderte der Planbedarf nur noch zwei Loks, das Einsatzgebiet war fast unverändert. Die übrigen Loks waren aber nicht Reserve, sondern liefen bis Januar 1974 häufig in einem Dieselersatzplan. Zum Winterfahrplan 1973/74 fielen die Leistungen nach Pirmasens weg. Ein Jahr später stieg der Planbedarf wieder von zwei auf drei und die tägliche Durchschnittsleistung von 185 auf 226 Kilometer pro Lok an, weil Nahverkehrszüge der BR 050, die zu langsam war, durch die 023 übernommen werden mußten.

Am 12. 1. 1975 wurde dieser Plan eingestellt, da aus Simmern vier 211 und aus Trier eine 211 und zwei 216 eintrafen. Die letzten vier 023 wurden nach Saarbrücken umbeheimatet, was aber nicht heißt, daß das Bw Kaiserslautern am 12. 1. 1975 als drittletztes Bw in der Bundesrepublik den Betrieb mit der BR 023 eingestellt hätte. Vielmehr wurde noch bis zum 5. 2. 1975 ein Dieselersatzplan für eine Lok gefahren. Dieser Plan sah ein Personenzugpaar von Kusel nach Kaiserslautern (N 5941 morgens und N 5980 abends) und eine Vorspannfahrt vor einer 050 mit dem abendlichen Ng 65807 von Altenglan nach Einsiedlerhof (bei Kaiserslautern) sowie drei Leerfahrten vor. Am 5. 2. 1975 fuhr 023 008 zum letzten Mal diesen Plan, so daß die beiden verbliebenen 023 008 und 009 am 11. 2. 1975 Kaiserslautern endgültig verlassen konnten.

23 004	15. 12. 1969	–12. 3. 1970
23 006	1. 6. 1966	–16. 7. 1968
23 007	2. 6. 1966	–17. 3. 1970
23 008	1. 6. 1966	–11. 1. 1975
23 009	28. 7. 1966	–11. 1. 1975
23 010	2. 6. 1966	–28. 12. 1974 (z)
23 011	14. 7. 1966	–11. 1. 1975
23 012	2. 9. 1966	– 9. 6. 1969
23 014	30. 9. 1970	– 9. 5. 1974 (z)
23 024	28. 5. 1961	–31. 5. 1964
23 025	28. 5. 1961	– 2. 6. 1964
23 028	2. 6. 1966	–29. 8. 1969
23 029	2. 6. 1966	–29. 5. 1969
23 031	20. 8. 1966	–29. 8. 1969
23 036	3. 10. 1974	–11. 1. 1975
23 046	2. 6. 1966	– 9. 6. 1969

23 049	27. 5. 1972–30. 12. 1972 (z)	
23 053	26. 4. 1958–24. 5. 1959	
	27. 5. 1962–22. 5. 1966	
23 054	8. 5. 1958–31. 5. 1959	
	28. 5. 1962–21. 7. 1966	
23 055	3. 6. 1958–31. 5. 1959	
	6. 2. 1962–21. 7. 1966	
23 056	1. 6. 1958–31. 5. 1959	
	6. 2. 1962– 2. 6. 1966	
23 057	18. 6. 1958–31. 5. 1959	
23 058	3. 6. 1958–21. 5. 1959	
	28. 5. 1961– 2. 6. 1966	
23 059	2. 6. 1958–31. 5. 1959	
	12. 6. 1961–12. 6. 1966	
23 060	8. 11. 1958–13. 12. 1958	
	28. 5. 1961– 9. 6. 1966	
23 061	28. 5. 1961– 6. 6. 1966	
23 062	17. 4. 1958– 8. 5. 1958	
	28. 5. 1961– 6. 6. 1966	
23 063	28. 5. 1961– 2. 6. 1966	
23 064	28. 5. 1961– 6. 6. 1966	
23 065	28. 5. 1961– 9. 6. 1966	
23 066	29. 5. 1961–18. 4. 1966	
23 067	28. 5. 1961–18. 4. 1966	
23 068	28. 5. 1961–18. 4. 1966	
23 069	23. 5. 1961–19. 5. 1966	
23 070	31. 5. 1961–19. 5. 1966	
23 071	28. 5. 1961–18. 4. 1966	
23 072	28. 5. 1961–19. 5. 1966	
23 093	17. 11. 1969–14. 12. 1969	

147

Bw Oberlahnstein

Im Januar und Februar 1953 erhielt die BD Mainz ihre ersten drei 23 (23003 bis 005) vom Bw Kempten und stationierte sie im rechtsrheinischen Oberlahnstein, das viele Züge auf der rechten Rheinstrecke von Wiesbaden über Niederlahnstein nach Köln zu bespannen hatte und dem dafür vor allem Loks der BR 38^{10} zur Verfügung standen. Im Mai 1953 folgten die bis dahin in Kempten stationierten 23001 und 002. Die 23 wurden dann zusammen mit den 38^{10} eingesetzt.

1½ Jahre später wurde die Oberlahnsteiner 23-Gruppe vom August bis November 1954 durch die letzten neu abgelieferten 23 mit Oberflächenvorwärmer (23047 bis 052 von Krupp) verstärkt, so daß die 38^{10} hier jetzt weitgehend arbeitslos werden konnten. Auch auf der Lahntalstrecke über Limburg nach Gießen wurden die 23 seit 1953 eingesetzt. Im Mai 1955 wurde die Personenzuglok-Gruppe des Bw Oberlahnstein aufgelöst, Oberlahnstein wurde zu einem reinen Güterzuglok-Bw. Ab 1958/59 bis 1962 waren hier sogar Franco-Crosti-Loks der BR 42^{90} und 50^{40} beheimatet. Die Loks 23001 bis 005 und 047 bis 050 wurden zum Bw

148 Nach der vorübergehenden Z-Stellung kamen die ex-Kemptener 23 beim Bw Oberlahnstein wieder in Fahrt. Ganz kurze Zeit war 23 003 dort, als sie im Frühjahr 1953 den P 1467 (mit Gefangenenwagen) bei Friedrichssegen durch das Lahntal zog.

Koblenz-Mosel umgesetzt, ohne daß sich an ihrem Einsatzschwerpunkt, der rechten Rheinstrecke, viel änderte. 23 051 und 052 kamen zunächst zum Bw Mainz, wurden aber noch im selben Jahr 1955 nach Koblenz-Mosel abgegeben, womit dort wieder alle ehemaligen Oberlahnsteiner 23 vereint waren.

23 001 12. 5. 1953 – 11. 5. 1955
23 002 21. 5. 1953 – 21. 5. 1955
23 003 30. 1. 1953 – 21. 5. 1955
23 004 14. 2. 1953 – 21. 5. 1955
23 005 2. 2. 1953 – 31. 3. 1955
23 047 30. 8. 1954 – 21. 5. 1955
23 048 27. 8. 1954 – 21. 5. 1955
23 049 24. 9. 1954 – 21. 5. 1955
23 050 9. 10. 1954 – 21. 5. 1955
23 051 17. 9. 1954 – 20. 5. 1955
23 052 24. 11. 1954 – 20. 5. 1955

Bw Mainz

Nachdem ursprünglich geplant war, die Jung-Loks 23 016 bis 025 in den Bw Mainz und Freiburg zu stationieren, wurden diese Loks in den Monaten ab November 1952 geschlossen dem Bw Mainz zugeteilt. Bis 1955 wurden ebenfalls direkt ab Werk die 23 028 und 029, 043 bis 046 und 053 bis 070 dem Bw Mainz zugewiesen, wobei jedoch die 23 024 und später die 067 zunächst bei der LVA Minden erprobt wurden. 23 028 und 029 wurden nach zwei Monaten abgegeben, 1955 folgte 23 023. Bis zum April 1958 blieb der Bestand mit 31 Maschinen konstant. Im April und Mai 1958 gab Mainz dann über die Hälfte seiner 23 an die Bw Gießen, Koblenz-Mosel und Kaiserslautern ab, erhielt dafür aber die 23 071 bis 075 vom Bw Bielefeld. Im Dezember wurde der gesamte 23-Bestand abgegeben, sämtliche 18 Maschinen erhielt das Bw Oberlahnstein.

Mainz ist bis heute fast ein reines Personenzuglok-Bw. Als die BR 23 hier eintraf, löste sie zunächst vor allem die BR 38[10], später auch die 03 ab. Das Haupteinsatzgebiet der Loks bildete die linke Rheinstrecke von Frankfurt über Mainz und Bingerbrück nach Koblenz. Wenngleich der weitaus größte Teil der 23-Leistungen auf dieser Strecke vor Personenzügen erbracht wurde, so hatten die Mainzer hier doch gelegentlich auch Eil- und Schnellzüge zu fahren; sogar vor Fernschnellzügen waren sie zeitweise zu finden (u.a. F 21 »Rheingold« und F 552). Über Koblenz hinaus nach Norden kamen die 23 in einigen Fahrplanabschnitten vor Personenzügen bis nach Remagen, und bis 1958 erreichten die Loks in der Regel zweimal täglich Köln, zunächst mit Schnell- und Eilzügen, ab Mitte der 50er Jahre jedoch nur noch vor Durchgangsgüterzügen.

Viel eingesetzt wurden die 23 auch von Wiesbaden nach Ludwigshafen, wobei gelegentlich auch Mannheim und Heidelberg erreicht wurden. Auch hier waren es hauptsächlich die Personenzüge, wenngleich man die 23 zeitweise auch vor hochwertigen Reisezügen (etwa dem F 251 zwischen Mannheim und Mainz) finden konnte. Darmstadt, Worms und einige kleinere Orte waren weitere Wendebahnhöfe im Einsatzgebiet der 23 zwischen Mainz/ Wiesbaden/Frankfurt und Mannheim/Ludwigshafen.

Von den von Mainz nach Südosten ausgehenden Nebenstrecken wurde Alzey häufiger von den 23 angefahren. Weitere Leistungen auf bisher nicht genannten Strecken waren einige Langläufe von Mainz nach Kaiserslautern (Personenzüge) sowie Eilzüge durchs Nahe- und durchs Glan-Tal nach Baumholder, Türkismühle und Saarbrücken. Diese Eilzüge (145/146, 547/548 und 590 bis 593) wurden nach der Abgabe der Mainzer 23 weiterhin mit der BR 23 gefahren; bis in die 60er Jahre stellte das Bw Kaiserslautern die Loks für diese Züge.

Ende 1957 bzw. Anfang 1958 drang von Mannheim aus die Streckenelektrifizierung über Darmstadt bis Mainz und Frankfurt vor und nahm der 23 des Bw Mainz einen Teil der Zugleistungen in Richtung Ludwigshafen–Mannheim, was im April 1958 dann zur Abgabe der ersten Maschinen führte. Als am 1. 6. 1958 dann die Strecken Mannheim–Ludwigshafen–Mainz und Mainz–

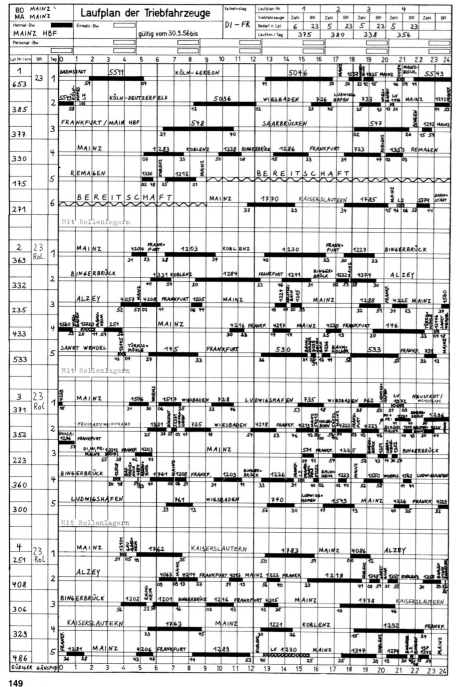

Koblenz–Remagen für den elektrischen Betrieb freigegeben wurden, bedeutete das eine weitere Einschränkung im Einsatzgebiet der Mainzer 23. Am 17.11.1958 folgte die Strecke Remagen–Köln, und als ab 15.12.1958 auch die direkte Verbindung von Frankfurt nach Mainz elektrisch befahren wurde, verloren die 23 so viele Leistungen, daß es nicht mehr sinnvoll erschien, für die wenigen verbliebenen Züge (z. B. die Eilzüge durchs Nahe- und Glan-Tal) weiterhin in Mainz Maschinen der BR 23 zu unterhalten. Daher wurde der Bestand dort im Dezember 1958 völlig aufgelassen; die meisten Maschinen wurden einen Tag vor Übergabe der Strecke Frankfurt–Mainz abgegeben.

Nr.	Zeitraum
23016	13. 11. 1952 – 16. 4. 1958
23017	12. 11. 1952 – 16. 4. 1958
23018	16. 11. 1952 – 21. 4. 1958
23019	26. 11. 1952 – 21. 4. 1958
23020	30. 11. 1952 – 21. 4. 1958
23021	5. 12. 1952 – 22. 5. 1958
23022	13. 12. 1952 – 22. 5. 1958
23023	20. 12. 1952 – 18. 7. 1955
23024	5. 4. 1954 – 14. 12. 1958
23025	14. 10. 1953 – 14. 12. 1958
23028	24. 2. 1954 – 21. 4. 1954
23029	9. 3. 1954 – 13. 5. 1954
23043	30. 12. 1954 – 30. 6. 1955
23044	28. 8. 1954 – 30. 5. 1958
23045	10. 7. 1954 – 30. 5. 1958
23046	31. 8. 1954 – 27. 5. 1958
23051	21. 5. 1955 – 2. 6. 1955
23052	12. 6. 1955 – 9. 11. 1955
23053	11. 6. 1955 – 25. 4. 1958
23054	21. 5. 1955 – 7. 5. 1958
23055	14. 7. 1955 – 2. 6. 1958
23056	28. 5. 1955 – 31. 5. 1958
23057	21. 6. 1955 – 19. 5. 1958
23058	11. 6. 1955 – 2. 6. 1958
23059	21. 6. 1955 – 1. 6. 1958
23060	1. 7. 1955 – 7. 11. 1958
23061	30. 7. 1955 – 14. 12. 1958
23062	3. 8. 1955 – 16. 4. 1958
	9. 5. 1958 – 14. 12. 1958
23063	9. 8. 1955 – 14. 12. 1958
23064	11. 11. 1955 – 14. 12. 1958
23065	22. 3. 1955 + 10. 12. 1958
23066	5. 4. 1955 – 14. 12. 1958
23067	29. 6. 1955 – 14. 12. 1958
23068	6. 5. 1955 – 14. 12. 1958
23069	21. 5. 1955 – 9. 9. 1957
	3. 12. 1958 – 10. 12. 1958
23070	29. 5. 1955 – 14. 12. 1958
23071	21. 4. 1958 – 14. 12. 1958
23072	17. 4. 1958 – 14. 12. 1958
23073	17. 4. 1958 – 25. 11. 1958
23074	21. 4. 1958 – 14. 12. 1958
23075	21. 4. 1958 – 14. 12. 1958

150 Bunt zusammengewürfelte Zuggarnituren waren Anfang der 50er Jahre auf DB-Gleisen an der Tagesordnung. 1953 verläßt die Mainzer 23 022 Frankfurt/M. Hbf.

151 Damals war es eine leichte Übung, die Mainzer Rheinbrücke eindrucksvoll ins Bild zu bekommen. 23 021 (Bw Mainz) mit P 1355 im Jahre 1953.

152 Der Fahrdraht hing bereits, als die Mainzer 23 060 im Jahre 1957 die linke Rheinstrecke bei Rhens mit dem N 1221 befuhr. Sie trug noch das DB-Schild auf der Rauchkammertür.

153 Welch ein Motiv; nur die Neubaulok ist neu. 23 023 (Bw Mainz) mit P 1230 passiert 1953 auf der linken Rheinstrecke den Ort Bacharach und die Burg Stahleck.

BD Trier
Bw Trier

Zum Sommerfahrplan 1958 trafen in Trier die durch Elektrifizierung der linken Rheinstrecke bis Remagen freigewordenen ersten fünf 23 (001 bis 005) von Koblenz-Mosel ein. Weihnachten 1958 folgte 23 044, ebenfalls aus Koblenz-Mosel. Zum Sommerfahrplan 1959 kam noch 23 032 aus Oldenburg, zum Sommerfahrplan 1960 23 047 und zum Sommerfahrplan 1961 die 23 050 bis 052, ebenfalls aus Koblenz-Mosel. In der ersten Jahreshälfte 1963 wurden alle Loks an das Bw Saarbrücken Hbf übergeben.

Beim Eintreffen der ersten 23 hatte das Bw Trier nur 38^{10} als Personenzuglokomotiven zur Verfügung, Schnellzugloks gab es hier überhaupt nicht. So mußten die 38^{10} den Hauptteil der Reisezugleistungen auf der Moselbahn fahren, darunter auch mehrere Eil- und sogar Schnellzüge. Hier waren die 23 eine zunächst willkommene Ablösung. Mit fortschreitender Elektrifizierung am Rhein konnten auch die Koblenzer 01 auf der Moselstrecke mithelfen, die 38^{10} aus den hochwertigen Leistungen zu verdrängen. Nach Abgabe der 23 nach Saarbrücken begann das Bw Trier auch, sich eine eigene 01- und 03-Gruppe für die Moselstrecke aufzubauen, wobei die 03 jedoch bald wieder verschwanden. Die 38^{10} hielten sich in Trier für Leistungen im Nahbereich bis in die Mitte der 60er Jahre, die 01 für die Moselbahn blieben sogar in einigen Exemplaren bis 1971 beim Bw Trier (bzw. nach Aufgabe der Dampflokunterhaltung beim Trierer Vorstadt-Bw Ehrang).

Die Trierer 23 waren jedoch nicht nur vor hochwertigen Reisezügen auf der Moselstrecke zu sehen (etwa vor den Zugpaaren D 121/122 und D 316/317), sondern hatten einige beachtliche Langläufe zu verzeichnen: mit dem Eilzugpaar 575/576 über Koblenz hinaus bis Gießen oder mit den Zugpaaren D 131/132 und E 621/624 von Saarbrücken bis nach Landau/Pfalz beispielsweise. Dadurch hatten die 23 des Bw Trier nicht nur mit den 23 aus Koblenz-Mosel, sondern auch mit denen der Bw Kaiserslautern, Bingerbrück und sogar Gießen gemeinsame Wendebetriebswerke. Auf der Eifelstrecke hingegen waren sie weniger heimisch, hier herrschten noch die Jünkerather 39^0 vor. Erst ein halbes Jahrzehnt nach ihrer Abgabe aus Trier kamen die 23, jetzt zum Bw Saarbrücken Hbf gehörig, vermehrt auf der Eifelbahn zum Einsatz.

Lok	Zeitraum
23 001	22. 5. 1958 – 23. 4. 1963
23 002	5. 6. 1958 – 25. 5. 1963
23 003	2. 6. 1958 – 24. 1. 1963
23 004	2. 6. 1958 – 20. 3. 1963
23 005	5. 6. 1958 – 28. 5. 1963
23 032	28. 5. 1959 – 8. 4. 1963
23 044	23. 12. 1958 – 19. 3. 1963
23 047	2. 6. 1960 – 31. 3. 1963
23 050	27. 5. 1962 – 22. 4. 1963
23 051	27. 5. 1962 – 31. 3. 1963
23 052	27. 5. 1962 – 23. 4. 1963

BD Saarbrücken
Bw Dillingen

Im September 1971 löste das Bw Emden seine 023-Gruppe auf und gab die vier Loks 023 094, 095, 102 und 103 an die BD Saarbrücken ab. Unerklärlicherweise wurden die beiden ersten Maschinen nicht beim Bw Saarbrücken, sondern beim Bw Dillingen stationiert, das zu diesem Zeitpunkt noch über 15 eigene 050 verfügte. Bereits nach rund sechs Wochen wurden die Loks 023 094 und 095 offiziell nach Saarbrücken abgegeben, von wo sie seit ihrer Ankunft aus Emden eingesetzt und auch unterhalten wurden. Bei der Stationierung der beiden Maschinen vom 14. 9. bis 31. 10. 1971 handelte es sich um eine nur buchmäßige, nicht reale Beheimatung, da Dillingen stets nur Einsatz- bzw. Personal-Bw für Saarbrückener 023 war (Einsätze siehe Bw Saarbrücken). 1973 wurde Dillingen als selbständiges Bw aufgelöst, die 050 kamen alle am 30. 9. 1973 zum Bw Saarbrücken.

Bw Saarbrücken

Am 25.1.1963 erhielt das Bw Saarbrücken Hbf seine erste 23, als 23003 aus Trier kam. Bis zum Beginn des Sommerfahrplans 1963 wurde der gesamte 23-Bestand des Bw Trier an das Bw Saarbrücken Hbf abgegeben, so daß hier jetzt die Loks 23001 bis 005, 032, 044, 047 und 050 bis 052 beheimatet waren, während das benachbarte Bw Kaiserslautern zu diesem Zeitpunkt über 21 Loks der BR 23 verfügte: 23024, 025, 053 bis 056 und 058 bis 072. Im Saarbrückener Bestand änderte sich zunächst wenig.

Zum Sommerfahrplan 1964 gab das Bw Kaiserslautern die beiden 23 mit Henschel-Mischvorwärmer (23024 und 025) nach Saarbrücken ab, wo zu diesem Zeitpunkt nur Oberflächenvorwärmer-23 beheimatet waren. Ende 1964 gaben die Gießener 23017 und die Kaiserslauterner 23066 und 067 für knappe zwei Monate ein Gastspiel in Saarbrücken, im Juni 1965 die Kaiserslauterner 23053, die ein Jahr später hier nochmals für knapp drei Wochen auftauchte, bevor sie nach Crailsheim weitergegeben wurde. Als Ersatz kam für sie am 11.7.1966 die Mönchengladbacher 23040 nach Saarbrücken. Ihr folgte bis zum Sommer 1967 der gesamte Mönchengladbacher 23-Bestand nach Saarbrücken, mit Ausnahme der 23039 und 041, die Crailsheim zugeteilt wurden. Auch Gießen löste zu dieser Zeit gerade seinen 23-Bestand auf, so daß Saarbrücken von dort drei weitere Loks (23022, 023, 030) »erwerben« konnte. Damit ergab sich beim Bw Saarbrücken Hbf am Tag der Umstellung auf EDV-Nummern (1.1.1968) folgender Bestand: 023001, 002, 003, 004, 005, 022, 023, 024, 025, 030, 032, 033, 034, 036, 037, 038, 040, 044, 047, 050, 051, 052 = 22 Loks.

Zum Sommerfahrplan 1968 wurde der Bestand um weitere fünf Loks erhöht: mit den Emdener Maschinen 023073, 075, 077, 080 und 082 begann in Saarbrücken die Ära der MV'57-23. Im Dezember 1968 kamen die Löhner 023100 und 101, wodurch Saarbrücken eine Lok (023023) nach Crailsheim abgeben konnte. Als dritte Löhner 023 kam am 17.1.1969 die 023099. Wenige Tage später mußte bereits die erste Saarbrückener 023 z-gestellt werden: 023003. Im Frühsommer 1969 fand dann die große Tauschaktion mit Crailsheim statt (siehe Seite 122): Das Bw Saarbrücken Hbf gab seine Oberflächenvorwärmer-Loks 023001, 002, 005, 030, 032, 033, 037, 038, 040, 044, 050 ab und erhielt dafür 023053, 054, 060, 062, 063, 064, 069, 076, 083, 087 und 105 mit Mischvorwärmer. Zum Winterfahrplan 1969/70 bekam Saarbrücken von Hameln die 023104, und Mitte Dezember 1969 tauschte es seine 023004 gegen 023093 mit dem Bw Kaiserslautern, das die 023093 erst einen Monat vorher von Emden erhalten hatte. Am 31.12.1969 sah der 023-Bestand in Saarbrücken Hbf so aus: 023022, 024, 025, 034, 036, 047, 051, 052, 053, 054, 060, 062, 063, 064, 069, 073, 075, 076, 077, 080, 082, 083, 087, 093, 099, 100, 101, 104, 105 = 29 Loks.

Im März 1970 stieg der Bestand durch die von Kaiserslautern erhaltenen 023004 und 007 erstmals über 30 Maschinen an. Am 11.5.1970 erlitt 023053 auf der Strecke zwischen Saarbrücken und Trier im Bahnhof Beckingen einen schweren Unfall (siehe Seite 120) und wurde sofort z-gestellt. Am 11.9.1970 mußte auch 023087 abgestellt werden, zur Aufstockung seines Bestandes erhielt das Bw Saarbrücken Hbf aber zum Winterfahrplan 1970/71 drei weitere Maschinen (023018 und 026 aus Bestwig sowie 023041 aus Crailsheim), denen im Dezember 1970 und Januar 1971 noch drei weitere Loks aus Bestwig folgten (023049, 096, 097). Damit wurde ein neuer Höchststand von 35 Loks erreicht. Im Frühjahr und Sommer 1971 schieden wieder vier Loks aus (023082, 083, 093, 099), von denen eine Lok ab Anfang Mai in Mannheim als Heizlok verwendet wurde. Interessanterweise wurde diese Z-Lok 023093 ab 7.5.1971 auch buchmäßig beim Bw Mannheim geführt, was sonst bei Heizloks nicht üblich ist.

Zum Winterfahrplan 1971/72 wurden diese vier abgestellten Loks durch Neuzugänge vom Bw Emden (023094, 095, 102, 103) wieder ausgeglichen. Aus bis heute unerfindlichen Gründen wurden zwei dieser Loks (023094 und 095) jedoch für etwa sechs Wochen buchmäßig beim Bw Dillingen stationiert, das sonst nie Loks der BR 023 fest zugeteilt hatte, sondern nur Einsatz- und Personal-Bw für Saarbrückener 023 war. Am 1.11.1971 kamen die Loks dann fest zum Bw Saarbrücken – das seit dem 1.7.1971 übrigens nicht mehr Saarbrücken Hbf, sondern nur noch Saarbrücken hieß –, ohne daß sich an ihrem Einsatz etwas änderte. Nachdem im Dezember 1971 die 023104 z-gestellt worden war, ergab sich zum Stichtag 31.12.1971 beim Bw Saarbrücken folgender Bestand an 023: 023004, 007, 018, 022, 024, 025, 026, 034, 036, 041, 047, 049, 051, 052, 054, 060, 062, 063, 064, 069, 073, 075, 076, 077, 080, 094, 095, 096, 097, 100, 101, 102, 103, 104z, 105 = 35 Loks, davon eine auf z.

Am 3.1.1972 wurde die jüngste Bundesbahn-Dampflok, die 023105, nach einem Unfall in Trier z-gestellt und am selben Tag dem Bw Kaiserslautern zugeteilt, das die Lok aber nicht mehr in Betrieb nahm. Sieben weitere Loks (023022, 041, 076, 095, 096, 097, 101) mußten 1972 noch z-gestellt werden, wovon die 023076 jedoch eine Woche später schon wieder zum Einsatzbestand gehörte und aufgearbeitet wurde. 023049 ging zum Sommerfahrplan 1972 an das Bw Kaiserslautern, im November konnte man den Bestand durch die drei Crailsheimer Loks 023071, 072 und 074 wieder etwas aufstocken.

154 Als die 23025 des Bw Saarbrücken am 18.8.1967 mit einem Kurzzug in St. Wendel stand, war sie bereits eines Teils ihrer Vorwärmerverkleidung beraubt.

Die verbliebenen vier Loks der letzten Serie von Jung aus dem Jahre 1959 wurden im Laufe des Jahres 1973 abgestellt: 023 094, 100, 102 und 103; außerdem wurden in diesem Jahr noch die 023 047 und 069 abgestellt, wodurch der Bestand zum Jahresende 1973 auf folgende Maschinen abgesunken war: 023 004, 007, 018, 024, 025, 026, 034, 036, 047z, 051, 052, 054, 060, 062, 063, 064, 071, 072, 073, 074, 075, 076, 077, 080, 100z, 103z = 26 Loks, davon drei auf z.

Im ersten Quartal 1974 wurden die Maschinen 023 034 und 080 z-gestellt, im September 023 063 und am 2. 10. 1974 gleich drei Loks: 023 025, 064 und 074. Am selben Tag wurde auch noch die 023 036 an das Bw Kaiserslautern abgegeben. Die letzte Abgabe von Saarbrückener 023 an ein anderes Bw erfolgte am 23. 12. 1974, als 023 018 und 024 nach Crailsheim gingen. Am 11. 1. 1975 wurde der Kaiserslauterner 023-Bestand aufgelöst, wodurch das Bw Saarbrücken die Loks 023 008, 009, 011 und 036 erhielt, für die es allerdings keine große Verwendung mehr hatte. Großzügig stellte man dann die 023 auf z, meist gleich mehrere an einem Tag: am 5. 2. 1975 die 023 004 und 073, am 14. 4. 1975 die 023 007, 026, 052 und 060, am 15. 6. 1975 die 023 054, am 24. 6. 1975 die 023 008, 009 und 010 und am 27. 8. 1975 schließlich die letzten 8 Loks: 023 036, 051, 062, 071, 072, 075, 076 und 077.

Bereits seit Mitte der 50er Jahre liefen Loks der BR 23 Saarbrücken planmäßig an, obwohl das Saarland erst am 1. 1. 1957 nach dem Saar-Volksentscheid vom Oktober 1956 dem Gebiet der Bundesrepublik Deutschland angegliedert wurde. Zunächst kamen Mainzer 23 über die Nahetalstrecke (siehe Seite 113), diese Leistungen gingen nach Auflassung des Mainzer 23-Bestandes auf Bingerbrücker bzw. Kaiserslauterner 23 über. Später kamen dann auch die Kaiserslauterner 23 direkt über Homburg nach Saarbrücken – und natürlich auch die Trierer 23 liefen Saarbrücken planmäßig an.

Als im ersten Halbjahr 1963 das Bw Saarbrücken Hbf seine ersten elf Loks der BR 23 vom Bw Trier erhielt, gab es in der BD Saarbrücken immer noch keine einzige Schnellzuglok. Daher änderte sich das Einsatzgebiet der 23 zunächst nicht wesentlich. Sie wurden vor allem vor Eil- und Personenzügen, aber auch einigen Schnellzügen auf der Strecke Koblenz–Trier–Saarbrücken eingesetzt, wo u.a. auch die gut zehn Loks der BR 38^{10} und fünf der BR V 100^{10} des Bw Trier eingesetzt wurden. Die Eifelbahn von Trier über Gerolstein, Jünkerath und Euskirchen nach Köln war zu diesem Zeitpunkt noch den etwa 15 39^0 des Bw Jünkerath vorbehalten. Für den Nahverkehr im Großraum Saarbrücken standen im Saarland rund 15 Loks der BR 38^{10} (Bw Sankt Wendel und Saarbrücken Hbf) und über 40 Tenderloks der BR 78^0 (Bw Dillingen, Sankt Wendel, Saarbrücken Hbf und später auch Homburg/Saar) zur Verfügung. Auch die knapp 20 Loks der BR 86 der Bw Homburg und Saarbrücken Hbf wurden gelegentlich im Nahpersonenverkehr verwendet.

Mitte der 60er Jahre hatte der Strukturwandel dann seine Auswirkungen auch auf den Einsatz der 23 des Bw Saarbrücken Hbf. Durch Elektrifizierungen in anderen Bundesbahndirektionen wurden viele Schnellzugdampfloks frei, so daß sich das Bw Trier einen 01-Bestand mit rund 15 Loks aufbauen konnte, der bis 1968/69 so erhalten blieb und den 23 viele hochwertige Leistungen entzog. Andererseits entstand durch das Verschwinden der 38^{10} aus dem Saarland und einen leichten Abbau des 78^0-Bestandes ein Bedarf an Personenzugloks im Großraum Saarbrücken, der auch durch die neu gelieferten V 100^{20} der Bw Sankt Wendel und Saarbrücken nicht ganz gedeckt werden konnte, so daß die BR 23 mehr und mehr hier eingesetzt wurde. Diese Tendenz wurde auch noch dadurch verstärkt, daß die 1965 gelieferten sieben Einheiten VT 24 und 1966 gelieferten fünf Großdiesellloks V 160 des Bw Trier den 23 weitere hochwertige Leistungen abnahmen, wobei die VT 24 allerdings in erster Linie als Ersatz für die Jünkerather 39^0 auf der Eifelbahn Verwendung fanden. So wurden die 23 im Winter 1966/67 nur noch auf den Strecken Saarbrücken–Trier (nicht mehr nach Koblenz) und Saarbrücken–Sankt Wendel–Bad Kreuznach–Bingerbrück (nach Bingerbrück zweimal täglich mit den E 591/E 216 und E 547/E 146) sowie auf der Stichstrecke Sankt Wendel–Tholey eingesetzt.

Bis 1969 wurden dann die Loks der BR 78, die teilweise für den Wendezugbetrieb eingerichtet waren, im Saarland fast vollständig abgestellt. Ab 1967 wurden daher nach und nach Saarbrückener 23 mit Wendezugsteuerung ausgerüstet, so daß sie die Wendezugleistungen der Dillinger, Sankt Wendeler und Homburger 78 übernehmen konnten, deren Leistungen vor allem im nördlichen und nordwestlichen Gebiet von Saarbrücken zu fahren waren. Dadurch wurde die BR 23 noch weiter in den Nahverkehr im Saarland abgedrängt, wenngleich jedoch der größere Teil der 23 keine Wendezugsteuerung erhielt oder nur dafür vorbereitet, nicht mehr jedoch damit ausgerüstet wurde. In der Regel wurden etwa

155 Auch auf der Stichbahn Pünderich–Traben-Trarbach der Moselstrecke waren die Saarbrücker 23 eingesetzt. 023 099 im August 1969 bei der Ausfahrt aus dem Endbahnhof Traben-Trarbach.

156 Die Saarbrücker 23 047 war für Wendezugsteuerung vorbereitet und besaß eine zweite Hauptluftbehälterleitung. Im April 1968 überholte sie in Cochem die 44 1737 und ließ einen Silberling zurück.

157 Am 10. 4. 1974 verließ 023 075 (Bw Saarbrücken) vor dem N 4165 den Spitzeichtunnel.

fünf Loks mit Wendezugsteuerung eingesetzt, so daß meist nicht viel mehr 23 gleichzeitig mit der Wendezugsteuerung ausgerüstet waren (siehe auch Seite 74).

Gleichzeitig mit der Übernahme der Wendezugleistungen von der BR 78 durch die 23 und damit einem verstärkten Einsatz der 23 im Großraum Saarbrücken fand aber auch eine Ausdehnung des Einsatzgebietes der Saarbrückener 23 statt. Dies erklärt sich einerseits durch den ständig ansteigenden Bestand an 23 durch Übernahme von Maschinen anderer Bw (1970 erreichte der Bestand über 30 Loks), andererseits durch die drastische Reduzierung des Trierer 01-Bestandes von rund 15 auf drei bis fünf Loks bis 1969. Dadurch wurden die 23 wieder verstärkt auf der Moselstrecke bis Koblenz eingesetzt, da die inzwischen über 15 Loks der BR V 160 offenbar nicht alle Leistungen der 01 übernehmen konnten.

Weitere Einsatzstrecken wurden ab Ende der 60er Jahre die Eifelbahn von Trier über Gerolstein bis Jünkerath, wobei die Loks fallweise sogar bis Köln durchliefen (wenngleich das nur Ausnahmen waren), sowie einige von Trier ausgehende Linien und Stichstrecken der Moselbahn.

Ende der 60er und Anfang der 70er Jahre war das Einsatzgebiet der 023 am größten und der Bestand am höchsten. Aus dem Umlaufplan auf Seite 121 ist zu ersehen, auf welchen Strecken die 023 im Jahre 1970 überall fuhren. Interessant dabei ist, daß die Loks nicht nur nach Frankreich (Sarreguemines, deutsch Saargemünd), sondern auch nach Luxemburg (Wasserbillig) kamen. Außerdem wurden noch vier weitere Grenzbahnhöfe zur SNCF angefahren: Perl, Niedaltdorf, Überherrn und Reinheim/Saar.

Mit dem Absinken des 023-Bestandes durch zahlreiche z-Stellungen ging auch das Einsatzgebiet zurück. Zunächst wurden die Leistungen auf der Eifelbahn, auf den von Trier ausgehenden Strecken nach Wasserbillig, Perl und Pluwig und auf den Stichstrecken der Moselbahn abgegeben. Auch die Leistungen nach Koblenz wurden reduziert, im Winterfahrplan 1971/72 liefen die 023 Koblenz letztmalig mit den Zügen N 2419, 2452, 2457 und 2476 planmäßig an. Zum Sommerfahrplan 1972 wurden diese Züge zum größten Teil von 050 des Bw Koblenz-Mosel übernommen, ansonsten gehörten die Reisezüge auf der Moselbahn vor allem den Trierer 216.

Auch die Eilzugleistungen gingen weiter zurück. Im Sommer 1973

158 Eine kombinierte Eisenbahn/Straße-Brücke führt bei Bullay über die Mosel. Die Saarbrücker 023 101 passierte sie im April 1972.

wurden nur mehr zwei Eilzüge (E 1846 und E 1856) von der 023 gefahren. Auch im Saargebiet wurden Einschränkungen der Einsatzstrecken vorgenommen. So fielen bis 1974 als Wendebahnhöfe Niedaltdorf, Überherrn, Sankt Ingbert, Zweibrücken, Reinheim und Homburg Hbf weg.

Am 6.1.1974 erlitt die BR 023 durch die Elektrifizierung der Moselbahn weitere Einbußen. Nicht nur die letzten Leistungen auf der Moselbahn (nach Bullay mit N 2487) fielen weg, sondern auch alle Leistungen nach Trier, so daß die 023 jetzt nur noch bis Dillingen auf dieser Strecke fuhren. Als letzte planmäßige Lok kam 023 024, mit einem entsprechenden Spruch versehen, am 6.1.1974 nach Trier. Auch der Wendezugeinsatz fiel mit diesem Termin, an dem der Planbedarf von zehn auf sieben Loks sank, weg. Dafür wurde 1974 der 212-Bestand des Bw Saarbrücken von neun auf zwölf Loks erhöht, während er beim Bw Sankt Wendel konstant bei neun Loks blieb.

Zum Winterfahrplan 1974/75 wurde der letzte Saarbrückener 023-Laufplan aufgestellt, ein Miniumlauf für vier Loks. Geblieben waren jedoch immer noch die Leistungen der 023 ins Ausland: mit den Zugpaaren N 4075/3778 und N 4085/4090 nach Sarreguemines in Frankreich. Mit 19 Loks zum Beginn des Winterfahrplans lag der Bestand an 023 fast fünfmal so hoch wie der Planbedarf. Die Loks wurden daher in rascher Folge z-gestellt. Trotzdem erhielt das Bw Saarbrücken im Januar 1975 auch noch die vier Kaiserslauterner 023 zugeteilt, von denen zwei Maschinen (023 008 und 011) aber überhaupt nicht mehr in ihrer neuen Heimat eingesetzt wurden.

Am 31.5.1975 stellte das Bw Saarbrücken als vorletztes Bw den Plandienst mit der Baureihe 023 ein. Die verbliebenen einsatzfähigen Loks sollten noch für Arbeitszugdienste eingesetzt werden, wurden aber nicht mehr benötigt und standen daher über das gesamte Gelände des Bw Saarbrücken verstreut abgestellt. Als Konsequenz wurden schließlich am 27.8.1975 alle noch einsatzfähigen Saarbrückener 023 – immerhin acht Maschinen – z-gestellt, womit die zwölfjährige Ära der BR 23 in Saarbrücken beendet war.

Nachzutragen wären noch zwei Vorkommnisse mit Saarbrückener 023. Im Sommer 1973 wurde bei der Firma Karl Richtberg KG in Bingen-Gaulsheim der stationäre Dampfkessel durch einen Großbrand zerstört. Daraufhin mietete die Firma von der DB zwei betriebsfähige 023 als Dampferzeuger: die 023 103 vom 10.7. bis 3.8.1973 und die 023 018 vom 4.8. bis ca. 25.8.1973. Das andere Ereignis war ein schwerer Unfall, den die 023 053 am 11.5.1970 erlitt. Die Lok führte den E 1885 von Saarbrücken nach Trier und fuhr bei Saarfels kurz vor dem Bahnhof Beckingen mit hoher Geschwindigkeit auf eine abgerutschte Schlamm- und Geröllhalde, wobei sie entgleiste und mit dem Steuerwagen des entgegenkommenden P 4864 kollidierte. Dabei stürzte sie den etwa zehn Meter hohen Bahndamm hinunter. Da sich ein Abtransport der Lok nicht mehr lohnte, wurde sie eine Woche nach dem Unglück an Ort und Stelle durch die Saarbrückener Schrottfirma Ferrum zerlegt.

23 001	24. 4.1963–18. 6.1969	23 072	21.11.1972–27. 8.1975(z)
23 002	26. 5.1963–30.10.1969	23 073	26. 5.1968– 5. 2.1975(z)
23 003	25. 1.1963–21. 1.1969(z)	23 074	14.11.1972– 2.10.1974(z)
23 004	9. 4.1963–14.12.1969	23 075	26. 5.1968–27. 8.1975(z)
	13. 3.1970– 5. 2.1975(z)	23 076	23. 5.1969–23. 7.1972(z)
23 005	29. 5.1963–22. 5.1969		1. 8.1972–27. 8.1975(z)
23 007	18. 3.1970–14. 4.1975(z)	23 077	27. 5.1968–27. 8.1975(z)
23 008	12. 1.1975–24. 6.1975(z)	23 080	27. 5.1968– 6. 1.1975(z)
23 009	12. 1.1975–24. 6.1975(z)		8. 1.1975–22. 3.1975(z)
23 011	12. 1.1975–24. 6.1975(z)	23 082	21. 5.1968–15. 4.1971(z)
23 017	22.10.1964–15.12.1964	23 083	19. 6.1969–29. 5.1971(z)
23 018	24. 9.1970–23.12.1974	23 087	19. 6.1969–10. 9.1970(z)
23 022	28. 4.1967– 9. 8.1972(z)	23 093	15.12.1969–16. 3.1971(z)
23 023	9. 6.1967– 1.12.1968	23 094	1.11.1971–27. 3.1972(z)
23 024	31. 5.1964–23.12.1974	23 095	1.11.1971–23. 7.1972(z)
23 025	3. 6.1964– 2.10.1974(z)		2. 8.1972– 7. 8.1972(z)
23 026	26. 9.1970–14. 4.1975(z)	23 096	1. 2.1971–30.12.1972(z)
23 030	12. 6.1967–18. 6.1969	23 097	29. 1.1971– 5. 2.1972(z)
23 032	9. 4.1967–10. 7.1969	23 099	17. 1.1969– 4. 8.1971(z)
23 033	19. 5.1967–18. 6.1969	23 100	3.12.1968– 4. 9.1973(z)
23 034	19. 5.1967–23. 2.1974(z)	23 101	3.12.1968–19. 5.1972(z)
23 036	6. 6.1967– 2.10.1974	23 102	24. 9.1971–27. 3.1973(z)
	12. 1.1975–27. 8.1975(z)	23 103	24. 9.1971–29.10.1973(z)
23 037	14. 7.1967– 9. 6.1969	23 105	19. 6.1969– 2. 1.1972(z)
23 038	16. 2.1967– 9. 6.1969		
23 040	11. 7.1966–28. 5.1969		
23 041	22. 9.1970–28.12.1972(z)		
23 044	20. 3.1963–18. 6.1969		
23 047	1. 4.1963–19. 8.1973(z)		
23 049	1.12.1970–26. 5.1972		
23 050	18. 6.1963–22. 5.1969		
23 051	10. 5.1963–27. 8.1975(z)		
23 052	24. 4.1963–14. 4.1975(z)		
23 053	23. 5.1966–12. 7.1966		
	10. 6.1969–11. 5.1970(z)		
23 054	4. 6.1969–15. 6.1975(z)		
23 060	23. 5.1969–14. 4.1975(z)		
23 062	19. 6.1969–27. 8.1975(z)		
23 063	10. 6.1969–18. 9.1974(z)		
23 064	26. 5.1969– 2.10.1974(z)		
23 069	28. 6.1969–29. 5.1973(z)		
23 071	8.11.1972–27. 8.1975(z)		

Abkürzungen

- DL — Dillingen
- SRH — Saarbrücken Hbf
- TRH — Trier Hbf
- EG — Ehrang
- WEG — Wengerohr
- BKS — Bernkastel-Kues
- COC — Cochem
- KOH — Koblenz Hbf
- WIN — Wincheringen
- PLU — Pluwig
- WCH — Waldrach
- BY — Bullay
- GR — Gerolstein
- MZG — Merzig
- RU — Ruwer
- WIL — Wittlich
- PE — Perl
- SGS — Sarreguemines, SNCF
- SH — Saarhölzbach
- VL — Völklingen
- LCH — Lebach
- PRI — Primsweiler
- SW — Sankt Wendel
- NKH — Neunkirchen Hbf
- WA — Wadern
- WR — Wemmetsweiler
- TY — Tholey
- HRI — Hanweiler-Bad Rilchingen
- MT — Mettlach
- SIB — Sankt Ingbert
- HOH — Homburg Hbf
- ZW — Zweibrücken

159

160 Verregnete Parade der 023062, 023104, 023100, 023060 und 023077 (alle zum Bw Saarbrücken gehörig) im Bw Ehrang im Jahre 1971. Man beachte die unterschiedlichen Saugwindkessel der Mischvorwärmerpumpen (teilweise spätere Zutaten).

BD Karlsruhe
Bw Mannheim

Vom 7. 5. 1971 bis zu ihrer Ausmusterung am 9. 9. 1971 war die ehemalige Saarbrückener 023 093 als z-Lok in Mannheim stationiert. Sie wurde als Heizlok verwendet und im April 1972 in Karthaus zerlegt.

BD Stuttgart
Bw Crailsheim

Als am 19. 4. 1966 das Bw Crailsheim von Kaiserslautern seine ersten vier 23 (23 066, 067, 068 und 071) erhielt, ahnte wohl noch niemand, daß Crailsheim nicht nur eine Hochburg der 23 werden würde, sondern daß hier mehr als jede zweite 23 einmal stationiert sein würde, insgesamt 43 Loks der BR 23 von hier aus ihre letzten Einsätze fahren würden, und daß Crailsheim und Umgebung zu einem Mekka der Eisenbahnfreunde werden sollte. Im folgenden soll die ständige Veränderung des Crailsheimer 23-Bestandes kurz aufgezeigt werden.

1966 erhielt Crailsheim als 38-Ersatz in den Monaten April bis Juli 18 Maschinen der BR 23 aus Kaiserslautern (23 054 bis 056 und 058 bis 072) und eine aus Saarbrücken (053). Im November und Dezember folgen weitere fünf Loks aus Minden (085 bis 088) und Emden (076), so daß sich zum Jahresende folgender Bestand an 23 in Crailsheim ergab: 23 053, 054, 055, 056, 058, 059, 060, 061, 062, 063, 064, 065, 066, 067, 068, 069, 070, 071, 072, 076, 085, 086, 087, 088 = 24 Loks.

1967 erhielt Crailsheim seine ersten Oberflächenvorwärmer-23 von Mönchengladbach (039 und 041 im Juni, 035 im September) und Gießen (019 bis 021 im Juli). Diese Loks bewährten sich wesentlich besser. Zwar versprach man sich vom Einsatz der etwas leistungsstärkeren Mischvorwärmer-23 (ab 23 053) verbesserte Zugleistungen gegenüber der 38^{10} im schwierigen Hügelland des Crailsheimer Einsatzgebietes, doch waren diese Loks – im Gegensatz zu den neu zugeteilten Oberflächenvorwärmer-23 – Dauergäste in der Werkstatt. Hauptgrund für die große Schadanfälligkeit war das außerordentlich schlechte Speisewasser von Crailsheim (Härtegrad ungefähr 30°, somit für Lokomotivspeisung kaum noch geeignet), was gerade die Mischvorwärmer-23 nicht verkraften konnten (siehe auch Seite 70). Zum Jahresende 1967 sah der Bestand wie folgt aus: 23 019, 020, 021, 035, 039, 041, 053, 054, 055, 056, 058, 059, 060, 061, 062, 063, 064, 065, 066, 067, 068, 069, 070, 071, 072, 076, 085, 086, 087, 088 = 30 Loks. 1968 erhielt Crailsheim von verschiedenen Bw je drei Loks mit Oberflächenvorwärmer (006, 023 und 048) und Mischvorwärmer (083, 084 und 105). Nachdem bereits 1967 die Mischvorwärmer-Loks 23 058 und 067 probeweise auf Naßdampfregler umgebaut worden waren, folgten 1968 und 1969 weitere Maschinen, da man bei den MV-23 mit Mehrfachventil-Heißdampfregler ständig mit Schwierigkeiten durch Neigung zum Wasserüberreißen und Schlammabsatz im Regler zu kämpfen hatte. Noch schlimmer als in Crailsheim war das Wasser im Bw Heilbronn, wo wegen eines kleinen Wasserbehälters in Spitzenzeiten sogar Neckarwasser in die Tender gepumpt werden mußte, was insbesondere die 23 sehr übel nahmen. Bereits im Oktober 1968 wurde die erste Crailsheimer MV-23, die 023 056, z-gestellt. Somit ergab sich zum 31. 12. 1968 folgender Bestand an 23 im Bw Crailsheim: 023 006, 019, 020, 021, 023, 035, 039, 041, 048, 053, 054, 055, 056 z, 058, 059, 060, 061, 062, 063, 064, 065, 066, 067, 068, 069, 070, 071, 072, 076, 083, 084, 085, 086, 087, 088, 105 = 36 Loks, davon eine auf z.

1969 erhielt das Bw Crailsheim im Januar mit 023 074 seine letzte Mischvorwärmer-23. Im März wurden mit 023 066 und 068 zwei weitere MV-Loks abgestellt. Im Mai und Juni tauschte das Bw Crailsheim seine letzten elf MV-23 mit Heißdampfregler (053, 054, 060, 062, 063, 064, 069, 076, 083, 087, 105) gegen die Oberflächenvorwärmer-Loks 023 001, 002, 005, 030, 032, 033, 037, 038, 040, 044 und 050 (023 032 kam allerdings erst im Juli, 023 002 im Oktober) mit dem Bw Saarbrücken – durchaus zum Nachteil des Tauschpartners Bw Saarbrücken, das allerdings in schöner Nähe zum 23-AW Trier lag. Die anderen 23 mit Mischvorwärmer (023 055, 058, 059, 061, 065, 067, 070, 071, 072, 074, 084, 085 und 088) brauchten nicht getauscht zu werden, da sie bereits auf Naßdampfregler umgebaut waren. Eigenartigerweise blieb die Heißdampfreglerlok 023 086 als einzige in Crailsheim, wurde aber auch bis zu ihrer Abstellung im Juni 1971 nicht mehr umgebaut. Von ihr sind keine großen Laufleistungen mehr bekannt geworden. Ab 1970 durfte sie laut BD-Anordnung nur noch Arbeitszüge fahren. Soweit die Oberflächenvorwärmer-23 noch mit Heiß-

161 023 105 (Bw Crailsheim) auf der Fahrt in den Frühling. N 3543 (Crailsheim–Ulm) fährt an einem Zwischenhaltepunkt auf dem Streckenstück Aalen–Heidenheim wieder an – in eine ziemliche Steigung, Aufnahme am 9. 4. 1969. Nur recht wenige 23 hatten übrigens ein Druckluftläutewerk wie die 23 105. Überwiegend waren das Loks der Bw Emden, Oldenburg, Bielefeld und Crailsheim, weil sie auch auf Nebenstrecken eingesetzt wurden.

162 023 044 (Bw Crailsheim) und 053 097, die zu den wenigen 50ern mit Wannentender gehörte, im Sommer 1972 bei Schwäbisch Hall mit einem Güterzug.

163 Packt einen angesichts dieses Sommerwetters nicht die Reiselust? Am 16. 6. 1973 legte die Crailsheimer 023 038 in Walhausen/Württ. einen Zwischenhalt ein.

dampfregler nach Crailsheim gekommen waren, wurden sie in rascher Folge ebenfalls auf Naßdampfregler umgebaut. Allerdings war für die Crailsheimer Lokführer der »Alptraum Heißdampfregler« erst am 11. 2. 1972 endgültig zu Ende, weil erst damals die letzte Maschine mit Heißdampfregler – 023006 – aufs Abstellgleis rangiert wurde (siehe Seite 73). In den Monaten Mai, Juni und August erhöhte sich der Crailsheimer Bestand durch fünf Neuzugänge aus Kaiserslautern (023012, 028, 029, 031, 046) weiter, womit der Bestand am Jahresende 1969 so aussah: 023001, 002, 005, 006, 012, 019, 020, 021, 023, 028, 029, 030, 031, 032, 033, 035, 037, 038, 039, 040, 041, 044, 046, 048, 050, 055, 058, 059, 061, 065, 067, 070, 071, 072, 074, 084, 085, 086, 088 = 39 Loks. 1970 blieb der Höchststand von 39 Betriebsloks zunächst erhalten, bis im September dann die 023041 nach Saarbrücken abgegeben und im November und Dezember je eine Lok (084, 088) z-gestellt wurde. Dafür kam Anfang Dezember allerdings die 023016 von Bestwig, wodurch sich zum 31.12. 1970 folgender 23-Bestand ergab: 39 Loks, davon zwei auf z.
1971 blieb der Bestand ebenfalls fast konstant. Anfang März kamen 023027 und 042 von Bestwig, dafür wurden zwei Loks z-gestellt: 023085 im April und 023086 im Juni. Bestand Ende 1971: 023001, 002, 005, 006, 012, 016, 019, 020, 021, 023, 027, 028, 029, 030, 031, 032, 033, 035, 037, 038, 039, 040, 042, 044, 046, 048, 050, 055, 058, 059, 061, 065, 067, 070, 071, 072, 074 = 37 Loks.
1972 begann die Abstellung von 23 in größerem Rahmen. Vier Loks (023006, 035, 044 und 065) mußten in diesem Jahr z-gestellt werden. Im November wurden außerdem noch die 023071, 072 und 074 an das Bw Saarbrücken abgegeben, wodurch sich der Bestand am Jahresende auf folgende Maschinen reduziert hatte: 023001, 002, 005, 006z, 012, 016, 019, 020, 021, 023, 027, 028, 029, 030, 031, 032, 033, 037, 038, 039, 040, 042, 046, 048, 050, 055, 058, 059, 061, 067, 070 = 31 Loks, davon eine auf z.
1973 setzte sich die Abstellung von 23 beim Bw Crailsheim fort. Die fünf Maschinen 023031, 032, 033, 046 und 059 wurden z-gestellt, ansonsten gab es keine Veränderungen im Bestand, so daß am 31.12. 1973 sich der Bestand wie folgt zusammensetzte: 023001, 002, 005, 012, 016, 019, 020, 021, 023, 027, 028, 029, 030, 032z, 033z, 037, 038, 039, 040, 042, 048, 050, 055, 058, 059z, 061, 067, 070 = 28 Loks, davon drei auf z.

1974 mußten beim Bw Crailsheim elf 23 abgestellt werden. Als »Weihnachtsgeschenk« bekam Crailsheim am 24.12. 1974 letztmalig 23 zugeteilt – 023018 und 024 von Saarbrücken. Bei dem sinkenden Bestand an 23 mußten zwangsläufig Leistungen von anderen Baureihen übernommen werden. Ein Teil ging an Ulmer 215, außerdem erhielt Aschaffenburg ab 1974 die Loks 215130 bis 150 und übernahm ebenfalls Crailsheimer 23-Leistungen. Auch an Elektroloks mußten die 23 Leistungen abtreten, vor allem auf der 1975 elektrifizierten Strecke Heidelberg–Neckarelz–Osterburken–Lauda–Würzburg. Dadurch hatte sich der 23-Bestand zum 31.12. 1974 auf folgende Maschinen reduziert: 023002, 012, 016, 018, 019, 020, 021, 023, 024, 029, 038, 039, 040, 042, 058, 067 = 16 Loks.
1975 endete der Einsatz der Crailsheimer 23 – und damit der BR 23 bei der DB überhaupt. Am 28. 9. 1975 wurde die älteste 23 – 023002 – abgestellt. Nur wenige Monate fehlten ihr zum 25jährigen Dienstjubiläum, das sie im Dezember 1975 erlebt hätte. Nach Einstellung des Planeinsatzes mit der BR 23 zum Winterfahrplan 1975/76 blieben noch drei Loks betriebsfähig: 023023, 029 und 058. Am 12.11. 1975 wurde die 023029 z-gestellt, am 15.12. 1975 folgte 023023 und am 30.12.1975 wurde mit 023058 die letzte Neubaudampflok bei der DB abgestellt.
Am 22.5.1966 begann mit Fahrplanwechsel der Planbetrieb für die BR 23 beim Bw Crailsheim. Es wurden ein 8- und ein 5-tägiger Plan (Durchschnitt 350 Kilometer pro Tag, Höchstleistung 612 km/Tag) aufgestellt. Da zu diesem Zeitpunkt aber erst sieben 23 in Crailsheim beheimatet waren (023066 bis 072), wurde der Plan als Mischplan von Crailsheimer 23 und 38^{10} gefahren. Bereits Mitte Juni 1966 standen genügend 23 zur Verfügung, um die 38^{10} aus beiden Plänen vollständig zu verdrängen. Das Einsatzgebiet war, gemessen an späteren Crailsheimer 23-Plänen, recht klein und umfaßte nur die Nord-Süd-Relation Würzburg–Lauda–Crailsheim–Aalen–Ulm und die Ost-West-Relationen Crailsheim–Schwäbisch Hall-Hessental–Heilbronn bzw. Backnang. Gefahren wurden Personenzüge und etwa vier Eilzugpaare auf der Relation Lauda–Crailsheim–Aalen–Ulm.
In den nächsten Jahren wuchs der Crailsheimer 23-Bestand auf bis zu zeitweise fast 40 Loks an, das Einsatzgebiet dehnte sich immer weiter vor allem nach Westen aus. Das ist aber nicht nur durch eine Ablösung der Crailsheimer 38^{10} zu erklären. Zwar hatte Crailsheim auch schon vor Erscheinen der BR 23 eine große

164 Wenn möglich, ließ man am Sonntag, wenn genügend 50er auch die Reisezüge fahren konnten, in Crailsheim die Heißdampfregler-23 im Stall. Hier sonnen sich die Mischvorwärmer-Loks 23063, 054 und 061, umgeben von weiteren 23 und 50, am 30. 7. 1967 im Bw Crailsheim, alle noch mit Heißdampfregler.

165 Auf der Strecke Lauda–Bad Mergentheim dominierten lange Zeit die Crailsheimer 23. 023 029 und 023 023 zogen am 9. 1. 1974 bei Edelfingen gemeinsam einen Personenzug.

166 Die Schürzenwagen haben sich lange gehalten. Von Lauda aus fuhren solche Garnituren noch bis Mitte der 70er Jahre – auch noch, als es keine 23er mehr gab. Am 3. 7. 1971 passiert 023 021 (Bw Crailsheim) auf der Strecke Mosbach–Osterburken den Ort Dallau.

Bedeutung in der Gestellung von Personenzuglokomotiven (bei Auftauchen der 23 waren hier noch 32 38[10] beheimatet, die bis Juli 1967 vollständig verschwanden), doch saugte das Bw Crailsheim besonders mit der 23 massenhaft Reisezugleistungen der umliegenden Bw auf. Zu nennen sind hier vor allem die Bw Aalen mit seinen 64 und 78 und Heilbronn mit seinen 38[10], 64 und VT 60. Weitere Leistungen nahmen die Crailsheimer 23 auch noch den Mannheimer 38[10] sowie den Ulmer 03, 38[10] und 64 ab. Einen Überblick über den Bedarf an Planloks der BR 23 beim Bw Crailsheim in den 70er Jahren gibt die nachfolgende Aufstellung:

Fahrplan-abschnitt	Zahl der Planloks	km-Durch-schnitt pro Tag	km-Höchst-leistung pro Tag
Winter 69/70	25	312	
Sommer 70	20		
Winter 70/71	20		
Sommer 71	21	317	523
Winter 71/72	18		
Sommer 72	18	312	502
Winter 72/73	17	306	376
Sommer 73	11	285	377
Winter 73/74	10	245	377
Sommer 74	10	274	341
Winter 74/75	9	277	362
Sommer 75	3	217	263

In ihrer Blütezeit Ende der 60er Jahre fuhren die Crailsheimer 023 bis nach Aschaffenburg und Würzburg im Norden, Mannheim/Ludwigshafen und Karlsruhe im Westen, Schorndorf und Ulm im Süden sowie Ansbach und Nürnberg im Osten. Stets war das Gros der Leistungen die Personenzüge, einige längere Zugleistungen (etwa nach Aschaffenburg, Heidelberg/Mannheim und Ulm) bestanden aus Eilzügen. Die meisten Eilzüge jedoch und praktisch alle Schnellzüge im Einzugsbereich der 023 wurden aber von Würzburger 220 und von Ulmer 003 und 216 (später durch 215 ersetzt) sowie in der Endphase der 023 auch von Aschaffenburger 215 bespannt, während die Güterzugleistungen den Crailsheimer und Nürnberger 044 und 050 sowie den Heilbronner, Mannheimer und Ulmer 050 vorbehalten waren.

Bereits sehr früh machte sich die BR 023 – insbesondere die Loks mit Heißdampfregler und Mischvorwärmer – beim Personal unbeliebt, was unter anderem an unruhigem Lauf, schwieriger Bedienung, schlechtem Dampfmachen und Neigung zum Wasserüberreißen lag. Das führte dazu, daß man in Crailsheim, wann immer es möglich war, auf Dieselloks oder andere Dampfloks (besonders die BR 050) auswich. U.a. ist dadurch zu erklären, daß sonn- und feiertags meist nicht einmal die Hälfte der 023-Planloks eingesetzt wurde. Auch dauerte die Ablösung der älteren Dampflokbaureihen – sehr zur Freude der Crailsheimer Personale – länger als erwartet. So wurden noch bis Ende der 60er Jahre sehr viele Nahverkehrszüge im Einsatzgebiet der 023 mit Heilbronner 038 und 064 sowie Aalener 078 bespannt, ja sogar Crailsheimer, Mannheimer und vor allem Heilbronner 050 fuhren hier viele Nahverkehrszüge. Außerdem war eine größere Anzahl von Zügen auf der Strecke Crailsheim–Aalen–Ulm auf andere Baureihen (u.a. 003 des Bw Ulm) übergegangen, so daß die 023 über mehrere Fahrplanabschnitte hinweg nur noch mit einem Zugpaar nach Ulm kamen. Im Sommer 1971 fiel das Eilzugpaar E 1909/1908 nach Aschaffenburg weg, dafür wurden jetzt wieder drei Zugpaare nach Ulm mit 023 bespannt.

Zum Sommerfahrplan 1972 gab es zwei interessante Änderungen im 023-Einsatz. Zum einen fiel die langjährige letzte Leistung von Heilbronn nach Karlsruhe (mit dem Zugpaar N 4762/4785) weg, zum anderen wurde dafür das Einsatzgebiet nach Osten wieder auf die Strecke Crailsheim–Ansbach ausgedehnt. Der Grund hierfür war die Elektrifizierung der Strecke Ansbach–Nürnberg, wodurch die 211 und 212 des Bw Nürnberg Hbf nicht mehr nach Ansbach kamen und daher die 023 drei Zugpaare von Crailsheim nach Ansbach übernehmen mußten. Noch im Sommer 1972 kamen die 023 auch gelegentlich zu Schnellzugehren, wenn sie beim D 597 von Lauda bis Würzburg einer 220 Vorspann leisteten.

Zum Sommerfahrplan 1973 gab es einen starken Einbruch im 023-Einsatz; der Planbedarf sank von 17 auf elf Loks ab, was durch den Wegfall des Zugpaares nach Ulm und aller Leistungen zwischen Osterburken und Heilbronn erreicht wurde. Am Ende des Jahres zogen sich die 023 weiter zurück, als ab 19.11.1973 ein neuer Laufplan für zehn Loks in Kraft trat. Zwischen Heilbronn und Schwäbisch Hall durften keine Dampfloks mehr fahren, da wegen Elektrifizierungsarbeiten der Weinsberger Tunnel für Dampfloks gesperrt wurde. Diese Leistungen der Crailsheimer 023 und 050 wurden von Ulmer 215 übernommen. Geblieben waren aber noch die Leistungen nach Würzburg, Wertheim, Heidelberg, Backnang, Aalen und Ansbach.

Daß die 023 noch bis zum Sommer 1975 bis Heidelberg durchliefen, obwohl die Strecke Heilbronn–Heidelberg bereits am 20.9.1972 für den elektrischen Betrieb freigegeben worden war, lag vor allem an Ellok-Mangel. Die Leistungen nach Ansbach hingegen wurden schon zum Winterfahrplan 1973/74 wieder auf ein Zugpaar reduziert. Letztmalig kamen die 023 im Sommer 1974 planmäßig nach Ansbach, und zwar samstags mit den Zügen N 7366 und N 7367. Ein Teil der Leistungen nach Ansbach hatten die 023 an die 050 abtreten müssen.

Zum Jahreswechsel 1974/75 mußte zeitweise eine 050 in dem noch 9-tägigen 023-Plan mitlaufen. Daß zum Sommerfahrplan 1975 nur mehr ein Mini-Umlauf erstellt wurde, lag aber nicht am Mangel an einsatzfähigen 023, sondern an der Übergabe der Strecke Würzburg–Osterburken–Neckarelz an den elektrischen Betrieb am 1.6.1975, wodurch die Strecken Würzburg–Osterburken–Heidelberg und Würzburg–Osterburken–Heilbronn–Stuttgart jetzt durchgehend elektrisch befahrbar waren. Die 023 (und auch die 050) verschwanden dadurch völlig von diesen Strecken, genau wie die Würzburger 220, die nach Lübeck und Oldenburg abgegeben wurden. Ihre Zugleistungen wurden teilweise sogar von Altbau-E-Loks, die 20 Jahre älter waren als die 023, übernommen, namentlich von Würzburger 118, Stuttgarter und Würzburger 144 sowie Kornwestheimer 193.

Als letzte planmäßige Dampflok kam am 31.5.1975 die 023042 vor N 5882 nach Würzburg; nach Heidelberg war es die festlich geschmückte und mit der Aufschrift »Letzte Fahrt nach Heidelberg 31.5.1975« versehene 023018 mit dem Zugpaar N 7342/7351. Etwa 5 Wochen vorher, am 24.4.1975, war die letzte 023-Superleistung zu verzeichnen, als der amerikanische Militärzug Dgm 92742 mit 1310 t Last von Lauda nach Crailsheim von 023042 gefahren wurde, unterstützt von 023021 als Vorspann- und 023016 als Schublokomotive.

Damit wurde der Dampflokeinsatz des Bw Crailsheim auf einen 3-tägigen 023- und einen 5-tägigen 050-Plan im Sommer 1975 beschränkt. Nachdem die 023 bereits ein Jahr vorher ihre letzten Eilzüge verloren hatte, blieben für sie jetzt nur noch die Strecken Crailsheim–Lauda und Crailsheim–Schwäbisch Hall-Hessental–Backnang übrig. Alle anderen Leistungen (nach Würzburg, Wertheim, Heidelberg und Aalen) fielen zum Sommerfahrplan 1975 weg, auch der legendäre Fischzug Sg 51347 (bis 1974 als Sg 5321 bezeichnet). Dieser Zug mit dem Laufweg Bremerhaven–Stuttgart war seit Anfang der 70er Jahre auf dem Streckenabschnitt Würzburg–Lauda–Osterburken mit einer 050 und einer 023 als Vorspann gefahren worden.

Der 27.9.1975 war der letzte Tag, an dem die BR 023 planmäßig von der DB eingesetzt wurde. 023023 fuhr an diesem Tag den N 7511 von Lauda nach Crailsheim (Plantag 2), 023042 fuhr geschmückt und mit der Aufschrift »Letzte Fahrt auf der Murrbahn« von Backnang (N 5715) über Schwäbisch Hall (N 7751) nach Crailsheim (Plantag 1), und die ebenfalls geschmückte und mit einer Aufschrift (»Letzte Fahrt durchs Taubertal«) versehene 023058 zog in Plantag 3 den letzten planmäßigen 023-Zug der

DB überhaupt, den N 7543 von Lauda (ab 13.27 Uhr) nach Crailsheim (an 15.07 Uhr).

Nachdem zunächst geplant war, zum Ende des Sommerfahrplans alle 023 sofort abzustellen, wurde durch eine Verfügung der BD Stuttgart im Sommer 1975 angeordnet, drei Loks noch bis Jahresende weiter vorzuhalten. Einen Tag nach Planwechsel wurden daher nur 023002 und 042 z-gestellt, während 023023, 029 und 058 im Betriebsbestand blieben. Die Loks wurden fallweise im Rangierdienst des Bahnhofs Crailsheim und für Sonderleistungen eingesetzt. Häufig wurde der 215-geführte sogenannte »Magiruszug«, »Russenzug« oder »Bullenzug«, der Lkw für den Bau der Baikal-Amur-Magistrale von Ulm nach Bremen/Hamburg brachte, von Crailsheim bis Blaufelden von einer 023 nachgeschoben. Am 23.10.1975 kam mit 023058 als Zuglok eines Trafo-Zuges sogar noch einmal eine 023 bis nach Nürnberg Rbf.

Nach Abstellung der 023029 am 12.11.1975 blieben noch zwei 023 bei der DB übrig, deren letzte Einsätze so aussahen: 023023 wurde am 28.11.1975 von Crailsheim nach Lehrte überführt, nachdem sie am 26.10.1975 eine Abschiedsfahrt der »Eisenbahnfreunde Zollernbahn« im Schwarzwald (Tübingen–Sigmaringen–Tuttlingen–Horb) durchgeführt hatte. Am 6. und 7.12.1975 war sie mit der Lehrter 050578 unter Dampf auf einer Fahrzeugschau auf dem Messebahnhof in Hannover-Laatzen zu bewundern. Nach Rücküberführung ins Bw Lehrte wurde sie dort einer internen Probefahrt unterzogen, indem sie am 10.12.1975 als Vorspann vor einer 050 einen VW-Leerzug nach Fallersleben brachte und als Rückleistung einen Leergüterzug rückwärts nach Lehrte zog. Am 13. und 14.12.1975 zog sie jeweils einen Sonderzug Hannover–Stadthagen–Rinteln–Löhne–Nienburg–Hannover und wurde noch am 14.12.1975 z-gestellt. Nach ihrer Ausmusterung zum Jahresende 1975 wurde sie am 28.1.1976 an die Stoom Stichting Nederland (SSN) verkauft und fuhr am 12./13.3.1976 von Lehrte nach Rotterdam. Seit dem 22.4.1977 ist sie bei der SSN wieder im Einsatz. Die 023058 wurde am 6.12.1975 auf einer Fahrzeugschau in Freiburg ausgestellt und anschließend ins Bw Tübingen überführt. Als eine Ulmer 050 ausfiel, wurde sie

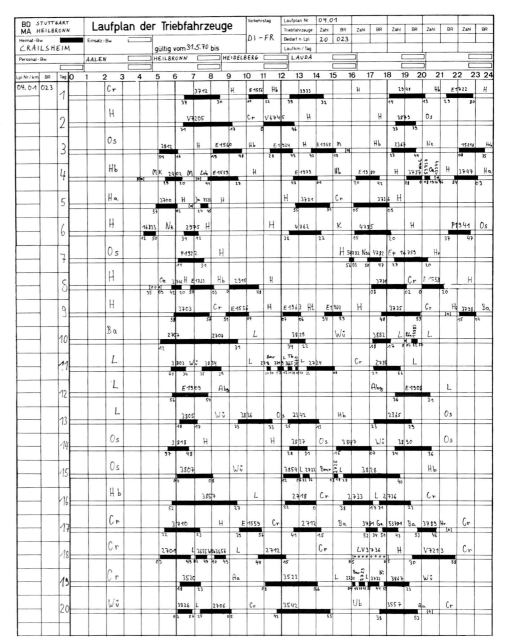

167 Abkürzungen

Aa	Aalen	Hr	Heilbronn Hbf	Nsu	Neckarsulm
Abg	Aschaffenburg Hbf	Ht	Schwäbisch Hall-Hessental	Nz	Neckarelz
Ba	Backnang	Ja	Bad Friedrichshall-Jagstfeld	Oe	Öhringen
Bmr	Bad Mergentheim	K	Karlsruhe Hbf	Os	Osterburken
Cr	Crailsheim	Kön	Königshofen (Baden)	Tb	Tauberbischofsheim
Ep	Eppingen	L	Lauda	Ub	Ulm Hbf
Ga	Gaildorf West	Luh	Ludwigshafen Hbf	Wal	Waldenburg (Württ.)
Grs	Grünsfeld	M	Mannheim Hbf	Wek	Weikersheim
H	Heilbronn Hbf	Mk	Meckesheim	Wth	Wertheim
Ha	Schwäbisch Hall	Ni	Niederstetten	Wü	Würzburg
Hb	Heidelberg Hbf				

168 Der letzte Neubaudampflok-Umlaufplan

169 23 072 (Bw Crailsheim) hatte bereits Naßdampfregler, als sie am 10. 5. 1969 Heidenheim verließ.

170 In der Nähe von Dombühl ergab sich am 12. 10. 1973 mit der Crailsheimer 023 037 und einem Nahverkehrszug Crailsheim—Ansbach ein hübsches Gegenlichtmotiv.

am 18. 12. 1975 vor den N 6325 von Tübingen nach Hechingen gespannt und danach wieder im Bw Tübingen abgestellt. Vor Sonderzügen von Tübingen über Ulm nach Schaffhausen (anschließend als Lz nach Crailsheim) hatte sie am 28. 12. 1975 ihre letzten Einsätze. Der Veranstalter dieser Eisenbahnfreunde-Sonderzüge waren wiederum die Eisenbahnfreunde Zollernbahn. Die Eurovapor kaufte die Lok, die am 30. 12. 1975 als letzte 023 z-gestellt wurde, am 1. 1. 1976 von der DB, überführte sie jedoch im Schlepp von Güterzügen erst am 27./28. 7. 1977 von ihrem Abstellplatz im Bw Crailsheim nach Wil in der Schweiz und nahm sie im Oktober 1977 wieder in Betrieb.

Zum Jahresende 1975 beheimatete das Bw Crailsheim noch 16 Dampfloks: 14 Loks der BR 050 und die beiden Gegendruckloks 044 404 und 427. Die beiden 044 wurden als letzte Crailsheimer Dampfloks am 31. 7. 1976 an das Bw Gelsenkirchen-Bismarck abgegeben. Seit Ende 1975 beschäftigte sich das Bw Crailsheim mehr mit der Zerlegung als mit der Unterhaltung von Dampfloks. So wurden dort wegen Personalüberhang von 1975 bis 1977 sechs 023 zerlegt: 023 002, 012, 018, 020, 024 und 040 – ein recht unrühmliches Ende der 8½ Jahre dauernden 23-Ära in Crailsheim.

```
23 001   19. 6.1969 – 28.12.1974 (z)
23 002   31.10.1969 – 27. 9.1975 (z)
23 005   23. 5.1969 – 30. 9.1974 (z)
23 006   17. 7.1968 – 11.12.1972 (z)
23 012   10. 6.1969 – 21. 5.1975 (z)
23 016    2.12.1970 –  4. 6.1975 (z)
23 018   24.12.1974 – 13. 8.1975 (z)
23 019   14. 7.1967 – 15. 6.1975 (z)
23 020   14. 7.1967 – 23. 4.1975 (z)
23 021   14. 7.1967 – 21. 7.1975 (z)
23 023    2.12.1968 – 14.12.1975 (z)
23 024   24.12.1974 – 13. 3.1975 (z)
23 027    9. 3.1971 – 12. 2.1974 (z)
23 028   30. 8.1969 –  9. 6.1974 (z)
23 029   30. 5.1969 – 11.11.1975 (z)
23 030   19. 6.1969 –  7. 7.1974 (z)
23 031   30. 8.1969 – 18. 5.1973 (z)
23 032   11. 7.1969 – 23. 8.1973 (z)
23 033   19. 6.1969 –  6.11.1973 (z)
23 035   27. 9.1967 – 28. 9.1972 (z)
23 036   10. 6.1969 – 26. 5.1974 (z)
23 038   10. 6.1969 –  5. 1.1975 (z)
23 039    1. 6.1967 –  4. 6.1975 (z)
23 040   29. 5.1969 – 30. 4.1975 (z)
23 041    1. 6.1967 – 20. 9.1970
23 042    2. 3.1971 – 27. 9.1975 (z)
23 044   19. 6.1969 – 15.11.1972 (z)
23 046   10. 6.1969 –  7. 3.1973 (z)
23 048   17.10.1968 – 20. 7.1974 (z)
23 050   23. 5.1969 – 27.11.1974 (z)
23 053   13. 7.1966 –  9. 6.1969
23 054   22. 7.1966 –  3. 6.1969
23 055   22. 7.1966 – 22. 7.1974 (z)
23 056    3. 6.1966 – 11.11.1968 (z)
23 058    3. 6.1966 – 29.12.1975 (z)
```

23059   5. 7.1966−12. 7.1973(z)
23060 10. 6.1966−22. 5.1969
23061   7. 6.1966−28.12.1974(z)
23062   7. 6.1966−18. 6.1969
23063   3. 6.1966− 9. 6.1969
23064   7. 6.1966−28. 5.1969
23065 10. 6.1966− 9. 8.1972(z)
23066 19. 4.1966− 4. 3.1969(z)
23067 19. 4.1966−19. 3.1975(z)
23068 19. 4.1966−11. 3.1969(z)
23069 20. 5.1966−27. 6.1969
23070 20. 5.1966−12. 8.1974(z)
23071 19. 4.1966− 7.11.1972
23072 20. 5.1966−20.11.1972
23074 22. 1.1969−13.11.1972
23076 11.11.1966−22. 5.1969
23083 10.10.1968−18. 6.1969
23084   9. 9.1968−14.12.1970(z)
23085 23.11.1966− 5. 4.1971(z)
23086 10.11.1966− 1. 6.1971(z)
23087 30.12.1966−18. 6.1969
23088 15.11.1966−20.11.1970(z)
23105 27. 5.1968−18. 6.1969

Bw Freudenstadt/Bw Rottweil

Wenngleich in Rottweil niemals und in Freudenstadt nur zwei Neubaudampfloks (der BR 82) beheimatet waren, so ist doch der leihweise Einsatz 1974 so verschiedenartig gewesen, daß ein eigener Abschnitt berechtigt erscheint.
Als die Strecke Böblingen−Eutingen−Horb−Rottweil elektrifiziert wurde, waren zunächst Diesellokomotiven der BR 236 im Einsatz. Diese Maschinen brauchte man dann aber auch bei der Elektrifizierung der Verbindung Würzburg−Neckarelz und bei den Arbeiten an der Stuttgarter S-Bahn, so daß zunächst aus Crailsheim ab 1.12.1973 die 64491 leihweise nach Rottweil kam. Die Rottweiler-»Eigendampfloks« 038, 050 und 078 waren in angestrengten Plänen ausgelastet, so daß man sich für die Arbeitszugleistungen nach »fußkranken« Crailsheimer Maschinen umsehen mußte.
Ab 24. 3.1974 waren deshalb die 023067 und 070 in Rottweil. In der Folge wurden die Maschinen immer in rascher Folge gewechselt, weil Crailsheim für die AZ-Dienste stets nur die schlechtesten Loks hergab. Meist waren in den Monaten bis Ende 1974 jeweils drei 023 im Schwarzwald. Die Loks wurden zunächst nur für Arbeitszüge eingesetzt, werktags standen sie meist in Freudenstadt. Zum Sommerfahrplan 1974 wurde in Freudenstadt wieder ein Dieselersatzplan für eine 050 und die letzte P 8, die 038772, aufgestellt. In diesem Plan war montags die Dampfbeförderung des E 3652 von Freudenstadt nach Böblingen vorgesehen. Wegen des Ausfalls der 38 fuhr ab August die 023 diese Leistung. Mit dem 26. 9.1974 war diese Episode zu Ende, weil die Strecke Böblingen−Horb elektrisch befahren werden konnte.
Nach diesem Fahrplanwechsel stand 023058 bis zum November für den erwähnten Dieselersatzplan zur Verfügung. Gleichzeitig war noch 023067 als Bauzugreserve im Schwarzwald, zuletzt in Freudenstadt, wo sie nachts heizte und tagsüber rangierte oder für den Schneepflug bereitstand. Im Dezember 1974 kam auch noch 023002 nach Freudenstadt, die dann zeitweise beim Abbau des zweiten Gleises zwischen Calw und Calw-Heumaden auf der »württembergischen Schwarzwaldbahn« Arbeitszüge fuhr. Sie wurde noch am 29.12.1974 während der Abschiedsfahrt von 038772 und 078246 in Rottweil zum Fotografieren ausgestellt.
Erwähnung verdienen noch zwei Heizeinsätze, zwar nicht im Schwarzwald, aber in erheblicher Entfernung von Crailsheim: Am 23.10.1974 waren 023039 und 052640 in Stuttgart Hbf, weil die Heizanlage ausgefallen war, und vom 30. 9.1974 bis zum April 1975 war 023005 als Heizlok in Friedrichshafen. Mit eigener Kraft fuhr sie alle 30 Tage nach Ulm zum Auswaschen. Die Lok wurde noch 1975 ins AW Offenburg transportiert und dort 1976 verschrottet.

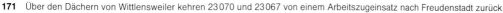

171 Über den Dächern von Wittlensweiler kehren 23070 und 23067 von einem Arbeitszugeinsatz nach Freudenstadt zurück.

172 Abendstimmung im Bw Freudenstadt mit 038 382 und der 023 070, die hier aushilfsweise Dienst tat (30. 3. 1974).

Leihweise Beheimatungen Bw Freudenstadt BR 23 (Bw Crailsheim)

23002	.12.1974 – . 1.1975
23021	8. 6.1974 – 27. 7.1974
23029	30. 4.1974 – 8. 6.1974
23039	13. 8.1974 – 19. 9.1974
23058	19. 9.1974 – 6.11.1974
23061	11. 4.1974 – 30. 4.1974
23067	24. 3.1974 – 11. 4.1974
	27. 7.1974 – 13. 8.1974
	22. 9.1974 – 27. 9.1974
	7.11.1974 – .12.1974
23070	24. 3.1974 – 28. 4.1974

Leihweise Beheimatungen Bw Rottweil BR 23 (Bw Crailsheim)

23039	11. 4.1974 – 12. 8.1974
23058	7.11.1974 – 25.11.1974
23067	14. 8.1974 – 21. 9.1974
	28. 9.1974 – 6.11.1974
23070	29. 4.1974 – 11. 8.1974

173 Mit einer schönen bayerischen Garnitur eilte die Kemptener 23 004 von Lindau nach Kempten durch das Allgäu zwischen Ratholz und Bühl am Alpsee.

BD Augsburg
Bw Kempten

Am 7.12.1950 wurde mit 23 001 die erste 23 der DB abgenommen und einen Tag später dem Bw Kempten zugeteilt. Im Dezember und Januar folgten auch die restlichen vier Loks 23 002 bis 005. Die Loks wurden in einem Dienstplan zusammen mit fünf Loks der BR 39, von der Kempten 1950 über rund 20 Maschinen verfügte, eingesetzt. Das Haupteinsatzgebiet der Loks waren Eilzüge und auch einige Personenzüge auf der Strecke nach München und nach Lindau. Dabei kamen die 23 auf Laufleistungen von 6000 bis 7000 km pro Monat.

Nach ihrer Abstellung wegen der Ausbeulungen an der Domaushalsung wurden die fünf 23 im Februar 1952 z-gestellt. Man übernahm sie im August 1952 wieder in den Einsatzbestand und führte sie anschließend der Firma Henschel zur Ausführung der Gewährleistungsarbeiten zu, und zwar 23 001 am 30.8.1952, 23 002 am 14.8.1952, 23 003 am 31.8.1952, 23 004 am 1.9.

174 »Fremdenzimmer« – wer wäre nicht gerne dort? Im Jahre 1951 passiert 23 002 mit dem D 72 Oberstaufen im Allgäu.

175 Noch ganz jung war die 23 005 des Bw Kempten im März 1951, als sie den Starnberger Bahnhof in München erreicht hatte und dabei noch im Mittelpunkt des Interesses stand. Das Zuglaufschild im Vordergrund weist auf die links stehende E 04 hin.

176 Fotos von der Baureihe 23 aus der Kemptener Zeit sind rar. Kurz nach ihrer Ablieferung wurde die 23 005 in Fürstenfeldbruck abgelichtet. Sie besaß ein Schmutzblech unter der Rauchkammer (März 1951).

1952 und 23 005 am 22.10.1952. Die 23 001 kehrte bereits im Dezember 1952 als erste der Kemptener Loks wieder in den Einsatz zurück, die anderen vier Loks im Januar (23 005), Februar (23 003, 004) bzw. gar erst Ende Mai 1953 (23 002). Während 23 002, 003, 004 und 005 nach ihrer Wiederherstellung nicht mehr zum Bw Kempten kamen, sondern dem Bw Oberlahnstein zugeteilt wurden, lief 23 001 von Dezember 1952 bis 11. 5. 1953 wieder beim Bw Kempten, bevor sie zum Bw Oberlahnstein kam.

23 001   8.12.1950–10. 2.1952 (z)
          29. 8.1952–11. 5.1953
23 002   25. 1.1951– . 2.1952 (z)
          . 8.1952–21. 5.1953
23 003   20.12.1950– . 2.1952 (z)
          . 8.1952–29. 1.1953
23 004   23.12.1950– . 2.1952 (z)
          . 8.1952–13. 2.1953
23 005   6. 1.1951– 1. 2.1952 (z)
          4. 8.1952– 1. 2.1953

Erhaltene 23
Veluwsche Stoomtrein Maatschappij (VSM), Apeldoorn

Nachdem im November 1975 die 94 1055 der VSM wegen Kesselschäden abgestellt und später in Apeldoorn verschrottet worden war, suchte die VSM nach einer Ersatzlok, um auch in der Sommersaison 1976 auf ihrer Museumsbahn Apeldoorn–Beekbergen–Dieren Dampfzüge fahren zu können. Daher kaufte ein Privatmann aus Apeldoorn am 23. 1. 1976 von der DB die im Bw Saarbrücken abgestellte 023 076, die er der VSM zur Verfügung stellte. Am 5. 2. 1976 wurde die Lok ins Bw Kornwestheim zum Abdrehen der Radreifen gebracht und verließ Kornwestheim am 13. 2. 1976 in Richtung Apeldoorn, wo sie am 19. 2. 1976 eintraf. Man konnte die Lok bereits im Mai 1976 in Betrieb nehmen. Sie lief zunächst auf der oben erwähnten Museumsstrecke der VSM. Im Mai 1976 kaufte die VSM von der Ruhrkohle AG deren beiden Loks D 725 (ex DB 80 036) und D 777. Nach ihrer Aufarbeitung wurde 23 076 daher hauptsächlich vor Eisenbahnfreunde-Sonderzügen auf den Hauptstrecken der NS eingesetzt.

1977 kaufte die VSM eine zweite Saarbrückener 023 – die 023 071, die als VSM 1 eingereiht wurde. An dieser Lok war nach ihrer Ausmusterung zunächst von verschiedenen Eisenbahnfreunden Interesse geäußert worden. Schließlich übernahm die VSM die Lok und überführte sie im Juni 1977 in die Niederlande. Auch die 23 071 wurde aufgearbeitet, so daß ab 1978 in den Niederlanden drei betriebsfähige 23 vorhanden waren: 23 071 und 076 bei der VSM und 23 023 bei der SSN.

Stoom Stichting Nederland (SSN), Rotterdam

Am 29. 1. 1976 erwarb die SSN von der DB die in Lehrte abgestellte 023 023-5. Am 12. 3. 1976 verließ die Lok das Bw Lehrte mit eigener Kraft, um nach Rheine zu fahren. Dort wurde die gleichfalls von der SSN erworbene 012 075-8 angehängt, die die 23 dann über Hengelo, Zutphen, Arnhem, Geldermalsen und Utrecht nach Rotterdam brachte. Beide Loks wurden in Rotterdam-Marconiplein vorläufig abgestellt. Dort wurde die 23 auch aufgearbeitet. Der Kessel wurde nach einer Druckprobe mit 21 atü bereits am 30. 8. 1976 vom »Dienst van het stoomwezen« (Überprüfungsverein für Dampfanlagen) und den »Nederlandse Spoorwegen (NS)« (Niederländische Eisenbahnen) abgenommen. Am 29. 4. 1977 nahm die NS dann auch die gesamte Lok ab. Bereits am folgenden Tag wurde sie nach einer ersten Probefahrt mit einigen Güterwagen im Rangierbahnhof Rotterdam Rechter Maasoever der Öffentlichkeit vorgestellt und eingesetzt. Noch im gleichen Jahr zogen die betriebsfähige 23 und die 01^{10} in ein richtiges Depot in Rotterdam-Crooswijk um. Inzwischen sind mit 051 255 am 7.12.1977, 042 105 am 8. 5. 1980 und 065 018 am 14.10.1981 noch drei weitere DB-Dampfloks in Rotterdam. Die 23 023 ist nach wie vor betriebsfähig und wird bei Bedarf vor Sonderzügen für Eisenbahnfreunde eingesetzt, wobei meist auch Strecken der NS befahren werden.

Die 23023 war auch die letzte 23, die bis zur Wiederinbetriebnahme der 23105 (s. u.) mit eigener Kraft über DB-Gleise fuhr: Am 10.9.1977 brachte sie einen Eisenbahnfreunde-Sonderzug von Den Haag CS über Utrecht, Geldermalsen, Arnhem, Zutphen, Hengelo und Bentheim nach Rheine zum dortigen Dampflokabschiedsfest. Dort traf am selben Tag auch noch 23076 der VSM mit einem Sonderzug Hoek van Holland–Rheine ein, den sie ab Apeldoorn bespannt hatte. Während 23076 noch am gleichen Abend in die Niederlande zurückkehrte, übernachtete 23023 im Bw Rheine und verließ die Bundesrepublik am 11.9.1977 als letzte betriebsfähige 23.

Deutsche Museumseisenbahn e.V., Darmstadt

Am 25.10.1975 traf aus Crailsheim die 023042 im Bw Darmstadt-Kranichstein, das von der Deutschen Museumseisenbahn gemietet ist, ein. Die Lok wurde aufgearbeitet und auf der Frankfurter Hafenbahn und der Kleinbahn Frankfurt–Königstein gelegentlich eingesetzt. Da die Deutsche Museumseisenbahn nicht über eine eigene Museumsstrecke verfügte und die Loks wegen des Dampflokverbotes nicht auf DB-Strecken eingesetzt werden durften, diente die 23042 nur als Demonstrationslok. Sie wurde lediglich auf dem Bw-Gelände in Darmstadt-Kranichstein eingesetzt, wo sich noch zahlreiche weitere Lokomotiven befinden.

Eurovapor, Zürich

Am 1.1.1976 erwarb die Eurovapor die Crailsheimer 023058. Die Lok blieb jedoch bis zum 27.7.1977 noch im Bw Crailsheim abgestellt. Erst am 27./28.7.1977 wurde sie als Güterzug-Mitläufer in die Schweiz überführt und anschließend in Wil (St. Gallen) aufgearbeitet. Bereits im Oktober 1977 wurde die 23058 von der SBB abgenommen. Am 23.10.1977 absolvierte sie ihre erste Sonderfahrt von Wil nach Konstanz und war danach noch auf der Mittel-Thurgau-Bahn, wo auch 052988 eingesetzt wurde, im Museumseinsatz zu finden. Jedoch schon nach kurzer Zeit wurde sie abgestellt und Anfang 1978 von Wil nach Sulgen (Thurgau) gebracht, wo sie im SBB-Schuppen von der Gruppe Bodensee der Eurovapor wieder aufgearbeitet wurde.

Denkmallokomotiven

Je eine 23 steht im Museum und auf dem Denkmalsockel. Die Museums-23 erwarb ein Privatmann für das Deutsche Dampflok-Museum (DDM) im ehemaligen Bw Neuenmarkt-Wirsberg. Am 15.6.1975 führte die 023019 zusammen mit 012061 Sonderfahrten für Eisenbahnfreunde auf der Schiefen Ebene durch und wurde noch am selben Tag z-gestellt und dem DDM übergeben. 023029 hatte nach ihrer Ausmusterung zunächst eine unsichere Zukunft, bis sie von einem Privatmann gekauft wurde. Nach fast zweijähriger Abstellzeit im Bw Crailsheim verließ sie am 22.9.1977 als allerletzte 023 ihre langjährige Heimat, um ins Bw Aalen überführt zu werden. Dort stand 23029 wieder über zwei Jahre. Erst in der ersten Jahreshälfte 1980 wurde die Lok im Schwäbischen Hüttenwerk in Wasseralfingen äußerlich aufgearbeitet, so daß man sie am 20.6.1980 vor dem Berufsschulzentrum Weidenfeld der Stadt Aalen als Denkmallok aufstellen konnte.

23105

Die letztgebaute Bundesbahndampflok hält in der Bundesrepublik betriebsfähig die Erinnerung an eine vergangene Epoche aufrecht. Nach ihrer Z-Stellung am 3.1.1972 war sie dem Bw Kaiserslautern zugeteilt worden, wo sie aufgearbeitet wurde. Anschließend wurde sie nach Neustadt/Weinstraße überführt, wo sie den Grundstock für die dortige Fahrzeugsammlung der Deutschen Gesellschaft für Eisenbahngeschichte bildete. Die Lok blieb bis 1983 als Leihgabe bei der DGEG, die sie bei verschiedenen Ausstellungen auch anderswo zeigte. Als eine der Maschinen, die von der Deutschen Bundesbahn für das 150 Jahre-Jubiläum im Jahr 1985 hauptuntersucht werden sollten, wurde 23105 bis zum Herbst 1984 in Kaiserslautern betriebsfähig hergerichtet.

177 Die 23071 der VSM zog am 7.9.1980 einen Sonderzug von Zwolle nach Groningen (bei Nieuwleusen).

BR 10 – die letzte Schnellzuglok entsteht

Die ersten Projekte

Ende 1949 machte sich das EZA Göttingen schon Gedanken über eine neue Schnellzug-Dampflok, die nach dem neuesten Stand der Technik gebaut werden sollte. Anlaß für diese Überlegungen waren die damalige Entwicklung des Schnellzugverkehrs in Richtung kleinerer Einheiten sowie der Doppelstockwagen. Als Ergebnis stellte das EZA Göttingen eine leichte 1'C1'h2-Schnellzuglok mit einem Dienstgewicht von 96 t vor: »Bei dem Entwurf einer Schnellzuglokomotive für die Beförderung kleiner Schnellzugeinheiten, etwa herunter bis zu 420 t, gingen wir nicht davon aus, die Lok nach einem bestimmten Betriebsprogramm auszulegen. Wir wollten vielmehr versuchen, unter dem Begriff ›leichte Schnellzuglok‹ eine Lokomotive zu entwickeln, bei der der durch Laufachsen nicht als Reibungsgewicht ausgenutzte Gewichtsanteil verkleinert wird, auf der anderen Seite bei einer angemessen verkleinerten, in ihrer spezifischen Leistungsfähigkeit aber gesteigerten Heizfläche für gesteigerte Anfahrbeschleunigung ein hohes Reibungsgewicht bereitgestellt wird. Unter Ausnutzung der Vorteile, die geschweißter Blechrahmen und vollständig geschweißter Kessel gewichtsmäßig bieten, gehen wir deshalb von der Achsanordnung 1'C1' aus. Nach den Belastungstabellen für 01, 01^{10}, 03 und 03^{10} sind nur die Dreizylinderloks gerade in der Lage, den 420-t-Zug mit 130 km/h auf 0‰ zu befördern, weil sie stromlinienförmig verkleidet sind. Die Dampfleistung der neuen Lok müßte also, wenn auf die Stromlinienverkleidung verzichtet wird, noch diejenige der 01 übersteigen, also rund 14 t Dampf/h erreichen. Gelingt es also, die Kesselgrenze auf 70 kg/m²h zu steigern, was unseres Erachtens bei Verwendung einer Verbrennungskammer möglich sein sollte, dann müßte ein Kessel mit 200 m² der Aufgabe genügen.«

Zu dieser Zeit lagen die Baureihen 23, 65 und 82 in ihren Grundzügen schon fest. Für die Überlegungen zur BR 10 konnten somit die schon recht weit gediehenen »Neuen Baugrundsätze« berücksichtigt werden. Daraufhin erging am 17. 4. 1950 ein Beschluß der HVB (Hauptverwaltung der DB in Offenbach) an das EZA Göttingen, den Entwurf einer 1'C1'h2-Schnellzuglok vorzulegen:

»Im Zuge der Auflockerung des Reisezugverkehrs durch den Einsatz von Dieseltriebwagen und die Vermehrung der Zahl der Reisezüge wird die Mehrzahl der Reisezüge allgemein kürzer, d. h. leichter werden. Die neuen Reisezugwagen werden durch die Anwendung neuer Leichtbauweisen ebenfalls zu einer Gewichtsverminderung der Reisezüge beitragen, die etwa zwischen 30–40% liegen wird. Schließlich wird die vermehrte Anwendung von Rollenlagern die Zugwiderstände verringern.

Wir ersuchen, eine für die Beförderung dieser leichteren Reisezugeinheiten geeignete Schnellzug-Kolbendampflok zu entwickeln. Mit Rücksicht darauf, daß die z. Z. im Schnellzugdienst mit Dampfloks zu erzielende Anfahrbeschleunigung und Geschwindigkeit auf Steigungen unbefriedigend ist, soll die Leistung der neuen Lok nicht zu knapp bemessen sein. Ein gewisser Leistungsüberschuß und nicht zu knappe Dimensionierung aller Bauteile wird sich außerdem auf die ›störungsfreie‹ Lokleistung günstig auswirken, die für die Wirtschaftlichkeit des Zugförderungsdienstes eine außerordentlich wichtige Rolle spielt.

Wir sehen deshalb davon ab, ein Leistungsprogramm für die neue Lok vorzuschreiben, sondern legen lediglich die Achsanordnung und den Achsdruck fest, in dessen Rahmen versucht werden muß, eine möglichst große Verdampfungsheizfläche mit hoher spezifischer Leistung unterzubringen. Die Lok ist als 1'C1'h2-Lok mit vierachsigem Tender für eine Höchstgeschwindigkeit von 130 km/h zu entwickeln.«

Weiterhin wurde gefordert:
– Prüfung der Laufeigenschaften bis zu 140 km/h,
– Wälzlagerung an allen Achs- und Stangenlagern,
– max. Achsdruck 20 t (bei Bedarf 22 t für die Kuppelachsen),
– Gewährleistung des Lastenzuges S (1950) bei Doppeltraktion dieser BR,
– Berücksichtigung der neuesten Erkenntnisse der SNCF bei der Durchbildung der Dampfwege und der Saugzuganlage,
– vollständige Schweißung von Kessel und Rahmen,
– Untersuchung der Verwendung von Leichtmetall für das Triebwerk,
– Speisewassermischvorwärmer.

Bereits am 2. 5. 1950 informierte das EZA Göttingen die Lokfabriken Henschel/Kassel, Krupp/Essen, Maschinenfabrik Esslingen und forderte Entwürfe an. Bis August 1950 lagen die Firmenentwürfe (außer von Krupp) beim EZA vor und wurden zusammen mit dem eigenen Vorschlag SK 7/7a am 5. 8. 1950 der HVB vorgestellt.

Zu den verschiedenen Entwürfen nahm das EZA Stellung: »Der Vorentwurf SK 7/7a und die Firmenentwürfe zeigen u. E., daß bei Anwendung der neuen Baugrundsätze mit einem 1'C1'-Laufwerk eine leistungsfähige Schnellzuglokomotive entwickelt werden kann, die einen 420-t-Zug mit 130 km/h sicher befördern kann. Zur Frage der zuzulassenden HG empfehlen wir als nicht zu überschreitende Drehzahl 340 U/min. Das entspricht dem vorgeschlagenen Raddurchmesser von 2000 mm. Lediglich eine fühlbare Herabsetzung der hin- und hergehenden Massen, also von Kolben, Kolbenstangen und Kreuzköpfen würde bei 140 km/h und Zweizylindertriebwerk noch eine tragbare Laufunruhe bringen. Wie die von Henschel durchgeführte Untersuchung über eine Leichtmetall-Treibstange zeigt, bringt dort das Leichtmetall keinen entscheidenden Gewinn, weil nur ein kleiner Anteil als hin- und hergehende Masse zu werten ist, der Ausgleich der umlaufenden Massen bei dem großen Raddurchmesser aber keine Schwierigkeiten macht. Technische Vorschläge für Kolben, Kolbenstangen und Kreuzköpfe aus Leichtmetall sind uns auf unsere Anfragen hin noch nicht zugegangen, da es wohl schwer möglich sein wird, für die auftretenden Temperaturen eine geeignete Leichtmetall-Legierung mit entsprechender Dauerwarmfestigkeit erhalten zu können. Im Hinblick auf die große Unsicherheit, die in der Verwendung von Leichtmetall im Triebwerk einer so hoch beanspruchten Lok steckt, können wir diesen Schritt nicht empfehlen. Soll die neue Lok dauernd mit 140 km/h gefahren werden, so empfehlen wir Vergrößerung des Raddurchmessers auf 2200 mm. Der dadurch entstehende Gewichtszuwachs würde die Erhöhung des Kuppelachsdruckes auf mindestens 21 t notwendig machen.« Zwischenzeitlich waren auch die beiden Krupp-Entwürfe Lp 17840a und Lp 17840b (mit Leichtbautriebwerk) am 22. 8. 1950 beim EZA eingetroffen.

Am 19. 9. 1950 forderte die Hauptverwaltung vom EZA einen neuen Entwurf an, bei dem die größtmögliche Verdampfungsheizfläche unter Berücksichtigung des Regellastzuges S (1950) installiert sein sollte. Dieser Vorentwurf SK 9 sah vor, daß die Verdampfungsheizfläche nunmehr 220,7 m² betrug, der Kuppelachsdruck 22 t. Durch Einbau eines Sieders (Bauart Witte) in die Feuerbüchse sollte das Verhältnis Feuerbüchsheizfläche/Rostfläche von 5 auf 6 steigen, was eine Dampferzeugung von 15,5 t Dampf/h ermöglichen sollte. Gegenüber dem EZA-Entwurf SK 7a nahm das Reibungsgewicht um 6 t auf 66 t zu.

Nachdem die HVB die verschiedenen Entwürfe überprüft hatte, erging am 19. 1. 1951 eine Verfügung, in der dem EZA-Entwurf SK 9 (jetzt BR 10 genannt) der Vorzug gegeben wurde: »Wir beabsichtigen, den Entwurf und die Ausführungszeichnungen für eine 1'C1'h2-Schnellzuglokomotive (Baureihe 10) nach dem vorgelegten Vorentwurf Fld 1.01 SK 9 aufstellen zu lassen.«

Alle Entwürfe haben die Grundbedingungen der »Neuen Baugrundsätze« gemeinsam. Die 1'C1'-Entwürfe von 1950 zeigen alle einen konischen, geschweißten Kessel mit Verbrennungskammer und den Mehrfachventil-Heißdampfregler mit Seitenzug. Alle Entwürfe sind für einen Blechrahmen durchgezeichnet. Die Möglichkeit von Wälzlagerung des Lauf- und Triebwerks ist vorgesehen. Alle Entwürfe zeigen den Aschkasten Bauart Stühren mit großen seitlichen Luftklappen. Gemeinsam haben sie auch, der vorgesehenen Verwendung entsprechend, eine für 1'C1'-Maschinen recht große Verdampfungsheizfläche. Der Tender ist bei allen Entwürfen geschweißt und hat einen selbsttragenden Aufbau.

Die Lokomotive sollte nach den Baugrundsätzen des neuen Typenprogramms für Einheitslokomotiven der Deutschen Bundesbahn entwickelt werden. Weitere Punkte waren:
– Feuerbüchs-Sieder Bauart Witte

– Berücksichtigung von Erfahrungen bei der BR 23 in bezug auf gute Sichtverhältnisse für das Lokpersonal trotz hoher Kessellage. Die HVB hatte allerdings noch große Zweifel daran, ob es möglich sein würde, 220 m² Verdampfungsheizfläche bei einer Lokomotive mit 104 t Dienstgewicht zu verwirklichen und forderte nochmals eine sorgfältige Untersuchung dieser Probleme. Außerdem sollten die Entwicklungskosten und die Frage der Wälzlager geklärt werden.

Am 19. 2. 1951 berichtete das EZA Minden, daß eine Verdampfungsheizfläche von 220 m² nur durch Einbau eines Feuerbüchs-Sieders zu erreichen sei. Dies hätten auch die Lokfabriken unabhängig vom EZA festgestellt. Man verwies auf die BR 23, wo das Verhältnis $\frac{H_v + H_ü}{GD}$ 2,72 betrug, während für das 10-Projekt ein

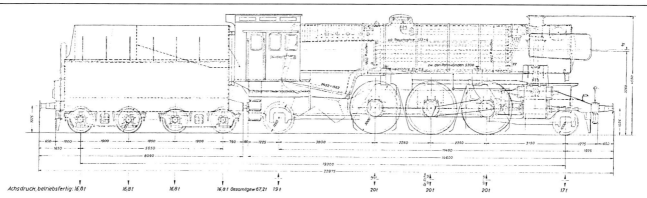

178 DB Entwurf Fld 1.01 SK 7. Eng lehnt sich das Projekt an die BR 23 an. Die Frontpartie ist gestaltet wie bei der BR 23, allerdings sind die Lampen unter die Rauchkammer geschraubt.
Der Kessel ist ebenfalls von der BR 23 entlehnt, hat denselben Durchmesser und wurde lediglich verlängert. Er weist die kleinste Heizfläche der verschiedenen 1'C1'-Projekte auf. Bemerkenswert ist die Lage des Dampfdoms: Er liegt direkt vor der Verbrennungskammer, also weit hinten. Sicher hätte diese Lage an der Stelle der intensivsten Verdampfung der Neigung zum Wasserüberreißen entgegengewirkt. Erstmals zeigt sie bei den 10-Entwürfen den Kranzschornstein. Ein Oberflächenvorwärmer ist vorgesehen. Wie bei allen 1'C1'-Entwürfen soll ein Blechrahmen verwendet werden. Die Steuerstange ist unterhalb des Umlaufblechs angeordnet. Das Führerhaus ist gegenüber der 23 vergrößert. Der Tender ist nur leicht modifiziert gegenüber dem 2'2'T31 der BR 23, der Werkzeugkasten befindet sich, wie bei den ersten 23-Entwürfen, noch hinter dem Tenderaufbau.

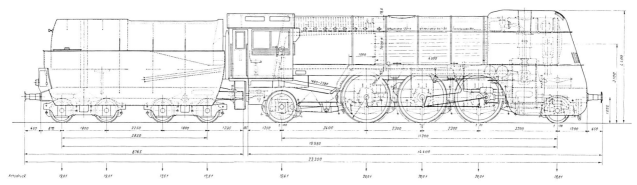

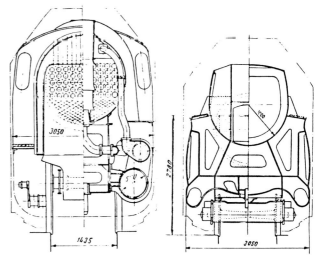

179 Krupp Lp 17840a und b. Die beiden Entwürfe unterscheiden sich nur durch die Verwendung von Leichtmetall bei der Konstruktion des Triebwerks. Bei der Ausführung mit Leichtmetall-Triebwerk konnte so der Achsdruck auf 20 t reduziert werden. Bisher war diese Möglichkeit aber nur theoretisch durchgerechnet worden, die fehlenden Erfahrungen verursachten eine einhellige Ablehnung.
Der Kessel hat keinen Dampfdom, sondern ein Dampfsammelrohr, das den Dampf oberhalb der Verbrennungskammer entnimmt. Anstelle des Dampfdoms ist nur eine flache Platte als Mannloch vorhanden. Die Verwendung des Dampfsammelrohrs wurde später bei der tatsächlichen BR 10 realisiert. Der Kessel weist eine sehr geringe Rohrlänge auf. Das Führerhaus weicht von den übrigen Projekten ab, es entspricht den Krupp-Projekten für die Reihen 23, 65 und 82.
Entsprechend der großen Geschwindigkeit, das Krupp-Projekt ist für 140 km/h durchkonstruiert, ist der Kolbenhub abweichend von den anderen Entwürfen auf 720 mm vergrößert.
Die Luftpumpe ist vorne unter der Stromlinienverkleidung angebracht. Es ist ein Oberflächenvorwärmer vorgesehen. Die Maschine hat eine leichte Stromlinienverkleidung. Das Vorderteil ist ähnlich den DR-Vorkriegsausführungen gestaltet. Im oberen Teil entspricht die Verkleidung dem Kesseldurchmesser, das Umlaufblech ist bis vorne begehbar. Die Kesselverkleidung endet an der vorderen Rohrwand. Der untere Teil ist hinter den Zylindern hochgezogen und läuft als schmale Schürze bis zum Führerhaus, das unverkleidet ist.
Der Tender ist in die Verkleidung nicht einbezogen. Er wurde aus dem Wannentender der BR 52 entwickelt, jedoch wurde im unteren Bereich eine zweite, mehrfach gewellte Wanne vorgesehen. Die so entstandene Konstruktion wirkt zwar wegen ihrer wellenförmigen Seitenwände recht eigenartig, weist aber eine sehr hohe Stabilität bei einem sehr geringen Eigengewicht auf. Bezogen auf das Eigengewicht hatte der Tender die größte Zuladung aller Tender, die nach dem Krieg neu projektiert wurden.

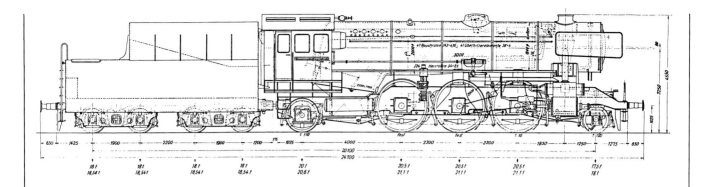

180 Henschel PI 1579a. Das Projekt weist äußerlich die größte Ähnlichkeit mit der BR 23 auf. Vorne ist allerdings, wie beim ersten Henschel-Entwurf für die BR 23, kein Umlaufblech vorgesehen, der Aufstieg zur Rauchkammer entspricht noch den Kriegslokomotiven. Die Lampen sind unter der Rauchkammer angebracht.
Der Dom liegt weit vorn, als wesentliches Baumerkmal ist außerdem der Mischvorwärmer Bauart Henschel MVR zu erwähnen. Die Steuerstange verläuft, wie bei den Vorkriegsausführungen, oberhalb des Umlaufblechs, die Lage des Hauptluftbehälters entspricht der BR 01.
Das Führerhaus ist mit eingezogenen Dachlüftern ausgerüstet (wie bei 23024 ff). Der Tender entspricht der Bauart mit innenliegender Wanne wie bei der 23, ist aber wesentlich größer ausgeführt.

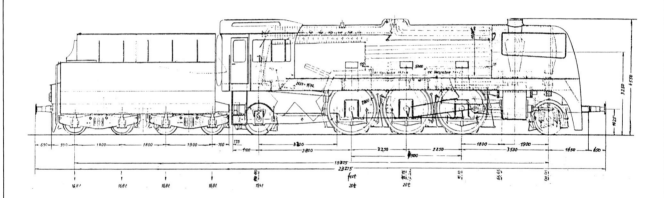

181 Esslingen L 2110. Ebenfalls eine leichte Stromlinienlok zeigt dieses Projekt. Bemerkenswert ist der sehr lange Rost (2650 mm) und die überlange Verbrennungskammer. Das Esslingen-Projekt weist den größten Anteil an Strahlungsheizfläche der 1'C1'-Vergleichstypen auf. Ein Oberflächenvorwärmer ist vorgesehen. Die Steuerstange ist unterhalb des Umlaufes angeordnet. Die Luftpumpe ist vorne unter der Stromlinienverkleidung neben der Rauchkammer angeordnet. Das Führerhaus ist nach vorne abgeschrägt und weist umlaufende Fenster und sehr große Frontfenster auf. Die vordere Laufachse ist mit 1250 mm Raddurchmesser sehr groß ausgeführt. Die nachlaufende Achse ist wegen der freien Ausbildung des Stehkessels in einem Außenrahmenlenkgestell nach amerikanischem Vorbild gelagert. Alle Kuppelräder werden beidseitig besandet. Die Verkleidung umschließt sehr steil nur die Front der Maschine, das Oberteil ist auf Kesselbreite ausgeführt. Degenkolb-Witte-Windleitbleche sind angebracht. Im unteren Teil ist die Verkleidung schon vor der vorderen Laufachse hochgezogen und geht als schmale Triebwerksschürze in die Windschneide des Führerhauses über. Der Tender ist von der BR 23 entlehnt und leicht abgewandelt. Er ist unverkleidet.

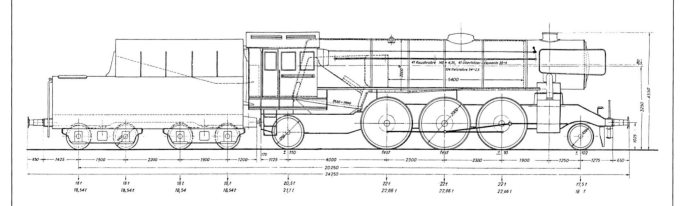

182 Henschel PI 1636. Das Projekt stellt eine Abwandlung des Henschel-Projektes PI 1579 dar. Die Maschine ist gegenüber dem Vorgängerprojekt um 150 mm länger geworden (das Führerhaus ist um 100 mm länger, der Abstand zwischen Zylindern und erster Kuppelachse ist um 50 mm größer geworden). Die Heizfläche des Kessels ist, hauptsächlich durch die Verlängerung der Rohre, vergrößert. In die Feuerbüchse ist ein Sieder eingebaut. Der Tender wurde unverändert vom Vorgängerprojekt übernommen. Mit ihrer Länge von 24250 mm ist die Lok die längste der 1'C1'-Entwürfe. Als erster Entwurf weist sie einen Achsdruck von 22 t auf.

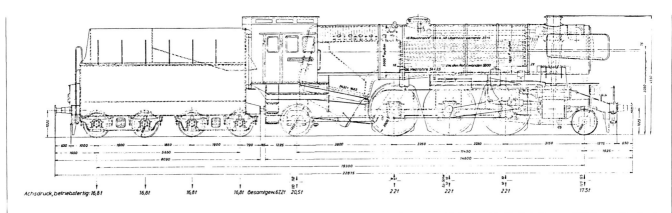

183 DB Fld 101 SK 9. Dieses Projekt stellt den vorläufigen Endstand der 10-Entwicklung dar: Nach Meinung der DB sollte dieser Vorentwurf als Grundlage der Konstruktion dienen. Tender, Lauf- und Triebwerk wurden vom ersten DB-Entwurf SK 7 übernommen. Der Kessel wurde in beiden Kümpelteilen um 100 mm weiter ausgeführt, durch Vergrößerung der Verbrennungskammer verkleinerte sich die Rohrlänge auf 5000 mm. Der Rost ist unverändert übernommen. Dieser Entwurf zeigt die größte Verdampfungsheizfläche aller 10-Vorentwürfe (auch der späteren 2'C1'-Entwürfe). In die Feuerbüchse ist ein zusätzlicher Sieder eingebaut. Der Tender entspricht dem Erstentwurf.

Die 10-Projekte im Vergleich

Abmessungen der Entwürfe in der Achsfolge 1'C1'

	Dimension	DB Fld 1.01 SK 7 v. 21.4.50	Krupp LP 17840a (unter Leichtmetallverwendung) v. 22.6.50	Krupp LP 17840b v. 22.6.50	Henschel Pl 1579a v. 24.6.50	Esslingen L 2110 v. 7.50	Henschel Pl 1636 v. 20.10.50	DB Fld 1.01 SK 9 v. 18.11.50
LOK								
Achsfolge		1'C1'h2	1'C1'h2	1'C1'h2	1'C1'h2	1'C1'h2	1'C1'h2	1'C1'h2
Zylinderdurchmesser	mm	600	570	570	600	600	620	620
Kolbenhub	mm	660	720	720	660	660	660	660
Treibraddurchmesser	mm	2000	2000	2000	2000	2000	2000	2000
Laufraddurchmesser vorn	mm	1000	1000	1000	1000	1250	1000	1000
Laufraddurchmesser hinten	mm	1250	1250	1250	1250	1250	1250	1250
Fester Achsstand	mm	2250	2300	2300	2300	2250	2300	2250
Gesamtachsstand	mm	11450	11200	11200	11700	11800	11750	11450
Dampfdruck	kg/cm^2	16	18	18	16	16	16	16
Rostfläche	m^2	3,8	4,0	4,0	4,0	4,01	4,3	4,04
Rohrlänge	mm	5300	4500	4500	5000	5000	5400	5000
Heizfläche der Feuerbüchse H_{vs}	m^2	19,09	22,7	22,7	21,4	22,5	24	24,24
Heizfläche der Rauchrohre H_{Rr}	m^2	83,21	88,3	88,3	86,6	87,0	93,4	91,84
Heizfläche der Heizrohre H_{Hr}	m^2	88,80	104,4	104,4	95,4	85,0	102,8	104,62
Verdampfungsheizfläche gesamt feuerberührt	m^2	191,10	215,4	215,4	203,4	194,5	220,2	220,7
Heizflächenverhältnis $H_{Hs} : H_{Hr} + H_{Rr}$		9,0	8,49	8,49	8,45	7,65	8,18	8,08
Heizfläche des Überhitzers fb.	m^2	95,45	92,4	92,4	86,9	83,2	92,2	86,05
Wasserrauminhalt (125 mm über Feuerbüchsdecke)	m^3	8,9	9,0	9,0	9,7	8,41	10,2	10,2
Dampfrauminhalt (125 mm über Feuerbüchsdecke)	m^3	4,1	4,52	4,52	4,2	4,1	4,45	3,5
Verdampfungsoberfläche	m^2	13,3	14,0	14,0	13,8	13,0	14,4	13,1
Leergewicht	kg	85800	87800	93400	88000	87250	92400	92400
Dienstgewicht	kg	96000	97600	103200	99000	96250	104000	104000
Reibungsgewicht	kg	60000	60000	64200	61500	60000	66000	66000
Zulässige Höchstgeschwindigkeit	km/h	130/80	140/80	140/80	130/80	140/80	130/80	130/80
Metergewicht für Lok und Tender	t/m	7,13	7,31	7,55	7,12	7,09	7,25	7,48
Größter Achsdruck	kg	20	20	21,4	21,1	20	22	22
TENDER								
Raddurchmesser	mm	1000	1000	1000	1000	1000	1000	1000
Achsstand der Drehgestelle	mm	1900	1800	1800	1900	1900	1900	1900
Gesamtachsstand	mm	5650	5850	5850	6000	5600	6000	5650
Drehzapfenabstand	mm	3750	4050	4050	4100	3700	4100	3750
Wasservorrat	m^3	35	40,0	40,0	36	35	36	35
Kohlenvorrat	t	8	9,0	9,0	10	8	10	8
Leergewicht	kg	24200	24000	24000	26000	24200	26000	24200
Dienstgewicht	kg	67200	73000	73000	72000	67200	72000	67200

Wert von 2,95 errechnet wurde. Gegen die Verwendung von Wälzlagern bestanden keine Bedenken.

Offen war nach wie vor die Frage der Entwicklungskosten, weil noch nicht geklärt war, ob der Entwurf durch eine einzelne Firma, eine Arbeitsgemeinschaft oder ein Gemeinschaftsbüro aller Lokbauanstalten bearbeitet werden sollte. Interessant war schließlich eine Bemerkung des EZA: »Wir haben zunächst die Vereinigung der Lokfabriken um Vorschläge ersucht. Wie wir erfahren haben, beansprucht die Firma Krupp innerhalb der Vereinigung die Entwicklung der Lok. Nach den bisher mit den Konstruktionen dieser Firma gewonnenen Erfahrungen müßten wir einen solchen Vorschlag ablehnen!«

Gemeint war hier wohl hauptsächlich die verunglückte 06-Entwicklung der Firma Krupp rund 13 Jahre vorher. Allerdings hatte sich die Entwicklungsfirma die bei jener Baureihe gemachten Fehler wohl nur zum Teil vorzuwerfen.

Zweiter Entwurf 1952

Nachdem die BR 10 wegen des Entwicklungskosten-Voranschlages vorläufig auf Eis gelegt war, entschied die HVB am 23. 11. 1951, daß sie als erste Baureihe des neuen Gemeinschaftsbüros der deutschen Lokbauanstalten zu entwickeln sei. Dabei wurde empfohlen, daß die neue BR 10 eine Dreizylinderlok mit 140 km/h Höchstgeschwindigkeit und 2000 mm Raddurchmesser sowie mit einer Dampferzeugung von rund 15 t/h sein sollte.

In einem Rundschreiben an die Lokfabriken wurden die Fabriken aufgefordert, bis Anfang Mai 1952, zur 9. Beratung des FA, eigene Projekte vorzulegen. Folgende Richtlinien waren dabei zu beachten: Höchste Wirtschaftlichkeit in Hinblick auf:
– Druck, Temperatur, Dehnung des Dampfes
– Ausbildung der Indikatordiagramme
– geringste Drosselung in Dampfleitungen und Kanälen
– bessere Luftverteilung unter dem Rost
– hohe Blasrohrwirkung
– geringer Lauf- und Triebwerkwiderstand
– geringes Gewicht je Leistungseinheit
– hohes Beschleunigungsvermögen
– größte Laufruhe
– möglichst 2'C1'-Lok (wegen 140 km/h), Untersuchung der 1'C1'-Lok-Variante jedoch möglich und wünschenswert
– 200 m² Verdampfungsheizfläche bei entsprechend großem Strahlungsheizflächenanteil
– Kesseldruck bis zu 20 kg/cm²
– mindestens 420°C Dampftemperatur am Schieberkasten
– Untersuchung, ob bei höheren Dampfdrücken die Vierzylinder-Verbundmaschine wirtschaftlicher sei
– Untersuchung der Langhubsteuerung
– Rollenlager an Achsen und Stangen

Größte Aufmerksamkeit galt der äußeren Linienführung und evtl. Teilverkleidung.

Keine genauen Forderungen wurden zu folgenden Baugruppen und Teilaspekten aufgestellt:
– Speisewasservorwärmer-Bauart (MV Henschel, Heinl, Knorr, FC Rauchgasvorwärmer kombiniert mit Abdampfvorwärmer)
– Art der Saugzuganlage (normales Blasrohr, Kylchap, Turbogebläse)
– Zylinderzahl (2, 3 oder 4)
– bei 3 oder 4 Zylindern Zwillings- oder Verbund-Verfahren.

Zu Beginn der 9. Fachausschußsitzung am 5. 5. 1952 in Neustadt/Weinstraße erläuterte APr Witte die wesentlichen Probleme, die es inzwischen mit der BR 10 gab:

»Hauptproblem war unter den Konstrukteuren die Achsanordnung. Solange es sich darum handelte, eine leichte Schnellzuglok mit höchstens 190 m² Heizfläche und 130 km/h HG zu schaffen, war es noch möglich und vertretbar, eine 1'C1'-Achsanordnung vorzusehen. Dabei mußten allerdings die bekannten Nachteile des Krauß-Gestells behoben werden (ähnlich BR 66 und 83). (Witte spricht hier die Neigung zu einseitigem Anlaufen der vorderen Lenkgestelle bei den ersten Serien von 23 und 65 an, die erst mit der Vergabe 1953 durch zusätzliche Rückstellfedern beseitigt werden konnten. d.Verf.). Nachdem die Höchstgeschwindigkeit von der HVB auf 140 km/h gesteigert worden war, mußte das Zweizylinder-Triebwerk automatisch entfallen, wenn man am Raddurchmesser von 2000 mm festhalten wollte. Ein Dreizylindertriebwerk (wie im Typenplan empfohlen) bedingte aber fast zwangsläufig wegen des hohen Gewichts der Zylindergruppe die Achsfolge 2'C1', so daß sich die Frage stellte, ob es überhaupt noch gerechtfertigt war, neben der 01^{10} eine neue Type dieser Art zu schaffen. Das Hauptinteresse galt nun verstärkt der Verwirklichung der neuen Baugrundsätze im Dampflokomotivenbau:
– Einfachheit
– Niedrige Beschaffungskosten
– Niedrige Erhaltungskosten
– Niedrige Betriebskosten
– Hohe Verschleißfestigkeit
– Unempfindlichkeit: gegen Schwankungen der Kohlenqualität, Bedienungsfehler, in der Konstruktion
– Eignung für lange Durchläufe
– Hohe Leistungsausbeute je t Konstruktionsgewicht
– Hohe Wärmewirtschaft – hoher Kesseldruck, hohe Überhitzung, geringer Druckabfall vom Kessel zu Zylindern, höchste Dampfausnutzung, hohe Abwärmeverwertung
– Gute Zugänglichkeit zu allen Teilen
– Große Laufruhe
– Gute Bogenlaufeigenschaften
– Einhaltung der Normen
– Gute Eignung für vielseitige Betriebsaufgaben
– Äußerste Typenbeschränkung
– Möglichst kleiner Kessel und Rost für jeweilige Betriebsaufgabe
– Keine Überbeanspruchungen
– Große Vorräte
– Soziale Ausstattung.«

Die BR 10 sollte bereits nach den Vorstellungen des Ausschusses im Oktober 1951 das Paradebeispiel für diese neuen Prinzipien geworden sein. Schließlich beklagte Witte die nach seiner Meinung etwas schleppende Ausführung der neuen Konstruktionsmerkmale der DB-Einheitslok in der Praxis:

»Unter den aufgezählten Punkten sind viele, die natürliche Zielsetzungen für den Konstrukteur schon von Haus aus sind. Es sind aber auch eine ganze Reihe Programmpunkte dabei, die sich gegenseitig mehr oder weniger ausschließen und eine große Unsicherheit in die Entwicklung hineingetragen haben und letzten Endes Schuld sind, wenn die Entwicklung, die mit den drei ersten Baureihen 23, 65 und 82 einsetzte, so gut wie zum Stillstand gekommen ist. Es muß, so bedauerlich das ist, diese Tatsache herausgestellt werden.

Wenn für eine neu zu entwickelnde Lokomotive oder das Typenprogramm einer ganzen Lokomotivreihe die Betriebsaufgaben und damit das Leistungsprogramm vom Betrieb nicht klar umrissen werden können – was natürlich um so schwerer wird, je mehr man sich in der Typenzahl beschränken will –, dann läuft von vornherein der Konstrukteur Gefahr, in den leeren Raum hinein entwickeln zu müssen. Wenn seitens des Betriebes im Verlauf einer Entwicklung z. B. plötzlich erkannt wird, daß bei Tenderloks die Unterbringung großer Vorräte vor einer ganzen Reihe von anderen Punkten der Baugrundsätze rangiert, dann folgen hieraus Einbrüche in die Konstruktion, die die Entwicklung um Jahre zurückwerfen. Es sei hier nur an das Beispiel der Reihen 66 und 83 erinnert.

Es besteht nun die gleiche Gefahr in voller Größe für die hier zur Erörterung stehende Lok BR 10. Die dem Ausschuß vorliegenden Entwürfe von der 1'C1'h2 zur 2'C1'h3 und schließlich zur 2'C1'h4v zeigen die Unsicherheit in der Auffassung in ganzer Größe auf. Vom EZA Minden ursprünglich als leichte einfache Schnellzuglokomotive geplant und vorgeschlagen, ist im Laufe der Zeit hieraus eine Maschine geworden, die die Leistungsfähigkeit der 01 und 01^{10} übersteigt, also für Aufgaben, für die diese letzteren Loks heute schon zu groß sind, nicht recht geeignet sein dürfte. Es sei in diesem Zusammenhang nur an die Erfahrungen mit der neuen Lok BR 23 erinnert, für die dem Konstrukteur überhaupt kein eindeutiges Betriebsprogramm gegeben wurde. Trotz vorsichtigsten Vorgehens in der Auslegung der Leistung ist diese Lok heute dem Betrieb zu groß, und es wird nach einer Lok gerufen, die letzten Endes kleiner ist als die ursprünglich zu ersetzende Bauart. Es ist das die natürliche Folge, wenn man bei der Aufstellung eines Typenprogramms bezüglich der Einschränkung der Zahl der Typen den Bogen überspannt, und das ist, vom Standpunkt des Konstrukteurs aus gesehen, heute der Fall. Einschränkung der Typen drängt die Entwicklung automatisch in Richtung der Lok, die die größte anfallende Leistung bewältigen kann. Man darf sich dann aber nicht wundern, wenn solche Loks für den Durchschnitt und kleine Leistungen zu groß sind, was nicht besagt, daß sie deshalb etwa unwirtschaftlich sind. Vgl. auch die Entwicklung der Lok 01 und 03, der 01^{10} und 03^{10}. So geht es auch mit der BR 10. Für den Konstrukteur besteht kein Zweifel, daß die Entwicklung hier genau den gleichen Weg geht wie bei den übrigen Lok-Typen. Bei dem heutigen Alter unserer ›neuen‹ Schnellzuglokomotiven 01 und 01^{10} besteht nach Auffassung des Konstrukteurs zweifellos, vom wirtschaftlichen Standpunkt wie dem der Betriebssicherheit aus gesehen, das Bedürfnis für eine moderne Schnellzuglokomotive gleicher Leistung, die z. B. unter Betonung des Überwiegens thermischer Gesichtspunkte und unter Zurückstellung der Forderungen nach größter Einfachheit, geringstem Aufwand, niedrigsten Kosten dem Höchststand technischer Entwicklung entsprechen kann. Ebenso besteht aber nach Auffassung des Konstrukteurs die gleiche Notwendigkeit, eine wesentlich leichtere und einfachere Schnellzuglokomotive vorzuhalten.« (Etwa doch eine 1'C1'h2?)

Aus der Fülle der Vorschläge, die dem Lokausschuß auf seiner 9. Sitzung vorlagen, gab man der Drei-Zylinderverbund-Variante die geringste Chance und empfahl lieber gleich vier Zylinder, wenn überhaupt an die Verbundwirkung gedacht werden sollte. Die Projekte mit Langhubsteuerung sollten nur weiter verfolgt werden, wenn dadurch erhebliche thermische Vorteile zu erwarten wären. Der größte Nachteil einer solchen Steuerung war die Abweichung von der bisherigen Norm. Schließlich blieben eigentlich nur noch die 2'C1-Varianten mit 20 atü Kesseldruck und Vierzylinder-Verbundwirkung sowie die Dreizylinderlok mit einfacher Dampfdehnung und normalem Kesseldruck von 16 bis 18 atü in der Diskussion. Ganz aufgeben wollte man aber eine 1'C1'h2-Schnellzuglok doch noch nicht und empfahl, eine solche mit ins Typenprogramm aufzunehmen.

Der nächste Tagesordnungspunkt war die Beurteilung der zwölf Entwürfe vom Betriebsmaschinendienst (BeMa-Dienst) aus. Aus der zugförderungstechnischen Untersuchung folgte, daß die BR 10 in der Leistung wesentlich höher auszulegen war als die BR 01 und 03 sowie 01^{10} und 03^{10}. Als Begründung wird ausgeführt: »Während die BR 03 sowohl als Zwilling wie als Drilling bei leichten F-Zügen (3–5 Wagen) und bei weitem noch nicht voll ausgenutzten Streckenhöchstgeschwindigkeiten – vor allem in Steigungen – bereits am Ende ihrer derzeitigen Leistungsfähigkeit ist, läßt die BR 01 Zwilling wesentlich höhere Dauergeschwindigkeiten als 100 km/h wegen der beginnenden Laufunruhe nicht zu. Die BR 01 Drilling befriedigt zwar hinsichtlich der Laufruhe, steigt bei Schnellfahrten jedoch zu rasch im Kohleverbrauch an und ihre Leistung fällt bei höheren Geschwindigkeiten (über etwa 110 km/h) stark ab. Es ist demnach folgerichtig, die BR 10 hinsichtlich ihrer Leistung höher auszulegen, damit die streckenmäßig möglichen Geschwindigkeiten sicher und ohne Überbeanspruchung des Lokpersonals ausgefahren werden können.«

Die Forderung nach großer Anfahrbeschleunigung würde zwar durch Anhebung des Reibungsgewichtes auf 3×22 t berücksichtigt, allerdings verwies man zugleich auf die Tatsache, daß die wegen ihrer hohen Anfahrbeschleunigung bekannten SNCF-Lok meist Vierkuppler mit 77 bis 84 t Reibungsgewicht seien. Die Entwürfe sahen eine Rostfläche von etwa 4 m^2 und eine Belastung von 450 kg/m^{2}h vor, was etwa einer stündlichen Kohlenmenge von 1800 bis 1900 kg entspricht. Sollte allerdings die Heizflächenbelastung – wie bei Versuchen mit der BR 23 schon erreicht – auf 85 kg/m^{2}h steigen, so wurde dringend der Einbau einer mechanischen Feuerung (Stoker) oder Ölzusatzfeuerung zur Entlastung des Heizers empfohlen. Dabei stand auch die Sicherheit der Signal- und Streckenbeobachtung durch Lokführer *und* Heizer gerade bei schnellfahrenden Loks mit hochliegendem Kessel im Vordergrund. Probefahrten mit den Baureihen 44 und 45 – jeweils mit und ohne Benutzung des Stokers – hatten kurz vorher eindrucksvoll deutlich gemacht, daß bei Höchstleistungen das Spitzhalten des Kesseldrucks ohne Überforderung des Personals nur durch die mechanische Feuerung möglich war. Die Streckenbeobachtung auch durch den Heizer wäre bei manueller Feuerung bei der geforderten 10-Leistung nicht mehr gewährleistet gewesen.

Zur Wahl der Dampfdehnung und des Kesseldruckes führte der BeMa-Dienst aus, daß fünf der zwölf Vorschläge einen Druck von 20 atü aufwiesen, was eine Kohle-Ersparnis von mindestens 6% zur Folge hätte. Einer Verbrennungskammer zur Vergrößerung der Strahlungsheizfläche wurde eindeutig der Vorzug gegeben vor Experimenten mit Siedern, Wasserkammern und anderen neuartigen Kesselelementen. Bei den Verbundmaschinen entschied sich der BeMa-Dienst ebenfalls für die Vierzylinder-Anordnung, weil man mit der Dreizylinder-Verbundmaschine zu wenig Erfahrungen habe (!) und außerdem der Drilling etwa 6,5% mehr Dampf verbrauche, womit die Einsparungen durch erhöhten Kesseldruck wieder aufgezehrt würden. Zur Frage des Kolbenhubs empfahl man 720 mm (statt 660 mm der DRB-Einheitsloks), um die Beschleunigung und Geschwindigkeiten auf Steigungen zu verbessern. Der spätere Einbau eines Kylchap-Blasrohres wurde vorgesehen, nachdem man bei der SNCF sehr gute Erfahrungen damit gesammelt hatte. Die Erprobung sollte jedoch an einer anderen Baureihe mit bekannter Charakteristik der Saugzuganlage durchgeführt werden (das geschah dann auch ein Jahr später bei 23024). Das Turbogebläse wurde abgelehnt. Dem Barrenrahmen gab man den Vorzug gegenüber dem geschweißten Blechrahmen, denn z. B. bei einem Vierzylinder-Verbundtriebwerk sei die gute Zugänglichkeit wichtiger als die sture Einhaltung eines der neuen Konstruktionsprinzipien. Den Einbau von relativ schweren Wälzlagern glaubte man bei einer Vierzylinderlok besser durchführen zu können als bei der Dreizylindervariante, weil der Massenausgleich dort besser sei. Als Voraussetzung für die Anwendung von Wälzlagern an den Achsen wurden angeschweißte Achslagergleitplatten angesehen. Als Speisewasservorwärmer wurde der Einbau eines Mischvorwärmers vorgesehen, wenn die Betriebssicherheit und die Lizenzfragen geklärt seien. Als Alternative galt nur der bewährte Oberflächenvorwärmer, weil der FC-Rauchgasvorwärmer wegen der Beeinträchtigung der Sichtverhältnisse und seines erheblichen Mehrgewichtes für eine Schnellzuglok abgelehnt wurde. Zu den Unterhaltungskosten wagte man wegen Fehlens ausreichender Statistiken keine Aussage. Schließlich sollte die neue BR 10 aus der Sicht des BeMa-Dienstes eine windschlüpfige Ausführung des vorderen Teils der Lok erhalten, wobei aber das Außen- und Innentriebwerk ohne Abnehmen von Blechen frei zugänglich bleiben sollte. Dazu gehörte eine gewölbte Ausführung der Rauchkammertür, ein strömungstechnisch günstiger Anschluß der Rauchkammerunterkante und des Seitenumlaufes an die Pufferbohle, Windschürze unter der Pufferbohle, Windleitbleche im Tragflügelprofil und gegebenenfalls schräge Ausführung der Führerhausvorderwandteile, soweit sie über den Umriß des Kessels hinausragen.

Abschließend faßte Dipl.-Ing. Alsfaßer (BD Wuppertal) als Vertreter des BeMa-Dienstes zusammen: »Nach vorstehenden Ausführungen scheiden aus den vorliegenden zwölf Entwürfen die mit der Achsanordnung 1'C1' und der Drillingsentwurf aus. Die verbleibenden fünf Firmenentwürfe, je einer von Krupp, Henschel, Esslingen, Krauß-Maffei und Jung sehen einen rund 200-m^2-Kessel vor, der aber besser wohl 215 m^2 haben sollte. Nur der Henschel-Entwurf 1838 wendet das volle Reibungsgewicht von 66 t an. Die Feuerbüchsheizflächen bewegen sich zwischen 22 und 25,9 m^2, die Rostflächen liegen zwischen 4,0 und 4,32 m^2 und die Überhitzerheizflächen zwischen 91,5 und 96,8 m^2. Aus den Verhältniszahlen ist zu sehen, daß die Erfahrungen aus dem Kessel mit strahlungsbetonter Heizfläche sich allgemein durchgesetzt haben. Krupp, Henschel und Krauß-Maffei gehen bei den Zylinderabmessungen auch vom Einheitshub 660 mm ab und projektieren 700 bzw. 720 mm wenigstens für den ND-Zylinder. Dabei erreicht Krupp die größte Schluckfähigkeit der Zylinder mit 2,60 dm^3/m^2, würde also am ehesten ein größeres Dampfangebot seitens des Kessels wirtschaftlich verarbeiten können. Allerdings scheint der ND-Anteil mit 1:2,88 zu groß zu sein.

Ich schlage den Bau von zwei S-Lok BR 10 mit folgenden ungefähren Daten vor: Achsanordnung 2'C1', 22 t Achsdruck, 2000 mm Treibraddurchmesser, 4 m^2 Rostfläche, 215 m^2 Heizfläche), 420°C Überhitzung. Die BR 10 soll 20 atü Kesseldruck haben und als Vierzylinderverbundlok mit Barrenrahmen und

Wälzlagern gebaut werden. Zur Schonung des Heizers und Erhöhung der Betriebssicherheit durch bessere Beteiligung des Heizers an der Signalbeobachtung bei höheren Geschwindigkeiten sollte die BR 10 mit einer mechanischen Feuerung oder mit Ölzusatzfeuerung ausgerüstet werden.«

Als nächster nahm RD Rabus als Vertreter des Werkstättendienstes zu den BR 10-Entwürfen Stellung. Für ihn war die wichtigste Frage, ob die Dampfdehnung in 1 oder 2 Stufen durchgeführt werden sollte, also die Frage nach der Verbundwirkung. Die zweistufige Dampfdehnung sei nur vertretbar, wenn die erzielba-

ren Brennstoffgewinne nicht durch erhöhte Ausbesserungskosten wieder aufgezehrt würden. Durch Kalkulation bei den Baureihen 44 und 18[5], die nur die Planausbesserungen im EAW und Bw an den zum Innentriebwerk gehörenden Teilen betrafen (Innenzylinder, Innenschieber, innere Treibstangen, innere Steuerung, Treibschenkel und Schwingenkurbelschenkel, Innenbeleuchtung, Schmiereinrichtungen), ergab sich ein Anteil von 7,4% bzw. 8,4% an den gesamten Erhaltungskosten. Da aber bei Mehrzylindertriebwerken die Außentriebwerke wegen der geringeren Beanspruchung entsprechend kleiner bemessen werden, gehen diese

Im zweiten Ansatz wurden 1952 die Angebote über 2'C1'-Schnellzuglokomotiven eingeholt. Nach den guten Erfahrungen mit den Verdampfungsleistungen der BR 23 war man inzwischen zu der Erkenntnis gekommen, daß bei der hohen möglichen Heizflächenbelastung die 23 noch kleiner hätte ausfallen können. So zeigen auch die 2'C1'-Entwürfe für die BR 10 alle gemeinsam eine gegenüber den zwei Jahre älteren 1'C1'-Entwürfen stark reduzierte Verdampfungsheizfläche: Der zunächst favorisierte Entwurf SK 9 war in seinen Heizflächenabmessungen größer gewesen als alle nachfolgenden 2'C1'-Entwürfe.

Wie auch die 1'C1'-Entwürfe zeigen die neueren Zeichnungen die charakteristischen Merkmale der Neubaudampflokomotiven: Alle haben den geschweißten Kessel mit Verbrennungskammer, teilweise ergänzt durch einen Feuerbüchssieder. Alle Kessel, außer dem von Krauß-Maffei, sind konisch, alle zeigen den Mehrfachventil-Heißdampfregler mit Seitenzug. Ebenfalls ist die Wälzlagerung des Lauf- und Triebwerkes bei allen Bauarten vorgesehen. Der Tender ist nach den Erfahrungen bei der BR 23 geschweißt und selbsttragend, bis auf den Krauß-Maffei-Entwurf, der den alten Vorkriegs-2'2'T34 aufweist.

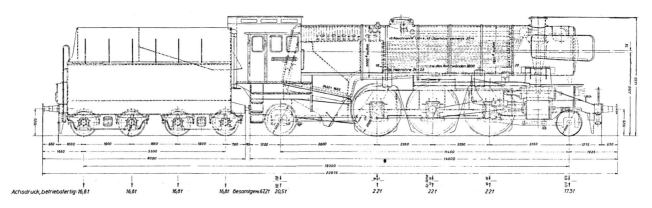

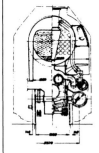

184 DB Fld 1.01 SK 19. Als einziger der 2'C1'-Entwürfe zeigt die Maschine ein Dreizylinder-Triebwerk. Die Außenzylinder arbeiten auf die zweite Kuppelachse, der Mittelzylinder treibt, wie bei der BR 01[10] und später der tatsächlichen 10, die erste Kuppelachse an. Der Kessel weist den schon beim 1'C1'-Projekt SK 9 vorgesehenen Feuerbüchssieder auf. An ihre Konstruktion lehnt sich der Kessel auch an, besitzt aber eine kleinere Heizfläche und einen kleineren Durchmesser. Der Dom ist ebenfalls sehr weit nach hinten gerückt. Es ist ein Oberflächenvorwärmer vorgesehen. Als einziger bei den 2'C1'-Projekten weist dieser Kessel einen Druck von nur 16 kg/cm² auf. Der Kessel ist auch für die BR 01[10] verwendbar. Die Maschine besitzt einen Barrenrahmen. Die Frontpartie orientiert sich an der BR 23.

Der Tender orientiert sich ebenfalls an der Ausführung für die BR 23. Er erscheint für die angestrebten Laufleistungen sehr klein.

185 Esslingen L 2527. Die Maschine soll nach der Zeichnung einen üblichen Neubaukessel mit Oberflächenvorwärmer besitzen. Alle vier Zylinder der Verbund-Dampfmaschine arbeiten auf die zweite Kuppe-

lachse. Die Schleppachse läuft in einem Außenrahmendrehgestell. Der Sandkasten ist auf dem Kesselscheitel angeordnet. Die Maschine hat keine Stromlinienverkleidung, sondern nur einige windschnittige Verkleidungselemente. Als einzige der 2'C1'-Typen hat die Maschine einen Blechrahmen. Von der vorderen Pufferbohle aus über die Innenzylinder nach hinten geht eine windschnittige Schale, die das Triebwerk freiläßt und nur eine Schürze andeutet. Unter dem Führerhaus ist das Seitenblech wieder heruntergezogen und deckt auch die Aufstiegsleitern ab. Das Umlaufblech ist nach Vorbild der württembergischen Klasse C (DRB BR 18[1]) sehr tief angesetzt, die Kuppelräder besitzen oberhalb des Umlaufblechs noch Radkästen. Der Kessel liegt über dem Umlaufblech mit freier Durchsicht. Er ist unverkleidet und weist nur eine stark abgerundete Rauchkammertür nach amerikanischem Vorbild auf. Das Führerhaus ist mit einer Windschneide und umlaufenden Fenstern ausgerüstet. Der Tender ist in die Verkleidung mit einbezogen, er zeigt ansonsten die Baumerkmale des 23-Tenders. Insgesamt orientiert sich die Maschine sehr stark am Zeitgeschmack mit weichen gerundeten Formen, verleugnet aber nicht die gewollte Anlehnung an die frühere gelungene württembergische Loktype.

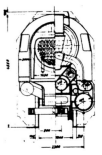

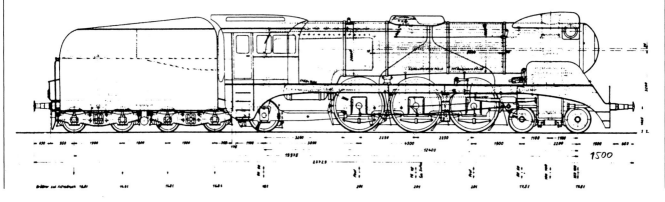

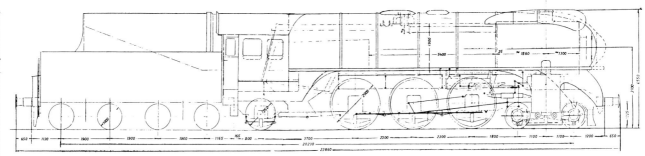

186 Krauss-Maffei A 1849. Von den anderen Projekten weicht das KM-Projekt recht weitgehend ab. Der Kessel ist sehr stark an amerikanischen und bayerischen Bauprinzipien orientiert. Bemerkenswert ist die tiefe Kessellage. Der Stehkessel ist sehr breit ausgeführt, zwar besitzt der Kessel eine Verbrennungskammer, auf eine konische Erweiterung, die dem Wasserzufluß dient, hat man aber verzichtet. Der Kessel zeigt somit als einziger Kessel der verschiedenen 10-Entwürfe einen zylindrischen Mantel. Auch der Aschkasten ist nach bayerischem Vorbild ausgeführt (S3/6-Aschkasten). Der Sandkasten ist auf dem Kesselscheitel angeordnet.

Alle vier Zylinder der Vierzylinderverbundmaschine treiben die zweite Kuppelachse an. Die Innenzylinder sind so hoch angeordnet, daß sie auf dem Barrenrahmen liegen.

Die Maschine ist mit einer leichten Stromlinienverkleidung ausgerüstet. Es werden zwei Verkleidungsvarianten zur Auswahl gestellt. Beide zeigen starke amerikanische Einflüsse. Variation 1 hat unterhalb des Umlaufblechs vorne nur eine kleine Schürze, die über der ersten Laufachse hochgezogen und dann noch einmal über die Zylinder abgesenkt wird. An der Rauchkammerrohrwand endet die Verkleidung und geht in das normale Umlaufblech über. Seitlich am Aschkasten ist das Verkleidungsblech dann wie bei der späteren BR 10 heruntergezogen. Der tiefliegende Kessel ist mit einer obenliegenden hohen Verkleidung versehen, die Schornstein, Dom und Sandkasten glatt abschließt. Die erste Variation zeigt eine stark gerundete Rauchkammervorderfront mit einer sehr kleinen Tür. Schmale sichelförmige Windleitbleche auf dem Rauchkammerscheitel vervollständigen die Ausstattung. Die Variation 2 besitzt demgegenüber eine stärker zugespitzte Rauchkammertürverkleidung, die nach hinten glatt den Schornstein abdeckt. Unter dem Umlaufblech vorne ist die Schürze größer ausgeführt, deckt die Zylinder halb ab und endet in Zylindermitte oben am Umlaufblech.

Als Tender ist der 2'2'T34 vorgesehen, der aber als Vorkriegskonstruktion mit schlechtem Gewichts-/Nutzenverhältnis chancenlos war.

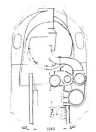

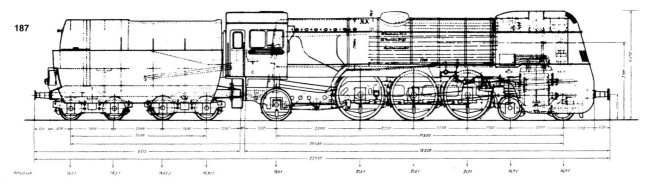

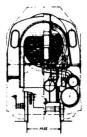

187 Krupp Lp 17970. Wie auch das DB-Projekt ist der Krupp-Entwurf mit einem Feuerbüchssieder vorgesehen. Im Gegensatz zum 1'C1'-Projekt geschieht hier die Dampfentnahme wieder in einem Dampfdom, der sehr weit nach hinten gerückt ist. Die Heizfläche der Heizrohre ist gegenüber den anderen Projekten stark verkleinert. Ein Oberflächenvorwärmer ist vorgesehen.

Die Lok soll mit einem Barrenrahmen ausgerüstet sein. Alle Zylinder des Vierzylinder-Verbundtriebwerks arbeiten auf die zweite Kuppelachse. Zwischen Hoch- und Niederdruckzylindern ist ein Zwischenüberhitzer vorgesehen. Die Luftpumpe ist rechtsseitig an der Rauchkammer unter der Stromlinienverkleidung untergebracht. Die Verkleidung ist wie beim 1'C1'-Projekt aufgebaut. Nur der vordere Teil bis hinter die Zylinder ist verkleidet, dahinter läuft eine schmale Schürze bis zum Führerhaus durch. Das Führerhaus entspricht dem des Krupp-1'C1'-Entwurfs, doch sind die Ecken wie bei den damals ausgeführten Krupp-Industrielokomotiven abgerundet.

Der Tender ist wie beim 1'C1'-Projekt mit mehrfach gewellten Außenwänden ausgestattet. Sein Gewichts-/Nutzenverhältnis ist ausgezeichnet.

188 Jung 2763. Der Kessel entspricht der üblichen Bauart der Neubaumaschinen. Ein Oberflächenvorwärmer ist vorgesehen. Die Windleitbleche sind als schmale Sicheln auf dem Rauchkammerscheitel angeordnet.

Das Vierzylinder-Verbundtriebwerk treibt die zweite Kuppelachse an. Die inneren Hochdruckzylinder sind dabei sehr hoch angesetzt, so daß sie oberhalb des Rahmens angeordnet sind. Der Zylinderblock kann somit als ein Gußteil hergestellt werden, wie es später bei der 10 auch geschah. Die Steuerung wird mittels einer kurzen Schrägwelle nach unten unter das Umlaufblech übertragen, von wo eine horizontale Welle nach vorne geht. Das Laufwerk lehnt sich in seinen Abmessungen sehr stark an die BR 01[10] an. Das Umlaufblech ist mit einer angedeuteten Schürze versehen. Die Nachlaufachse der Lok ist mit 1300 mm Raddurchmesser sehr groß geraten.

Auch der Tender orientiert sich sehr stark an dem Vorbild 01[10]. Er ist zwar als selbsttragender Kasten aufgebaut, verwendet aber die gleichen Laufwerksabmessungen und zeigt auch die drei hinteren, fest gelagerten Achsen. Auch die Vorräte entsprechen dem 2'3'T38.

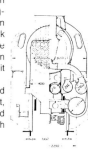

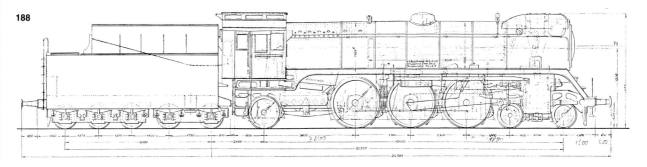

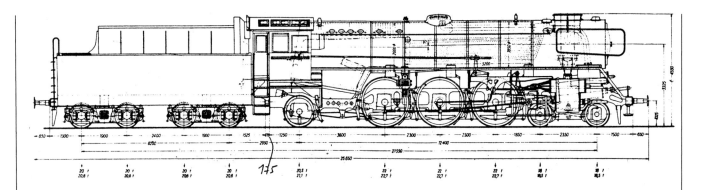

189 Henschel Pl 1838. Der Kessel ist mit einer sehr großen Verbrennungskammer ausgerüstet. Das Verhältnis der Heizflächen ist sehr stark zugunsten der Strahlungsheizfläche verändert. Als erster Entwurf zeigt dieses Projekt einen Doppelschornstein, wie er später bei der 10 auch ausgeführt wurde. Ein Mischvorwärmer Bauart Henschel MVR mit Rauchkammeraufbau nach Muster der 01 046, 112, ... ist vorgesehen.

Als einziger der h4v-Entwürfe weist der von Henschel einen Zweiachsantrieb nach von Borries auf: Die Niederdruckzylinder treiben die zweite Kuppelachse an, die Hochdruckzylinder die erste Kuppelachse. Die Innenzylinder sind somit sehr weit nach vorne verlegt und bilden den vorderen Kesselauflieger. Zuletzt war diese Bauart bei der badischen IVh (BR 18[3]) angewendet worden. Die Steuerstange ist wie bei den Vorkriegsloks oberhalb des Umlaufblechs verlegt. Das Umlaufblech selbst ist nach vorne abgesenkt, ebenfalls wie bei den Vorkriegsmaschinen. Die Lok zeigt zusammen mit dem Tender das größte Dienstgewicht und die größte Länge der 2'C1'-Vergleichspläne. Der Tender ist der größte der 2'C1'-Entwürfe. In seiner Grundkonstruktion beruht er auf dem 23-Prinzip mit innenliegender Wanne.

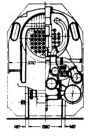

Die 10-Projekte im Vergleich — Abmessungen der Entwürfe in der Achsfolge 2'C1'

	Dimension	DB Fld 1.01 SK 19 vom 29.2.52	Esslingen L 2527 vom 4.52	Krauß-Maffei A 1849 vom 2.4.52	Krupp Lp 17970 vom 3.4.52	Jung 2763 vom 8.4.52	Henschel PI 1838 vom 8.4.52
LOK							
Achsfolge		2'C1'h3	2'C1'h4v	2'C1'h4v	2'C1'h4v	2'C1'h4v	2'C1'h4v
Zylinderdurchmesser	mm	500	430/660	420/630	440/680	435/690	430/650
Kolbenhub	mm	660	660	720	660/720	660	700
Treibraddurchmesser	mm	2000	1000	2000	2000	2000	2000
Laufraddurchmesser vorn	mm	1000	2000	1000	1000	1000	1000
Laufraddurchmesser hinten	mm	1250	1250	1250	1250	1300	1250
Fester Achsstand	mm	4500	4500	4600	4500	4600	4600
Gesamtachsstand	mm	12300	12400	12300	11950	12400	12400
Dampfdruck	kg/cm²	16	20	20	20	20	20
Rostfläche	m²	3,79	4,13	4,3	4,0	4,1	4,32
Rohrlänge	mm	5000	5000	5400	5200	5600	5200
Heizfläche der Feuerbüchse H_{vs}	m²	23,61	23,5	23,0	25,3	22,0	25,9
Heizfläche der Rauchrohre H_{Rr}	m²	105,58	91,0	91,0	126,4	101,5	96,8
Heizfläche der Heizrohre H_{Hr}	m²	70,81	85,5	88,0	48,8	81,5	77,6
Verdampfungsheizfläche gesamt fb.	m²	200,0	200,0	202,0	200,5	205,0	200,3
Heizflächenverhältnis $H_{vs}:H_{Hr}+H_{Rr}$		7,47	7,53	7,78	6,92	7,40	5,97
Heizfläche des Überhitzers fb.	m²	100,87	91,5	91,5	96,8	94,0	96,2
Wasserrauminhalt (125 mm über Fb.)	m³	10,2	9,07	10,2	10,9	9,5	–
Dampfrauminhalt (125 mm über Fb.)	m³	3,43	4,30	4,7	4,2	7,02	–
Verdampfungsoberfläche	m²	13,2	14,2	14,0	14,4	14,8	–
Leergewicht	kg	100800	103400	98000	101000	109500	111000
Dienstgewicht	kg	112000	113000	110000	112900	118000	122500
Reibungsgewicht	kg	60000	60000	64500	64500	63000	66000
Zulässige Höchstgeschwindigkeit	km/h	140/80	140/80	140/80	140/80	140/80	140/80
Metergewicht für Lok und Tender	t/m	7,47	7,60	7,77	7,66	7,97	7,9
Größter Achsdruck	kg	20	20	21,5	21,5	21,0	22
TENDER							
Raddurchmesser	mm	1000	1000	1000	1000	1000	1000
Achsstand der Drehgestelle	mm	1900	1900	1900	1800	1750	1900
Gesamtachsstand	mm	5650	5600	5700	5600	6000	6200
Drehzapfenabstand	mm	3750	3700	3800	3800	–	4300
Wasservorrat	m³	33	35	34	38	38	38,5
Kohlenvorrat	t	8	8	10	9	10	11
Leergewicht	kg	24200	24200	33800	23700	28000	30500
Dienstgewicht	kg	65200	67200	75300	70700	76000	80000

Anteile nicht voll zu Lasten des dritten und vierten Zylinders, so daß ein ungefährer Wert von 8% Erhaltungsmehraufwand für Vierzylinderlok gegen Zwillingslok angesetzt wurde. Bei schweren Schnellzuglokomotiven standen die Brennstoffkosten zu den Erhaltungskosten etwa im Verhältnis 2:1, so daß eine Brennstoffersparnis durch die Verbundwirkung von mindestens 4% erreicht werden mußte.

Bei der BR 02 (h4v) gegenüber 01 (h2) betrug die Dampfersparnis maximal 5,5%, bei der BR 04 (h4v, 25 atü, normale Überhitzung) gegenüber 01 etwa 10% und bei gesteigerter Überhitzung der BR 04 sogar 16%. Die SNCF gab 15% Dampfersparnis und 25% Kohleersparnis bei der Verbundwirkung an. Auch nach den Entwürfen (h4v, 20 atü) von Krupp, Mf Esslingen, Jung und Krauß-Maffei errechneten sich Dampfersparnisse von 13, 7, 10 und 11% gegenüber der Regellok mit 6,2 kg/PS$_i$h Dampferzeugung. Die Kohleersparnis würde nach Meinung des Werkstättendienstes etwa 10% betragen (bei 20 atü und 420°C Überhitzung), so daß für die BR 10 die Verbundwirkung vorgeschlagen wurde. Da die Vierzylinder-Anordnung gegenüber drei Zylindern den großen Vorteil des besseren »Tangentialzugkraft-Diagramms« hatte (geringere Schleuderneigung), wurde die Vierzylinder-Verbundanordnung bei 20 atü Kesseldruck und 420°C Überhitzung empfohlen. Zur Frage des Speisewasser-Vorwärmers wollte sich der Werkstättendienst noch nicht für eine bestimmte MV-Bauart entscheiden, weil die laufenden Betriebsversuche noch nicht abgeschlossen seien. Zum Sommerfahrplan 1952 wurde erst begonnen, in Bingerbrück eine Vorwärmer-Dauerversuchsgruppe aufzubauen. Immerhin hatte man da schon die 50 MV, die 52 MV und die 42^{90} zusammen. Wegen des erhöhten Unterhaltungsaufwandes wurde jedoch der FC-Vorwärmer abgelehnt. Weitere Positionen waren:
– normale Saugzuganlage (allenfalls Versuche mit Kylchap)
– drosselverlustarme Dampfwege besonders im Dampfsammelkasten und im Zylinderblock
– Wälzlager in Verbindung mit verschleißfesten Hartmangan-Achslagergleitplatten
– keine Bedenken gegen die Langhubsteuerung
– Teilverkleidung so maßvoll wie möglich, keine Beeinträchtigung der Zugänglichkeit zu betriebswichtigen Teilen
– Versuche mit Leichtmetall-Teilen im Niederdruckteil (Dampfkolben und Schieberkörper), um dadurch Rückschlüsse auf eventuelle spätere Verwendung auch im Hochdruckteil zu ziehen. Der Werkstättendienst versprach sich durch Leichtmetallteile bei den hin- und hergehenden Massen eine Herabsetzung der Beanspruchung an den Gelenken des Steuerungsgestänges und damit eine geringere Abnützung, kleineren toten Gang, bessere Steuerwirkung und günstigere Erhaltungskosten
– keine Sieder und Wasserkammern
– Dampfzylinder aus Stahlguß wegen schlechter Erfahrungen mit häufiger Rißbildung bei Graugußzylindern
– keine Bedenken gegen Barrenrahmen.

Nachdem nun die Vertreter des EZA, des Betriebsmaschinen- und des Werkstättendienstes zu den Projekten Stellung genommen hatten, meldete sich Dr.-Ing. Müller von der HVB zu Wort. Die BR 10 müßte für einen sehr weiten Verwendungszweck ausgelegt werden (Flachland, Hügelland, F-Züge, schwere D-Züge), sie müßte mit guter Wirtschaftlichkeit in einem weiten Geschwindigkeitsbereich ein großes Anzugs- und Steigungsvermögen verbinden. Beim Kessel mit Mischvorwärmer schloß sich die HVB den Ausführungen des BeMa- und des Werkstättendienstes an. Während der Knorr-Mischvorwärmer wegen Fehlens einer funktionssicheren Ausführung abgelehnt wurde, favorisierte man den Henschel-MV gegenüber dem Heinl-MV, obwohl die Kohleersparnis zwischen beiden Bauarten etwa 8% zugunsten des Heinl betrug. Der österreichische Heinl-MV war noch mit Lizenzen belastet, und die HVB nahm lieber den Schwachpunkt Kreiselpumpe beim Henschel-Mischvorwärmer in Kauf, als später Schwierigkeiten im Betrieb mit einem in Lizenz gebauten Heinl-MV zu bekommen. Die Henschel-Turbopumpe arbeitete mit hohem Dampfverbrauch und neigte beim Ansaugen von Schmutzteilchen in die Turbinenräder zum Totalausfall. Eine heißwasserfeste Kolbenpumpe der Regelbauart konnte man nicht empfehlen, weil für die Heißwasserförderung eine Kreiselpumpe mit ihrer kontinuierlichen Strömung besser geeignet sei, zumal sie auch keinen Windkessel benötigte.

Zur Lokomotiv-Maschine bemerkte er: »Im Interesse einer wirtschaftlichen Dampfausnutzung muß über einen möglichst großen Leistungsbereich mit vollem Schieberkastendruck gefahren werden können, wobei die Leistung durch Verstellen der Steuerung geregelt wird und nicht umgekehrt. Diese Fahrweise findet bei der normalen Heusinger-Steuerung ihre Grenze ungefähr bei 20% Mindestfüllung, weil bei noch kleineren Füllungen die Drosselverluste zu groß werden und sich die Fehler der äußeren Steuerung in einem zu starken Maße auf die Dampfverteilung auswirken. Ich habe in das Kennlinienfeld der Lok BR 01^{10} die Zugkraftlinie für 20% Füllung und 15 atü Schieberkastendruck eingetragen. Alle Betriebspunkte unterhalb dieser Linie können nur mit gedrosselter Dampfzufuhr, also unter Beeinträchtigung der thermischen Wirtschaftlichkeit, gefahren werden.

Auffallend ist, wie weit die Fahrwiderstandslinie für den 420-t-Zug unterhalb dieser Füllungsgrenzkurve liegt. Die gleichen Verhältnisse finden wir auch bei der Neubaulok BR 23. Das heißt: Ein ganz wesentlicher Leistungsbereich der Lok, besonders im Bereich höherer Geschwindigkeiten, kann bei einfacher Dampfdehnung nicht anders als gedrosselt gefahren werden. Unter diesem Gesichtswinkel gesehen liegen die Verhältnisse bei doppelter Dampfdehnung wesentlich günstiger. Die doppelte Dehnung bietet die Möglichkeit, bei einer Mindestfüllung des rankinisierten Diagramms tatsächliche Füllungen in einer Größe zu fahren, die steuerungstechnisch gut beherrschbar ist. Dadurch wird das Gebiet der wirtschaftlichen Leistungsregelung stark erweitert. Voraussetzung ist natürlich, daß der so erzielte Gewinn nicht durch ungünstige Kanalbemessung und Dampfführung wieder aufgezehrt wird. Im Interesse einer guten Expansion des Dampfes sind möglichst große Endvolumina, also große Zylinderräume, anzustreben. Bei einfacher Dehnung ist die mögliche Zylindergröße durch das Reibungsgewicht nach oben begrenzt. Durch große Zylinder wird der günstigste Arbeitspunkt der Maschine in den Bereich kleiner Geschwindigkeit gedrückt und der Zugkraftbereich, der mit vollem Schieberkastendruck gefahren werden kann, weiter verkleinert. Die Linie E = 20% rückt dadurch im Kennlinienfeld nach oben. Um eine Lok mit einem sparsamen Verbrauch betreiben zu können, muß ihr günstigster Wirkungsbereich möglichst in das Gebiet der meist gebrauchten Geschwindigkeit fallen. Es nützt nichts, wenn, wie z. B. bei der 01^{10}, der günstigste Gesamtwirkungsgrad mit 7,4% bei rund 55 km/h und rund 6 t Zugkraft liegt, während der 420-t-Zug zwischen 100 und 120 km/h mit 6% Wirkungsgrad gefahren wird, d. h. mit 25% Mehrverbrauch gegenüber dem Optimum. Da die äußeren Widerstände der Lok, vor allem der Luftwiderstand, nur in beschränktem Maße beeinflußbar sind, läßt sich die Geschwindigkeitslage des günstigsten Arbeitsbereiches nur maschinenseitig beeinflussen. Bei einfacher Dehnung bedeutet das eine Verkleinerung des Zylinderdurchmessers, was aber eine Verringerung des Anzugs-, Beschleunigungs- und Steigungsvermögens der Lok zur Folge hat. Bei doppelter Dehnung ist man hier elastischer, weil Hubvolumen und Reibungsgewicht nicht mehr in so starkem Maße voneinander abhängig sind und trotz großer Niederdruck-Hubräume, also großer Expansionsvolumina kleinste ideelle Füllungen gefahren werden können.«

Die Auswertung der französischen Versuchsergebnisse hatte ebenfalls gezeigt, daß es mit Hilfe der Verbundwirkung möglich war, den thermodynamischen Wirkungsgrad einer Dampflok mit steigender Drehzahl besser werden zu lassen. Das Argument, daß gerade Verbundlok eine schlechte Zugänglichkeit sowie erhöhten Wartungs- und Erhaltungsaufwand zur Folge haben, wollte die HVB nicht gelten lassen, da dies z. B. auch beim Drilling mit einfacher Dampfdehnung der Fall sei und das Abölen bei Rollenlagern am Innentriebwerk sowieso entfalle. Nach Meinung der HVB konnte die neue BR 10 nur eine Dreizylinderlok mit einfacher Dampfdehnung (16 atü, 380 °C) oder eine 4hv (20 atü, 420 °C) sein.

Während sich in den vorstehenden Ausführungen eigentlich fast alle Beteiligten für die Vierzylinder-Verbundlok als die geeignetere Variante ausgesprochen hatten, machte sich in der nachfolgenden Diskussion vor allem APr Witte für die Zwillingslok stark. Er führte u. a. die Untersuchungsergebnisse der Reichsbahn von 1929 an, in denen bekanntlich den Zweizylinderloks der Vorzug gegeben wurde. (Damals waren allerdings neue 01er mit abgefahrenen 18^5 verglichen worden!) Ein Hauptargument für Witte war auch der höhere Kapitalaufwand von etwa 42000 DM bei einem Gesamtpreis von 650000 DM für die 10 sowie das Mehrgewicht von rund 9 t. Außerdem sei die Frage überhaupt noch nicht erörtert worden, ob die Aufgaben nicht durch eine Zweizylinderlok mit 2100 mm Raddurchmesser gelöst werden könnten. Auch die vielgerühmten Vorzüge der SNCF-Loks führte er mehr auf den persönlichen Einsatz Chapelons zurück als auf Vorteile für Betrieb, Werkstatt und Beschaffung. Schließlich sei man in Frankreich schon am Ende mit dem Dampflokneubau. Abschließend bemerkte Witte: »Man muß sich darüber klar sein, daß der Übergang zur Vierzylinder-Verbundlok ganz besonders in diesem Stadium der Entwicklung der Dampflokomotive für Werkstatt und Betrieb der DB einen Schritt darstellt, der mit allen bisherigen Feststellungen, Überlegungen und Schlüssen in diametralem Gegensatz steht und deshalb sehr sorgfältig unterbaut sein muß. Wir verlassen damit den Weg der Einfachheit, der Beschränkung im Stahlaufwand, des niedrigen Kapitalaufwandes, der niedrigen Erhaltungskosten usw. unter Verlagerung des Schwerpunktes auf die Ausnutzung der Kalorien. Wird damit der Dampflok-Entwicklung sowie Betrieb und Werkstatt noch ein Dienst erwiesen? Wird das der Dampflokomotive nochmals ein erweitertes Betätigungsfeld eröffnen? Ich bestreite das.«

Die anderen Teilnehmer stellten noch einmal klar, daß man eine Lok brauche, die auch in abgefahrenem Zustand noch ruhig laufe und gerade auf Steigungen leistungsfähig sei. Dies könne nur eine Mehrzylinderlok garantieren. Außerdem fordere ja die HVB eine Lok mit hoher Leistung, und diese Forderung sei für alle Seiten bindend. Der Vertreter des Lokpersonals hob hervor, daß man es begrüße, eine recht schwere Lok mit großer Leistungsreserve zu bekommen, da es in jedem Dienstplan immer schwere Züge gäbe, wenn auch die Leistung der vorhandenen Loks für die meisten Züge ausreiche.

Gegen Ende der Beratungen über die Projekte zur BR 10 bemerkte der Vorsitzende Alsfaßer in Anbetracht der Tatsache, daß man noch einige Zeit mit der endgültigen Festlegung auf eine bestimmte Bauart habe: »Ich begrüße es, daß man die Frage Verbundlok oder Zwillingslok heute ›sine ira et studio‹ diskutieren will, man darf aber nun nicht in das Gegenteil verfallen und der Verbundlok einseitig den Vorzug geben. Ich muß zugeben, daß viele Ingenieure durch die Garbesche Schule etwas beeinflußt worden sind. Wir sollten uns jetzt bemühen, rein sachlich alle Möglichkeiten zur Verbesserung der Dampflok auch in thermischer Hinsicht auszunutzen. Der dem Fachausschuß Lok von der HVB erteilte Auftrag wird daher erst auf einer der nächsten Beratungen abschließend behandelt werden können.«

Es erging folgender Beschluß: »Bevor der Ausschuß zu Beschlüssen über die Neubaulok kommen kann, ist folgendes erforderlich: Die Zentralstelle für Betriebswirtschaft (ZBW) möge beauftragt werden, alsbald festzustellen, inwieweit sich die Erhaltungskosten für das Triebwerk, in % des gesamten Erhaltungsaufwandes für die Lok ausgedrückt, bei 3- und 4-Zylinder-Anordnung gegenüber der Zwillingslok im EAW und Bw erhöhen.«

Doch keine Verbundlok

Im Jahre 1953 schließlich wurde von der HVB verfügt, die BR 10 als 2'C1'h3-Schnellzuglok bauen zu lassen. Obwohl die vom Fachausschuß geforderte Untersuchung über die Bauart noch nicht eingegangen war, entschied man sich für diese Lösung, da gleichzeitig die Neubekesselung der 01^{10} anstand und der gleiche Kessel auch für die BR 10 verwendet werden sollte: »Die Konstruktion der BR 10 konnte erst nach Klärung der schwierigen Frage der Bereitstellung von Konstrukteuren in Angriff genommen werden. Die HV verfügte den Auftrag auf zwei Versuchslok. Den Auftrag erhielt die Fa. Krupp, und die betreffende Konstruktionsgruppe ist wegen der Kostenersparnis bei der Fa. Krupp verblieben, wurde aber dem TGB organisatorisch angegliedert, um die Einheitlichkeit der Konstruktion einigermaßen zu wahren. Die Frage, ob die Lok als Drilling oder als Vierzylinderlok gebaut werden sollte, ist zugunsten des Drillings entschieden worden.«

Nach Wittes Meinung war ein Dreizylindertriebwerk bei Einführung von Rollenlagern am Innentriebwerk unbedingt notwendig. Somit war seiner Ansicht nach auch die Forderung nach einem Barrenrahmen, der bei fast allen Firmenprojekten für die 2'C1'-Ausführung zugrunde gelegt worden war, nicht mehr aufrechtzuhalten, obwohl die Ausschußmehrheit das forderte. Die gute Zugänglichkeit zum Innentriebwerk sollte durch große Ausschnitte in den Rahmenwangen gewährleistet werden. Ob für Friedrich Witte das Argument des Blechrahmens nicht nur vorgeschoben war, um ein weiteres Gegenargument gegen die seiner Meinung nach verfehlte Neueinführung eines Vierzylinder-Verbundtriebwerks zu finden, ist wohl heute nicht mehr festzustellen. Seiner Meinung nach sollte jedenfalls die BR 10 auch mit den Merkmalen Einfache Dampfdehnung und Blechrahmen der ›Neuen Baugrundsätze‹ verwirklicht werden.

Die Hauptverwaltung verfügte weiter: »Die Hauptabmessungen der Lok gemäß Projektzeichnung Krupp Lp 18073 vom 16. 7. 1953 halten sich in dem ursprünglich vorgesehenen Rahmen. Der Kesseldruck ist auf 18 atü festgelegt. Die Konstruktion hat mit dem Kessel begonnen, weil gleichzeitig durch die umfangreichen Schäden an den Kesseln der BR 01^{10} plötzlich die Konstruktion eines Ersatzkessels für diese Lok sehr dringlich geworden war. Da die Dampfleistung die gleiche wie bei der BR 10 ist, lag es nahe, für beide Lok den gleichen Kessel zu verwenden. Da das Führerhaus der 01^{10} möglichst erhalten bleiben sollte, ergab das eine Sonderausführung insofern, als im Bereich des Hinterkessels von 2000 mm $\varnothing$ im Bereich der Verbrennungskammer auf den alten $\varnothing$ von 1900 mm der Kessel eingezogen wurde. Das kommt auch der BR 10 bezüglich des Raumes im Führerhaus zugute. Die Kümpelstücke beider Kessel und die Hauptabmessungen sind gleich. Durch die Ausrüstung in einem Fall mit Naßdampf-, im anderen mit Heißdampfregler und die Unterschiede in der Rahmenkonstruktion ergeben sich kleine Abweichungen, die aber einen etwaigen Austausch der Kessel nicht entscheidend beeinflussen. Zur Ausrüstung der Kessel gehören eine automatische Entsalzungseinrichtung, ein zweites Gestra-Abschlammventil am Langkessel, Rußbläser Bauart Gärtner, mit Spiel eingeschweißte Heiz- und Rauchrohre, Aschkasten aus Chromstahlblech mit Sphäroguß-Bodenklappen, eine Vorrichtung zum Fernhalten des Zunders aus dem Überhitzer vor den Hilfsmaschinen und eine Heinl-Mischvorwärmeranlage mit Speicher im Rahmen.« – Weitere Punkte waren:
– Geschweißter Blechrahmen mit eingeschweißtem Stahlgußzylinderblock
– Rollenlager auch bei der Kropfachse
– Langhubsteuerung nach Vorbild der BR 05
– Sog. ›Leichtbautriebwerk‹ aus Stahl höherer Festigkeit
– Ölzusatzfeuerung
– Kohlekastenabdeckung.

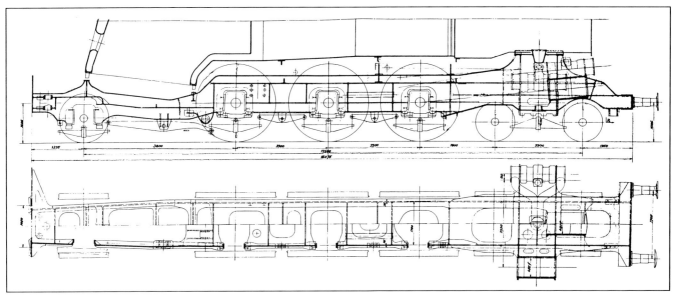

190 Krupp-Projekt Lp 19000, Gußrahmen für die BR 10, aufgestellt am 3. 11. 1953.

Noch keine Entscheidung wurde über die Stromlinienverkleidung getroffen.

Zeitweise spielte auch der Bau eines Stahlgußrahmens für die BR 10 eine Rolle. Als Vorbild dienten die USA, wo seit Jahren schon die Rahmen von Lokomotiven im Ganzen einschließlich der Zylinderblöcke gegossen wurden. Der Hauptgrund für die Einführung in den USA war die gewaltige Ersparnis bei Lohnkosten, natürlich erst bei einer Serienfertigung. Einer Realisation unter DB-Bedingungen standen aber wesentliche Hindernisse entgegen: Gerade erst hatte man Erfahrungen mit dem geschweißten Rahmen gesammelt, der Übergang auf den Gußrahmen hätte wieder einen Einbruch in die Konstruktion bedeutet, und das, wo die 10 als Schlußpunkt unter die Dampflokneuentwicklung feststand. Auch gab es in Europa gar nicht die großen Erfahrungen wie in den USA in der Herstellung so großer und schwieriger Gußteile. Trotzdem wurden die Zeichnungen der Rahmen für die BR 10 bei Krupp alternativ für den geschweißten Rahmen mit angeschweißten gegossenen Zylinderblöcken und einen Gußrahmen angefertigt. Der oben abgebildete Gußrahmen verfiel aus genannten Gründen aber der Ablehnung.

Bis zum 17. 2. 1954 entstand schließlich durch Anheben der Kesselmitte um weitere 100 mm auf 3250 mm der Entwurf TGB FK 1.02 U 176, welcher dem Fachausschuß auf seiner Sitzung vom 25./26. 2. 1954 in Mainz vorlag. Der Entwurf zeigte noch eine herkömmliche Konstruktion des Führerhauses, auch die heruntergezogene Schürze unter dem Führerhaus war noch nicht vorhanden. Bis zum 16. 6. 1955 entstand aus dem TGB-Entwurf durch Änderung der Größe der einzelnen Heizflächen der Entwurf Fld 1.01. Bl. Die Form der Windleitbleche sowie die Ausführung der Führerhausleitern und der Verkleidung des Trittbleches unter dem Führerhaus und andere Details wurden dann noch gemäß der TGB-Entwurfszeichnung Fld 1.02 Bl U 176 abgeändert. Der Durchmesser der Schleppachse war außerdem auf 1000 mm verkleinert. Zwar litt dadurch das Aussehen der Lok erheblich (Kritiker sprachen später von einer Achsfolge 2'C½'!), doch war eine großzügigere Ausbildung der Federung und damit auch des Aschkastens möglich. Auf eine möglichst gute Luftzuführung am Aschkasten war ja ausdrücklich Wert gelegt worden. Außerdem war bei dem kleineren Durchmesser der Räder der hintere Rahmenausschnitt entsprechend kleiner zu halten, beim Blechrahmen sicherlich sinnvoll.

Auf der 12. Sitzung vom 6.–8. 7. 1955 in Minden hatte der Fachausschuß die Konstruktion der BR 10 zu begutachten. Anhand von Konstruktionszeichnungen wurden die einzelnen Bauteile und -gruppen Punkt für Punkt besprochen, teils unverändert für gut geheißen und übernommen, teils Änderungen und Verbesserungen angeregt. Zu der auf der rechten Seite in Fahrzeugmitte angeordneten Luftpumpe wurde bemerkt, daß zwar der Dampfteil freiliege, der Luftteil dagegen durch die Schürze verdeckt werde und die Zugänglichkeit der Luftventile dadurch erschwert sei. Als Maßnahme zur Verbesserung der Kühlwirkung wurde vom Bauartdezernenten ein jalousieartiger Ausschnitt vorgeschlagen (im Umlaufblech über der Pumpe), durch den der Fahrtwind um die Pumpe herum nach unten geleitet wird. Eine vom Ausschuß gewünschte stärkere Rostneigung als 1:8 konnte nicht verwirklicht werden, weil die BR 10 einen Blechrahmen haben sollte und dies zudem wegen Übereinstimmung zum 01^{10}-Ersatzkessel nicht möglich war. Zur Frage der kegeligen Rauchkammer meinte der Vertreter des BZA Minden: »Um eine möglichst glatte äußere Form auch an der Stirnseite der Rauchkammer zu erreichen, hatten wir vorgeschlagen, statt der vielen Vorreiber an der Rauchkammertür einen Zentralverschluß anzuwenden. Von Seiten der Lokfabriken wurden hiergegen Bedenken erhoben. Wir mußten deshalb leider auf diese Konstruktion verzichten. Wegen auftretender Korrosionen hatten wir an sich keine Bedenken gehabt, da die Teile aus Chromstahl gefertigt worden wären.«

Die ursprünglich vom BZA vorgesehene Wasserkammer wurde bereits Anfang 1953 verworfen und stand jetzt nicht mehr zur Diskussion. Eine vereinfachte Feuertür mit Zweitluftzuführung für die Ölzusatzfeuerung nach Vorbild der BR 44 wurde ebenso begrüßt wie das schon selbstverständliche Wegfallen des Speisedoms. Statt dessen sollte die BR 10 eine hochliegende Speisewassereinführung wie die BR 42, 52 und alle seit 1950 gebauten Dampfloks erhalten. Eine weitere Neuerung war die Dampfentnahme nicht mehr aus dem Dampfdom, sondern aus zwei Dampfentnahmerohren mit Schlitzen in Wasserabscheidekästen (vgl. Seite 157). Über die Bewährung dieser Dampfentnahmeeinrichtung wollte das BZA keinerlei Angaben machen, weil man noch keine Erfahrungen auf diesem Gebiet hatte. Hauptbedenken waren ein Druckverlust beim Zusetzen der Schlitze mit Schlamm sowie die schlechte Zugänglichkeit bei Reinigungsarbeiten. Um eine Kohleersparnis von mindestens 4% zu erreichen, wurde beschlossen, einen Doppelschornstein (gegossen als ein Gußstück mit Anschlüssen für Lichtmaschinenabdampf und Entlüftung des Mischvorwärmers) vorzusehen.

Nachdem man sich über die Saugzuganlage der BR 10 schon viele Gedanken gemacht hatte und zu dem Ergebnis gekommen war, daß zunächst ein Doppelblasrohr eingebaut werden sollte, wurden noch weitere Planungen über die zweckmäßigste Anlage angestellt. Immerhin wurde durch die Abmessung der Saugzuganlage der Gegendruck in den Zylindern und damit die Wirtschaftlichkeit der Maschine entscheidend bestimmt. Der Einführung des Doppelblasrohres für die BR 10 waren Versuche mit dem Mehrdü-

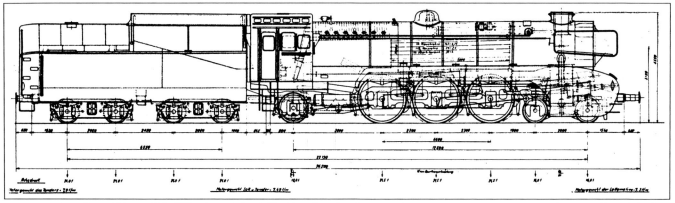

191 Krupp-Entwurf Lp 18073 vom 16. 7. 1953 zeigt noch die niedrige Kessellage. Das Führerhaus ist noch unverkleidet und nur abgerundet, wie es Krupp bei seinen Industriedampflok-Lieferungen üblicherweise ausführte.

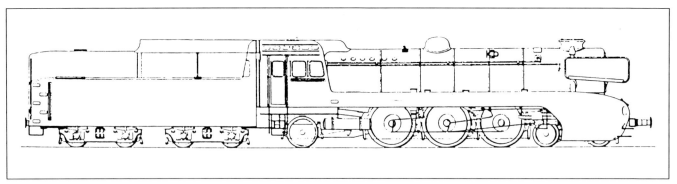

192 Krupp-Entwurf Lp 18073b vom 21. 7. 1953, der technisch dem oben dargestellten Entwurf entsprach, die Verkleidung des Führerhauses aber windschnittiger ausführte und die Tendervorderwand in die Führerhausgestaltung mit einbezog. Der Krupp-Entwurf zeigt noch die großen Schleppräder.

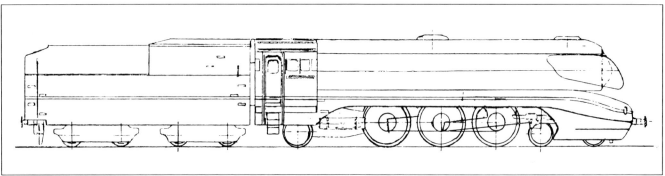

193 Formstudie des TGB FK 1.02 U 48 vom 17. 11. 1953. Hier ist erstmals die unter dem Führerhaus heruntergezogene Schürze ausgeführt. Das Führerhaus ist stark abgerundet und weist »umlaufende« Fenster auf. Erstmals sind auch Zierstreifen angedeutet. Der Kessel wird durch eine aufgesetzte Verkleidung kaschiert. Die Windleitbleche zeigen schon die spätere zugespitzte Form.

194 Entwurf des TGB Fld 1.01 Bl vom 16. 6. 1955. Der Entwurf zeigt die endgültige Form der 10, abgesehen von der Form der Windleitbleche und der Aufstiege unter dem Führerhaus. Das Doppelblasrohr und die 1000 mm-Schleppachse waren allerdings schon beim Entwurf FK 1.02 U 176 vom 17. 2. 1954 vorhanden gewesen. Äußerlich hatte sich dieser Entwurf hauptsächlich durch den ›konservativen‹ Aufbau des Führerhauses und die fehlende Schürze unter dem Führerhaus vom Entwurf Fld 1.01 Bl unterschieden.

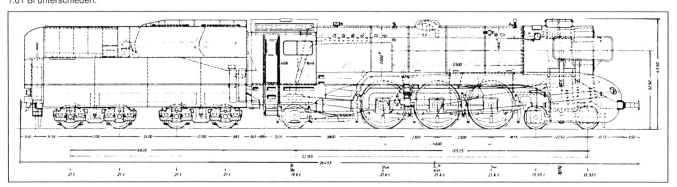

Die Abmessungen der Entwürfe:

	Maßeinheit	16.7.53 Krupp Lp 18073	17.2.54 TGB Fk 1.02 U 176	16.6.55 TGB Fld 1.01 Bl.	endgültig TGB Fld 1.02 Bl. U 176
LOK					
Spurweite	mm	1435	1435	1435	1435
Zylinderdurchmesser	mm	3×480	3×480	3×480	3×480
Kolbenhub	mm	720	720	720	720
Laufraddurchmesser	mm	1000	1000	1000	1000
Treibraddurchmesser	mm	2000	2000	2000	2000
Schleppraddurchmesser	mm	1250	1000	1000	1000
Fester Radstand	mm	4600	4600	4600	4600
Gesamtradstand	mm	12500	12500	12525	12525
Dampfüberdruck	kg/cm^2	18	18	18	18
Rostfläche	m^2	3,96	3,96	3,96	3,96
Heizfläche der Feuerbüchse fb	m^2	22	22	22	22
Heizfläche der Rauchrohre fb	m^2	93	93	102,1	102,1
Heizfläche der Heizrohre fb	m^2	91,55	91,55	100,6	92,3
Rohrheizfläche fb	m^2	184,55	184,55	202,7	194,4
Verdampfungsheizfläche fb	m^2	206,55	206,55	224,7	216,4
Überhitzerheizfläche	m^2	96,15	96,15	105,7	105,7
Gesamtheizfläche	m^2	302,7	302,7	330,4	322,1
Leergewicht etwa	t	103	103	103	107
Dienstgewicht etwa	t	114,5	114,5	115,8	119,5
Reibungsgewicht	t	64,5	64,5	64,8	66
Reibungsgewicht max.	t	66	66	66	69
Kleinster Krümmungshalbmesser	m	140	140	140	140
Zugkraft 1,5×0,75 p	kg	16800	16800	16800	16800
Zulässige Höchstgeschwindigkeit	km/h	140	140	140	140
TENDER					
Wasservorrat	m^3	40	40	40	40
Kohlenvorrat	t	9	9	9	9
Ölvorrat	t	5	5	4,5	4,5
Raddurchmesser	mm	1000	1000	1000	1000
Fester Radstand	mm	2050	2100	2100	2100
Gesamtradstand	mm	6500	6600	6600	6600
Leergewicht etwa	t	30	30	30,5	33
Dienstgewicht etwa	t	84	84	84	86

senblasrohr an den Maschinen 42 9000 und 9001 sowie 50 1412 mit Franco-Crosti-Vorwärmer vorausgegangen. Dabei hatten sich die in Reihe angeordneten Mehrdüsenblasrohre sehr bewährt. Einerseits hatten sie den Gegendruck in den Zylindern gering gehalten, andererseits aber auch für eine sehr gute Feueranfachung gesorgt. Nach dem Vorbild dieser Anlagen wurde dann auch das Doppelblasrohr der BR 10 entwickelt. Auf den Einbau einer Doppel-Kylchap-Anlage wollte man später zurückkommen, da der Liefertermin der Anlage einen Einbau in die werksneuen Maschinen nicht mehr gestattet hätte. Bekanntlich ist es dann überhaupt nicht mehr zum Einbau einer Kylchap-Blasrohr-Anlage gekommen.

Einen weiteren Vorschlag, der auch im Fachausschuß kurz angesprochen wurde, griff die Firma Henschel auf. Sie projektierte für die fertige 10-Zeichnung eine Turbo-Saugzuganlage, die aus der 1955 bei 01 077 erprobten Anlage entwickelt worden war. Der Vorteil der Anlage beruht in der wesentlich größeren und steuerbaren Wirkung. Ein zusätzlicher Frischdampfverbrauch fiel im Normalbetrieb nicht an, da die Saugzugturbine mit dem Zylinderabdampf betrieben werden konnte. Besonders interessant war, daß durch Frischdampf-Zugabe bei schwachen Maschinenleistungen der Saugzug nach Bedarf erhöht werden konnte. Der primitive Hilfsbläser, nicht mehr als ein Ringrohr mit Löchern um den Blasrohrkopf, konnte ebenfalls entfallen, da seine Aufgaben von der Turbine übernommen wurden. Eine solche Anlage wäre besonders bei einer ölgefeuerten Maschine, die sonst bei niedriger Geschwindigkeit wegen unzureichender Luftzuführung zum Brenner mit eingeschaltetem Hilfsbläser gefahren werden muß, sinnvoll gewesen.

Ein besonderes Merkmal von außen wäre das Fehlen eines rhythmischen Abdampfgeräusches gewesen, die 01 077 wurde vom Personal auch als »flüsternde Jungfrau« bezeichnet. Ein weiteres Detail des Henschel-Plans vom 17.10.1955 war der unterhalb des Heißdampfreglers angeordnete, durchgehende Funkenfänger mit darunter liegendem Schmutzfangkasten. Über einen seitlichen

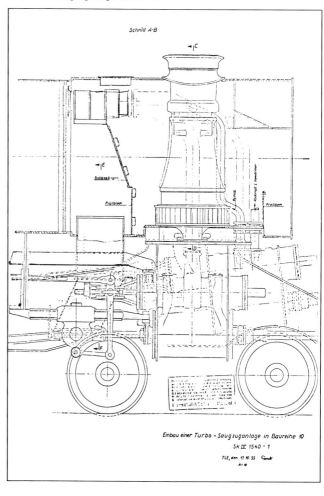

195 Turbosaugzuganlage auf BR 10.

Schieber konnte der Schmutzfangkasten nach unten entleert werden. Rußteile wären so überhaupt nicht bis zum Blasrohr gekommen. Die Rauchkammertür hätte weitgehend ihre Funktion verloren. Die gelegentliche Öffnung hätte nur noch Inspektionsgründe gehabt. Besondere Unterhaltungsprobleme wären nicht zu befürchten gewesen. Immerhin hatte die Reichsbahn schon jahrelange Erfahrung mit den Maschinen der BR 52 Kon gesammelt, die ihren Saugzug mangels Abdampf ebenfalls mit einer Turbine erzeugen mußten. Im Gegensatz zu den Normallokomotiven, wo Dampfmangelfälle infolge falscher Saugzugabstimmung doch vorkamen (auch manches Personal fühlte sich durch Einlegen von Reduktionsringen u.ä. in den Blasrohrkopf zu sportlicher Leistung herausgefordert...), waren Fälle von Dampfmangel bei Maschinen mit Turbosaugzuganlage praktisch unbekannt. Leider wurde der Henschel-Vorschlag trotz guter Bewährung der 01 077 nicht weiter verfolgt.

Der Vorschlag, einen Wagner-Ventilregler nach Vorbild der BR 66 einzubauen, wurde abgelehnt und dem Mehrfachventil-Heißdampfregler zugestimmt.

Erstmals wurde beschlossen, einen Dreizylinderblock direkt mit dem Rahmen zu verschweißen. Der Ausschuß forderte sehr enge Toleranzgrenzen beim Schweißverzug, und zwar durfte die größte Schräglage der Zylinderachse nur 1 mm betragen (gemessen an der Treibachsmittellinie) und die Werkgrenzabweichung ± 6,5 mm (gemessen an der Treibradsatz-Mittellinie). Die Zylinderschmierung sollte wegen des vergrößerten Hubes der Langhubsteuerung zweifach erfolgen (größter Schieberhub bei 80% Füllung 113–115 mm gegenüber 95 mm bei der 01^{10}). Für den Fall größerer Zerstörungen an einem Außenzylinder wurde geprüft, wie ein Abtrennen des Außenzylinders möglichst in einer Ebene und das Anschweißen eines entsprechenden Ersatzstückes ausgeführt werden könne. Vom Lokausschuß wurde neben den vorgesehenen Kropfachsen mit Gleitlagern und flammengehärteter innerer Lauffläche erstmals eine nach dem SKF-Druckölverfahren zusammengesetzte Kropfachse mit Rollenlagerung der inneren Treibstange gutgeheißen. Wegen der schlechten Erfahrungen mit der BR 65, die auf Grund zu weicher und ungedämpfter Federung am Tenderdrehgestell sehr stark zum Wanken neigte, sollten die zahlenmäßigen Verhältnisse bei der BR 10 nochmal überprüft werden. Das BZA schlug vor, bei der Drehgestellabfederung wieder zur bewährten Anordnung der Baureihen 01, 01^{10}, 03 und 03^{10} zurückzukehren und lediglich die Länge der Schraubenfedern und den Achsstand zu vergrößern sowie die Bruchfestigkeit durch Verwendung hochwertiger Stähle zu erhöhen. Außerdem wurde angeordnet, das geschlossene Führerhaus mit schwenkbaren Atlas-Klarsichtscheiben Typ 280 zu versehen, die in ähnlicher Bauart schon bei 52 889 und 23 024/025 erprobt war. Nicht ganz zufrieden war man mit der Anordnung der Speisepumpe: »Die Lage der Speisepumpe vorn links, insbesondere ihre Höhenlage, ist durch die Heinl-Anlage bestimmt. Wir hätten vom Standpunkt der Konstruktion aus sehr gern die Pumpe symmetrisch zur rechtsliegenden Luftpumpe auf Fahrzeuglängsmitte links angeordnet. Dem hat die Firma Knorr widersprochen. Die Pumpe ragt aus der Verkleidung nach oben in den Raum zwischen Windleitblech und Rauchkammer hinein und stört zweifellos die Wirkung des Windleitbleches (und die Streckensicht des Heizers erheblich, d. Verf.). Die Zugänglichkeit ist noch einigermaßen tragbar. Die jetzige Anordnung stellt das äußerst Mögliche dar.«

Beim Tender 2'2'T40, der aus dem 2'2'T31 der BR 23 weiterentwickelt worden war, wurde bemängelt, daß die Position der Behälter für Nalco-Wasserenthärtung noch nicht festgelegt war. Dazu meinte der Bauartdezernent nur, daß diese Einrichtung für Dampfloks überhaupt noch nicht konstruktiv durchgearbeitet werde. Die bei Betriebsversuchen verwendete Anordnung auf dem Tender war jedoch auf Strecken mit Oberleitung nicht anwendbar. Zur Drehgestellkonstruktion wurde festgestellt: »Inzwischen ist die bisher vorgesehene Drehgestellkonstruktion, bei der ausschließlich Blattfedern verwandt wurden, verlassen worden. Die Drehgestelle erhalten zusätzlich zwischen Achslagern und Blattfedern noch Schraubenfedern, damit auch kleinste Rückwirkungen vom Gleis vor dem Drehgestellrahmen ungedämpft aufgefangen werden.«

Ursache für die Umkonstruktion der Tenderdrehgestelle und des führenden Drehgestells der Lok (der Rahmen mußte nach innen ausgekröpft werden, um den notwendigen Raum für die größeren, zusätzlichen Schraubenfedern zu schaffen) war die Riffelbildung auf den Laufflächen der Tenderachsen bei der BR 23 infolge sehr hoher Abbremsung des Tenders, wodurch starke Schwingungen auf die geschweißten Drehgestelle übertragen wurden, was zu einem starken Verschleiß der Bremsgestänge und zu Anbrüchen an den Gestellen führte. Die Stromlinienverkleidung erfuhr ebenfalls noch eine kleine Änderung insofern, als die Seitenschürze unterhalb des Führerhauses heruntergezogen wurde, was zwar schöner aussah, aber dafür die Zugänglichkeit zum Apparatekasten der Indusi erschwerte. Bevor sich der Ausschuß mit der äußeren Linienführung der Lok beschäftigte, faßte APr Witte seine Gedanken zur BR 10 zusammen, die sicher für einigen Wirbel im Ausschuß und bei den Konstrukteuren gesorgt hätten, falls man darüber diskutiert hätte: »Eine Überraschung brachte die genaue Gewichtsberechnung; sie ergab auf dem Drehgestell einen Fehlbetrag von 4 t, der am Gesamtgewicht fehlte. Da schon alle Stellen mit reichlichen Konstruktionsstärken berechnet waren, findet sich bestätigt, daß die Leistung praktisch, wie ursprünglich vorgeschlagen, auf einem 1'C1'-Laufwerk hätte untergebracht werden können. So wurde es notwendig, nach Mitteln Ausschau zu halten, das notwendige Gewicht wenigstens in aktivem Material nutzbar zu machen. Hierzu wurden der vordere Kesselschuß, die Rauchkammerrohrwand und der untere Chromstahlmantel der Rauchkammer verstärkt, außerdem die Querversteifung zwischen Pufferträger und Zylinderblock. Diese Maßnahmen kommen zweifellos der Lebensdauer und dem Unterhaltungsaufwand zugute. Wie es oft bei Großkonstruktionen, die sich über Jahre erstrecken, geht, so auch hier. Nachdem das Werk fertig ist, ergibt sich, wie die Konstruktion eigentlich hätte ausgeführt werden sollen. Trotz des höheren Achsdrucks – verglichen mit der BR 01^{10} – wird die BR 10 bezüglich des Reibungsgewichtes und damit der Anfahrbeschleunigung sowie im Hinblick auf die ungünstigen Reibungsverhältnisse bei höheren Geschwindigkeiten (siehe das Verhalten der BR 01^{10}) gegenüber der V 200 mit 80 t Reibungsgewicht und der Ellok ungünstiger abschneiden, obwohl der Kessel, der bis zu 18 t Dampf hergibt, voll ausreichen würde. Würde man die Lok heute noch einmal konstruieren, wäre sie als 1'D1'-Lok zu bauen. Auch die Lauf- und Führungssicherheit bei 140 km/h spräche nicht dagegen, denn die Ellok mit der gleichen Achsanordnung haben sich bewährt, und die Verbesserungsmöglichkeiten am Laufgestell, wie sie bei der BR 66 ausgeführt wurden, hätten auch hier angewandt werden können.

Hierzu kämen noch die Ausbildung des Kessels mit hintereinander geschaltetem Verdampfungs- und Abgasvorwärmerteil, Hochleistungsüberhitzer, modifizierter Franco-Crosti-Kessel, und schließlich ein Abdampf-Saugzuggebläse. Wenn die Entwicklung der Dampflok weitergehen würde, wäre damit der Weg zur optimalen Ausführung klassischer Form gewiesen.«

Eine blaue Dampflok?

Zu einem viel beachteten Punkt weitete sich die Frage nach der äußeren Linienführung der BR 10 aus, sollte doch zu der neuartigen Technik auch ein ansprechendes und werbewirksames Äußeres dieses zukünftigen »Paradepferdes« im Stall der DB gehören. Nachdem man sich aus den bekannten Gründen bereits für die Teilverkleidung und ein rotes Triebwerk (u.a. aus Sicherheitsgründen, weil die rote Farbe Anrisse gut erkennbar macht) ausgesprochen hatte, empfahl der Ausschuß anstelle der üblichen blanken Spannbänder am Kessel die horizontale Linienführung besonders zu betonen, etwa durch Zierlinien oder Farbbänder. Die vorderen Kanten der Windleitbleche sollten zur Angleichung

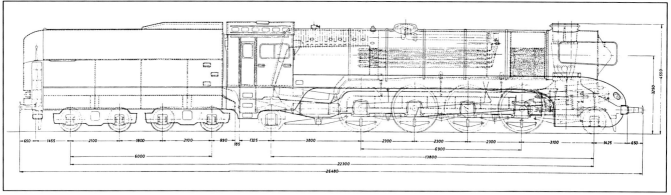

196 1'D1'-Studie mit Rauchgasvorwärmer

an die kegelige Rauchkammertür abgeschrägt werden, sofern ihre Wirkung dadurch nicht beeinträchtigt würde. Der schwarze Hochglanz-Anstrich für Kessel und Tender wurde abgelehnt, weil er die fertigungstechnisch bedingten Unebenheiten größerer Blechteile sichtbar macht. Der Ausschuß empfahl daher einen halbmatten (seidenmatten) schwarzen Anstrich. Die Zahl der äußeren Anschriften an Lok und Tender sollten auf ein Mindestmaß beschränkt und ein Teil der üblichen Anschriften im Führerhaus oder im Betriebsbuch vermerkt werden. Die Frage des endgültigen (vielleicht auch farbigen) Anstriches und der Bremsen-Probleme bei den Neubauloks vertagte man auf die 13. Sitzung des Fachausschusses vom 13.–14.12.1955 in Stuttgart. Bis dahin sollten die Lokfabriken Vorschläge zum Anstrich der BR 10 einreichen.

Apr Rabus faßte während der Sitzung dann die verschiedenen Vorschläge zusammen: »Die vorliegenden 35 Entwürfe über den Anstrich der Lokomotiven BR 10 – nämlich
1 Entwurf von Firma Jung,
4 Entwürfe von Firma Krauß-Maffei,
8 Entwürfe von Firma Krupp,
9 Entwürfe von Firma Henschel,
3 Entwürfe von Firma Mf Esslingen und
10 Entwürfe von TGB Kassel –
lassen das Interesse erkennen, mit dem die Anregungen des Lokomotiv-Ausschusses von den Lokomotiv-Herstellern aufgenommen wurden. Alle Lokomotivfabriken begrüßten den Gedanken, daß der neuesten Schnellzuglokomotive gegenüber dem traditionellen schwarz-roten Anstrich ein verkehrswerbender Anstrich gegeben und dabei das vorwärtsstrebende Moment besonders betont werden soll.
Aus der Fülle der Vorschläge seien nachstehend die ausschlaggebenden Faktoren herausgeschält. Das Ziel wurde versucht zu erreichen durch:
die Kombination der Farbgebung,
die Betonung bestimmter Flächen,
die Anordnung durchlaufender Linien oder Flächen in der Längsrichtung,
die Gestaltung der Windleitbleche,
die Betonung waagerecht durchlaufender Gestänge.

Kombination der Farbgebung
Das Urteil über die Kombination von Farben ist eine Geschmacksfrage. Es wird nie einheitlich sein und ist stark von der Zeitströmung abhängig. An der Dampflokomotive ist man in der Farbgebung mehr gebunden als bei anderen Fahrzeugen. Die Verschmutzung ist bei ihr stärker und ihre Art unangenehmer. Rasche Verunreinigungen durch Öl, Ruß und Staub und hohe Erwärmung sind nicht vermeidbar. Die Farbgebung muß so sein, daß die Lokomotive auch während langer Durchläufe ihr verkehrswerbendes Aussehen nicht verliert. Deshalb müssen schmutzempfindliche Töne wie silbergrau und hellbeige ausscheiden, auch wenn sie dem Auge noch so zusagende Kombinationen ergeben.

Zweckmäßig und schön erscheinen mir für Kessel, Windverkleidung und Tender die Farbkombinationen dunkelblau/mittelgrau oder dunkelblau/schwarz oder dunkelweinrot/schwarz, wobei die dunklere Farbe oben und die hellere unten liegen muß.
Die Aufteilung der Hauptfläche in zwei waagerecht getrennte Flächen mit unterschiedlichem Farbton unterstützt das Bestreben, der Lokomotive eine schnittige Form zu geben.
Was die Wärmebeständigkeit der Farben betrifft, so vertritt die Agm Anstrichstoffe die Auffassung, daß jeder Farbton für die der Wärme ausgesetzten Flächen von Kessel- und Rauchkammerverkleidung gewählt werden kann; die Wärmebeständigkeit sei je nach Farbton nur eine Preisfrage.
Für das Triebwerk (Radkörper und Stangen) erscheint die traditionelle rote Farbe die gegebene. Die rote Farbe ist auffallend schmutzunempfindlich – sie leuchtet immer noch hervor – und läßt Anbrüche gut erkennen. Auch ein hellgrauer Ton wäre brauchbar, doch halte ich Rot für besser. Sehr gut würde es sich aber machen, wenn an roten Rädern die äußeren Stirnflächen der Radreifen hellgrau gestrichen würden.
Für den Rahmen kann das traditionelle Rot zwar gut genommen werden, sehr gut müßte aber ein hellgrauer Ton wirken, auf dem sich die roten Getriebeteile besonders gut abheben würden. Ein roter Rahmen bringt etwas viel Rot, es sollte besser auf die bewegten Teile beschränkt werden.
Die Puffer und die Pufferträger sollen abstechen und können rot oder hellgrau gestrichen sein.
Der Vorschlag der Firma Jung, für die Kesselbekleidung Glanzbleche mit tiefblauem Ton zu verwenden, erscheint beachtenswert, doch sollten weitere Erkundigungen über seine Bewährung eingeholt werden.

Betonung bestimmter Flächen
Am besten geschwindigkeitsbetont ist der Anstrich dann, wenn die gleiche Farbe waagerecht von vorn bis hinten durchläuft, und zwar über die ganze Lokomotive einschließlich Tender. Die beste Trennungslinie der beiden Farbtöne liegt in Höhe des Umlaufblechs der Lokomotive, und zwar sowohl hinsichtlich der Flächenverteilung auf die beiden Farbtöne als auch hinsichtlich der eintretenden Liniensprünge, wenn der Betrachter nicht in Höhe der Trennungslinie steht. Der Vorschlag, die Trennungslinie in das obere Drittel des Langkessels zu legen, ist nicht günstig.
Besonders geschwindigkeitsbetont wirkt der Anstrich der unteren Lokomotivhälfte dann, wenn die hintere Windverkleidung der Lokomotive und des Tenders unterhalb der Ausschnittlinie der Windverkleidung wieder in derselben (dunkleren) Farbe wie die obere Hälfte der Lokomotive gestrichen ist. Dann erfaßt die hellere Farbe die volle Windverkleidung nur im vorderen Teil der Lokomotive und den schmalen Streifen der Windverkleidung über dem Triebwerk und setzt sich nur in dieser Breite über den hinteren Teil der Windverkleidung und über den Tender bis an dessen Ende durch (Entwurf 1 der Firma Krupp).
Bei geeigneter Formgebung der Windleitbleche wirkt ein sie ge-

149

genüber dem Kessel abhebender Ton, und zwar in der Farbe des unteren Teils der Lokomotive, gut.
Dach, Kamin und Dom anders als den oberen Teil der Lokomotive zu streichen, bringt keinen besonderen Vorteil.
Anordnung durchlaufender Linien in der Längsrichtung
Durchlaufende Linien in waagerechter Richtung von vorn bis hinten betonen die Geschwindigkeit und erhöhen das schnittige Aussehen der Lokomotive mehr als alles andere. Die Linien müssen hinreichend breit und betont hell sein, damit sie auch auf größere Entfernung wirken. Wenn, wie oben beschrieben, die hellere Farbe der Lokomotive nur als schmale Fläche nach hinten durchläuft (Entwurf 1 der Firma Krupp), dann genügt eine einzige durchlaufende Linie, die von vorn am unteren Rand der Windverkleidung entlang und waagerecht nach hinten bis ans Tenderende verläuft, also am hinteren Teil der Windverkleidung nicht nach unten läuft.
Sonst sind 2 helle Linien besser, deren eine unmittelbar unter dem Umlaufblech der Lokomotive und bis ans Tenderende verläuft und deren andere parallel dazu in entsprechendem Abstand darunter liegt. Beide können an der Lokomotivstirnfläche V-förmig nach vorn unten umbiegen (Entwürfe TGB 3 oder Firma Jung) oder als Schnittlinie einer senkrechten Ebene mit dem vorderen Teil der Windverkleidung diese U-förmig einrahmen (Entwürfe Firma Henschel).
Die durchlaufenden Linien werden am besten in Silbergrau gehalten. Sie müssen sehr hell sein, sonst wirken sie nicht. Die Arbeitszeit zu ihrer laufenden Reinhaltung steht bei gutem Willen zur Verfügung.
Gestaltung der Windleitbleche
Von den vorgeschlagenen Gestaltungen befriedigt keine ganz. Zwischen der Formschönheit und Zweckmäßigkeit scheint ein Kompromiß geschlossen werden zu müssen. Die Redewendung, daß, was technisch richtig, auch schön ist, scheint nicht immer zu gelten.
Die tropfenförmig gehaltenen Windleitbleche in den Entwürfen von Krauß-Maffei entsprechen mir in ihrer Form am meisten. Aber auch die der üblichen Gestalt näher kommenden Windleitbleche in den Entwürfen 1 bis 4 von Firma Henschel sind ansprechend. Welche von beiden die bessere Form ist, wird eine Probe mit entsprechend geformten Attrappen an der zusammengebauten Lokomotive am besten ergeben.
Betonung waagerecht durchlaufender Gestänge
Die von mehreren Firmen vorgeschlagene Verchromung der Handstangen und Beschläge würde sicher gut wirken, doch habe ich Zweifel, ob sie sich im rauhen Dampflokomotivbetrieb bewähren wird. Eine gewisse Bedeutung hätte ein Hervorheben der waagerecht durchlaufenden Handstangen und Züge am Langkessel. Bei einigen waagerecht verlaufenden langen Gestängen am Langkessel kann ein Verchromen versucht werden, jedoch nur, soweit die Gestänge günstig wirken, wenn sie hervortreten.
Zusammenfassung
Die Entwürfe Krupp 1 und 3 und TGB 5 wirken von den vorgelegten Entwürfen im Gesamteindruck schon sehr gut. Sie enthalten bereits viele der vorstehend empfohlenen Elemente und können durch Einarbeitung der übrigen zu empfehlenswerten Ausführungen des Anstrichs vervollkommnet werden.
Es ist nicht ganz leicht, nur auf dem Zeichenbrett einen voll befriedigenden Anstrich zu entwickeln. Die Erprobung an einem Modell — wenn auch an einem wesentlich vereinfachten — ist unbedingt zu empfehlen. Entscheidend wird aber letzten Endes der Eindruck sein, den man beim Aufbau des Anstriches an der fertigen Lokomotive empfangen wird.«

Nach Diskussion erging dieser Beschluß:
Der Ausschuß schlägt für die Neubaulokomotiven BR 10 folgenden Anstrich vor:

Kessel und Tender schwarz (seidenmatt),
Triebwerk und Rahmen hellrot,
Schürze als breites über Lokomotive und Tender durchlaufendes hellgraues Band,
Auf dem Band in Höhe des Umlaufes zunächst weiße, später blanke metallische Streifen,
Tender und Führerhaus unterhalb des hellgrauen Bandes schwarz (seidenmatt),
Radreifen hellgrau,
Puffer und Pufferbohle hellrot,
Wegfall der hellen Spannbänder am Langkessel,
Form des Streifens und der Windleitbleche nach Skizze des BZA Minden.

Die HVB wollte sich diesem Beschluß nicht anschließen und verfügte für die BR 10 den normalen, schwarz-roten Einheitsanstrich für Dampflokomotiven. Das breite Farbband wurde durch zwei schmale, blanke Zierlinien ersetzt.

Während man noch über die zweckmäßige äußere Gestaltung debattierte, waren die beiden Baumuster-Maschinen schon in Arbeit. Ende 1955 waren die Holzformen für die Konstruktion der gegossenen Zylinderblöcke beim Bochumer Verein fertiggestellt. Der Guß ließ allerdings noch auf sich warten. Von Mitarbeitern des Bochumer Vereins, die damals mit den Arbeiten befaßt waren, wird berichtet, daß die Arbeiten am Zylinderblock rund ein halbes Jahr gedauert haben, wovon die längste Zeit von den Modelltischlern benötigt wurde. Sie hatten für den Guß ein Holzmodell im Maßstab 1:1 zu fertigen, von dem dann die Maße für die Gußformen abgenommen werden konnten.
Ebenfalls Ende 1955 hatten die ersten Arbeiten in den Hallen von Krupp angefangen. Bis zum April waren die Rahmen beider Maschinen fertiggestellt, mit dem Verschweißen der Zylinderblöcke könnte der Zusammenbau der Maschinen beginnen. Die weiteren Stationen in Kürze:
Im Juni 1956 werden die Zylinderblöcke bearbeitet und Laufbüchsen eingezogen. Im August 1956 sind die beiden Kessel fertiggeschweißt und werden berohrt. Es folgt die Druckprobe. Im September 1956 werden Rahmen und Zylinderblöcke verschweißt. Währenddessen liegen Führerhaus, Anbauteile, Tenderaufbau usw. zur weiteren Bearbeitung bereit. Im Oktober wird nach Aufsetzen des Kessels auf den Rahmen das Führerhaus montiert, die Anbauteile werden angebracht, die Kesselumhüllung wird montiert und die Verkleidung wird angepaßt. Nach dem Aufachsen am 5.12.1956, bei dem übrigens auch das Regionalfernsehen anwesend ist, geht es schnell: Die ersten Gehversuche unter eigenem Dampf fallen noch in den Dezember 1956, dazu ist die Verkleidung noch nicht montiert. Den Januar und Februar 1957 über werden Verkleidung angebracht und Lack aufgetragen. Ende Februar 1957 ist 10001 fertiggestellt.
Da die beiden Maschinen der BR 10 erklärterweise die letzten neu entwickelten Dampfloks bei Krupp waren, wurde an ihrer Fertigstellung nur sporadisch gearbeitet. Die große Verzögerung zwischen April und August 1956 ist so zu erklären, ebenso die wesentlich spätere Fertigstellung der 10002, die im Rohzustand bei Ablieferung der 10001 schon sehr weit gediehen war.

197 So stellte sich 1956 die Bundesbahn den Einsatz der BR 10 vor. Der Eisenbahnmaler Walter Zeeden aus Garmisch-Partenkirchen, der damals häufig für die DB tätig war, wählte für sein Aquarell ein ziemlich freies Motiv mit dem Loreleyfelsen an der linken Rheinstrecke (auf der die BR 10 später niemals fuhr). Bis auf den Platz des vorderen Nummernschildes entspricht die Darstellung schon der erst ein Jahr später fertiggestellten Endausführung.

Technische Daten der Baureihe 01^{10} (vor Umbau) und 10 (Zustand 10002) im Vergleich

Baureihe			01^{10}	10	Baureihe			01^{10}	10
Bauart	Abk	Dim	Einheitslok 1925	Einheitslok 1950	Bauart	Abk	Dim	Einheitslok 1925	Einheitslok 1950
Abgekürzte Bezeichnung	—	—	2' C 1' h 3	2' C 1' h 3	Überhitzerheizfläche	$H_ü$	m²	86,00	105,70
Betriebsnummer ab	—	—	01 1001, 01 1052–1105	10 001	Heizflächen-Verhältn = $H_{vb}:H_{vs}$	$φH$	—	13,62	8,84
Trieb- und Laufwerk:					Strahlungsflächen-Verhältnis $φS = H_{vs}:R$	$φS$	—	3,91	—
Fahrgeschwindigkeit vw/rw	V	km/h	140/50	140/90	Überhitzerheizfläche je t Dampf	$H_ü:D$	m²/t	6,10	6,51
Zylinderdurchmesser	d	mm	3 × 500	3 × 480 720	Feuerrauminhalt v Feuerbüchse u Verbrennungskammer : Rostfläche = $(F_{Fb} + F_{Vk}):R$		m³/m²	1,61	—
Kolbenhub	s	mm	660	2000					
Treib- u Kuppelraddurchmesser	D	mm	2000	1000	Achsstände:				
Laufraddurchmesser, vorn	D_v	mm	1000	1000	fester Achsstand	a_f	mm	4 600	4 600
Laufraddurchmesser, hinten	D_h	mm	1250		gesamter Achsstand	a_g	mm	12 400	12 525
Steuerung:				Ha m Übtrw	gesamter Achsstand v L + T	$a_{(L+T)g}$	mm	20 370	22 185
Art und Lage			Ha, i	300	Länge der Lok	l_L	mm	15 135	16 039
Kolbenschieberdurchmesser	d_S	mm	300		Länge über Puffer (L + T)	$L_üP$	mm	24 130	26 503
Kessel:				18	Gewichte:				
Kesselüberdruck	p_K	kg/cm²	16	11,5	Lokleergewicht	G_{Ll}	t	103,00	108,9
Wasserraum des Kessels	W_K	m³	11,26	5,78	Lokreibungsgewicht	G_{Tr}	t	60,20	65,6
Dampfraum des Kessels	D_K	m³	4,72	15,15	Lokdienstgewicht	G_{Ld}	t	114,30	118,9
Verdampfungswasseroberfläche	O_w	m²	14,82	9,870	Leergewicht v L + T	$G_{(L+T)l}$	t	137,15	139,2
Feuerrauminhalt von Feuerbüchse u Verbrennungskammer	$F_{Fb}+F_{Vk}$	m³	6,950	1122	Fahrzeuggesamtgewicht v L + T mit vollen Vorräten	$G_{(L+T)v}$	t	196,45	201,2
Länge der Verbrennungskammer	l_{Vk}	mm	—	1897/2000	Fahrzeugdienstgewicht v L + T mit ²/₃ Vorräten	$G_{(L+T)d}$	t	180,45	183,9
Größter Kesselnenndurchmesser	d_K	mm	1000	—	Metergewicht $G_{(L+T)v}:L_üP$	q	t/m	8,14³)	7,58⁴)
Kesselleergew. ohne Ausrüstung	G_{Klo}	t	24,5	—	Achslast: 1. Achse	2 Q	t	16,6} 70	16,5} 80
Kesselleergew. mit Ausrüstung	G_{Klm}	t	32,9		2. Achse	2 Q	t	16,6}↔	16,5}↔
Rohre:					3. Achse	2 Q	t	19,7	22,4
Anzahl der Heizrohre	n_{Hr}	Stck	106	109	4. Achse	2 Q	t	19,8 15 O	22,2 15 O
Heizrohrdurchmesser	d_{Hr}	mm	70 × 2,5	54 × 2,5	5. Achse	2 Q	t	20,7	21,0
Anzahl der Rauchrohre	n_{Rr}	Stck	24	44	6. Achse	2 Q	t	20,9 80 ↔	20,3 90 ↔
Rauchrohrdurchmesser	d_{Rr}	mm	171 × 4,5	143 × 4,25	7. Achse	2 Q	t	—	—
Rohrlänge zw den Rohrwänden	l_r	mm	6800	5500	8. Achse	2 Q	t	—	—
Überhitzerrohrdurchmesser	$d_{Ür}$	mm	30 × 3,5	38 × 4	Lokdienstgewicht: ind Leistung	$G_{Ld}:N_i$	kg/PS	53,9	47,5
Rost:					Verdampfungsheizfl: Lokdgewicht	$H_v:G_{Ld}$	m²/t	2,16	1,82
Rostfläche	R	m²	4,32	—	Wasserkasteninhalt	W	m³	38	40
Länge × Breite	R_{lb}	m × m	2,542 × 1,700	—	Kohlenkasteninhalt	B	t	10	12,5
Heizflächen:					Indizierte Leistung	N_i	PS	V 2120	R 2500
Strahlungsheizfläche = Feuerbüchs- + Verbrennungskammer-Heizfläche = $H_{Fb} + H_{Vk}$	H_{vs}	m²	16,90	22,0	Indizierte Zugkraft (bei 0,8 p_K)	Z_i	kg	15 840	17 900
					Befahrb Bogenlaufhalbmesser	R	m	140	140
Rauchrohrheizfläche	H_{Rr}	m²	83,06	102,10	Befahrb Ablaufberghalbmesser		m	300	300
Heizrohrfläche	H_{Hr}	m²	147,19	92,30	Vorwärmer			OV	MV
Rohrheizfläche = $H_{Rr} + H_{Hr}$	H_{vb}	m²	230,25	194,40	Heizung			Hrv	Hrv
Verdampfungsheizfläche $H_v = H_{vs} + H_{vb} = H_{Fb} + H_{Vk} + H_{Rr} + H_{Hr}$	H_v	m²	247,15	216,40	Läutewerk			—	—
					Bremse			Kss mit Z	K mit Z

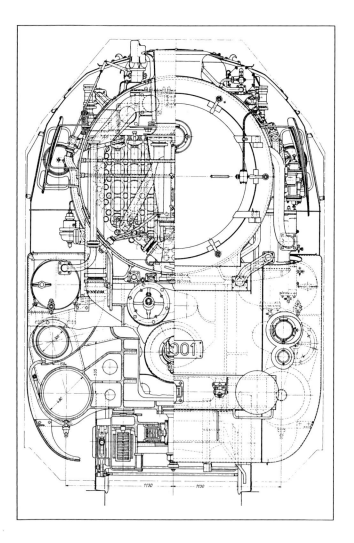

199 Gesicht der fertiggestellten 10001, aufgenommen auf dem Übergabegleis Krupp–DB Ende März 1957.

200 Frontansicht der 10001. Hinter dem Schornstein sind die Ventile des Mehrfachventil-Heißdampfreglers zu erkennen.

Technische Beschreibung der BR 10

Vorbemerkung

Eine ausführliche Beschreibung der BR 10 ist von der DB niemals bearbeitet worden. Veröffentlicht wurde lediglich eine siebenseitige Kurzbeschreibung – DV 930.24 – aus dem Jahre 1960. Darin waren die bis dahin durchgeführten Bauartänderungen schon »als gegeben« aufgeführt. Über gewisse Teile der Ursprungsausstattung der BR 10 hielt somit das Rätselraten weiter an. Noch in einer umfangreichen Veröffentlichung aus dem Jahre 1981 werden z. B. über Regler und Vorwärmer grundsätzlich falsche Behauptungen aufgestellt. Die folgende Beschreibung ist deshalb eine Zusammenstellung der aus der grundsätzlichen Ausstattung der Neubaudampflokomotiven bekannten Teile sowie den aus Zeichnungen, Kurzbeschreibung, persönlicher Anschauung sowie technischen Artikeln nachgewiesenen Bauelementen. Die Gliederung wurde von der sonst geübten Praxis bei anderen DV-Beschreibungen übernommen.

Allgemeines

Im Typenplan der DB ist die BR 10 zur Beförderung sehr schnell fahrender, schwerer Reisezüge vorgesehen mit einer zu erreichenden Dauergeschwindigkeit von 140 km/h. Grundlage der Konstruktion ist der neuentwickelte Ersatzkessel für die BR 01^{10}. Gegenüber dieser wurde aber eine größere Zugkraft, u.a. durch den höheren Achsdruck, verwirklicht. Einige Bauteile wurden bei der BR 10 zum erstenmal bei der DB ausgeführt: die Dampfentnahme nicht mehr aus dem Dom, der gegossene und eingeschweißte Zylinderblock, die leichte Stromlinienverkleidung.

Ansonsten sind die Maschinen durch die neuen Baugrundsätze der DB geprägt. Sie zeigen somit die gleichen besonderen Baumerkmale wie die Reihe 23 (dargestellt unter Punkt 1 bis 16 auf Seite 22).

Der Kessel

Der Kessel ist in sämtlichen Verbindungen geschweißt. Die Heizflächenanteile sind so verteilt, daß sich, wie bei der BR 23, ein Verhältnis Feuerbüchsheizfläche zu Rostfläche von 5,5 ergibt, d. h., der Kessel verfügt auch über einen großen Teil hochwertiger Strahlungsheizfläche. An die Feuerbüchse schließt sich eine große Verbrennungskammer an. Der kohlegefeuerte Kessel ist für eine normale Dampferzeugung von 15 t pro Stunde ausgelegt, eine Dauerbelastung von bis zu 18 t ist aber bei Verwendung der Ölfeuerung möglich. Die dauernd mögliche Heizflächenbelastung beträgt wie bei den anderen DB-Neubaudampfkesseln wegen des großen Anteils guter Heizfläche 70 kg/m².

201 Vor der Ablieferung: 10 001 noch auf Krupp-Gelände, Ende März 1957. Die 5-Ton-Dampfpfeife ist gut zu erkennen. Die Maschine hat Atlas-Klarsichtfenster.

202 Ab 28. 3. 1957 war 10 001 zur Abnahme im AW Mühlheim-Speldorf. Rechts steht die T-8-Werklok des AW. Die Verkleidung der 10 verjüngte sich vorne leicht. Die beiden Öffnungen des Doppelschornsteins sind zu erkennen. Der Kohlenkasten ist mit einer zurückschiebbaren Abdeckhaube versehen.

Der Kesseldruck ist gegenüber dem Ausgangskessel der BR 01^{10} um 2 atü auf 18 kg/cm^2 erhöht. Die Kesselmitte liegt vorn 3250 mm über der Schienenoberkante, hinter dem konischen Kesselschuß 3098 mm. Im Bereich des Stehkessels ist der Kessel wieder eingezogen, um im Führerhaus möglichst viel Platz neben dem Stehkessel zu schaffen. Diese Maßnahme war nötig geworden, weil beim Neubaukessel für die BR 01^{10} möglichst das alte Führerhaus weiterverwendet werden sollte.

Gegenüber dem 01^{10}-Neubaukessel besitzt der **Langkessel** der Baureihe 10 einen um 500 mm weiter nach vorne verlängerten Wasserraum. Die Rohrlänge beträgt somit 5500 mm. Der Kessel hat im vorderen, zylindrischen Schuß einen Außendurchmesser von 1941 mm, im konischen Kesselschuß geht der Kesseldurchmesser auf 2044 mm über. Die Wandstärke des vorderen Kesselschusses beträgt 22 mm, zur Aufnahme des eingeschweißten Domfußes ist der hintere Kesselschuß auf 25 mm Blechdicke verstärkt.

Der Kessel enthält 44 Rauchrohre 143×4,25 mm und 109 Heizrohre 54×2,5 mm. Zur Verminderung der Verschleißanfälligkeit der Verbindung von Heiz- und Rauchrohren mit der Feuerbüchsrohrwand wird auf eine Kaltverformung durch Einwalzen und auf das Einengen der Rohrenden verzichtet. Dafür werden besondere Anschweißenden stumpf angeschweißt, mit Spiel in der Rohrwand eingesetzt und mit einfachen Kehlnähten befestigt. Dieses Verfahren bringt auch für die Rohrwerkstätten eine wesentliche Vereinfachung. Die Rauchkammerrohrwand ist als ebene, 30 mm dicke Platte in einen breitflanschigen gewalzten T-Eisenring eingeschweißt.

Es ist nur ein **Dampfentnahmedom** vorhanden, der allerdings nicht mehr seinem ursprünglichen Zweck dient, sondern als

Mannloch zum Begehen des Kessels benutzt wird. Der Dom ist eingeschweißt. Dampfentnahmerohr und Absperrventil sind an einem Halter im Dom befestigt. Der Domdeckel wird durch einen Winkelring auf seinen Sitz gepreßt.

Der Stehkessel besteht im Mantelteil aus drei mit Längsnähten aneinandergeschweißten Stücken, den beiden Seitenwandteilen mit 15 mm Wandstärke und der runden Decke, die zur Aufnahme der Belastung aus den Deckenstehbolzen auf 22 mm verstärkt ist. An den Übergängen ist das jeweils stärkere Blech zugeschärft. Stehkesselvorderwand und Rückwand sind 22 bzw. 15 mm stark. 17 Queranker, in zwei Reihen über der Feuerbüchse angeordnet, verhindern ein seitliches Ausweichen der Stehkesseldecke. Zwei Rückwandbleche in Höhe der Querankerreihen leiten die Belastung der ebenen Rückfläche in die Seitenwände. Ein Bodenringqueranker verhindert das seitliche Auswölben des Stehkessels. Stehkesselmantel und Langkessel sind aus St 34 gefertigt.

Der höchste Punkt der **Feuerbüchse**, der Umbug der Rohrwand, liegt 379 mm über Stehkesselmitte. Der niedrigste Wasserstand liegt 150 mm über dem Umbug der Feuerbüchse.

Die aus IZ-II-Stahl hergestellte, vollständig geschweißte Feuerbüchse mit anschließender Verbrennungskammer ist in Vorder- und Rückwand 10 mm dick gehalten, ebenso in den Seitenwänden. Die Decke hat eine Stärke von 11 mm, die vordere Rohrwand von 15 mm. Der große Wandabstand von 166 mm zur Stehkesselwand fördert den schnellen Abzug der Dampfblasen. Ansonsten gilt für die Feuerbüchse das auf Seite 26 bei der BR 23 Gesagte.

Der **Bodenring** besteht in den Längsteilen aus gepreßtem U-Profil und ist mit den verstärkten Stahlgußecken aus acht Teilen zusammengeschweißt. Am Bodenring sind angeschweißt
– der Anschluß für das Abschlammventil
– der Bodenringqueranker
– die Halter für den Kipprost (nur bei 10001)
– die Rostbalkenträger (nur bei 10001)
– die vorderen Stehkesselgleitstützen
– der hinten liegende Steg für das Stehkesselpendelblech zur Abstützung am Rahmen
– die vorderen Kesselauflager.

In der Stehkesselrückwand sind Ausschnitte vorgesehen für die Feuertür (Feuerlochring mit der Feuerbüchse verschweißt) sowie beiderseits der Feuertür bei 10001 für die Brenner der Ölhilfsfeuerung. Beide Maschinen haben außerdem oberhalb der Feuertür einen Durchbruch für den Dampfbläser Bauart Gärtner.

Die Feuerbüchsdecke wird durch glatte, von der Stange geschnittene 26 mm starke Hohlstehbolzen gehalten. Die Bolzen sind in die Stehkesseldecke und in die Feuerbüchsdecke gewindelos mit Spiel eingeschweißt und außen mit Schmelzpfropfen verschlossen. Die in gleicher Weise eingeschweißten Seitenstehbolzen und die Gelenkstehbolzen sind mit Ausgleichsring in den Bewegungszonen ausgestattet.

Der **Rost** der 10001 ist gegen die Waagerechte im Verhältnis 1:7,9571 geneigt. Bei einer Breite von 1598 mm und einer Tiefe von 2475 mm beträgt seine Fläche 3,955 m². Die mit Ölhauptfeuerung ausgerüstete 10002 besitzt keinen Rost, sondern eine Schamotte-Ausmauerung im Bereich des Aschkastens und der Wände. Es sind vier Rostfelder bei 10001 vorhanden mit 800 mm Länge vorn, 450 mm Länge des Kipprostfeldes sowie je 600 mm Länge der beiden hinteren Felder.

Der **Aschkasten** Bauart Stühren ist unabhängig vom Kessel im Rahmen gelagert. Er besteht aus verschleißfesten und zunderbeständigen Chromstahlblechen. Die Bodenklappen sind aus hitzebeständigem Sphäroguß hergestellt. Der Aschkasten der 10002 ist den Bedingungen der Ölhauptfeuerung angepaßt (siehe Be-

203/204 Ende 1960 wurde 10002 für die Nürnberger 125-Jahr-Ausstellung der Bahn im AW Braunschweig »schöngemacht«. Dort entstanden die Fotos der Lok. Anläßlich der gerade durchgeführten L-2-Untersuchung war sie mit dem MV '57 ausgerüstet worden. Der Heber vor dem Mischbehälter unter dem Führerhaus fehlt.

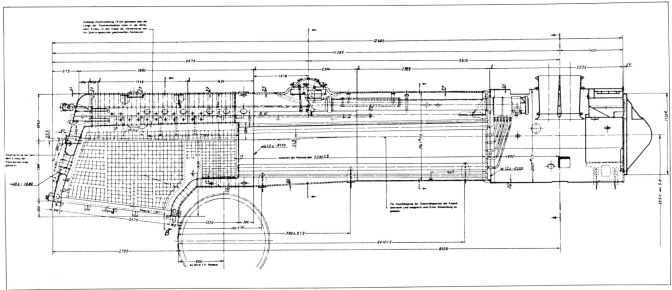

205 Der Kessel der 10001. Entgegen dieser frühen Zeichnung wurde die Dornhaube wesentlich flacher ausgeführt.

206 Blick in den Stehkessel der 10001; das Rückwandankerblech ist bereits eingeschweißt.

207 Der Kessel der 10001. Neben der Feuertür sind die Ausschnitte für die Brenner der Ölhilfsfeuerung zu sehen. Der Kessel wird gerade mit einer Wärmeisolierung versehen. Foto bei Krupp vom 22. 8. 1956.

208 Der Dom während der Druckprobe. Er ist mit dem Kesselblech verschweißt. Der Deckel wird durch einen Winkelring auf seinen Sitz gepreßt.

schreibung auf Seite 159). Ansonsten gilt für den Aschkasten das auf Seite 27 Gesagte. Allerdings werden die Seitenklappen des Aschkastens nicht wie bei der BR 23 mit Zugstangen, sondern über Teleflex-Bowdenzüge betätigt (bei Ausrüstung auch der 10001 mit Ölhauptfeuerung der 10002 angeglichen).

Die Feuerbüchse besitzt einen **Feuerschirm** der Regelbauart. An den Feuerbüchsseitenwänden ist er auf gußeiserne Tragleisten abgestützt. Der **Rauchkammermantel** ist stumpf an den Winkelring am Langkessel angeschweißt. Der Außendurchmesser der Rauchkammer beträgt 2037 mm, der Abstand zwischen Rauchkammerstirnwand und Rauchkammerrohrwand 2935 mm. Hinter dem Schornstein befindet sich ein durch eine abnehmbare Haube abgedeckter Ausschnitt, durch den die Heißdampfregler-Ventile zugänglich sind.

Die Rauchkammer ist durch eine kegelige Tür mit Vorreibern geschlossen. Im unteren Teil ist innen ein Schutzblech gegen den Angriff von Flugasche vorhanden.

Die besonders korrosionsgefährdeten Stellen der Rauchkammer, also der Boden, der Stirnwandring und der Türring, bestehen aus Chromstahl.

Die Rauchkammer trägt beiderseits Konsolen mit Stützflächen, über die der Kessel unter Zwischenlage von Paßblechen mit dem Zylinderblock verschraubt ist.

Zur Verringerung der Wärmeverluste ist der ganze Kessel einschließlich der Einströmrohre und Zylinder mit **Matratzen** aus **Glaswolle** isoliert, die in Gewebe vernäht und den zahlreichen Untersätzen, Luken und Haltern entsprechend geformt sind. Unter sich sind die einzelnen Teile mittels Messingdraht verspannt. Der Kessel kann so zur Untersuchung freigelegt werden, und die Matratzen sind immer wieder zu verwenden.

209 Kesseldruckprobe mit Wasser beim Kessel der 10 001. Das Verhalten der verschiedenen Schweißstellen wird mittels Meßfühlern kontrolliert. Foto vom August 1956 bei Krupp.

Die Kesselausrüstung

10 001 ist ab Lieferung mit einer einfachen, nach innen aufschlagenden **Feuertür** ausgerüstet. Die Tür ist doppelwandig aus Blech hergestellt. Zur Vermeidung der Sichtbehinderung des Lokführers bei Nachtfahrt ist an der rechten Seite neben der Feuertür ein Blendschutzblech angebracht. Hierdurch wird auch eine zu starke Wärmestrahlung abgehalten (später der 10 002 angepaßt).

Die mit Ölhauptfeuerung ausgerüstete 10 002 besitzt anstelle der Feuertür einen verriegelbaren Kasten mit Schauluke, weil die Brenner von vorn in Richtung auf die Feuertür zeigen. Hierzu weitere Erläuterungen auf Seite 159.

Die Abmessungen der **Saugzuganlage** sind so gewählt, daß bei geringem Brennstoffverbrauch und geringem Gegendruck wirtschaftlich gefahren werden kann.

Der erstmals bei der DB verwendete **Doppelschornstein** ermöglicht eine geringe Geschwindigkeit des Dampf-Rauchgemisches und damit eine gute Feueranfachung. Der Zylinderabdampf aller drei Zylinder wird in einen gemeinsamen Dampfkanal abgeleitet und danach im Hosenrohr für das **Doppelblasrohr** aufgeteilt. Im Hosenrohr wird auch der Abdampf für den Heinl-Mischvorwärmer abgeleitet. Das Doppelblasrohr ist so ausgebildet, daß es später gegen ein Kylchap-Mehrfachdüsenblasrohr ausgewechselt werden kann.

Der Lichtmaschinenabdampf wird über ein angegossenes Rohr links in die hintere Schornsteinröhre abgeleitet. Der Abdampf von Luftpumpe und Speisepumpe V 15 wird im Vorwärmer ausgenutzt.

Der **Funkenfänger** der 10 001 ist zweiteilig und pendelnd am Schornstein aufgehängt. Die ölgefeuerte 10 002 besitzt keinen Funkenfänger.

In der Rauchkammer sitzt hinter dem Schornstein der **Mehrfachventil-Heißdampfregler**, mit dem Dampfsammelkasten in einem Stück zusammengefaßt. Der Regler entspricht in seinem Aufbau dem der BRn 23, 65 und 82 (siehe auch Seite 28). Die Reglerwel-

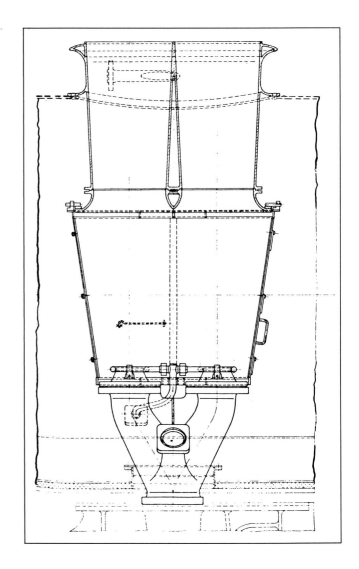

210 Doppelschornstein der BR 10.

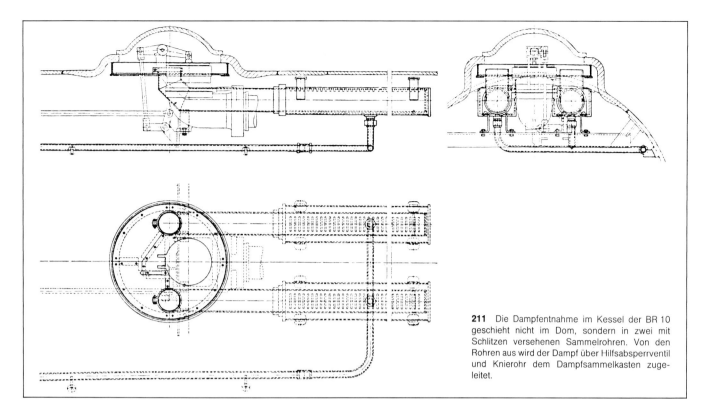

211 Die Dampfentnahme im Kessel der BR 10 geschieht nicht im Dom, sondern in zwei mit Schlitzen versehenen Sammelrohren. Von den Rohren aus wird der Dampf über Hilfsabsperrventil und Knierohr dem Dampfsammelkasten zugeleitet.

212 Zusammenbau der 10001. Die Lage des Mittelzylinders und der Warmwasserspeicher sind gut zu erkennen.

le ist auf der rechten Seite aus der Rauchkammer herausgeführt. Über ein Parallelogramm, das Reglerbewegungen bis zum Führerstand hin verhindern soll, ist der Regler mit dem Reglergestänge verbunden.

Aus der Heißdampfkammer des Reglers wird auf der linken Seite der Heißdampf für den vorderen **Dampfentnahmestutzen** entnommen. An diesen Dampfentnahmestutzen sind Hilfsbläser und Speisepumpe V 15 angeschlossen. Auf der rechten Seite des Reglers wird von der Naßdampfkammer aus der Dampf für die Lichtmaschine und Lupftpumpe entnommen. Über eine Luke ist der Dampfsammelkasten von Zeit zu Zeit von Zunder und Kesselsteinstaub auszublasen.

Die Überhitzerelemente sind in üblicher Weise befestigt (siehe Seite 29).

Dem Mehrfachventil-Heißdampfregler ist im Dampfdom ein **Hilfsabsperrventil** mit großem Durchgangsquerschnitt vorgeschaltet, das durch einen Zug mit Handrad an der Stehkesselrückwand betätigt werden kann (siehe Seite 29).

Der Kessel wird mit Speisewasserinnenaufbereitung betrieben. Das aus der Dampfmaschine über den Mischvorwärmer in den Kessel mitgeführte Öl neutralisiert aber teilweise die Aufbereitungsmittel. Um der Neigung zum Aufschäumen im Kessel und damit der Gefahr des Wasserüberreißens in die Zylinder vorzubeugen, wird der Dampf erstmals durch zwei im Kesselscheitel angeordnete **Sammelrohre mit Schlitzen** im oberen Rohrteil entnommen und dem Hilfsabsperrventil im Dom zugeführt. Die Sammler liegen in einer Wanne zum Abfangen von übergerissenem Wasser und Schaum. Über eine Leitung im Kessel wird dieses Wasser zur Stehkesselrückwand geführt und kann durch Betätigen des dort angebrachten Schaumventiles zum Abwaschen der Asche auf den schwach geneigten Seitenflächen des Aschkastens verwendet werden.

Mit dieser Anordnung hat der Dampfdom seine ursprüngliche Funktion verloren und dient nur noch als Mannloch. Vom Hilfsabsperrventil aus wird der Dampf dem Überhitzer und dann dem Regler zugeleitet.

Das Reglergestänge wird wie bei den übrigen Neubaudampfloks auf der rechten Lokseite zum Führerhaus geführt. Der Reglerhandhebelbock ist am Führerhaus befestigt, so daß die Wärmedehnung des Kessels das Gestänge nicht beeinflußt. Der Reglerhebel wird sinngemäß betätigt, d. h. nach vorn wird geöffnet, nach hinten geschlossen, insofern gleicht das Gestänge der Ausführung der übrigen Neubaudampfloks.

Der Überhitzer der Bauart Schmidt entspricht der üblichen Bauart. Bei einer Heizfläche von 105,7 m^2 besitzt er 44 Überhitzereinheiten mit dem Durchmesser 38×4 mm. Die Elemente tauchen zweimal in die Rauchrohre ein.

10001 und 002 haben ab Lieferung als erstes Speiseorgan eine liegende, nichtsaugende **Strahlpumpe der Bauart Friedmann ASZ 10** mit einer Förderleistung von 245 l/min, die unterhalb des Führerstandes links eingebaut ist. Die Pumpe wird mit Naßdampf vom hinteren, auf dem Kesselscheitel vor dem Führerstand sitzenden Dampfentnahmestutzen versorgt.

10001 und 002 sind mit einer **Mischvorwärmeranlage Bauart Heinl** ausgerüstet. Die Funktion der Anlage wurde bereits auf Seite 30 besprochen. Abweichend von der Baureihe 23 liegt der Warmwasserspeicher nicht unterhalb der Rauchkammer, sondern aufgeteilt in zwei Trommelbehälter über den beiden Außenzylindern. Abweichend ist auch die Abführung von überschüssigen Gasen und Dampf: Sie entweichen durch ein Entlüftungsventil auf dem Rauchkammerscheitel. Wie die Baureihe 23 ist auch die BR 10 mit der **Mischvorwärmerspeisepumpe Bauart V 15** mit einer Förderung von 250 l/min ausgerüstet.

Im Gegensatz zu den übrigen Neubaudampflokomotiven besitzt die BR 10 wieder zwei **getrennte absperrbare Speiseventile** für die Speisung mit Strahlpumpe oder Kolbenspeisepumpe. Von der Strahlpumpe aus wird das rechts am vorderen Kesselschuß angebrachte Speiseventil betätigt. Bei Speisung über den Vorwärmer wird das vorne links angebrachte Ventil betätigt. Beide sind an einem Krümmer angeordnet. Auf der linken und rechten Seite des vorderen Kesselschusses ist je ein absperrbares Kesselspeiseventil an einem Krümmer angeordnet, durch welchen das Speisewasser in den Wasserraum eingespeist wird. Der Krümmer endet in Höhe des niedrigsten Wasserstandes, so daß bei undichten Kesselspeiseventilen nach Erreichen des niedrigsten Wasserstandes nur Dampf austreten kann.

Der Dampf für die Hilfsmaschinen wird wie bei der BR 23 für die vorn liegenden Verbrauchsstellen, Bläser und Kolbenspeisepumpe auf der linken Seite einem **Stutzen** entnommen, der über Absperrventil und Leitung mit der Heißdampfsammelkammer verbunden ist. Dem Entnahmestutzen ist ein Sieb vorgeschaltet, das Verunreinigungen zurückhalten soll. Ein Kondensomat sorgt für die Entwässerung.

Der **hintere Entnahmestutzen**, angeordnet auf dem Kesselscheitel vor dem Führerhaus, wird über eine im Kessel verlegte Leitung mit Naßdampf aus dem Dampfdom versorgt. An den hinteren Stutzen sind die Strahlpumpe, der Dampfbläser, die Ölbrenner und die Heizung angeschlossen.

Die **5-Ton-Dampfpfeife** sitzt kurz hinter der Rauchkammer annähernd auf dem Kesselscheitel mit senkrechtem Anschluß direkt in den Dampfraum. Sie hat ein im Gehäuseunterteil eingebautes Absperrventil und ist so ausgeführt, daß die zylindrische Glocke in fünf Kammern aufgeteilt ist, deren einzelne Höhen gleich dem Orgelpfeifen-Prinzip zwischen 97 und 237 mm variieren. Der an den Ringwandungen der einzelnen Kammern vorbeiströmende Dampf erzeugt demnach einen Mischklang aus fünf verschiedenen Tönen.

An der Stehkesselrückwand sind zwei normale **Wasserstandsanzeiger mit Selbstschluß** und schräg gestellten Kontrastschildern angeordnet. Zwischenflansche geben eine Öffnung von 100 mm zum Freihalten des Wasserzulaufes unter dem Querankerblech an der Stehkesselrückwand frei.

Der Kessel besitzt zwei **Hochhub-Sicherheitsventile** Bauart Henschel-Ackermann mit im Dampfraum liegenden Federn. Durch die Unterbringung im Dampfraum mit gleichbleibender Temperatur geht die Korrosionsneigung zurück. Die Ventile sind so durchgebildet, daß sie weniger schlagartig öffnen, also mit längerem Verblasen arbeiten.

Zum Reinigen des Kessels sind 36 **Waschluken** vorhanden: 19 kleine (65/50 mm), davon 9 in der Stehkesselrückwand, 4 in der Stehkesselvorderwand, 4 in den Seitenwänden und 2 in der Rauchkammerrohrwand, und 17 große (110/65 mm), davon im oberen Teil des Stehkessels 12, am Bauch der Kesselschüsse 3 und bei den Speiseventilen 2.

Am tiefsten Punkt des Kessels vorn über dem Bodenring ist ein **Abschlammventil** Bauart Gestra mit Druckluftbetätigung von der Heizerseite des Führerstandes aus angeordnet. Ein zweites Abschlammventil ist unter dem vorderen Kesselschuß angeordnet.

Für die **automatische Entsalzung** des Kesselwassers ist im vorderen Teil des Stehkessels ein Durchgangsventil mit angeschlossenem Reaktomat (Typ D A 16) vorhanden.

An das normal ausgeführte **Näßventil** an der Stehkesselrückwand sind bei 10001 Rauchkammerspritze, Aschkastenspritze, Kohlenspritze und Kohlenbrause angeschlossen. Bei der ölhauptgefeuerten 10002 entfallen diese Einrichtungen. (10001 wurde später entsprechend umgebaut.)

Der **Hilfsbläser** besteht aus einem um die Blasrohre gelegten Doppelring mit Löchern. Er ist an den vorderen Dampfentnahmestutzen angeschlossen.

Zum Sauberhalten der Heizflächen der Feuerbüchse, der Verbrennungskammer und der Kesselrohre von Flugasche ist über der Feuertür in Stehkesselmitte ein **Dampfbläser Bauart Gärtner** eingebaut, dessen Dampf über ein druckluftbeaufschlagtes Schnellschlußventil am hinteren Dampfentnahmestutzen durch eine Rohrleitung entnommen wird. In sie ist zur Kühlung ein selbststeuerndes Luftsaugventil eingebaut. An die Dampfleitung

213 10001 im Dezember 1956 auf dem Rollenstand bei Krupp. Links der Tragarm für die ausschwenkbare Verkleidung. Direkt über dem Gleitbahnträger und an der Vorlaufachse sind die Spritzdüsen der Spurkranzschmierung angeordnet.

zum Dampfbläser ist auch eine Rohrleitung angeschlossen; diese führt über einen Durchgangshahn zu einer im oberen Teil des Aschkastens angebrachten Blasvorrichtung, die zum Säubern der Aschkastenseitenwände dient.

Die Temperatur des Heißdampfes wird im rechten Schieberkasten durch einen **Siemens-Pyrometer** mit Fühlerelement gemessen. Als Anzeiger ist im Führerhaus am Steuerpult ein Profilinstrument vorhanden.

10001 ist ab Lieferung mit einer **Ölzusatzfeuerung** ausgerüstet, die den Heizer beim Befahren langer Strecken mit Höchstgeschwindigkeit entlasten soll. Das im Tender vorgewärmte Öl wird hierbei den beiden Brennern zugeleitet, die an der Stehkesselrückwand beiderseits der Feuertür angebracht sind. Die Brenner werden mit je einem Dampfanschluß von der Heizerseite aus betätigt. Mit der regelbaren Dampfgabe durch den Heizer wird das drucklos den Brennern zulaufende Öl zerstäubt und in den Brennraum geblasen. Zusätzlich kann die Ölzufuhr noch durch zwei Handräder unterhalb der Feuertür abgestellt werden. Die Ölzusatzfeuerung wird mit Dampf vom hinteren Entnahmestutzen betrieben. (10001 wurde später entsprechend umgebaut.)

10002 ist mit einer **Ölhauptfeuerung** ausgerüstet. Bei ihr entfallen daher die normale Feuertür, die Näßvorrichtung, der Rost, der Aschkasten in seiner herkömmlichen Bauart und der Funkenfänger.

Die Feuerbüchse von 10002 ist im unteren Bereich mit feuerfesten Schamottesteinen ausgemauert. Anstelle von Rost und Aschkasten befindet sich jetzt der **Brennraum**, der im Bodenbereich ebenfalls mit Schamottesteinen ausgemauert ist. Für die Luftzuführungen sind Öffnungen freigelassen, die mit verstellbaren Klappen geregelt werden. Diese Klappen werden vom Führerhaus stufenlos durch Teleflex-Bowdenzüge betätigt.

Anstelle der Feuertür ist bei 10002 ein nach hinten abfallender Kasten mit Schauluke und darunter ein Luftkanal mit Luftklappe zur Zuführung der Sekundärluft vorhanden.

Vom Tender wird über einen beweglichen Schlauch und ein Ölrohr seitlich am Stehkessel vorbei links unter dem Führerstand der **Ölregulierschieber** mit vorgewärmtem Öl versorgt. Vor dem Regulierschieber wird das Ölrohr durch einen Ölvorwärmer geführt, der beheizt ist. Die Temperatur im Ölvorwärmer wird durch ein Fernthermometer im Führerstand angezeigt.

Der **Brenner** sitzt vorn in der Feuerbüchse. Er besteht aus zwei Elementen, dem **Zündbrenner** (auch Standbrenner) und dem **Hauptbrenner**. Beide Brenner werden vom Führerstand aus stufenlos regelbar mit Dampf beaufschlagt. Das Öl läuft den Brennern drucklos zu und wird durch den zusätzlichen Dampfstrahl zerstäubt und in den Brennraum geblasen. Die Flamme bläst nach hinten und wird durch den Sog in dem Brennraum in Richtung Verbrennungskammer umgekehrt. Beide Brenner sind mit Klemmbügeln befestigt, um sie möglichst schnell lösen und reinigen zu können. Im Normalbetrieb wird der Zündbrenner benutzt, um den Hauptbrenner zu starten, während der Fahrt unterstützt der Zündbrenner den Hauptbrenner.

Der Dampf für Heizung, Vorwärmung und Zerstäubung des Öls wird einem Dampfverteilerstutzen entnommen, der auf dem Führerstand neben der Schmierpumpe angeordnet ist. Er wird vom hinteren Dampfentnahmestutzen mit Frischdampf versorgt. In der Zuleitung vom Dampfentnahmestutzen zum Dampfverteilerstutzen ist ein Fremddampfanschluß zwischengeschaltet, um die kalte Maschine mit Fremddampf für das Anheizen zu versorgen. Die Ventile am Verteilerstutzen sind für folgende Verbraucher von oben nach unten angeordnet:

1. Ventil für die Leitungen zum Ölvorwärmer
2. Ventil für die Leitungen zum Hauptbrenner
3. Ventil für die Leitungen zum Stand- oder Zündbrenner
4. Ventil für die Tender-Ölheizung
5. Ventil zum Rückblasen von Öl in den Tender.

Nur mit gezündetem Zünd- bzw. Standbrenner kann die Lok lediglich kurz bewegt werden, weil sofort durch die zugeführte Luft eine erhebliche Abkühlung im Brennraum eintritt. Eine ausreichende Heizenergie kann nur der Hauptbrenner entwickeln. Der

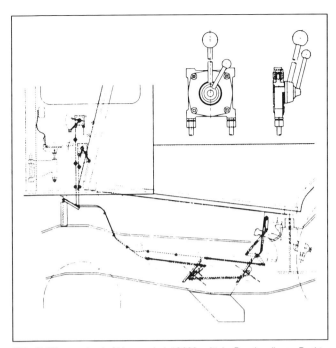

214 Betätigung der Luftklappen bei 10002 mittels Bowdenzügen. Rechts unten in der Feuerbüchse: der Hauptbrenner.

Standbrenner kann allerdings durch seinen kleineren Verbrauch Stillstandsverluste verkleinern, die sonst beim Aufheizen auftreten.

Zu beachten ist auch, daß bei fahrender Maschine der Hilfsbläser bis ca. 40 km/h in Tätigkeit bleibt, weil bis zu dieser Geschwindigkeit der Maschinenauspuff keinen ausreichenden Luftzug im Brennraum erzeugt.

Die Brenner werden nur bei geschlossenem Feuerkasten durch Lunte, Gaslanze oder eingeworfene, brennende Putzwolle gezündet. Eine Entzündung bei heißem Brennkasten erfolgt durch Selbstentzündung beim Anstellen.

Vor dem Brenner ist mittels des Ölvorwärmers die Temperatur auf 85 bis 90° C zu halten, weil bei niedriger Temperatur die Qualmbildung zunimmt und bei zu hoher Temperatur die Flamme abreißt. Weitere Einzelheiten zur Ölfeuerung unter »Tender« auf Seite 166.

Beide Maschinen sind ab Lieferung mit einer **Einrichtung zum Regulieren der Heißdampftemperatur** ausgerüstet. Sie gestattet, die beim Fahren mit dauernd sehr hoher Kesselanstrengung bei ölgefeuerten Lokomotiven auftretenden zu hohen Überhitzungstemperaturen auf ein wirtschaftliches Maß zu reduzieren. Bei einer Temperatur oberhalb von 430 bis 440° C verliert auch das Heißdampfzylinderöl seine Schmierfähigkeit. Über die Regulierungsanlage wird aus dem unteren Kesselteil verdampfungsbereites Wasser abgezogen und, regulierbar über ein Handrad vom Führerstand aus, in die Heißdampfsammelkammer des Dampfsammelkastens gespritzt. Durch die Wärmeabgabe infolge Nachverdampfung senkt sich schlagartig die Temperatur des überhitzten Dampfes. Die Regulierung auf das gewünschte Maß geschieht durch Beobachtung des Pyrometers.

Der Rahmen

Der vollständig geschweißte Rahmen besteht aus Rahmenvorderteil, Stahlguß-Zylinderblock und Rahmenhinterteil. Diese drei Teilstücke sind durch X- und V-Nähte miteinander verschweißt. Die beiden **Rahmenwangen** bilden mit ihren Ober- und Untergurten sowie den eingeschweißten Quer- und Längsversteifungen einen Kastenträger. Die Stahlguß-Achslagerführungen sind in die Rahmenwangen mit X-Naht eingeschweißt.

Etwa in Höhe der Achslagermitte läuft ein waagerechtes Längsverstärkungsblech von vorn nach hinten durch. Zwischen erster

215 Rahmen der 10002 in der drehbaren Schweißvorrichtung bei Krupp. Vorn liegt der fertiggeschweißte Rahmen der 10001 bereit. Blick jeweils von hinten. Für die 1000-mm-Schleppachse ist nur ein sehr flacher »Rahmenausschnitt« notwendig. Oben ist die hintere Deichselführung zu erkennen, der Rahmen liegt auf dem Rücken.

216 Das vordere Rahmenteil ist mit dem Zylinderblock verschweißt. Der Untergurt muß allerdings – sichtbar – gerichtet werden.

und zweiter Kuppelachse ist der Gleitbahnträger aufgesetzt, zwischen zweiter und dritter Achse ein Querträger. Diese Längsverbindungen tragen oben die Steuerschraube, unten die abnehmbaren Steuerwellen- und Schwingenlager. Teile, die zum exakten Arbeiten an Verschleißstellen aufgearbeitet werden müssen, sind mit dem Rahmen verschraubt. – Die Achsgabelstege sind in einem Stück aus St 52 gefertigt und werden von unten über äußere Keilflächen und Paßschrauben wie bei der Reihe 66 mit der Achslagerführung verschraubt. Für den Ausbau der Tragfedern ist der Federbolzen unter dem Achsgabelsteg frei zugänglich und kann nach Entlasten der Feder herausgeschlagen werden. Zum leichten Auswechseln der **Pufferträger** sind die Pufferträgerbleche mit den Rahmenwangen verschraubt.

Der Kessel ist durch vier Pendelbleche und vorn durch die beiden seitlichen Rauchkammerträger mit dem Rahmen verbunden. Die Rauchkammerträger haben waagerecht liegende Tragflächen, mit denen sie auf dem Zylinderblock ruhen und mit Paßschrauben und Paßzapfen verbunden sind. Der Kessel stützt sich außerdem durch zwei vorn unter dem Bodenring seitlich angeschweißte Stützen über Gleit- und Druckplatten auf den Rahmen ab und wird durch zwei Klammern gegen Abheben gesichert. In der Mitte des Bodenringes vorn ist zusätzlich ein Fuß angeschweißt, welcher durch die im Rahmen angeordneten Schlingerstücke Seitenkräfte aufnimmt. – Ansonsten besitzt der Rahmen die schon bei der BR 23 beschriebenen Grundmerkmale.

Die Rahmenwangen sind 25 mm stark, ihr lichter Abstand beträgt 1055 mm, die Rahmenoberkante liegt 700 mm über der Achsmitte, die Rahmenblechhöhe beträgt 750 mm.

217 Aufsetzen der 10 001 auf die Radsätze bei Krupp am 5.12.1956.

Das Laufwerk

Entsprechend dem Einsatz im Schnellzugdienst haben die Kuppelradsätze der Baureihe einen Durchmesser von 2000 mm erhalten.
Alle drei Kuppelachsen sind im Rahmen ohne Seitenspiel gelagert. Die Spurkränze der mittleren Kuppelachse (Treibachse) sind um 15 mm geschwächt.
Die beiden vorderen Laufachsen (Durchmesser 1000 mm) sind in einem **Drehgestell** von 2250 mm Achsstand zusammengefaßt, dessen Rahmengehäuse vollständig geschweißt ist. Der Drehzapfenausschlag beträgt 80 mm nach jeder Seite. Zur Verringerung der Stoßkräfte sind zwischen den Achslagergehäusen und den Federträgern je zwei Tellerfedern angeordnet. Den großen Blatttragfedern sind Doppelschraubenfedern vorgeschaltet.
Die hintere **Laufachse** (Bisselachse) läuft in einem geschweißten Lenkgestell mit Gegenlenker-Rückstellhebel, das mit seinem Deichselzapfen wie bei der Reihe 23 am Hauptrahmen geführt wird. Der Durchmesser der hinteren Laufachse beträgt im Gegensatz zur 01^{10} 1000 mm. Der kleinere Durchmesser erfordert eine geringere Bauhöhe des Rahmens und kommt so der großzügigeren Ausbildung des Aschkastens zugute. Der Lenkgestellrahmen ist durch zwei Pendel mit Silentbloc-Lagerung ebenfalls mit dem Hauptrahmen verbunden, so daß der gesamte Lenkgestellrahmen dem Federspiel des Hauptrahmens folgt, also zur abgefederten Masse gehört. Deichselrahmen und Stahlguß-Achsführungen sind miteinander verschweißt. Sie führen das eigentliche Laufachslagergehäuse zwischen Gleitplatten. Die hintere Laufachse hat einen beiderseitigen Seitenausschlag von maximal 90 mm.

Die Tragfedern sind über den Achslagern angeordnet und können somit leicht ausgebaut werden. Damit wird unter dem Laufradsatz eine gute Bodenfreiheit erreicht.
Der feste Achsstand der Lokomotive beträgt somit 4600 mm. Die Maschine ist in vier Punkten abgestützt. Die beiden ersten bilden die getrennt ausgebildeten **Lastausgleiche** der Kuppelachsen und der Schleppachse, die beiden anderen liegen auf der Quermitte des Drehgestells auf. Die Mitten der Federn und der Längsausgleichshebel liegen in Rahmenplattenebene in 1080 mm Abstand. Die Lokomotiven können Kurven von 140 m Halbmesser und Ablaufberge von 300 m Ausrundungshalbmesser befahren.
10001 und 002 haben an allen Achs- (und Stangen-)lagern **Rollenlager** erhalten. Die Ausrüstung mit Rollenlagern vergrößert die wartungsfreien Laufintervalle der Schnellzuglokomotiven erheblich, weil Nachstellarbeiten wie an Gleitlagern entfallen. 10001 ist mit Lagern der Lieferfirma SKF, die 10002 mit Lagern der Firma FAG ausgerüstet. Die Treib- und Kuppelachsen haben zweisystemige Zylinderrollenlager mit 240 mm Durchmesser und die Drehgestellachsen solche mit 180 mm Durchmesser. Die Laufachslager für die hintere Laufachse sind mit einsystemigen Pendelrollenlagern (190 mm Durchmesser) ausgerüstet, die in einer Zwillingsachsbuchse aus Stahlguß gemeinsam gelagert sind.
Sämtliche Achslagergehäuse haben mit den dazugehörigen Achslagerführungen **Mangan-Hartstahl-Gleitplatten**, weil die Rollenlager sehr empfindlich gegen Stichmaßfehler sind. Zum Schutz gegen Spritzwasser sind an allen Achslagern vor den Labyrinth-Abdichtungen zusätzliche Abweisbleche angebracht, damit die Lager beim Abspritzen mit Heißdampf oder Heißwasser nicht ausgespült werden.

218 Der Zylinderblock von vorn. Inzwischen sind Laufbüchsen eingezogen und die Schraubenlöcher für die Deckel gebohrt. Foto »10001« am 13. 6. 1956.

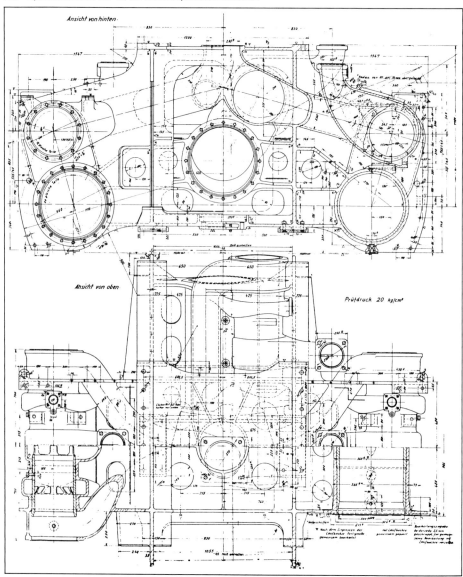

219 Zylinderblock der BR 10, ein hochkompliziertes Gußstück.

Die Zylinder

Die Dampfmaschine ist als Drillingsmaschine mit einfacher Dampfdehnung ausgeführt. Die beiden waagerecht und treibachsmittig liegenden Außenzylinder und der 1:10 geneigte Innenzylinder sind in einem einzigen **Stahlguß-Zylinderblock** vereinigt. Der Zylinderblock ist im Rahmenvorderteil und Rahmenhinterteil verschweißt. In die Zylinder sind Laufbüchsen eingezogen. Der Zylinderdurchmesser beträgt 480 mm, der Kolbenhub abweichend vom normalen Maß 720 mm.

Die Außenzylinder treiben die zweite, der Innenzylinder die erste Kuppelachse an. Alle Zylinder haben federlose Druckausgleichkolbenschieber von 300 mm Durchmesser, Zylindersicherheitsventile und druckluftgesteuerte Luftsaugeventile. Die Kolben, Stopfbuchsen, Gleitbahnen und Kreuzköpfe entsprechen der Regelbauart. Die Kolbenstangen sind hohlgebohrt, um den ausgeglichenen Massenanteil zu erhöhen. Die Zylinderentwässerungsrohre und die Anschlußstutzen für die Entwässerungsventile sind in die Zylinder eingeschweißt. Ebenso wie der Kessel sind sämtliche Zylinder und Ausströmrohre mit Wärmeschutzmatten aus Glaswolle und Glasgewebeumhüllung isoliert. Der **Zylinderventilzug** wird durch zwei hinter den Außenzylindern angeordnete druckluftbeaufschlagte Zylinder betätigt. Die Entwässerungsleitungen des Innenzylinders werden über die Zylinderventile der Außenzylinder mit entwässert. Ein Handhebel auf jeder Seite ermöglicht das Öffnen der Zylinder-Entwässerungsventile beim Abstellen der Lok.

220 Zylinderblock für die BR 10, aufgenommen am 21. 4. 1956 bei Krupp. Die Blöcke waren gerade vom Bochumer Verein angeliefert worden. Blickrichtung von schräg hinten.

Das Triebwerk

Neuartig bei Schnellzug-Dampflokomotiven ist die Ausführung des Triebwerkes und der Steuerung mit Rollenlagern. Die innere Treibstange sollte bei 10001 ab Lieferung auch am hinteren Lager mit einem SKF-Rollenlager ausgestattet sein. Wegen verspäteter Lieferung der zugehörigen Kropfachse sind zunächst beide 10 mit Buchsenlagern an den hinteren inneren Treibstangenlagern ausgerüstet. Diese Gleitlager haben einen Durchmesser von 260 mm. Ansonsten hat die Lok 10001 Wälzlager der Bauart SKF, die Lok 10002 Rollenlager der Bauart FAG, die gegeneinander austauschbar sind.

Die innere **Treibstange** hat eine Länge von 2280 mm. Die äußeren Treibstangen von 3800 mm Länge sind am Treibzapfen mit Pendelrollenlagern (Durchmesser 190 mm) ausgerüstet. Für das hintere Treibstangen-Rollenlager eignet sich ein offener Kopf wegen der starken, in beiden Richtungen zu übertragenden Kräfte, Fliehkraft und großen Masse einer solchen Konstruktion nicht. Andererseits würde beim Absenken des Treibradsatzes eine Stange mit geschlossenem Kopf sehr hinderlich sein. Es wurde deshalb der Stangenkopf zur Aufnahme des Rollenlagers geschlossen gehalten, der Kopf als Ganzes aber mit dem Stangenschaft über einen Preßverband lösbar gestaltet. Hierzu umfaßt die Treibstange hinten gabelförmig einen Ansatz am Lagerkopf. Beide Teile werden über zwei Hohlbolzen mit je zwei Preßkronen zusammengehalten, die unter Einpressen von Drucköl in den konischen Sitz ein- und ausgebaut werden.

Da die Treibachse dem Federspiel folgen muß, d. h. sich quer zum Rahmen auch unter einem entsprechenden Winkel einstellen muß, ist das Lager ein Pendelrollenlager. Die Stange wird durch Kegelrollenlager im Kreuzkopf stabilisiert.

Die Kuppelstangen sind am Treibzapfen mit einsystemigen Zylinderrollenlagern (Durchmesser 200 mm) und an den Kuppelzapfen der ersten und dritten Kuppelachse mit Pendelrollenlagern (100 mm Durchmesser) ausgerüstet. Die Stangenlager sind bei Lok 10001 mit sphärischen Labyrinthen, bei Lok 10002 mit zylindrischen Labyrinthen abgedichtet.

Die Treib- und Kuppelstangen sind aus Stahl 25 Cr Mo 4 gefertigt.

Die Kreuzkopfbolzen-Lagerung ist bei 10001 als Außenlagerung mit einsystemigen Kegelrollenlagern und Konusbolzenbefestigung ausgeführt, während sie bei 10002 als Innenlagerung mit zweisystemigen Kegelrollenlagern ausgebildet ist.

Ansonsten entspricht das Triebwerk im Prinzip dem der rollengelagerten BR 23.

221 Das Triebwerk der 10001, aufgenommen an der fertigen 10001 noch bei Krupp am 23. 2. 1957. Alle Lager sind Rollenlager. Die Steuerung des Innentriebwerks wird von der letzten Achse aus übertragen. Die Aluminium-Zierstreifen waren damals so glänzend, daß in dem spiegelnden Metall fotografische Selbstporträts gemacht wurden.

Um das Reibungsgewicht möglichst gut ausnützen zu können, werden die vordere Kuppelachse von vorn und die Treibachse beidseitig gesandet. Die je drei seitlichen **Sandkästen** sind hinter dem Umlauf zwischen Kessel und Stromlinienverkleidung angeordnet. In der Funktion entsprechen sie der auf Seite 36 beschriebenen Bauart.

Eine **Spurkranzschmierung Bauart De Limon** vermindert den Verschleiß der Spurkränze. Für die Spurkranzschmierung ist eine Schmierpresse (Typ De Limon RZ) links unter dem Umlaufblech auf einem Träger befestigt. Über einen Absperrhahn und Luftreiniger wird Druckluft für den Betrieb der Presse aus dem Hauptluftbehälter der Schmierpresse zugeführt. Es werden über Spritzdüsen die Spurkränze der vorderen Drehgestellachse und der ersten Kuppelachse geschmiert. Ergänzungen siehe Seite 36.

Die Steuerung

Die Steuerung ist als **Heusingersteuerung** mit innerer Einströmung für jeden Zylinder getrennt ausgeführt. Die Steuerung des Innenzylinders wird über eine Übertragungswelle vom linken hinteren Kuppelzapfen aus angetrieben und zwischen zweiter und dritter Kuppelachse nach innen geführt.

Die Steuerung arbeitet entsprechend der hohen Geschwindigkeit so, daß die Schieberkanäle schnell weit geöffnet werden, um die Dampfgeschwindigkeiten und Drosselverluste des ein- und ausströmenden Dampfes klein zu halten.

Als **Hilfsantrieb für die Umsteuerung** ist vor der Steuerwelle ein doppelt wirkender druckluftbeaufschlagter Zylinder angeordnet, der durch eine kurze Verbindungsstange mit einem Hebel verbunden ist und zusätzlich an der Steuermutter angreift. Der Hilfsantrieb wird durch einen Handhebel über dem Steuerrad mit zwei Druckknopfventilen gesteuert.

Die Steuerspindel führt in den Führerstand und endet in einer **Steuersäule**, die am Rahmen befestigt ist. In der Steuersäule wird die Drehbewegung wie bei den anderen Neubaudampfloks über Kette und Kettenräder mit Spannrolle übertragen (siehe Seite 36). Im Steuerpult sind die Anzeigeinstrumente für die Füllungsskala, der Schieberkastendruckanzeiger und das Heißdampfthermometer untergebracht. Die Verriegelung der Steuerung geschieht wie bei den anderen Neubaudampfloks durch einen Fußrast. Die Anzeigevorrichtung kann als Ganzes aus dem Pult herausgenommen werden.

Die Gelenkpunkte des Steuerungsgestänges, mit Ausnahme der Verbindungslaschen zur Steuermutter, sind in Rollenlagern (Bauart SKF) gelagert.

Die Steuerschraube ist in zwei Lagergehäusen über ein loses Pendelkugellager und ein festes zweisystemiges Kegelrollenlager gelagert, die auf dem Verbindungsträger zwischen Steuerwellenlager und Luftpumpe befestigt sind.

Die Verbindungswelle von der Steuerschraube läuft über federnde Mitnehmergelenke zum Steuerpult. Im Steuerpult wird die Drehbewegung des Handrades über Ketten auf die Verbindungswelle der Steuerschraube übertragen. Mit der Rollenlagerung wird die Steuerung spielfrei und wartungsarm. Ansonsten folgt der Aufbau der Steuerung dem Vorbild der 23 053 ff (siehe Seite 36).

Die Bremse

Die Lokomotive ist mit einer Drehgestell-, einer Treibrad- und einer Laufradbremse sowie mit einer Zusatzbremse ausgerüstet. Die Drehgestell- und Laufradbremsen sind selbsttätig wirkende Einkammerdruckluftbremsen der Bauart Knorr (Kbr), die Treibradbremse ist eine Knorr-Einkammerdruckluftschnellbremse (Kssbr). Die Kuppelachsen werden doppelseitig durch Scherenklotzbremsen, die hintere Laufachse doppelseitig und die Drehgestellachsen nur einseitig von innen abgebremst. Anstelle der Bremswelle sind für die Lagerung der Bremswinkelhebel Kreuzkopfbolzen mit Druckringen vorgesehen.

Die Bremskraft für Treibrad- und Tenderbremse wird gesteuert durch ein einfach wirkendes Steuerventil V 5, einen Druckübersetzer DÜ 10 mit den Druckstufen 8,0 und 3,1 kg/cm² an Lokomotive und Tender und einen Achslager-Bremsdruckregler am Tender zur Herabsetzung des Bremszylinderdruckes unterhalb 60 km/h.

Der Tender besitzt außerdem noch einen Druckübersetzer DÜ 11 zur selbständigen Tenderlastabbremsung, welcher die Bremskraft den abnehmenden Wasser- und Kohle- bzw. Ölvorräten anpaßt. Die Wurfhebelhandbremse entspricht der üblichen Ausführung.

Mit Hilfe der an Lok und Tender auf der rechten Seite angebrachten Umstellhähne können die Treibrad- und Tenderbremse in den vier Stellungen SS, S, P und G verwendet werden.

Die Zusatzbremse wirkt nur auf die Treib- und Tenderachsen, und zwar unter Umgehung des Druckübersetzers unmittelbar auf die Bremszylinder mit einem Bremsdruck von 3,1 kg/cm².

Die Druckluft von 10 kg/cm² wird durch eine zweistufige Luftpumpe (Bauart Tolkien) mit oben angeordnetem Luftteil erzeugt und in zwei Hauptluftbehältern (je 400 l Inhalt) gespeichert. Die Luftpumpe befindet sich auf der Lokführerseite zwischen zweiter und dritter Kuppelachse in Höhe des Umlaufes. Zwischen Luftpumpe und den Hauptluftbehältern ist eine 10 m lange Kühlschlange mit anschließendem Wasserabscheider geschaltet. Die Bremszylinder haben eingebaute Rückholfedern. In Verbindung mit dem neuartigen Knorr-Führerbremsventilkopf D 2 sind die Brems-Rohrleitungen zu einer Bremssäule vereinigt worden, bei der die Rohrverbindungen unterhalb des Führerhauses gut zugänglich sind. Außer den üblichen Bremsdruckmessern für Hauptluftbehälter, Hauptluftleitung und Bremszylinder sind ein Hubanzeiger für die Luftpumpe, eine Sichtkontrolle für den Achslagerbremsdruckregler und ein Druckmesser für den Zeitbehälter eingebaut. Diese Druckmesser und Anzeiger sind oberhalb des Reglerhandhebels angeordnet, an der Tendervorderwand befinden sich außerdem ein Druckmesser für die Vorratsbehälter und ein Löseventil.

Die Verkleidung

Die Lokomotive besitzt eine normale Kesselbekleidung, unterhalb des Umlaufbleches eine Schürze sowie eine Zylinder- und Stirnverkleidung unter der Rauchkammer in angenäherter Stromlinienform. Speziell geformte Windleitbleche sind vorhanden. Die vorderen Teile der Verkleidung im Bereich der Zylinder und Pufferträger sind seitlich ausschwenkbar, um die vorderen Zylinder- und Schieberkastendeckel, die Aufstiege und die vorn am Zylinderblock angeordneten Ölsperren für Pflegearbeiten zugänglich zu machen. Der Innenzylinder ist nach Abnehmen der Verkleidung vor der Rauchkammer frei zugänglich. Die auf Schwenkarmen drehbar aufgehängten schalenartig gewölbten Seitenklappen können so weit nach hinten ausgeschwenkt werden, daß der Raum zwischen Pufferträger und Zylinder freigelegt ist. Hakenverschlüsse verriegeln die Seitenklappen. Sie werden durch von außen aufsteckbare Vierkantschlüssel geöffnet und geschlossen. Durch

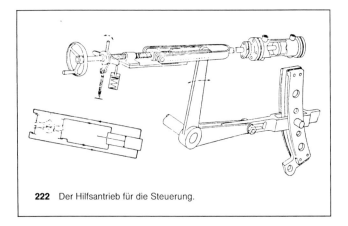

222 Der Hilfsantrieb für die Steuerung.

223 Blick auf die ausgeschwenkte Frontverkleidung aus Leichtmetall. Dahinter wird über dem Zylinder der Warmwasserspeicher des Heinl-MV sichtbar, darüber die Mischvorwärmer-Pumpe. Rechts oben auf dem Umlauf: Klappe und Handgriffe zum Einsteigen für Arbeiten am inneren Triebwerk. Die Kesselspeiseventile waren bei der 10 getrennt angeordnet.

die Seitenklappen verdeckt, ist rechts und links am Rahmen eine Leiter zum Besteigen der Rauchkammer angebracht. Zwischen Hinterkante Zylinder und Vorderkante Führerhaus ist die seitliche Verkleidung unterhalb des Umlaufbleches in der Höhe auf 850 mm über Kuppelachsmitte zurückgeschnitten, während sie unterhalb des Führerhauses bis auf 450 mm über Laufachsmitte herabgeführt ist.
Um die seitlichen Verkleidungsbleche nicht durch Klappen zu unterbrechen, sind die Klappen zu den Schmierpressen, Schwingen, Steuerschraube und hinteren Schieberkastendeckeln in die Laufbleche gelegt. Die Umlaufbleche sind über Trittnischen in der Verkleidung vom Führerhaus aus zu begehen.
Alle Leitern und Aufstiege der Maschinen sind mit Tritten aus Gitterrosten ausgestattet.

Zentrale Druckschmiereinrichtungen

An der linken Seite ist unter dem Laufblech eine Bosch-Schmierpumpe für die Schmierung der unter Dampf laufenden Teile auf einem Träger angeordnet. Für die Schmierung der Luftpumpe ist eine DK-Schmierpumpe am Dampfteil der Luftpumpe befestigt. Für die Schmierung der übrigen gleitenden Teile wie Achslagerführungen, Drehzapfen, Drehgestellauflage, Ausgleichshebel, Steuermutter, Bremswelle, Bodenringgleitschuhe, Schlingerstücke, Deichsellager, Rückstellhebel, Federstütze für Lenkgestell usw. ist im Führerhaus an der Heizerseite eine Zentralschmierpumpe mit Handpresse eingebaut. Die Zuleitelemente sind blockweise in Nähe der Verbrauchsstellen angeordnet. Jede Schmierstelle besitzt eine Ölsperre.

Die Handschmierpresse für den Tender ist hinten im Führerhaus angeordnet.
Die Rollenlager sind nicht an die zentrale Schmierung angeschlossen, weil sie dauergeschmiert sind. Nur in größeren Intervallen muß über Schmiernippel mit der Fettpresse Spezialfett nachgefüllt werden.

Die Beleuchtungsanlage

Die Lokomotive ist mit einem an der Rauchkammer angeordneten **Turbo-Dampf-Generator** L 0,5 F mit Pufferbatterie ausgerüstet. Die Batterie sorgt für die Notbeleuchtung der Lok.
Folgende Lampen werden versorgt:
3 Streckenlaternen vorn in Dreiecksanordnung (60 Watt), 2 Signallaternen (rot, 25 Watt) unterhalb der unteren Streckenlaternen, Führerhausdeckenleuchte (25 Watt), 2 Wasserstandsleuchten (5 Watt), Steuerpultleuchte (5 Watt), Druckmesserleuchte (5 Watt), Fahrplanbuchleuchte (5 Watt), Tenderbühnenleuchte (25 Watt), Tendernischenleuchte (25 Watt), Kontroll-Lampe für die Lichtmaschine und schließlich 8 Triebwerksleuchten (25 Watt). (Tenderlampen siehe S. 168.)
Für die Stromversorgung der Indusi ist der Generator dauernd eingeschaltet. Deshalb ist eine Kontrolleuchte notwendig. Außerdem wird noch der Wechselstrom-Generator der induktiven Zugsicherung gespeist.
Der Generator erzeugt Wechselströme mit den Frequenzen 500, 1000 und 2000 Hz. Die Hauptluftleitung ist mit der Einrichtung der Zugbeeinflussung verbunden.
Der Fahrzeugmagnet befindet sich an der rechten Rahmenwange vor der hinteren Laufachse. Der Unterkante des Magneten liegt 175 mm über Schienenoberkante, die Magnetmitte 1008 mm von Fahrzeugmitte.
Der Kasten für die Relaisgruppe mit Trenndosensatz, Hauptschalter und Absperrhahn ist auf der rechten Seite unterhalb des Führerhauses, der Rasterkasten mit Übertragungs- und Nullventil ist im Führerhaus an der rechten Seite angebracht.
Der **schreibende Geschwindigkeitsmesser** Bauart Deuta zeichnet neben der Fahrverlauflinie alle Vorgänge der Zugbeeinflussung auf einem Schreibstreifen auf. Er ist mit einem Halter auf der rechten Seite des Steuerpultes befestigt und wird über einen Räderkasten mit Wendegetriebe sowie eine Drahtwelle mit Schutzschlauch von der rechten Seite der hinteren Laufachse aus angetrieben.
Die auf die Bremse wirkende Induktive Zugbeeinflussung (Dreifrequenz-Bauart Siemens & Halske 54) überwacht das Beachten der Signale und das Fahren mit richtiger Geschwindigkeit auf Langsamfahrstellen.

Das Führerhaus

Das allseitig geschlossene Führerhaus ist unter Ausnutzung des Umgrenzungsprofils F sehr geräumig ausgeführt. Die Seitentüren sind der Form des Führerhaus-Außenprofils angepaßt und als Drehtüren mit Fallfenster ausgebildet. Im oberen Teil sind seitliche Luftklappen vorgesehen, ebenso eine Lüftungsklappe in der Rückwand des Führerhauses.
Außer den großen seitlichen **Leichtmetall-Schiebefenstern** ist im Dach ein großes Oberlicht eingebaut. In der Führerhausvorderwand sind zwei schwenkbare **Atlas-Klarsichtfenster** (Durchmesser 280 mm) nach Vorbild der 23 024 und 025 (siehe Seite 40) und in der Rückwand zwei nach innen zurückverlegte Drehfenster vorhanden. Zwei Werkzeugkästen befinden sich rechts und links an der Führerhausrückwand, von denen der linke zur Aufnahme der Speisewasseraufbereitungsmittel dient. Die Kleiderkästen für das Lokpersonal sind in die rechte Seitenwand des Tenders vorn eingebaut. Die Sitze sind gepolstert und haben federnde, abnehmbare Rückenlehnen. Im Fußboden sind an den Standplätzen für Lokführer und Heizer getrennt einstellbare **Fußbodenheizun-**

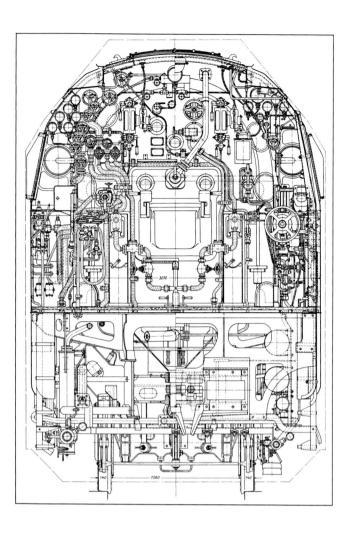

224 Gesamtansicht des Führerstandes der 10 001. Links und rechts der Feuertür die Brenner der Ölhilfsfeuerung. »Wesentliche Erhellung« brachte das Drahtglas-Dachfenster, das bei allen Neubauloks ab den Vergaben von 1953 eingebaut wurde.

225 Dasselbe im Aufriß. Die Fülle der Instrumente macht die 10 schon »jetähnlich«.

gen mit Rippenrohren eingebaut und federnde Fußunterlagen installiert. Auf der rechten Seite der Führerhausrückwand befindet sich der Kohlensäure-Löscher. Die Abdichtung zum Tender übernehmen Gummiwülste, die außen an der Rückwand des Führerhauses angeschraubt sind.

Unter den seitlichen Schiebefenstern sind ausklappbare, gepolsterte Armlehnen angeordnet.

Sämtliche Kesselarmaturen sind aus Stahlguß, die Wasserstandsgehäuse aus Rotguß. Alle Handräder für die Ventilspindeln im Führerhaus sind verchromt, um die Sauberhaltung zu erleichtern. Alle Druckmesser, Hubanzeiger und Fernthermometer im Führerhaus und an der Tendervorderwand sind Rundgeräte mit Ausnahme des Schieberkasten-Druckmessers und des Heißdampf-Fernthermometers, die als Profilgeräte im Steuerpult untergebracht sind.

Die Heizung

Der Dampf für die Zugheizung wird dem hinteren Dampfentnahmestutzen entnommen, und zwar über je einen besonderen Ventilanschluß für vorn und hinten. An den Pufferträgern der Lok und des Tenders sind die Leitungen mit einem RIC-Hahn versehen.

Der Tender

Der 2'2'T40-Tender mit zwei Drehgestellen ist für die Lokomotive BR 10 mit 22 t Achsdruck neu entwickelt worden. Entsprechend der Ausrüstung der beiden Loks 10 001 und 10 002 sind die zugehörigen Tender für Kohlen- und Ölzusatzfeuerung bzw. für Ölhauptfeuerung eingerichtet. Die Länge ist so bemessen, daß Lok und Tender auf 23-m-Drehscheiben gedreht werden können. Der Tender ist wie die Lok für eine Achslast von 22 t ausgelegt.

Der Rahmen

Die zusammengeschweißten Kuppelkasten, Pufferträger, Querträger für die Drehzapfen sowie Längs- und Querträger bilden mit dem stark nach innen gewölbten Wasserkastenboden eine selbsttragende Konstruktion. Dieses Bauprinzip wurde von der BR 23 (neu) übernommen. Die Kupplung zwischen Lok und Tender übernehmen ein Haupt- und zwei Notkuppeleisen. Zwei im Kuppelkasten gelagerte Stoßpuffer nehmen die zwischen Lok und Tender auftretenden Seitenkräfte auf. Der Rahmen stützt sich mit vier Gleitstützen zu beiden Seiten der Drehgestellzapfen auf die Drehgestelle.

Die Drehgestelle

Die vier Tenderachsen (Durchmesser 1000 mm) sind in zwei Drehgestellen von 2100 mm Achsstand zusammengefaßt, deren Rahmengehäuse ebenfalls vollständig geschweißt sind. Die Achslager sind mit zweisystemigen Zylinderrollenlagern von 130 mm Durchmesser ausgerüstet. An den Achslagern und Achslagerführungen befinden sich Mangan-Hartstahl-Gleitplatten. Den Blatt-Tragfedern sind in ggleicher Ausführung wie beim Lok-Drehgestell Doppelwindungsfedern vorgeschaltet, um die Federung weicher zu gestalten. Die Federbrücken für die Auflagerung der Querfedersätze sind durch runde Hohlbolzen mit den Federbügelwangen verbunden. Jedes Drehgestell wird durch einen Bremszylinder doppelseitig abgebremst, der sich im Drehgestellrahmen befindet.

Bremsgestänge und Nachstellung werden dadurch wesentlich vereinfacht. Die Tenderdrehgestelle können zusätzlich über eine

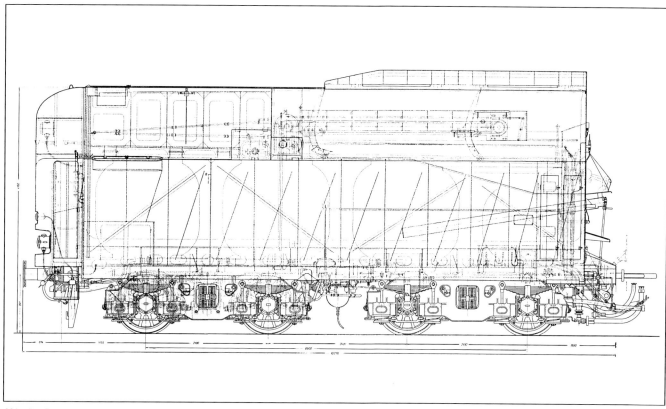

226 Der Tender von 10 001 im Aufriß. Oben der Dampfmotor für den Kohlenvorschubschild.

Wurfhebelhandbremse abgebremst werden. Der Achslagerbremsdruckregler befindet sich an der hinteren Achse des vorderen Drehgestells.

Der Wasserkasten

Der 40 m³ fassende Wasserbehälter ist mit leicht gewölbter Decke, tief nach unten gezogenen Seitenwänden und stark gewölbtem Boden ausgeführt. Die rechts und links hinten angeordneten Wassereinlaufdeckel werden über druckluftbeaufschlagte Betätigungszylinder geöffnet und geschlossen. Diese Zylinder sind an der Tenderrückwand angeschlossen. Links vorn auf dem Wasserkasten befindet sich ein Einfüllstutzen für Speisewasseraufbereitungsmittel.

Der Kohlenkasten
(bei Lok 10001 mit Ölzusatzfeuerung)

Der mit dem Wasserkasten verschweißte Kohlenkasten faßt 9 t Kohlen, die zur Entlastung des Heizers durch eine Kohlennachschubeinrichtung zur Tenderbühne befördert werden. Zur Verringerung der Staubentwicklung ist der Kohlenkasten mit einem Abdeckschieber versehen, der aus einem gewölbten Leichtmetallgehäuse besteht, welches durch Längs- und Querwände versteift wird.
Beim Bekohlen des Tenders wird nach Lösen einer Kniehebelvorrichtung die Abdeckung an seitlich angebrachten Griffen nach hinten über den Ölbehälter geschoben. Die Abdeckung läuft auf Rollen und Schienen und wird von Hand betätigt. An der Vorder- und Rückwand des Kohlenkastens ist innen je eine Brause zum Nässen der Kohlen angebracht. Beide werden durch Anstellventile im Führerhaus und an der Tenderstirnwand betätigt. Der auf Holz-Querbalken hinten auf dem Wasserkasten befestigte Ölbehälter faßt 4,5 m³ schweres Heizöl. Er besitzt einen Ölvorwärmer. Die Öleinfüllöffnung ist auf dem Kasten hinten quer angeordnet.

Die Kohlennachschubeinrichtung
(nur 10001)

Die Kohlennachschubeinrichtung besteht aus einem im Kohlenkasten längs verschiebbaren Vorschubschild, das von einem Dampfmotor über ein Vorgelege und Getriebe mit Rollenketten bewegt wird. Dampfmotor und Getriebekasten sind auf besonderen Trägern auf dem Wasserkasten zwischen Kohlenkasten und Ölbehälter befestigt. Über ein Anstellventil an der Tenderstirnwand führt eine Dampfleitung über ein Sicherheitsventil und ein Umsteuerventil zum Dampfmotor. Diese Leitung zweigt von der Ölvorwärmerleitung ab. Durch einen Handhebelzug kann von der Tenderstirnwand aus über das Umsteuerventil der Dampfmotor auf Vor- oder Rückwärtslauf gestellt werden. Bevor die vordere oder hintere Endstellung erreicht wird, verschiebt ein mit der Rollenkette verbundenes Anschlagstück das Umsteuergestänge und schaltet selbsttätig den Dampfmotor ab. Die Abdampfleitung ist durch den Wasserkasten nach unten geführt. Der Raum zwischen Kohlenkasten und Ölbehälter ist wegen der Zugänglichkeit

227 Der Tenderkasten von 10001 im Rohbau.

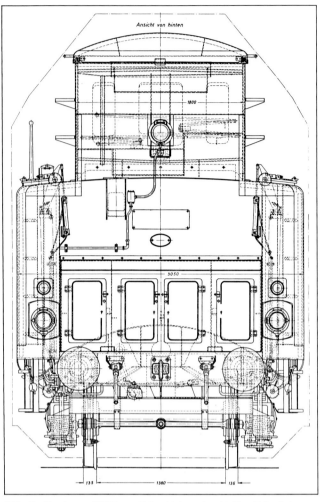

228 Der Tender von 10001 von hinten. Links und rechts Druckluftzylinder zum Öffnen der Wassereinläufe.

zum Dampfmotor und Getriebe oben mit zwei waagerechten Klappen abgedeckt. Zwei seitliche Klappen dienen dem gleichen Zweck. (Ausbau bei Angleichung der 10001 an die 10002.)

Die Ölvorwärmung
(bei Lok 10002 und Zusatzöltank der 10001)

Die 10002 besitzt anstelle des Kohlenkastens samt Kohlennachschubeinrichtung einen 12,5 m³ fassenden Ölbehälter. Die Rückwand und die Seitenwände des Behälters sind gegen Wärmeverluste mit Wärmeschutzmatten aus Steinwolle mit Glasgewebeumhüllung ausgekleidet. Das durch ein dampfführendes Heizrohr vorgewärmte schwere Heizöl wird über ein Absperrventil und über zwei vom Ölvorwärmer-Abdampf beheizte Leitungen über einen Kupplungsschlauch der Lokomotive zugeführt. Die Öleinfüllöffnungen befinden sich auf der Oberseite des Tenders am hinteren Ende und werden von einem Druckluftzylinder über ein Gestänge betätigt. In den Einfüllöffnungen ist ein Schmutzsieb angeordnet. An der Tendervorderwand sind außerdem noch folgende, von Hand zu bedienende Ventile vorhanden: Absperrventil für die Öldurchblaseleitung, zwei Entwässerungsventile für die obere und untere Heizanlage im Tender, Absperrventil am Ölsumpf für das Ablassen von Kondenswasser, Absperrventil für die Rückblaseleitung, Ölabsperrventil für das Auslaufknie am tiefsten Punkt des Ölbehälters.

Die Übergangsverkleidung

An der Tenderrückwand sind seitlich und oben Übergangsverkleidungen zum Ende des nächsten Reisezugwagens vorhanden. In den seitlichen Verkleidungen sind Trittnischen mit eingeschweißten Leitersprossen eingebaut, die als Aufstiegsleitern dienen. Die Nischen werden durch Türen abgedeckt und durch Riegelverschlüsse mit Gegengewicht verschlossen.
Für die Strecken- und Signallaternen sind Einpolsterungen in die Übergangsverkleidung eingeschweißt. Außer an der Tenderrückwand ist hinten links ein weiterer Werkzeugkasten vorhanden, der die Werkzeuge und Geräte für die Rollenlager aufnimmt. Hier befindet sich auch der nach den Sicherheitsbestimmungen vorgeschriebene zweite Feuerlöscher. Die Kleiderkästen sind an der rechten Seite vorn eingebaut.

Die Vielpunkt-Druckschmierung

Für alle Schmierstellen an gleitenden Teilen, wie Achslagerführungen, Drehzapfen, Druckpfannen, Stoßpufferführungen, Federbügel und sonstigen Lagerstellen, ist eine zentrale Druckschmierung eingebaut.

Die elektrische Beleuchtung

Um bei Ausfall der Lichtmaschine Strom für die Lampen zu haben, sind im Tenderwasserkasten links vorn ein Reglergerät ZR 50 s und eine Pufferbatterie NC 46, die von der Lichtmaschine ständig aufgeladen wird, installiert. Für die Ladekontrolle ist im Führerhaus eine Kontrollampe vorhanden.
An der Tenderrückwand befinden sich drei Streckenlaternen in Dreiecksanordnung und zwei rote Signallaternen oberhalb der unteren Streckenlaternen.

Die beiden Maschinen sind ab Lieferung mit Eigentumskennzeichen »DB« ausgerüstet.

229 Der Tender der 10002 war von Anfang an mit einem 12,5-m³-Ölbehälter ausgerüstet. Aufnahme beim AW Braunschweig, Ende 1960.

BR 10 – Bewährung und Bauartänderungen

Erste Erprobung

Eine erste große Überraschung gab es mit 10 001 noch während der Herstellung bei Krupp: Die Lok wurde nach dem Aufachsen auf den Triebwerksmontagestand gestellt, bei dem einzelne Achsen mittels eines unterflur angeordneten Luftmotors durchgedreht werden konnten. Steuerung und Treibstangen wurden montiert, um die Steuerung einstellen zu können. Dann wurde das Triebwerk zum ersten Mal durchgedreht – und es ging nicht! Der innere Kreuzkopf paßte auf seiner Gleitbahn im vordersten Bereich nicht am inneren Ausströmkasten vorbei, nach einer halben Umdrehung war Schluß. Die Folge war, wie von Anwesenden berichtet, nur mit »Hektik« zu beschreiben. Nach einigen Versuchen blieb nur noch die Möglichkeit, mit Trennschneider und Schweißbrenner auf recht grobe Weise in den inneren Ausströmkasten einen sichelförmigen Ausschnitt zu bekommen, damit der Kreuzkopf vorbeipaßte. Der Ausschnitt kann noch heute im Deutschen Dampflokomotivmuseum bestaunt werden, wenn man sich, mit Kittel und Lampe bewaffnet, unter die Lok begibt.

Nach den ersten Vorentwürfen sollte die 10 nach dem Krieg sozusagen die Rolle der Baureihe 03 übernehmen, nämlich als leichte Schnellzuglok kurze F- und D-Züge mit wenigen Zwischenhalten bei hohen Dauergeschwindigkeiten führen. Der hohe Achsdruck sollte gleichermaßen eine gute Anfahrzugkraft bringen und auch zur Unterbringung eines leistungsfähigen Kessels auf einem 1'C1'-Fahrgestell dienen. Daß im Endeffekt die BR 10 zur überschweren Pazifik-Schnellzuglok wurde, ist aus den vorhergegangenen Bedarfsanalysen nicht allein nachvollziehbar. Der eigentliche Grund war wohl das unmittelbar bevorstehende Ende der Dampflokbeschaffung, was dem zuständigen Fachausschuß 1954 nicht verborgen bleiben konnte. Nachdem bereits rund vier Jahre durch die Schaffung von Schubladenentwürfen vertan worden waren, sah man wohl nur noch in der Beschränkung auf das schnell Machbare überhaupt eine Chance, die BR 10 noch in Fahrt zu bekommen. So wurde der gleichzeitig zu entwickelnde Ersatzkessel für die BR 01^{10} zum Maß der Dinge, und die BR 10 entstand ausgehend von diesem Kessel. Insofern konnte sie schon vor dem Bau eigentlich keinen Fortschritt oder eine umwälzende Veränderung gegenüber der gegebenen Dreizylinder-01 darstellen.

Schon während der Bauarbeiten an der BR 10 stand fest, daß sie nicht nachbeschafft werden würde, für Krupp stand außerdem das Ende der Dampflokomotivfertigung für die DB fest. Auch unter diesen Gesichtspunkten ist die Erprobung der 10 001 vom 29. 3. 1957 bis zum 19. 1. 1958 beim Versuchsamt Minden zu sehen.
Nach den Abnahmefahrten wurden die Fahrten zur Ermittlung von Zugkraft, Verdampfungsleistung, Verbrauch usw. durchgeführt. Allerdings wurden bis heute daraus keine detaillierten Angaben oder grafische Darstellungen veröffentlicht! War es vorher üblich gewesen, daß jede neugeschaffene Dampflokbauart in der Fachpresse durch den Bauartdezernenten (Friedrich Witte) vorgestellt wurde, so überging man die BR 10 hier mit Schweigen. Auch diese Darstellung kann somit nur aus bekannten Leistungen oder Anfälligkeiten Schlüsse ziehen.
Bevor weiter auf die Erprobung und Bewährung eingegangen wird, sei noch festgestellt, daß die DB bei der Beschaffung der BR 10 überaus gründlich vorgegangen war, wichtige Ersatzteile wurden vorausschauend mehrfach beschafft, weil man von der Industrie, die von den DB-Dampflokaufträgen ohnehin nicht mehr leben konnte, überaus lange Lieferfristen oder Lieferunwilligkeit erwartete. Auch waren mit der BR 10, wenn sie schon nicht mehr in Serie gehen sollte, noch verschiedene grundlegende Versuche geplant, die noch Auswirkungen auf die weitere Modernisierung anderer Baureihen haben sollten.

Drei Großteile wurden mehrfach beschafft:
1. Insgesamt drei Zylinderblöcke waren für die BR 10 vom Bochumer Verein gegossen worden. Zwei Blöcke wurden beim Bau der BR 10 verwendet, der dritte wurde 1957 auf der Gießerei-Fachausstellung »Gifa 1957« ausgestellt. Das hochkomplizierte Gußstück galt damals als sensationell und sollte den hohen Stand auch der deutschen Gießtechnik dokumentieren. In der Folgezeit verliert sich die Spur dieses Blockes. Als Reparaturteil wurde er von der DB jedenfalls nicht verwendet. Das Auswechseln des Zylinderblockes, ohnehin nur nötig nach einem kapitalen Unfall, hätte ein Zerlegen und Neueinmessen von Lok und Rahmen bedeutet, fast ein Neubau. Überdies waren die Zylinderblöcke der BR 10 so gearbeitet, daß auch bei stark zerstörtem Außenzylinder Teile oder ein einzelner Zylinder abgebrannt und neu angeschweißt werden konnten (möglich bei Stahlguß).
2. Ein dritter Schornstein wurde beschafft. Wahrscheinlich sollte er bei dem im Fachausschuß besprochenen Versuch mit einer

230 Die ersten Schritte: 10 001, noch unverkleidet, am 18. 1. 1957 vor dem Anheizschuppen bei Krupp. Gut zu erkennen: die Warmwasserspeicher über den Zylindern.

231 Zur Abnahme der 10 002 begegneten sich beide Maschinen nochmals im AW Mühlheim-Speldorf. Aufnahme vom Februar 1958 im Anheizschuppen.

Kylchap-Saugzuganlage verwendet werden (siehe Seite 145). Da es zu diesem Versuch nicht mehr kam, blieb auch der dritte Schornstein unbenutzt. Noch 1968 stand er im AW Braunschweig herum, bei den danach folgenden Lokzerlegungen wird er wohl irgendwann den Weg in einen Schrottbansen gefunden haben.

3. Eine dritte Kropfachse wurde geliefert. Neuartig an dieser Achse war das Rollenlager am inneren Treibstangenlager. Auch ein sehr kompliziertes Teil: Die Achse mußte zweiteilig ausgeführt werden, um die Lagerringe aufpressen zu können. Die Achse sollte eigentlich ab Lieferung bei 10 001 verwendet werden. Weil sich die Lieferung der Achse verzögerte, mußte Krupp die 10 001 und 002 mit Kropfachsen erprobter Bauart (äußeren Rollenlagern und innerem Gleitlager) abliefern.

Die Neuartigkeit der Kropfachse liegt nun nicht in dem verwendeten inneren Rollenlager, sondern in der Zweiteiligkeit der Achse: Sie ist nach dem SKF-Druckölverfahren zusammengesetzt. Die Kurbelwelle ist zweiteilig, der Preßverband liegt einseitig in der Kröpfung. Damit ist die Zahl der Verbindungen auf ein Kleinstmaß beschränkt. Beim Zusammenbau wird aufgeschrumpft, beim Abbau mit hohem Druck Öl in den Verband gepreßt. Bei dem langen Sitz des Preßverbandes sind drei Druckölnuten notwendig. Der nach dem Einpressen des Öls verbleibende Widerstand zum Lösen der Verbindung wird durch Ausnutzung der Kurbelstirn als Kolben überwunden. Hierzu wird vor die Stirnseite eine Platte gesetzt und mit Drucköl ausgeschoben.

Im Betriebsbuch der 10 001 wird bei der L 0 im AW Braunschweig vom 26. 8. bis 24. 9. 1959 aufgeführt: »Erste Treibachse neu eingebaut, Mitteltreibstange mit Rollenlagern vorn und hinten eingebaut.« Erst zu diesem Zeitpunkt wurde also die Achse überhaupt verwendet. Und bereits am 31. 5. 1960 heißt es im Betriebsbuch anläßlich der nächsten L 0: »Vorderen Treibradsatz ausgewechselt, Kuppelachswelle erneuert, rechts vordere Kuppelstange erneuert, Kolben- und Schieberuntersuchung durchgeführt.« Weniger als ein Jahr ist die Rollenlager-Kropfachse somit in der 10 001 gelaufen. Folgerichtig tauchen bei den nächsten Ausbesserungen jeweils Notierungen auf: »Mittleres Treibstangenlager mit WM 80 ausgeschleudert« – was ja nur bei einem Gleitlager möglich ist.

Die Verwendung eines Rollenlagers auch an der mittleren Treibstange war eigentlich folgerichtig. Denn was nützte das ansonsten wartungsarme Triebwerk, wenn am mittleren Lager doch die nötigen Fristarbeiten zu machen waren? Auch hätte die Rollenlagerachse das Problem des Abschmierens innerer Triebwerksteile entscheidend gemindert. Bei der BR 10 kam man nur äußerst

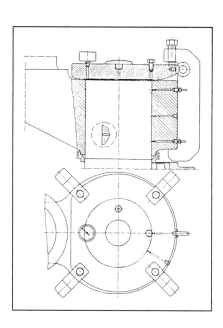

232 Zweiteilige Kropfachswelle.

233 Versuchseinsatz in Minden: 10 001 aufgenommen vor einer planmäßigen 01 im Bahnhof Minden noch ohne Versuchsarmaturen. Foto im Mindener Bahnhof, 1957.

beengt vom Umlauf durch einen Einstieg an das innere Triebwerk heran um nachzuölen, der hohe Blechrahmen versperrte den Weg. Bei anderen Mehrzylinderloks mit Barrenrahmen war teilweise bei richtiger Treibstangenstellung das Abölen von außen möglich! Insofern war bis zur Ausmusterung der Einstieg ins Triebwerk ein großes Ärgernis für Heizer und Monteure. Der Grund für die Nichtbewährung der Rollenlager-Kropfachse ist heute kaum noch nachzuhalten. Möglich ist ein vorzeitiges Lockern der Aufschrumpfung.

Obwohl die Achse nicht weiterverwendet wurde, war sie ebenfalls noch lange in Braunschweig abgestellt. Als sich 1972 die Stadt Bad Oeynhausen nach einem »Schmuckstück« für den dortigen Kurpark umsah, konnte sie von der DB die Kropfachse erwerben, seit 1972 stand die Achse mit der massigen Kröpfung nun im Kurpark. Angaben, daß sie aus der 10 002 stamme und nach deren Verschrottung in Offenburg den Weg nach Bad Oeynhausen gefunden habe, müssen bestritten werden, da ein Einbau der Achse auf 10 002 unbekannt ist. Mehrere voneinander unabhängige Versuche, die Achse in Bad Oeynhausen zu finden, scheiterten 1981. Am angegebenen Ort stand sie jedenfalls nicht mehr...

Schon während der Abnahmefahrt bei der 10 001 stellten sich Probleme mit dem Heinl-Mischvorwärmer heraus – dieselben wie bei der BR 23 mit Mischvorwärmer. Während des Baus wurde deshalb bei 10 002 noch ein Umbau durchgeführt, der die Schwachstelle des Heinl-Mischvorwärmers beseitigen sollte: Der Niederdruckvorwärmer, in dem das vom Heber geförderte Wasser einen Teil des Maschinenabdampfes und den Luftpumpenabdampf niederschlägt, kochte bei starker Beanspruchung der Lokomotive aus. Beim anschließenden Anstellen der Pumpe füllten sich die Pumpenzylinder mit Dampf. Um die Anlage von der Abdampfseite unempfindlich zu machen, wurde das Abdampfrohr zum Niederdruckvorwärmer von 100 mm $\varnothing$ auf 65 mm $\varnothing$ verengt. Dadurch wurde allerdings bei mäßiger Lokomotivanstrengung ein

Teil der wirtschaftlichen Ausnutzung des Vorwärmers geopfert. Als Folge davon mußte der Heizer bei hohem Abdampfangebot die Pumpenleistung der jeweiligen Kesselverdampfung angleichen, sonst wurde zuviel heißes Wasser in den Rücklauf gefördert. Hierdurch konnte es infolge Überwärmung des Kaltwassers zu verminderter Leistung des Hebers kommen. Eine ungenügende Heberleistung führte jedoch zum Versagen der MV-Anlage. Aus dieser Empfindlichkeit des Hebers und des im praktischen Betrieb nicht leicht zu erreichenden Gleichlaufes zwischen Heber und Pumpe entwickelte sich der Wunsch zur Entfernung dieses empfindlichen Bauteiles unter Verzicht auf die Hochdruckvorwärmung. Einziges Förderorgan wurde die in einigen Teilen geänderte Vorwärmerpumpe V 15. Damit wurde die Bedienung der Anlage für das Lokpersonal wesentlich einfacher. Das Kesselspeisewasser verlor jedoch einige Grade an Wärme. Wegen Undichtigkeiten an den über den Außenzylindern angeordneten Warmwasserspeichern und Schwierigkeiten bei deren Reinigung wurden diese ausgebaut, zumal daraus keine wirtschaftlichen Nachteile resultierten. Die Auflagebügel dieser Speicher sind noch heute bei der 10 001 unter der Verkleidung zu erkennen. Der Verzicht auf den anfälligen und unwirtschaftlichen Heber bewährte sich, so daß in der Folge alle anderen Loks mit Heinl-Vorwärmer der DB (außer 52 891 und 892) nach Muster der 10 002 umgebaut wurden. Ansonsten bewährte sich die Kesselkonstruktion gut.

Auch gegenüber der 01^{10} mit neuem Kessel hat die BR 10 ein erhebliches Leistungs-Plus zu verzeichnen. Die Heizfläche ist gegenüber dem 01^{10}-Kessel vergrößert (durch 500 mm längere Rohre), der Dampfdruck ist auf 18 kg/cm^2 angehoben worden, durch Doppelschornstein und Doppelblasrohr ist die Sauganlage gegenüber der 01^{10} verbessert, die Ölfeuerung erschließt Leistungsreserven, die mit Handfeuerung nicht erreichbar waren.

Bei einer Heizflächenbelastung von 74 kg/m^2 war eine Dampferzeugung von 15,27 t/h möglich. Diese Verdampfungsleistung wurde bei der 10 001 ohne Benutzung der Ölzusatzfeuerung erreicht. Bei Anstellen der Zusatzfeuerung war eine Verdampfungsleistung von 18 t/h möglich, entsprechend einer Heizflächenbelastung von 84 kg/m². Gleiche Werte erreichte später auch 10 002, die mit einer Ölhauptfeuerung ausgerüstet war. Ein Wert von 85 kg/m² Heizflächenbelastung wurde erst durch die geschweißte Kesselkonstruktion möglich: Bei der alten 01¹⁰ war höchstens eine Belastung von 60 kg/m² zu erzielen.

So stieß die BR 10 mit ihren rund 3000 PS_i (nach Abzug von 10% Dampf für Aggregate 2700 PS_i) leistungsmäßig in Bereiche vor, die vorher von deutschen Schnellzug-Dampflokomotiven noch nicht erreicht worden waren.
Eine mittlere Überhitzung von 410°C wurde erreicht. Höhere Werte, die infolge Ölfeuerung auftraten, konnten mittels einer

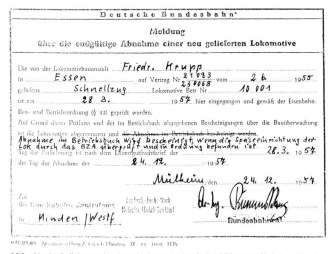

234 Nachträglich wurde aber doch noch der 6. 3. 1958 zum offiziellen Abnahmetag bestimmt. Die Probleme mit dem Heinl-Mischvorwärmer erzwangen noch weitere Versuche.

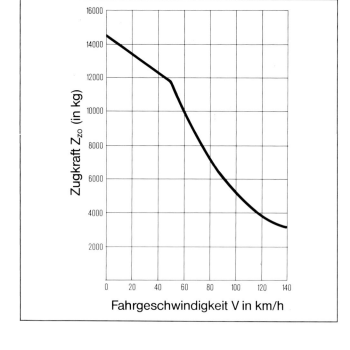

235 ZV-Diagramm BR 10.

236 In der Leistungstafel ist die BR 10 mit den gleichen Zugleistungen angegeben wie die BR 01¹⁰. Grund dürfte die Ersatzlokgestellung durch die BR 01¹⁰ bei Ausfall einer 10 gewesen sein.

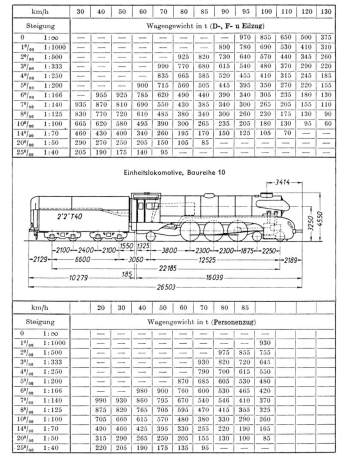

237 Zwei Generationen: 89 7296 und 10 002 am 11. 4. 1961 im Bw Kassel.

238 Der Fortschritt von 40 Jahren? 18 316 als fast letzter Vertreter der Vierzylinderverbundbauart begegnet im Bahnhof Münster dem ausfahrbereiten Eilzug nach Kassel, bespannt mit 10 001 und einer 01[10]. Foto am 11. 4. 1967. 18 316 war gerade auf dem Weg nach Wuppertal-Vohwinkel.

239 Drei Generationen Einheitsschnellzugloks. 10 002, 01 040 und 01 1053, aufgenommen im Bw Treuchtlingen 1961.

Rückkühlvorrichtung verhindert werden, da auch die Heißdampfzylinderöle bei rund 430° C ihre Wirksamkeit verlieren. So hohe Werte konnten neben der Ölfeuerung auch dadurch erreicht werden, daß fast die Hälfte der Verdampfungsheizfläche für die Überhitzung zur Verfügung stand (früher nur ⅓). In Verbindung mit dem höheren Kesseldruck, dem verkleinerten Zylinderdurchmesser und dem vergrößerten Kolbenhub konnte ein sehr günstiger spezifischer Dampfverbrauch erreicht werden: 5,4 kg/PS$_i$/h gegenüber 6,0 kg/PS$_i$/h bei der Altbaukessel-01[10].

Gegenüber den ersten Neubaudampfloks war die Dampfentnahme im Kessel verändert worden. Nach den schlechten Erfahrungen mit Regler und Hilfsabsperrventil der BR 23 erhielt die BR 10 erstmals geschlitzte, nach vorn verlegte Dampfentnahmerohre, die ein Überreißen von Wasser in Überhitzer, Regler und Zylinder wirksam verhüten sollten. Anscheinend erfüllten die Entnahmerohre ihren Zweck: Die BR 10 hatte mit dem Grundübel der BR 23 wesentlich weniger zu tun. Das Betriebsbuch macht jedenfalls nicht auf übermäßige Schäden an Überhitzer oder Regler aufmerksam. Mit Problemen wie festsitzenden Reglern oder Hilfsabsperrventilen hatten die Personale auf der BR 10 nichts zu tun, der Mehrfachventil-Heißdampfregler erfüllte bei der BR 10 den Wunsch nach feinfühliger Dampfregulierung.

Warum aber wurden dann beide 10 (10 001 am 28. 1. 1964, 10 002 am 4. 7. 1965) im AW Braunschweig noch mit einem Wagner-Einfachventil-Heißdampfregler ausgerüstet? Die Bauart machte schließlich auf der BR 03[10] der DB alles andere als Freude. Hauptgrund für den Umbau dürfte der Wunsch nach einfacher Unterhaltung gewesen sein, denn der Einfachventilregler konnte jederzeit auch im Bw repariert werden.

Zehn Jahre vorher, während der 12. Sitzung des Fachausschusses, war der Einfachventilregler auch schon ein Thema für die BR 10 gewesen. Angebaut wurde er aber damals nicht.

In Beschreibung und Zeichnungssatz von 1960 sowie dem Betriebsbuch der 10 001 ist die Ausrüstung der Reihe mit dem Mehrfachventilregler ausdrücklich festgehalten. Dagegen stellt Friedrich Witte in einem Artikel »Vom Bau der Baureihe 10«, erschienen in der ›Lokomotivtechnik‹ 7/56, fest: »Zur Ausrüstung (der 10) gehören der Einfachventil-Heißdampfregler Bauart Wagner wie bei der Lokomotive 66 . . .« In der 1960 erschienenen Beschreibung »Die Ölfeuerung bei Dampflokomotiven – DV 999 393 –« gar ist als Anlage 9 die Überhitzerdampf-Rückkühlvorrichtung für ölgefeuerte Lokomotiven anhand einer Kesselzeichnung der Baureihe 10 dargestellt, bei der deutlich hinter dem Schornstein ein Einfachventil-Heißdampfregler zu erkennen ist. In der Endbesprechung des Fachausschusses über die vorliegenden Konstruktionszeichnungen der BR 10 am 7. 7. 1955 wurde dagegen festgestellt: »Die Erprobung des Wagner-Ventilreglers ist bisher auf die Lok BR 66 beschränkt worden. Wir empfehlen, es vorläufig bei dieser Regelung zu belassen.«

Fest steht die werksseitige Ausrüstung der BR 10 mit dem Mehrfachventilregler. Alle Fotos bis 1964 zeigen deshalb auch beide Maschinen mit der charakteristischen flachen Abdeckhaube hinter dem Schornstein über dem Regler. Maschinen mit dem Einfachventilregler dagegen sind an dem höheren Abdeckkasten zu erkennen (BR 01, 03[10], 41), weil der Einfachventilregler eine größere Bauhöhe im Kessel erfordert. Und diese Haube – in einer runden Ausführung – zeigen dann auch die beiden 10 ab 1964/65.

Ölfeuerung für die BR 10

Als die BR 10 auf den Reißbrettern entstand, verfügte die DB noch über keine eigenen Erfahrungen mit verschiedenen Ausführungen der Ölfeuerung. Die bei den beiden 10 zunächst projektierte Ölzusatzfeuerung sollte deshalb auch eher die Frage beantworten, ob durch zeitweise Zufeuerung von Öl der Heizer entlastet werden könnte. Denn auch die leistungsfähigen Neubaukessel konnten zwar eine Verdampfungsleistung von rund 85 kg/m^2 erreichen, bei dem großen Kessel der BR 10 wäre das aber durch bloßes »Schippenschwingen« nicht erreichbar gewesen. Die Ölfeuerung sollte somit Leistungsreserven eröffnen, die sonst nicht ausgenutzt werden konnten (der Bau eines Stokers wurde wegen des dann größeren Verbrauchs abgelehnt).

Erste Erfahrungen mit der Ölfeuerung waren positiv: 1955 war als erste Lok der DB die 44 475 mit einer Ölzusatzfeuerung ausgerüstet worden. Dabei wurden zwei Brenner in der Stehkesselrückseite beidseitig der Feuertür angebracht, über die drucklos zulaufendes Öl aus dem Zusatzöltank des Tenders mittels eines Dampfstrahls über das Kohlenbett gespritzt werden konnte. Eine andere Anordnung der Brenner, wie bei der Ölhauptfeuerung, verbot sich, da sonst ein Öffnen der Feuertür nicht mehr möglich gewesen wäre.

Die Erfahrungen mit der 44 475 ließen sich durchaus auf die BR 10 übertragen; 44 475 besaß seit 1950 einen Kessel mit Verbrennungskammer (sie hatte einen neuen Stehkessel erhalten), Mischvorwärmer Henschel MVR und Turbopumpe.

Nach dem Muster der 44 475 wurde dann auch die 10 001 ausgerüstet. 011 100 wurde am 13. 7. 1956 als erste DB-Dampflok auf Ölhauptfeuerung umgebaut, um zu vergleichbaren Leistungs- und Verbrauchszahlen zu kommen. Bei ihr wurde der Hauptbrenner vorn unten in der Feuerbüchse angeordnet. Die Flamme schlug

240 Auch von weitem waren beide 10er leicht voneinander zu unterscheiden: Während bei der 10 002 zwei »Blitz-Schildchen« auf der Rauchkammer die Gefahren der Elektrizität verdeutlichten, trug 10 001 nur ein Schildchen. Hier steht sie (Bw Bebra) am 14. 9. 1960 mit dem D 260 im Hauptbahnhof Hannover.

241 Im Sommer 1958 hatte die 10 001 noch Ölzusatzfeuerung. Mit dem D 167 passierte sie Hoheneiche.

somit in Richtung Führerhaus, anstelle der Feuertür mußte deshalb ein fester Verschluß vorgesehen werden.
Nach den sofort guten Erfahrungen mit der 011 100 wurde die Ausrüstung auch der 10 002 mit Ölhauptfeuerung verfügt. Sie sollte nach dem Muster der 011 100 ausgeführt werden. Außerdem wurde schon 1957 von der DB-Hauptverwaltung verfügt, weitere 30 Loks der BR 01^{10} und eine größere Anzahl von Güterzuglofs mit der Ölhauptfeuerung auszurüsten.

Nachdem 10 001 fast ein Jahr im Betrieb stand und ausreichende Erfahrungen mit den verschiedenen Ausprägungen der Ölfeuerung vorlagen, beschäftigte sich der Fachausschuß in seiner 12. Sitzung vom 12. bis 13. 2. 1958 wieder mit der Ölfeuerung.
Die Zusatzfeuerung der 10 001 spielte bei den Beratungen keine Rolle mehr, da sie nur als Kompromiß zu sehen war und auch noch nicht die Abhängigkeit von einer guten Feuerführung durch den Heizer aufhob. Außerdem neigte die Zusatzfeuerung stärker als die Hauptfeuerung dazu, bei hohen Maschinenleistungen unverbranntes Öl in die Rohre zu reißen und dort Nachverbrennungen auszulösen. Und es bestand die Gefahr, daß bei einem schlechten Feuer Teile des Öls nicht sofort verbrannten, sondern sich mit dem Kohlenbett vermischten. Weil dort nur eine unvollkommene Verbrennung erfolgen konnte, neigte die Lok stärker zum Qualmen als eine ölhauptgefeuerte Maschine. Nachverbrennung in den Rohren verursachte zudem hohe Schornsteintemperaturen und deshalb eine unwirtschaftliche Verbrennung.
Zudem gab es Schwierigkeiten mit dem Tender:
Die Kohlennachschubeinrichtung auf dem Tender der 10 001 war notwendig wegen der oftmaligen Überlastung des Tenders und der unregelmäßigen Verteilung der Kohle. Bei der BR 23 waren deshalb wiederholt Federbrüche und Rollenlagerschäden aufgetreten. Außerdem sollte der Heizer nicht mit der Stange die Kohle auf dem Tender vorholen müssen (Überschlaggefahr bei Oberleitung).
Die dampfbetätigte Vorschubeinrichtung versagte gelegentlich, ebenso wie bei der vorher entsprechend umgebauten 01 1070. Meist lag es daran, daß sich Kohle zwischen Vorschubschild und Abdeckhaube verklemmte. Wegen des bald durchgeführten Umbaus der 10 001 auf Ölhauptfeuerung konnten Bauartänderungen an der Anlage unterbleiben. Per Sonderarbeit 239 wurde 10 001 deshalb am 22. 7. 1959 auf Ölhauptfeuerung nach dem Muster der 10 002 umgebaut (siehe Seite 178). Dabei wurde auch der Kohlenkasten des Tenders durch einen großen Ölbehälter ersetzt.
Auf der 16. Sitzung des Fachausschusses im Februar 1958 in Freudenstadt war die Ölfeuerung dann schon nicht mehr ein Thema, weil sie die Leistung der Maschinen verbessern konnte, sondern hauptsächlich wegen der in Bewegung geratenen Brennstoffpreise. Am 1. 7. 1956 waren die Zölle auf Öleinfuhren aufgehoben worden, gleichzeitig rutschte die heimische Kohlenindustrie in die Krise, aus der sie sich erst in den 70er Jahren wieder teilweise befreien konnte. Die Kohlepreise kletterten deshalb ab 1956/57, wegen Quoteneinschränkungen mußte die DB sogar Kohle aus den USA zukaufen. Die war allerdings noch preiswerter als die heimische Ruhrkohle.
Die Veränderung der Preisrelationen machte schlagartig die Dampflok unwirtschaftlich gegenüber den ab 1957/58 verstärkt beschafften Diesellokomotiven.

Entwicklung der Wärmepreise im Jahresmittel. Rechnungsgrundlage jeweils DM/1 Million kcal (= pro 1 Gigakalorie).

	Kohle	Öl
1955	7,61	9,71
1956	8,35	10,77
1957	9,37	13,17
1958	9,38	7,67
1959	9,12	7,19
1960	8,86	7,03

Darum also ging es, als Friedrich Witte in Freudenstadt am 13. 2. 1958 ausführte: »Die durch die allgemeine Entwicklung auf dem

242 Während der ersten Monate im Regeldienst. 10001 vor D 168 auf der Nord-Süd-Strecke bei Reichensachsen, aufgenommen im Sommer 1958. Das Kohlenabdeckblech ist gut zu erkennen und gibt aus dieser Perspektive der Lok ein etwas plumpes Aussehen.

243 10001 macht vor dem Eilzug nach Münster in Paderborn einen kurzen Zwischenhalt, 21. 4. 1967.

Energie-Angebots- und Verbrauchssektor bedingte Verknappung der Kohle mit entsprechend ständiger Preissteigerung auf der einen Seite und das wachsende Angebot von schwerem Heizöl geben Anlaß, die Ölfeuerung bei DB-Lokomotiven zu erproben.«
Man erkannte, daß spätestens ab Ende 1957 der Wärmepreis von schwerem Heizöl (Bunkeröl C) günstiger war als der von Lokomotivkohle (Mischpreis aus einheimischer Kohle und Importen). Den letzten Anstoß gaben schließlich die steigenden Kohlenimporte, zu denen man, wie beschrieben, wegen der sinkenden Eigenförderung gezwungen war. Man wollte der Importkohle aus Furcht vor Krisenzeiten nicht vertrauen.
Andererseits stieg durch den stark zunehmenden Straßenverkehr, Umstellung von Hausbrand auf Ölheizungen und zunehmende Beschaffung von Diesellokomotiven der Verbrauch an Heizöl und Dieselöl sprunghaft an. Das bei der Raffination von Erdöl in Dieselöl entstehende schwere Heizöl (Bunkeröl C) war schon seit je her quasi ein »Abfallprodukt«, dessen Preis natürlich mit wachsendem Angebot sank.
Folgende Vorteile wurden von der Ölhauptfeuerung erwartet:
– stärkere Ausnutzung der Lokomotiven durch höhere monatliche Laufleistungen und damit Einsparung von Maschinen
– größere Unabhängigkeit von den Lieferschwierigkeiten bei der Kohle
– Gleichförmigkeit eines hohen Heizwertes
– leichte Rückumstellbarkeit auf Kohlefeuerung
– Senkung der Energiekosten
– Senkung des Stillstandsverbrauches
– Verminderung von Brennstoffverlusten
– ideale Anpassung des Wärmeangebotes an schwankenden Bedarf während der Fahrt
– Thermische Verbesserung der Dampflok durch höhere Überhitzung
– Fortfall der Feuerbehandlungszeiten vor und nach der Fahrt
– Verkürzung der Wendezeiten in den Zielbahnhöfen
– Größere Betriebsstoffvorräte
– Längere Lokdurchläufe (Betankung vom Bahnsteig aus)
– Schnelle Betriebsbereitschaft
– Bessere Beschleunigung
– rascheres Durchfahren von Steigungen
– leichteres Einfahren von Verspätungen
– Entlastung des Personals
– mehr Sauberkeit im Betrieb
– Genauere Erfassung des Brennstoffverbrauches als bei den kohlegefeuerten Maschinen
– leichter Transport, einfachere Lagerung, kleinerer Lagerraum bei Öl
– Personaleinsparungen in der Lokbehandlung
– größere Sicherheit des Personals bei Fahrt unter Oberleitung

– größere Sicherheit bei Wassermangel durch sofortige Abstellbarkeit des Brenners (kein Feuerherausreißen nötig)
– bessere Streckenbeobachtung durch Entlastung des Heizers
– geringere Brandgefahr (kein Auswurf glühender Teilchen)
– leichteres Fahren mit niedrigem Wasserstand
– und damit geringere Gefahr des Wasserüberreißens
– geringere Verschmutzung der Züge und der Umwelt
– Möglichkeit der Automatisierung des Kesselbetriebes bei einfachen Einsatzverhältnissen (Verschiebedienst und Wendezüge).
Die Hauptprobleme für den Konstrukteur bei der Umstellung waren:
– keine Möglichkeit der Änderung der Abstimmungsverhältnisse des Kessels nach Inhalt des Verbrennungsraumes, Länge des Brennweges, Widerständen im Heiz- und Rauchrohrsystem
– große Raumschwierigkeiten unterhalb der Kesselaufleger auf dem Rahmen bei der Unterbringung der Brenner und der Zuführung von Verbrennungsluft
– während bei der Kohlefeuerung durch die Gasbildung der Sauerstoff verhältnismäßig leicht und innig an den Brennstoff auf einer relativ großen Fläche herangeführt wird, muß das Öl erst in feinste Bestandteile zerstäubt werden, um sich auf dem kurzen Brennweg in der Feuerbüchse mit dem Sauerstoff verbinden zu können. Die zur Zerstäubung nötige Energie steht jedoch nur beschränkt zur Verfügung.
– Im Gegensatz zu ortsfesten Ölfeuerungsanlagen muß der Brenner in einem weiten Leistungsbereich regelbar sein.

10002 und 011100 glichen sich in ihrer Feuerung. Außer dem Hauptbrenner, der über den ganzen Leistungsbereich arbeitete, war noch ein kleiner sogenannter Standbrenner angeordnet, mit dem die Stillstandsverluste gedeckt werden sollten. Beide Bren-

245 Heizerstand der 10001, aufgenommen nach dem Umbau auf Ölhauptfeuerung. In Bildmitte der Drehschieber und die Hähne zum Regulieren der Brenner. Foto im Bw Münster am 10. 4. 1967.

244 Bei den ölgefeuerten Dampfloks wurde der Rost durch eine feuerfeste Ausmauerung der Feuerkiste ersetzt. Blick bei 10001 vom Führerstand in Richtung Rohrwand. Unten in der Grube sind schwach die beiden Brennerköpfe zu erkennen. 10002 hatte zunächst nur einen Hauptbrenner.

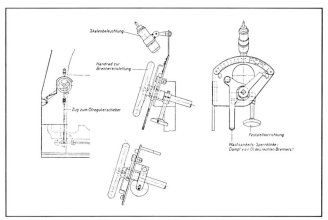

246 Ölregulierung zum Brenner

247 Doppelbrenner, ab 1960 in 10001 und 002.

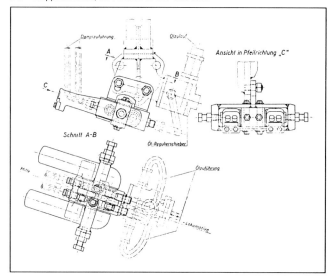

ner arbeiteten nach dem gleichen Prinzip, bei dem das Öl aus einem breiten Maul drucklos ausläuft. Dabei trifft es auf einen breiten fächerförmigen, unter dem Auslauf austretenden Dampfstrahl, von dem es mitgerissen und zerstäubt wird. Erst danach erfolgt die Vermischung mit der von der Saugzuganlage angesaugten Verbrennungsluft.

Die Höhe des Dampfschlitzes beträgt 0,5 cm. Die Zerstäubung des Ölfilms ist um so besser, je dünner er ist. Deshalb bereitet die Zerstäubung der mehrere Millimeter dicken Ölschicht bei Vollast des Hauptbrenners erhebliche Schwierigkeiten. Bei Verwendung eines einzelnen Hauptbrenners, wie zunächst bei den bis ca. 1959 umgebauten Maschinen, auch der 10002, ergaben sich außerdem bei seitlicher Schräglage der Lokomotive oder bei Kurvenfahrt wegen der Fliehkraftwirkung Verlagerungen des Öl-Dampfstrahls, wodurch die Zerstäubung wegen unterschiedlicher Schichtdicken beeinträchtigt wurde.

Die Folge davon war, wie bei der Ölzusatzfeuerung, daß einzelne Öltropfen unverbrannt in den Langkessel gerieten und dort Nachverbrennungen mit hohen Schornsteintemperaturen auslösten.

Eine wesentliche Verbesserung brachte deshalb die Verteilung des Öls auf zwei Brenner halber Leistung. Beide 10, die 10001 war ja ab 1959 auch mit der Ölhauptfeuerung ausgerüstet, wurden 1960 so umgebaut. Auch der Regulierschieber erfuhr im Laufe seiner Entwicklung wesentliche Änderungen. Er steuerte den Ölzufluß zu den Brennern, entsprechend dem jeweiligen Bedarf an Kesselleistung derart, daß jeder Brenner für sich durch je eine Bohrung und durch nierenförmige Kanäle im Schieberspiegel gesteuert wird. Die Bohrung entspricht kleiner Brennleistung und reicht zur Deckung der Stillstandsverluste. Bei Steigerung der Leistung wird die erforderliche Feineinstellung des Durchlaßquerschnittes durch die sich nur teilweise überdeckenden Schlitze ermöglicht.

Die Ölfeuerung bewährte sich bei der BR 10 gut und brachte ihr einen erheblichen Leistungsgewinn auch gegenüber der BR 01[10]. Die bei der Einführung vorhandenen Wünsche wurden fast ausnahmslos erfüllt. Der Heizer war wesentlich entlastet, bei einer so leistungsstarken Maschine wie der BR 10 auch wohl eine unumgängliche Forderung.

Nach einer Eingewöhnungszeit mit der 01[10] beim Bw Bebra erbrachten die dortigen ölgefeuerten Schnellzuglokomotiven sehr hohe Kilometerleistungen. Auch bei Fahrten mit 25% Überlast trat kein Dampfmangel ein.

Der Energieverlust durch Rauchgase war bei der Ölfeuerung allerdings größer als bei der Kohlefeuerung, die Rauchgastemperaturen im Schornstein lagen bei 490°C gegenüber 360°C bei den Kohleloks. Grund ist der nachträgliche Umbau, bei der DB hat es keinen Kessel gegeben, der von vornherein auf die Bedingungen der Ölfeuerung zugeschnitten war.

Zunächst trat bei den ölgefeuerten Schnellzugloks ein erhöhter Verschleiß an Kolbenringen auf, weil bei der hohen Überhitzung von manchmal über 430°C das Schmieröl in den Zylindern verbrannte. Ein Ersatz der Ringe war manchmal schon nach 40000 km nötig (also nach rund 10 Betriebswochen!) gegenüber 70000 km bei den Kohleloks. Zunächst war auch die Haltbarkeit der Feuerschirme und der Brennraumauskleidung recht gering.

Nach Überwindung dieser Anfangsschwierigkeiten machte die

248 Das Öltankrohr war bei 10002 seitlich verschoben angeordnet, im Gegensatz zur 10001, die das Steigrohr nachträglich, aber in der Tendermitte, erhielt. Solche Tankstutzen wurden ungefähr 1962 bis 1965 auf allen Öl-Dampfloks der DB montiert, weil das Tanken zunehmend unter Oberleitung erfolgen mußte. Aufnahme in Gießen, 10. 4. 1966.

Ölfeuerung im Betrieb keine Probleme. Auch die letzten DB-Dampfloks BR 042 und 043 besaßen bis zum Schluß im Jahr 1977 eine Ölfeuerung genau nach diesem Muster.

Beim Trieb- und Laufwerk war die Verwendung von verschleißarmen Baustoffen sehr wirksam. Gehärtete Lager, dauergeschmierte Wälzlager, verbesserte Zentralschmierung erhöhten die Einsatzbereitschaft der Maschinen deutlich gegenüber Maschinen mit Gleitlagern. Mit den Rollenlagern gab es nie besondere Probleme. Die Triebwerkslager wurden ab 1959/60 auch für die BR 01^{10} übernommen, im Laufwerk konnten jene aber nicht auf Rollenlager umgestellt werden (Barrenrahmen!). Die BR 10 galt als sehr laufruhig.

Als Einschränkung ist zu betrachten, daß bereits ab 1960 schon wieder einige Lager auf Gleitlager umgestellt wurden.

Den Anfang machten alle Lager der Steuerung, die (bei 10 001 am 7. 9. 1960) gegen Buchsenlager ausgewechselt wurden. Grund dürfte die teure Ersatzbeschaffung der kleinen Einzelstücke gewesen sein. Weiter ging es mit den Kreuzköpfen: Auch hier wurden ab 1965 nur noch Buchsenlager verwendet. Und auch eine notwendige »Entfeinerung«: Gleichzeitig wurden die vorderen Treibstangenlager auf Buchsenlager umgestellt.

Insgesamt machten sich bei der Unterhaltung der BR 10 aber doch die verschiedenartigen neuen Bauelemente bemerkbar, und sei es, daß einfach die Ersatzteilbeschaffung für die beiden Einzelgänger länger dauerte.

Aus dem Betriebsbuch der 10 001

Lebensdauer gesamt	3619 Tage
im Bw	2670 Tage
im AW	949 Tage = 26,2% der ganzen Lebensdauer!

Beheimatungszeit beim Bw Bebra vom 6. 3. 1958 bis zum 30. 9. 1962:

in Dienst	959 Tage		
kurzzeitig unbenutzt	11 Tage		
Warten auf Bw-Ausbesserung	34 Tage		
Bw-Ausbesserung	161 Tage	710 Tage	1669 Tage
Warten auf AW-Ausbesserung	7 Tage		
AW-Ausbesserung	497 Tage		

In dieser Zeit gesamt 692 093 km Laufleistung = 721 km pro Betriebstag

---

Zusammenfassung und Wertung

Laut Betriebsbuch der 10 001 und den darin eingetragenen AW/Bw-Standzeiten war die 10 001 an 949 Tagen in Ausbesserung. Bei einer Gesamtlebenszeit von nur 3621 Tagen sind das immerhin 26,2% AW-Zeiten. Die tatsächliche Betriebszeit dürfte noch wesentlich kürzer sein, weil im Betriebsbuch nur die AW-Aufenthalte aufgeführt sind. Weitere Auskunft gibt der »Monatsnachweis über Verwendung, Leistung, Ausbesserungskosten und Stoffverbrauch« der im Betriebsbuch für die Bebraer Zeit vom 6. 3. 1958 bis zum 30. 9. 1962 vorliegt.

Die Abstellzeiten dokumentieren deutlich den Stand als Einzelgänger, der Anteil der Betriebstage wäre für eine Serienmaschine äußerst ungünstig. Trotzdem, wenn die BR 10 einsatzfähig war, fuhr sie sehr hohe Kilometerleistungen. 721 km pro Betriebstag (und das als Durchschnittswert) können sich sehen lassen. Aus dieser Zeit stammen auch die sehr hohen monatlichen Laufleistungen bei 10 001 von 22 733 km im August 1958 (noch mit Kohlefeuerung) an 29 Betriebstagen, 21 077 km im Oktober 1958 an 30 Betriebstagen und 21 615 km im Dezember 1959 an 30 Betriebstagen. Danach wurden nur noch selten 15 000–20 000 km im Monat erreicht. Die 17 Jahre ältere BR 01^{10} erreichte allerdings auch dauernd solche Kilometerleistungen. Letztlich machte es aber große Probleme, für die BR 10 einen wirtschaftlichen Umlaufplan zu gestalten, denn bei Ausfall einer 10 mußte der zweite Plantag ja von einer 01^{10} erfüllt werden können. Und Ausfälle kamen (s. o.) bei der 10 häufig vor.

Insgesamt war die BR 10 in der realisierten Form eine Baureihe, die niemand brauchte. Nach Auswertung vieler Unterlagen drängt sich der Eindruck auf, daß man den Dampflokkonstrukteuren und dem Fachausschuß Dampflokomotiven mit der BR 10 sozusagen ein Begräbnis erster Klasse zuteil werden lassen wollte. Denn nach jahrelangem Lavieren um die Bauart der BR 10, nach Dienstreisen zur SNCF, nach Informationsbeschaffung in Großbritannien und bei den amerikanischen Eisenbahnen war zwar eine überaus komplizierte und für das Personal »luxuriöse« Maschine mit vielen neuen Bauelementen entstanden, aber doch eben nur eine vergrößerte 01^{10}, eine Schnellzuglok mit einfacher Dampfdehnung und nur drei angetriebenen Achsen! Pazifik-Schnellzugloks hatte die DB aber wahrlich genug, eine zielstrebige Modernisierung war hier nötiger als der Bau einer nochmals verbesserten 2′C1′-Lok.

249 Wohl das letzte Betriebsbild der 10 002 wurde am 1. 12. 1966 bei Gießen aufgenommen, als sie den D 283 nach Gießen zog.

Bei der BR 10 folgte man auch schon wieder einem Dogma: War einmal der Blechrahmen als vorteilhaft eingeführt worden, so mußte bei der BR 10 die zweistufige Dampfdehnung wohl auch unterbleiben, weil sonst ein Barrenrahmen nötig geworden wäre (den man nicht haben wollte). Warum wurde die BR 10 zu einer Zeit, wo die Elektrifizierung die langen Einsatzstrecken der Dampflok schnell einschränkte, mit einer Achslast gebaut, die einen Einsatz nur auf einem Bruchteil des bundesdeutschen Streckennetzes ermöglichte? Es mußte doch bekannt sein, daß gerade die hochbelasteten, gut ausgebauten Strecken als erste auf elektrischen Betrieb umgestellt werden würden, daß die BR 10 innerhalb kürzester Zeit keinen wirtschaftlichen Einsatzraum mehr besitzen würde!

Zwar hatte die Baureihe mit ihren 22 Tonnen Achslast eine große Anfahrzugkraft, warum wurde die Lok aber nicht, nachdem das Konzept der »leichten Schnellzuglok« verlassen war, als vierfach gekuppelte Maschine mit 20 t Achslast gebaut? Nur so hätte sie der »Konkurrenz« der jeweils vierachsigen E 10 oder V 200 begegnen können.

Daß für schwere, schnelle Züge eine vierachsige Schnellzuglok vonnöten wäre, hatte man bereits vor dem Krieg erkannt. Die sächsische 19, die unglückliche 06, auch die 39^0, die 19^{10} waren Zeugen dieser Erkenntnis gewesen. Im benachbarten Ausland wurden ebenfalls, wenn leistungsfähige Schnellzugloks gefordert wurden, Vierkuppler gebaut: Die BBÖ 214, die französischen 141 und 241 verschiedener Ausprägung, die 498 der CSD, die polnische Pt 31 . . .

Nach seiner 20. Sitzung im April 1961 wurde der Fachausschuß Dampflokomotiven von der DB-Hauptverwaltung aufgelöst. Die abschließenden Worte hatte Min.-Dir. Dr.-Ing. Flemming von der DB-Hauptverwaltung zu sprechen. Das Protokoll gibt Auskunft: »Wegen des fortschreitenden Strukturwandels ließ sich . . . jetzt die Entscheidung nicht länger hinausschieben. Aus diesem Anlaß spricht Dr. Flemming den Dank an alle Mitglieder aus, auch an diejenigen, die dem Ausschuß früher angehört haben. Dr. Flemming hob in seinen Abschiedsworten hervor, daß sich die Dampflok in der R 10 sowohl in der Entwicklung als auch im technischen Aufbau und in ihrem unerreicht schönen Aussehen einen guten Abgang gesichert hat. Die Dampflok hat dem Jahrhundert ihren Stempel aufgesetzt. Sie muß jetzt einer neuen Epoche weichen.«

Ob aus der BR 10 etwas anderes hätte werden können? Pläne lagen ja in den Schubladen genug (siehe Seite 149). Es bleibt die Erkenntnis: Schön war sie, die BR 10, leistungsfähig und modern auch, aber gebraucht wurde sie nicht mehr. Und zur Kenntnis wurde sie an hoher Stelle der DB auch schon nicht mehr genommen. Wäre sie tatsächlich schon 1952 als Vierzylinderverbundlok auf die Schienen gekommen . . .

Die Bauartänderungen bei der BR 10

Auch die beiden Maschinen der BR 10 blieben im Laufe ihres »Lebens« nicht von Bauartänderungen verschont. Bei ihnen wird allerdings deutlich, daß die neuen Baugrundsätze 1953/54 zur Entwurfszeit schon eine derartige »Serienreife« erreicht hatten, daß im Gegensatz zu den ersten 23, 65 oder 82 keine massenhaften Änderungen mehr erforderlich wurden.

Für die Konstruktion der Baureihe 10 spricht in diesem Zusammenhang, daß sie – obwohl als Probemuster gebaut – keine großen konstruktiven Mängel hatte, soweit das eben aus den notwendig werdenden Sonderarbeiten deutlich werden kann. An größeren Umbauten sind eigentlich nur drei zu nennen: Der Umbau der 10001 auf Ölhauptfeuerung, der Umbau des Heinl-Mischvorwärmers zum MV'57 (der gleichzeitig auch bei den 01^{10} und 23 durchgeführt wurde) und 1964/65 der Einbau des schon bei der 66 und danach bei verschiedenen Neubaukessel-Maschinen benutzten Einfachventil-Heißdampfreglers Bauart Wagner.

Leider sind nicht alle Bauartänderungen bekannt, da beide Betriebsbücher nicht zugänglich sind. Aus der Kenntnis von Teilen der Bücher sowie von Umbauverfügungen ergibt sich aber ein Bild, das weitgehend vollständig sein dürfte, denn auch kleine Sonderarbeiten, die von der DB für jeweils alle Lokomotiven verfügt wurden, z. B. die bekannte Montage »Halter für Verbandskasten angebracht«, konnten übernommen werden. Im einzelnen stellt sich das Bild der Umbauten so dar:

---

1. Umbauten am Lokomotivfahrgestell:
- Vordere Treibachse mit Buchsenlager der inneren Treibstange gegen eine Achse mit innerem Rollenlager ersetzt: 24. 9. 1959
- Vordere Treibachse ausgewechselt, wieder Treibachse mit innerem Buchsenlager eingebaut (nur bei 10001): 31. 5. 1960
- Alle Lager der Steuerung auf Buchsenlager umgebaut. Beide Maschinen. Umbaudatum der 10001 bekannt: 7. 9. 1960
- Stauschuten über den Frontfenstern angebracht. Beide Maschinen. Umbau: 1963
- Kreuzköpfe auf Buchsenlager umgebaut. Beide Maschinen. Umbau bekannt bei 10001: 4. 5. 1965
- Alle Treibstangen vorne auf Buchsenlager umgestellt. Beide Maschinen, Umbau bekannt bei 10001: 4. 5. 1965
Und noch: Kreuzköpfe getauscht. 10001 erhielt am die Kreuzköpfe der abgestellten 10002. 23. 8. 1967

2. Umbauten am Kessel:
- Einbau der Ölhauptfeuerung mit einem Hauptbrenner bei 10001: 22. 7. 1959
- Anschluß der Lichtmaschine an Heißdampfversorgung. Umbau der 10001 bekannt: 22. 7. 1959
- Umbau des Heinl-MV zum MV'57, Speicherbehälter entfernt, Heber entfernt. Umbau im Jahr: 1960
- Ölfeuerung umgebaut auf Doppelbrenner. Beide Maschinen. Umbau ungefähr: 1960
- Einbau zweiteiliger Feuerschirmträger (SA 264). Beide Maschinen. Umbau bei 10001: 14. 3. 1962
- Änderung der MV'57-Anlage (Vergrößerung der Reinigungsöffnungen) (SA 280). Umbau bekannt bei 10001: 14. 3. 1962
- Umbau auf Heißdampf-Ventilregler Bauart Wagner. Beide Maschinen. Umbau bei 10001: 28. 1. 1964
bei 10002: 4. 7. 1965
- 5-Ton-Dampfpfeife bei 10001 gegen Pfeife der Normalbauart ausgewechselt: 1963
- Dampfbläsereinrichtung umgebaut (Isolierung im Führerhaus angebracht) (SA 285). Beide Loks. Umbau: 1963
- 10001 wieder mit 5-Ton-Dampfpfeife (aus 10002) ausgerüstet: 23. 8. 1967

3. Bauartänderungen am Tender:
- Umbau auf Ölhauptfeuerung (SA 239) nur bei 10001 (10002 ab Werk Ölhauptfeuerung): 22. 7. 1959
- Entlüftung des Tenders mit Flammenschutzsicherung (SA 268). Beide Maschinen. Umbau der 10001 bekannt: 14. 3. 1962
- Halter für Verbandskasten angebracht (SA 270). Beide Maschinen. Umbau bekannt bei 10001: 14. 3. 1962
- Anbau von Argus-Kugelhahn-Kupplungen NW 80 am Öltender (SA 274). Beide Maschinen. Bei 10001: 12. 12. 1962
- Einbau eines Auslaufrohrs zum Ölfüllrohr in die Tenderölbehälter (SA 275). Beide Maschinen. Das Rohr ist bei 10002 rechtsseitig an der Tenderrückwand angebracht, bei 10001 mittig. Umbau bei 10001: 12. 12. 1962

Obwohl unbekannt, dürfte der jeweilige Umbau der 10002 nur um wenige Monate von dem der 10001 abweichen.

250 10001 (Bw Kassel) eilte im September 1967 mit dem E 387 an Block Schwaney vorbei.

251 Wie sich die Formen gleichen . . . 10001 und E 10383 im Bw Gießen, aufgenommen am 1.11.1966. E 10383 glänzt noch im neuen Versuchsanstrich, die weitere Entwicklung der Farbtöne in Richtung 10001 (rechts) war vorherzusehen – die Farbgebung setzte sich nicht durch.

252/253 Während der Abnahmeuntersuchung war die Verkleidung der 10001 teilweise demontiert, um das Indiziergerät anschließen zu können. 10001 vor dem Anheizschuppen des AW Mülheim-Speldorf, aufgenommen Ende Mai 1957.

254/255 Nach den Probefahrten wurde 10 001 im AW Mülheim-Speldorf äußerlich wieder auf Hochglanz gebracht. So präsentiert sie sich vor der Übergabe an die DB in makelloser Schönheit. Auffällig ist hier besonders, wie wohltuend das Fehlen irgendwelcher Kesselringe wirkte.

256 Im vorletzten Plan: Bis zum Sommerfahrplanwechsel im Mai 1967 fuhr 10 001 den abendlichen Eilzug von Münster nach Kassel zusammen mit einer 01^{10}. Foto zusammen mit 01 1078 im Bahnhof Drensteinfurt im Mai 1967.

257 Ausfahrt aus Marburg mit einem langen Schnellzug, 10 001, aufgenommen im Mai 1964.

258 Am 19. 3. 1970 war die 10 002 noch immer unter Dampf, jedoch nur noch als Heizlok auf dem Gelände des ehemaligen Bw Ludwigshafen.

259 Am 29. 4. 1972 hatte die 10 002 im AW Offenburg fast ihr Ende gefunden. Gut zu erkennen ist die hohe Abdeckhaube des Einfachventil-Heißdampfreglers.

BR 10 – Beheimatungen und Einsätze

Lok-Nummer	Hersteller	Abnahmedatum	erstes Bw	letztes Bw	z-Stellung	Ausmusterung
10 001	Krupp 3351/56	6.3.1958	LVA Minden	Kassel	5.1.1968	21. 6.1968
002	Krupp 3352/57	29.3.1958	Bebra	Kassel	6.1.1967	14.11.1967

Unterhaltung

Beide Lokomotiven der BR 10 wurden, wie alle Krupp Neubaudampfloks im AW Mülheim-Speldorf abgenommen. Danach war für ihre Unterhaltung immer das AW Braunschweig zuständig, das auch andere hochwertige Schnellzugdampfloks der DB (BR 01^{10}, 03 und 03^{10}) ausbesserte. Bis zum Juni 1966 wurden die Maschinen voll unterhalten, von da an galten sie als »Auslaufgattung« und durften keine Untersuchungen mehr erhalten. Ab Oktober 1966 wurde dieses Verbot wieder etwas gelockert, es hieß offiziell nun: »L 0 mit einem Kostenwert von mehr als 5000,00 DM zugelassen, wenn dies aus Gründen einer sparsamen Lokwirtschaft vertretbar ist.« Diese Regelung galt bis zur Abstellung der letzten Maschine im Jahre 1968.

Der Laufkilometergrenzwert lag für die BR 10 zunächst bei 250 000 Kilometern, ab ca. 1959 dann bei 300 000 Kilometern, also genau so hoch wie bei der BR 01^{10}.

Die 10 001 erhielt während ihrer Dienstzeit im AW Braunschweig 3 L 2- und 22 L 0-Untersuchungen, die 10 002 ebenfalls 3 L 2- und 19 L 0-Untersuchungen. Bis zur Abstellung reichte ihnen eine Hauptuntersuchungsfrist seit der Inbetriebnahme.

BD Kassel
Bw Bebra

Nachdem zum Jahreswechsel 1957/58 bei der Lokversuchsanstalt Minden/Westf. die Probefahrten mit der 10 001 beendet waren, wurde die Lok am 28.1.1958 dem Bw Bebra zugeteilt. Dorthin kam auch die 10 002 nach ihrer endgültigen Abnahme am 29.3.1958. Vor der Abnahme der 10 002 trafen sich beide Maschinen noch kurz im AW Speldorf. Grund für die nochmalige Einholung der 10 001 ins Abnahme-AW dürften Vergleichsfahrten mit der ölhauptgefeuerten 10 002 gewesen sein.

Das Bw Bebra verfügte zu dieser Zeit über eine größere Anzahl von Maschinen der BR 01^{10}. Ende 1958 waren hier außer den beiden 10 an schweren Schnellzug-Dampfloks noch 14 öl- und zwei kohlegefeuerte 01^{10} eingesetzt (zum Vergleich die Verteilung der 01^{10} auf die anderen Bw: Kassel besaß 13 kohlegefeuerte, Osnabrück Hbf 20 öl- und 5 kohlegefeuerte). Das Bw Bebra hatte hauptsächlich die hochwertigen Reisezüge auf der Strecke Hamburg–Hannover–Bebra–Würzburg/Frankfurt zu bespannen. Diese Relation war auch für die beiden 10 während ihrer Zeit beim Bw Bebra stets der Einsatzschwerpunkt.

Der sehr hohe Achsdruck (22 t gegenüber 20 t bei der 01^{10}) setzte dem Einsatz der 10 enge Grenzen. Schauen wir uns dazu an, auf welchen Strecken der BD Hannover die 10 ab 1961 nur verkehren durfte. Da ist zunächst die Strecke (Hamburg–)Uelzen–Celle–Hannover–Göttingen(–Kassel bzw. Bebra), auf der die Loks während ihrer ganzen Bebraer Zeit fuhren. Befahren werden durfte auch noch die Strecke Hannover–Bremen, von der allerdings nie Einsätze der 10 bekannt geworden sind. Außerdem waren sie zugelassen auf der Strecke Hannover–(AW) Braunschweig und zu Probefahrten auf der Braunschweiger Erprobungsstrecke bis nach Helmstedt. Alle anderen Strecken der BD Hannover waren für die 10 nicht zugelassen, selbst die Haupt-

260 Bei Albungen im Werratal wurde die 10 001 mit dem D 173 im Juli 1958 aufgenommen. Sie hatte noch Ölzusatzfeuerung.

261 36 Achsen machten der 10 001 keine große Mühe. Im Sommer 1958 verließ sie hier mit dem D 167 Hersfeld.

strecke von Hamm/Westf. über Bielefeld und Minden nach Hannover nicht.

Wie bereits erwähnt, wurden die 10 vom Bw Bebra fast ausschließlich auf der Strecke Hannover–Göttingen–Bebra–Fulda–Würzburg bzw. Frankfurt eingesetzt. Nach Norden liefen die Loks zeitweise von Hannover über Lüneburg bis Hamburg weiter, nach Süden von Würzburg über Treuchtlingen bis nach Ingolstadt. Ihre Domäne waren die schweren Schnellzüge, aber vereinzelt wurden auch Fernschnellzüge und Eilzüge gefahren. Sogar Güterzüge wurden zeitweise mit der 10 bespannt; so fuhren sie im Sommerfahrplan 1961 vor dem Schnellgüterzugpaar 5595/5594 auf dem Abschnitt Bebra–Hannover und zurück.

Besonders herausragend waren einige Langläufe der 10, Langläufe allerdings, die auch von der 01^{10} erbracht wurden. So ist z. B. der Autoreisezug D 181/182 von Hannover nach Ingolstadt und zurück zu nennen, der Anfang der 60er Jahre von der BR 10 gefahren wurde; immerhin 533 Kilometer und damit der längste 10-Durchlauf überhaupt. Der vom 19.7. bis 13.9.1960 gültige Ferien-Umlauf sah die Führung des D 290 zwischen Lübeck und Würzburg vor, wobei in Bebra Öl getankt werden mußte. Für die 10 hätte das 547 Kilometer vor einem Zug bedeutet! In der Praxis wurde der Abschnitt Lübeck–Lüneburg dann aber von einer 01^{10} übernommen, weil auf diesem Abschnitt die Elbebrücke zwischen Lauenburg und Hohnstorf nicht für 22 t Achslast zugelassen war.

Nur in den ersten Jahren (bis Mitte 1959) erreichten die beiden 10 gelegentlich Monatslaufleistungen von über 20 000 Kilometer. Die größte bekannte Leistung einer 10 in einem Monat wurde von 10 002, allerdings erst im Juli 1964, mit 22 777 Kilometer erbracht, während 10 001 ihre Höchstleistung im August 1958 mit 22 733 km erreichte. Ansonsten kam jede 10 auf zunächst rund 15 000 bis 20 000 Kilometer pro Monat, wenn sie nicht durch Schäden oder Ausbesserungsarbeiten viele Ausfalltage hatten. Und das war häufig der Fall. Die Bebraer 01^{10} brachten es dagegen mitunter auf über 25 000 Kilometer im Monat. Auch die planmäßig gefahrene Tageskilometerleistung laut Laufplan lag bei den 10 in der Regel unter der der 01^{10}.

In den folgenden Jahren sanken die Laufleistungen der beiden 10 weiter ab. Ab Sommerfahrplan 1962 hieß es im Langlauf vor D 181/182 schon in Treuchtlingen »Abspannen«, da das Streckenstück Treuchtlingen–Ingolstadt jetzt elektrisch gefahren wurde. Zum Winterfahrplan 1962/63 wurden die beiden 10 dann an das Bw Kassel abgegeben. Die 20 Dreizylinder-01 (davon acht mit Kohlefeuerung) wurden bis zum Sommerfahrplan 1963 ebenfalls nach Kassel umbeheimatet, da am 26.5.1963 die Strecke Bebra–Hannover dem elektrischen Betrieb übergeben wurde und die Pazifics ihr Haupteinsatzgebiet somit verloren hatten.

10 001   28.1.1958–30.9.1962
10 002   29.3.1958–30.9.1962

Bw Kassel

Gegen Ende der 50er Jahre standen dem Bw Kassel an Schnellzuglokomotiven in der Regel 10 bis 15 kohlegefeuerten Maschinen der BR 01^{10} zur Verfügung. Anfang der 60er Jahre tauschte das Bw Kassel einen Teil seiner kohlegefeuerten 01^{10} gegen solche mit Ölfeuerung des Bw Bebra und erhielt außerdem noch einige 01, die jedoch nicht sehr lange blieben. Ende 1962 kamen dann vom Bw Bebra die beiden 10, 1963 folgten die Bebraer 01^{10}, so daß man die 01 wieder abgeben konnte. Mit fortschreitender Elektrifizierung sank bald jedoch auch beim Bw Kassel der Bedarf an Schnellzugloks ab, weshalb man die 01^{10} teilweise an das Bw Osnabrück Hbf weiterreichte. 1966 wurde dem Bw Kassel die BR V 160 zugeteilt mit den Maschinen V 160 088, 091 bis 094 und 100 bis 104. Deshalb auch wurde dann fast der gesamte 01^{10}-Bestand an das Bw Hamburg-Altona abgegeben. Nur 011 062 und 1087 (die nach ihrer Abstellung durch 011 056 ersetzt wurde) blieben noch in Kassel – und natürlich 10 001 und 002. 10 002 wurde Ende 1966 abgestellt, 10 001 Anfang 1968. Die letzten beiden Kasseler Schnellzugdampfloks (011 056 und 062) blieben bis April 1970 dort und kamen anschließend zum Bw Rheine.

Das Bw Kassel hatte außer der Linie Hannover–Bebra–Fulda–Frankfurt/Würzburg, die ja die Haupteinsatzstrecke der Bebraer Loks war, vor allem die Strecke Kassel–Marburg–Gießen–Frankfurt zu bedienen, außerdem noch die Strecken Kassel–Warburg–Altenbeken–Paderborn–Soest–Hamm und Kassel–Warburg–Brilon Wald–Schwerte–Hagen (–Wuppertal) sowie die Streckenstücke von Kassel nach Göttingen und nach Bebra.

Die Einsätze der 10 beim Bw Kassel spielten sich zunächst noch teilweise auf ihrer alten Hauptstrecke Hannover–Würzburg ab. Als man ab Sommer 1963 bis Hannover elektrisch fahren konnte, beschränkte sich der Einsatz der BR 10 fast völlig auf die Strecke Kassel–Marburg–Gießen–Frankfurt. Anfangs gab es allerdings noch den E 4056 Kassel–Bebra. Auch der legendäre 10-Langlauf vor dem Autoreisezug D 181/182 (siehe Bw Bebra) fiel zum Sommerfahrplan 1963 ganz weg. Die nächste einschneidende Veränderung im Einsatz der 10 war die Aufnahme des elektrischen Betriebes auf dem Streckenstück Frankfurt–Gießen am 14. 5. 1965. Ab Sommerfahrplan 1965 liefen die 10 daher nicht mehr bis Frankfurt durch, sondern wendeten jetzt in Gießen. Die Kilometerleistungen der 10 sanken deshalb weiterhin beständig ab.

Ab 20. 3. 1967 war die Strecke Kassel–Frankfurt über Marburg und Gießen durchgehend elektrisch befahrbar. Die 10001 (ihre Schwestermaschine stand ja bereits auf »Z« abgestellt) verlor damit ihr Einsatzgebiet und ihre letzten Schnellzugleistungen. Vom 20. 3. 1967 an galt daher ein neuer Umlauf für die 10 – ihr letzter. Interessanterweise sah der Umlauf einen Planbedarf von zwei Loks der BR 10 vor, obwohl nur noch eine Lok zur Verfügung stand. Da der Umlauf eigentlich aus zwei eintägigen Plänen bestand, was aus laufplantechnischen Gründen nötig war, wurde die 10001, wenn sie einsatzbereit war, im ersten dieser beiden Pläne vor dem Eilzugpaar E 387 (im weiteren Streckenverlauf als E 687 bezeichnet) und E 688 (E 388) zwischen Kassel und Münster eingesetzt, während der zweite Plan immer von einer Kasseler 01^{10} gefahren wurde und das Eilzugpaar E 474 (E 374) und E 540 zwischen Hamm und Kassel umfaßte. Jedenfalls sind Einsätze der 10001 in diesem zweiten Plan nicht bekanntgeworden. Obwohl der erste Einsatz über Hamm hinaus bis Münster ging, die Kilometer-Tagesleistung also um 2×36 km = 72 km höher lag als im zweiten Plan (01^{10}), beträgt die im Laufplan eingetragene Differenz nur ganze neun Kilometer . . .

Bis zum Sommerfahrplan 1967 lief interessanterweise die 10 vor dem E 688 von Münster bis Hamm mit einer kohlegefeuerten 01^{10} des Bw Rheine, wobei die 10 als Leervorspann vorn lief. In Hamm setzten beide Loks vom Zug ab, und die 10 fuhr dann den Zug von Hamm nach Kassel alleine weiter.

Wegen Reparaturarbeiten an der Drehscheibe im Bw Münster seit Anfang Oktober 1967 bestand für die 10001 dort keine Möglichkeit mehr, gedreht zu werden. Daher lief sie vom 9. 10. 1967 an mit einer Ausnahmegenehmigung (das Streckenstück Münster–Rheine war nur für 20 t Achslast zugelassen) für etwa einen Monat bis Rheine durch. Einen solchen Langlauf hatte die Lok letztmalig 1963 planmäßig gefahren, denn in den Jahren danach pendelten die 10 ja nur noch auf dem 200 Kilometer langen Streckenstück Kassel–Frankfurt (bzw. später Kassel–Gießen mit 134 km). Das Jahr 1968 brachte der 10001 noch zwei Einsätze. Nachdem am 1. und 2.1.1968 011062 das Eilzugpaar nach Münster gefahren hatte, kam 10001 am Mittwoch, den 3. 1. 1968, letztmalig nach Münster. Zwei Tage darauf, am 5. 1. 1968, hatte sie zwischen Kassel und Warburg einen Schieberstangenbruch, woraufhin sie in ihr Heimat-Bw geschleppt und dort z-gestellt wurde.

Verfolgen wir nun noch kurz die Lebensläufe der beiden Loks nach ihrer Abstellung. 10001 war nach ihrer Ausmusterung am 21. 6. 1968 (sie wurde buchmäßig zwar ab 1. 1. 1968 noch in 010001-6 umgezeichnet, hat diese Nummer aber nur noch auf dem kleinen Führerhaus-Innenschild getragen) von der DB für

262 Zwischen Marburg-Süd und Marburg-Hbf wurde die 10002 am 12. 10. 1961 aufgenommen.

263 Dem Kasseler Lokschuppen waren auch 1962 noch die Kriegszerstörungen anzusehen. Im Schuppen standen 01, 38, 50, 92 und der obligatorische Öltankwagen, links eine 01 und 86er, auf der Drehscheibe die 10 002. Im Hintergrund ist das Ausbesserungswerk sichtbar.

264 Die 10 002 wurde im Jahre 1962 mit dem D 398 in Kassel-Kirchditmold abgelichtet. Auch die Heizerseite besaß eine Atlas-Scheibe. Die vier Schlote im Hintergrund gehörten zum Bw Kassel, auf der Brücke davor strebt soeben eine 03^{10} gen Warburg.

16000,00 DM zum Verkauf angeboten worden. Da sich jedoch kein Käufer fand, wurde sie dem neu zu errichtenden Verkehrsmuseum in West-Berlin versprochen. Während dieser Zeit war sie konserviert im Bw Kassel hinterstellt, wurde jedoch auf mehreren Fahrzeugausstellungen gezeigt.

Als Mitte der 70er Jahre immer noch nicht abzusehen war, wann das geplante Eisenbahnmuseum in West-Berlin die 10001 würde aufnehmen können, verkaufte die DB die Lok, die immer noch in Kassel stand, 1976 an das Deutsche Dampflokmuseum (DDM) in Neuenmarkt-Wirsberg. Zusammen mit 01164 und 93526 verließ sie am 21. 9. 1976, gezogen von 41018, ihre langjährige Heimat in Richtung DDM. Bis 1978 wurde die Lok im DDM äußerlich akzeptabel aufgearbeitet.

Weniger glorreich endete 10002, die schon über ein Jahr vor der 10001 wegen Triebwerkschäden abgestellt worden war. Seit Ende 1966 befand sich die Lok im AW Braunschweig abgestellt. Am 14.10. 1967 verließ sie das AW und wurde nach Kaiserslautern geschleppt, wo sie im Bw zur Heizlok umgebaut wurde. Zwei Monate später, am 14. 12. 1967, trat sie ihre neuen Heizlokdienste in der Nähe des ehemaligen Hauptbahnhofs Ludwigshafen an, wo sie die alte Heizlok 18603 ablöste und bis April 1971 benötigt wurde. Danach war sie noch ein Jahr in Schifferstadt abgestellt, wurde dann ins AW Offenburg überführt und dort ab 27. 4. 1972 zerlegt.

10001   1.10.1962–4.1.1968(z)
10002   1.10.1962–5.1.1967(z)

267 10001 (Bw Kassel) steht abfahrbereit vor E 688 nach Kassel in Münster, November 1967.

268 Das letzte Betriebsbild der 10001: Nebel, Nässe, Kälte – westfälischer Winter herrschte am 30. 12. 1967 über Hamm, als die 10001 dort mit dem E 687 Bebra–Rheine zwischenhielt.

266 Am 31. 8. 1965 legt sich 10002 bei Bürgeln (bei Marburg) in die Kurve.

Bildnachweis Band 1

(nach Bild-Nummern)

Uwe Bergmann, 72, 99
Helmut Bittner 250, 256
Sammlung Helmut Bürger 63, 80, 81, 82, 83, 84, 87, 101
Kurt Burlein 133, 249
DB, Sammlung Hans-Georg Kleine 233
Jürgen Ebel 77, 112, 113, 129, 165, 170, 244
Dr. Wolfgang Fiegenbaum 43, 48, 94, 96, 161, 164, 169, 245
Rüdiger Gänsfuß 105
Günther Haslbeck 162
Hans Hillebrand 91
Dieter Höltge 25, 108, 109, 110, 146
Volker Jenderny 139
Manfred van Kampen 21, 37, 38, 42, 49, 57, 85, 86, 90, 104, 135, 150, 155, 156, 158, 207, 216, 217, 218, 220, 221
Sammlung Manfred van Kampen 67, 69, 70, 89, 239
Bernd Kappel 98, 103, 124, 137
Ludger Kenning 78
Jürgen Krantz 140, 141, 251
Peter Lösel 127, 154, 243, 248, 257, 258, 266
Dr. Rolf Löttgers 97, 106, 115, 126, 238
Lokomotivbildarchiv Bellingrodt/Eisenbahn-Kurier Verlag 66, 68, 75, 79, 88, 92, 116, 117, 119, 120, 121, 122, 123, 134, 145, 148, 151, 152, 153, 174, 241, 242, 260, 261, 263, 264

Lokomotivfabrik Esslingen, Sammlung Dietrich A. Braitmaier 24, 27, 28, 33, 34, 35, 52, 55, 58, 102
Lokomotivfabrik Henschel, Sammlung Mario Brutschin 17, 20, 41, 45, 51, 53, 54, 65, 173, 175, 176
Lokomotivfabrik Krupp, Sammlung Uwe Bergmann 224
Lokomotivfabrik Krupp, Sammlung Manfred van Kampen 201, 203, 204, 206, 208, 209, 212, 213, 215, 227, 229
Lokomotivfabrik Krupp, Sammlung Rolf Ostendorf 22, 23, 199, 223
Hermann Maey, Sammlung Manfred van Kampen 8
Gerhard Moll 237, 262
Heinz Oesterwind 93, 202, 231, 252, 253, 254, 255
Rudolf Poteliki 130, 138, 160
Rein van Putten 114, 157, 172, 177
Ludwig Rotthowe Titel, 1, 118, 125, 142, 143, 267, 268
Dr. Günther Scheingraber 18, 64
Hans Schmidt 2, 3, 4, 131, 132, 144, 230, 240
Sammlung Werner Schimmeyer 259
Fritz Steinhoff 56, 111
Sammlung Verkehrsmuseum Nürnberg 71, 95, 100, 234
Burkhard Wollny 163, 166, 171

Alle übrigen Abbildungen: Sammlung des Verfassers

Die abgebildeten Maschinen Band 1

(nach Bild-Nummern)

10001	1, 197, 199, 201, 202, 206, 207, 208, 209, 212, 213, 215, 216, 217, 218, 221, 223, 224, 230, 231, 238, 240, 241, 242, 243, 244, 245, 250, 251, 252, 253, 254, 255, 256, 257, 260, 261, 267, 268
10002	203, 204, 215, 229, 231, 237, 239, 248, 249, 258, 259, 262, 263, 264, 266
23001	17, 20, 41, 45, 53, 54
002	48, 174
003	148
004	18, 64, 134, 173
005	65, 175, 176
008	123, 146
009	119
010	118
013	122, 138
014	125, 127
015	63, 66, 68, 121, 124, 129
017	72
019	77
020	74, 75
021	151, 166
022	98, 133, 150
023	153, 165
024	21, 37, 38, 84, 142
025	79, 99, 144, 154
026	Titel, 126
027	120, 143
028	117
029	165
037	131, 170
038	163
039	139
041	141
043	132
044	22, 85, 86, 162
046	42, 86
047	43, 86, 156
048	86
051	86, 97
052	104, 105
053	89
054	164
055	23, 49
056	135
057	43, 90, 111
060	152, 160
061	164
062	145, 160
063	164
067	171
070	92, 96, 171, 172
071	177
072	88, 140, 169
074	111, 116
075	157
076	78
077	24, 26, 102, 160
078	58, 102
079	102
080	102, 111
086	110
087	109
089	130
091	115
094	56, 112, 114
095	94
096	91
097	108
099	155
100	160
101	106, 158
102	103, 113, 137
104	160
105	25, 161
01040	239
011053	239
03276	92
031021	138
18316	238
23001	6
24067	141
383376	123
502500	123
503097	162
52133	2
52142	3
52891	4
897296	237
E10383	251
V200072	123

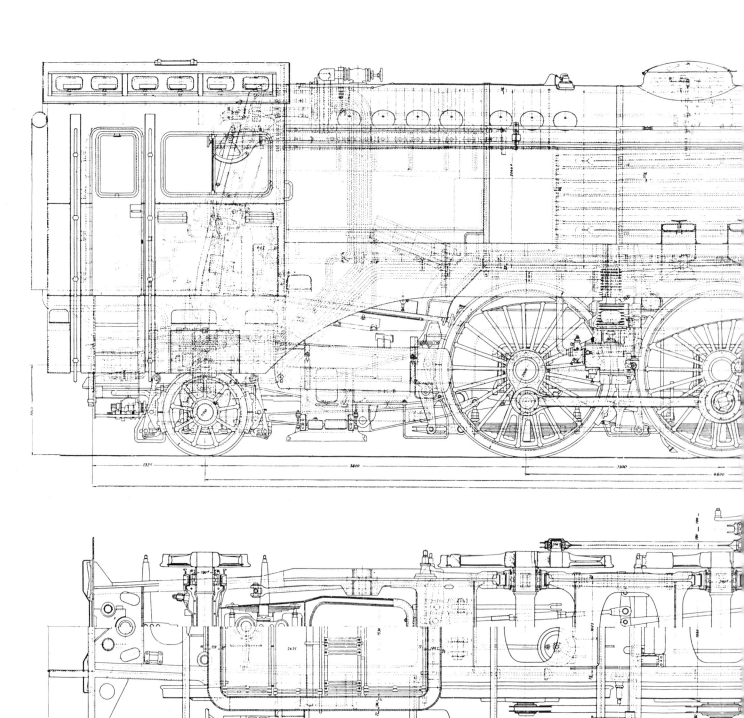